■ 浙 江 监 狱 文 化 研 究 成 果

TECHNOLOGY BUILDS VALUE:
STUDY OF EVIDENCE-BASED CORRECTION EXPERIMENTS

技术建构价值
——循证矫正实验研究

戴相英　　方剑良　　刘利明
胡忠南　　张怀仁　　徐小强　◎著
张　权　　蒋小霞　　姚俊翔

ZHEJIANG UNIVERSITY PRESS
浙江大学出版社

目　录

技术建构价值——循证矫正实验研究

Contents

引　论

　　在经济转轨、社会转型、司法体制改革全面启动、各项改革不断深化的大背景下,在全面建设小康社会、中华民族走上伟大复兴的征程中,当代中国监狱的价值建构是一个不容回避的现实课题。监狱安全显然不是监狱的价值追求,只能是监狱的底线要求,现代社会任何单位与个人都需要这一底线。监狱执法是要把法院判决书上的空间与时间填满实体内容,行刑价值还是要监狱来建构。我们完全可以坚持改造人、重塑灵魂的价值理念,包括改造人的理论自信、"守法公民"的目标自信和"监管改造、教育改造、劳动改造"的三大基本手段自信,但是,监狱价值的实现离不开先进技术的强有力支撑,技术已经成为建构现代监狱价值举足轻重的力量。当前监狱工作面临着重大现实问题,突出表现为提高罪犯改造质量作为中心任务在落实过程中中心地位的丧失,解决问题的根本之道是培育发展矫正的技术体系。引入循证矫正为我所用是为了建构现代监狱价值的技术线路选择,是培育发展矫正技术体系的良机与正途。

第一节　问题分析

　　当前,监狱工作发展与进步中面临的最大问题是提高罪犯改造质量中心地位丧失。解决该问题延伸出来的是,矫正自身存在着理论与实践的脱节问题:说的与做的两张皮,靠什么去占据中心,建立起中心运营的实体呢?

一、提高罪犯改造质量中心地位丧失的现状分析

　　改革开放以来,我国监狱工作围绕如何加强罪犯改造的问题做了持续的努力,从创办特殊学校到分押、分管、分教的"三分",再到创建现代化文明监狱,再到监狱工作法制化、科学化、社会化的"三化"建设,直至后来的监狱管理体制改

革、布局调整、信息化建设,都是围绕改造好罪犯的问题而展开的,取得的进步和成效不能抹杀。从监狱工作方针——"惩罚和改造相结合,以改造人为宗旨"出发,在 2001 年 12 月召开的全国司法厅(局)长会议上,时任司法部部长张福森代表部党组明确提出:监狱工作要以提高罪犯改造质量为中心。由此以来,每年对全国监狱工作的部署都少不了对以提高罪犯改造质量为监狱工作中心任务的专门表述,但问题是自 2001 年底以来监狱工作的中心任务并没有真正落到实处,中心受干扰、受排挤的情况还相当突出,偏离中心而不是围绕中心的工作占用了更多的时间、人力、物力和资源。尽管近年来教育改造的内容进一步拓宽和丰富了,形式多样了,制度加强了,如司法部出台了《教育改造罪犯纲要》、《监狱教育改造罪犯工作目标考评办法》、《关于加强监狱心理矫治工作的指导意见》等规章制度,教育改造工作体系建设和机制保障都有了一定的加强,但是,作为中心任务的教育改造严重形式化、虚化,提高罪犯改造质量中心地位丧失的问题并没有实质性改变。

(一)提高罪犯改造质量中心地位丧失的表现

以提高罪犯改造质量为中心的中心地位偏离或游移、不牢固的表现主要有三大方面:

1.观念上中心缺位。在传统的行刑思想主导下,总认为监狱就是对罪犯实行监禁加劳役的模式,习惯上以惩罚代替教育的思维定式还很有市场。很容易把对罪犯报应复仇的一种朴素的心理、情感带到监狱的工作当中,甚至在有些监狱民警的潜意识里罪犯本质上就是天生的坏人,应该受到严厉的惩罚,他们是恶的化身,不能享受善的待遇。在这种心态下只存在着报应心态——惩罚,也就没有了教育改造的存在空间。除了上述这种罪犯只应受报应而不需要矫正的观点之外,还有另外两种典型的观念:一种是认为罪犯不能改造成人,按照龙勃罗梭的天生犯罪人的观点进行泛化,认为罪犯是不能改造的,或者是改造不好的;另外一种错误的观念是监狱改变不了罪犯,监狱的环境条件下矫正是无效的,认为监狱民警无法应对罪犯的发展变化,罪犯构成复杂化、罪犯信息观念多元化,这是随着社会多样化而来的问题,监狱警察在认知水平、专业技能上是无法解决的。监狱里的罪犯在不断地轮换,而监狱民警是"严防死守"下的人员,岗位流动少甚至沉淀,加上工作与社会接触面狭隘、环境封闭、专业培训缺少、思想观念更新跟不上社会发展,难以应对不断变化的犯情,所以也就未必有能力矫正罪犯。

2.执法上虚化中心。一方面,监狱对罪犯管理、考核、减刑、假释、行政奖励和处罚等执法环节中,在执法的指标设定与机制设置上功利性太强,容易引发罪犯的投机心理。在投机心理的驱使下,罪犯表面上唯唯诺诺甚至"积极改造",实际上内心并没有真正的转变,特别是罪犯的价值观念、社会性情感等方面留下了许许多多的隐患。文化技术教育现实指标与实际脱节的情况比较严重,上大课做样子、考核走过场、发证装门面等现象客观存在,与回归社会、立足社会的技能培训要求还有相当大的差距。集体教育定位千篇一律的电化教育,缺少现场感、针对性,没有了真实情景发生的教育主体间互动,怎么能入耳、入脑、入心呢?个别教育表面上台账做好了,因为缺少具体标准和矫正项目的支撑,灵活性的优势很容易造成实体上的效果虚化,"一把钥匙开一把锁"的针对性功能弱化,实现不了将心比心、以心换心、以心交心的教化目的。另一方面,监狱执法与矫正没有融为一体,存在两张皮的问题。按理讲,执法所有环节应有具体内容作支撑,不能为空,执法要为矫正的目标导向提供法律支持,以矫正作为自己的实体,并对矫正提出明确的标准规范技术性要求,同时充分吸纳矫正的技术性标准规范,把落实矫正技术性标准规范的具体过程与结果纳入执法的框架。但实际情形是执法重要环节对矫正的过程与结果的把握浮于表面,规范执法在程序上可以做得很到位,在实体上离精准的公平公正还有相当差距。以劳动改造为例,劳动是改造罪犯的基本手段,对罪犯劳动的考核最具普遍性,罪犯劳动产量与质量情况成为评判罪犯表现的重要依据,但是,把直观具体的罪犯劳动产量与质量和减刑、假释依据的罪犯悔改程度画等号就值得推敲了。需要深究的是,罪犯劳动产量与质量完成情况的背后,罪犯劳动观念的确立、劳动动机的端正、劳动习惯的养成、劳动技能的习得,这些矫正真正需要的指标如何测量与评估。如果没有这些指标的准确测量与评估,仅凭罪犯劳动产量与质量怎么能与罪犯悔改程度直接挂钩呢?进一步说,如果能让矫正过程与效果全面进入司法程序,确实需要建构规范而精确的矫正技术体系,当然包括矫正效果的评估技术。

3. 具体工作目标定位上偏离中心。把安全的基础性目标变为绝对的至高目标,安全的过程性目标变为终极性目标,就安全抓安全,片面抓安全,挤占或掏空了中心,而不是为了矫正抓安全。因此,为了安全不断地缩小罪犯的活动空间,限制罪犯在监区内的自由度,没有一定的自由支配时间和空间,教育的种子就不可能在罪犯心中生根发芽。对罪犯实施更多的强制性和整齐划一的管理,过多的戒备和过严的死守,只会越来越缩小罪犯真正接受教育得到教化所需要的空间(具体场景),减少受教、领悟的机会,只会增加监狱人格形成的概率,给他们回归社会、正常社会化设置了无形的障碍。监狱安全的基础地位不能否认,安全的目标导向固然重要,但毕竟安全的目标层次比较低,矫正罪犯的目标层次要高一些,否则,监狱工作的宗旨逻辑该如何演绎呢?安全的基础性、过程性目标应该是为矫正的终极性至高目标服务的。我们不能以高层次的目标为代价去实现低层次的目标,以安全为"首要任务"代替了"以提高罪犯改造质量为中心"。"首要任务"挤占了主要的警力、财力与资源,最可怕的后果是虽然确保了监狱范围的安全,但如果因为罪犯改造质量低水平而引发重新犯罪率高企,实际上导致了社会大范围的不安全。这笔账总有一天会算明白。

(二)提高罪犯改造质量中心地位丧失的原因

1.监狱法治体系的不健全。监狱法不能单单是国家管理监狱的法,矫正作为现代监狱刑罚执行的主体内容、主要载体和监狱行使职能的价值所在,理应成为监狱立法的中心。在如何体现中心,落实中心,追求中心效益的最大化上做出法律上的详细、准确规定,以制度的严密来规避现实执行中可能出现的摇摆和偏离。目前的监狱法制体系中,在落实中心工作上,在多个层次缺乏系统性和协调性。一是监狱法律体系内部组成存在矛盾和冲突,即监狱法与刑法、刑诉法的冲突,特别是减刑假释规定方面的冲突;部门规章与监狱法之间的冲突;规章之间的矛盾;会议纪要与行政规范性文件之间的矛盾。二是有关提高罪犯改造质量的行政法规,停留于部门规章的层次,由国务院制定的这方面行政法规缺乏。三是监狱法对监狱的定性是国家刑罚执行机关,还应加上也是国家矫正罪犯的机关;对教育改造罪犯的相关规定过于原则,没有相应的实施细则支撑。四是在监狱相关的制度体系的层次结构中,监狱制定的规范性文件,监狱上级机关制定的规范性文件,往往在执法实践中成为最主要的直接的现实依据,顾不上这些规范性文件对上位法的违背和偏离。制度之间的矛盾、冲突和混乱比比皆是,有关提高罪犯改造质量的制度执行的高效性、权威性、公平性和统一性被各种不同版本的行政指令、指标所代替,制度失序严重影响了提高罪犯改造质量为中心的落实和到位。五是缺乏罪犯矫正质量评估直接应用于司法程序的法律规定,如对罪犯重新犯罪可能性评估进入减刑、假释的法院裁定依据,法律应明确规定。

2.全额财政保障标准不高严重影响了提高罪犯改造质量为中心的落实和到位。2008年监狱管理体制改革后,尽管在一定程度上为监狱卸掉了沉重的自我谋生、自我发展而造成的经济困境,确实在很多方面改善了监狱的物质条件和基础装备,但是,全额保障的标准还不能满足矫正罪犯的需要。监狱发展生产、壮大经济在监狱工作中还占有相当大的比重,习惯性的强势与结构性的矛盾影响监狱职能发挥的问题还没有从根本上得到解决,监狱经济还需要弥补财政保障标准比较低的不足。经济生产组织与经济发展的目标很容易干扰中心工作的落实,监狱还不能全心全意、专心致志地履行改造人的根本职责。因此罪犯劳动还不能完全发挥它应有的改造效应,劳动异化的情况依然存在。

3.监狱专业化建设的滞后。一方面是监狱民警的职业化程度低。长期以来,由于监狱民警没有建立规范的监狱警察技术标准,实行专业人员的技术管理,没有构建监狱警察的专业分类体系和相应的培训教育机制以及相应的专业技术资源配置模式,所以监狱民警普遍地满足于"万金油"式的工作现状,专业化技能的缺乏,造成无法落实提高罪犯改造质量的中心任务。民警培训没有对口的专业培训,知识更新缓慢,人才资源缺乏,专业的职务晋升渠道堵塞,专业化的技术化的成长之路障碍重重,造成已有的人才资源的偏废、浪费,特别是矫正罪犯需要的心理学、教育学等方面的专业人才严重匮乏,专业技能普遍低下。心理咨询师尽管数量不少,但重考证、轻使用的问题相当突出,特别是缺乏专业化平台的搭建,更没有职业成长性的激励,专业技能实战不足,无法应对罪犯日益复杂的心理问题。面对罪犯构成的危险性、复杂性、多样性,监狱民警由于专业化的矫正技能不高,只能寄希望于不断加强管控力度。另一方面是监狱本体业务没有形成专业化的技术体系。监狱监管改造、教育改造、劳动改造等三大基本手段,加上近些年发展较快的心理矫治,都没有发展成一套套技术标准、操作规程,也没有规范的评估标准,严重影响了坚持以提高罪犯改造质量为中心的自信心和公信力。

　　丧失中心地位直接影响了罪犯改造质量的提高,罪犯改造质量不高的问题也表现为这些年来监狱在押犯中重新犯罪的占比不断提升。1982—1986年五年司法部预防犯罪研究所组织调查了全国137404人,年均重新犯罪率为5.19％[1];1988年全国重新犯罪率已经突破了8％的控制线,达到了8.32％,1989年为8.35％[2];1996年底全国在押犯中判刑两次以上的比重达11.1％[3]。2003年12月北京监狱管理局调查,重新犯罪的占押犯比例达20.01％[4];2006年底全国在押重新犯罪人员为23万余人,重新犯罪率为14.8％[5];2007年甘肃某监狱对在押三年刑期以下的短刑犯调查,服刑二次以上的罪犯占比达23.8％[6]。根据近年东部沿海几个省的统计,在押犯中重新犯罪的比例均在20％以上。上述在押重新犯罪人员比重不断上升的数据表明,偏离教育改造为中心,已经造成了严重的社会后果,严重影响了社会公共安全和社会文明进步,亟须扭转这种不良趋势。

①李均仁主编:《中国重新犯罪研究》,法律出版社1992年版,第40页。
②翟中东:《国际视域下的重新犯罪防治政策》,北京大学出版社2010年版,第502页。
③李君伦:《转换观念、预防控制重新犯罪的上升趋势》,《犯罪与改造研究》1998年第5期。
④北京市监狱管理局重新犯罪课题组:《北京市在押犯重新犯罪情况的调查研究》,《中国司法》2005年第6期。
⑤姜伟人:《关于监管改造工作首要标准的思考——以上海刑释人员重新犯罪为例》,《中国监狱学刊》2009年第3期。
⑥姜润基、李天权:《浅谈短刑犯改造的科学性》,《监狱理论研究》2007年第6期。

二、提高罪犯改造质量中心地位确立的根本举措是建构矫正的技术体系

针对上述提高罪犯改造质量中心地位丧失的问题和原因分析,无论是从法律层面、制度层面上来解决问题,还是从监狱民警职业化建设视角来解决问题,都是很有必要的。

从监狱的法律体系上来保障以提高罪犯改造质量为中心的落实到位是必要的。要建立科学文明、公正的刑罚执行权力分配机制,严格规定、限制惩罚性权力的使用,鼓励更多地使用报偿性的权力,积极推行人性化的管理体制和人文关怀式的教育机制,充分激励罪犯自我矫正的内在动力。健全和完善刑罚执行信用监督机制和评估体系,促进公平公正执法的落实到位。从完善罪犯考核奖惩制度入手,把罪犯考核奖惩制度提高制度的层级,上升到国家法律层面,公开考核奖惩制度的程序,以程序的公正保证公正执法,深化狱务公开,为提高罪犯改造质量开辟新的途径,畅通法律通道。细化科目,建立按矫正项目份额预算拨付制度,加强矫正经费的财政保障。通过制度的完善确保监狱主要领导、主要精力、主要时间都围绕罪犯改造质量这个中心来运转,实现监狱职能的切实转变,回归现代监狱的价值本位。

要切实加强民警队伍的矫正罪犯所需的专业化建设。按照矫正罪犯的职业化标准,严格建立职业准入制度,不断提升矫正罪犯的专业标准。改革人事制度,实行矫正相关的专业性分工和专业化的岗位配置,彻底打破全能型的岗位分配模式,严格细化矫正岗位的分类标准,分类管理。对担任矫正罪犯任务的岗位民警进行系统培训,按照专业的矫正技能要求进行实战演练,不断提高矫正技能。

但是,从制度层面解决和从队伍专业化层面解决都只是必要条件,不是充分条件。充分的解决方法只有一个:构建并运行矫正技术体系,形成并落实针对罪犯矫正的全套方案和技术标准。因为制度仅仅搭了一个平台或修了一条路,它完全有可能空转,形同虚设,而队伍的专业化建设也仅仅培养了能做专业技能工作的人,也完全可能空怀绝技而无用武之地,只有培育发展一整套像医生看病、学校教师组织教学一样的罪犯矫正技术体系,才能使制度实施和队伍专业化建设不落空。矫正罪犯作为一项复杂的技术体系应确保其正当性,必须遵循公正公平的法理经纬,倾注更多的人文、人性、人道因素,形成价值理性和工具理性的融合统一。彰显其有效性必须遵循科学实证的理念,按照技术的发展规律和标准规范实施每个环节,直至完整过程。矫正罪犯有效的确定性完全依赖技术的适切性、系统性、规范性当中表现出来的科学程度。非常遗憾的是,中国至今在改造罪犯的实践上,有很多非常成功的方法、手段和经验,但没有一项经过持续

培育、发展为具有完整规范标准和效用明确可量化评估的矫正技术体系。因此，只能学习、借鉴国外比较成熟的先进技术体系。循证矫正作为一个矫正罪犯的技术体系，系统方法的架构是完整自主的，也是开放的，完全可以按照技术的思维、技术的逻辑进行自我的发生、发展、更新迭代和正常运转，这是一项技术体系本身所具有的生命力所决定的。

总之，提高罪犯改造质量中心地位确立的根本举措是建构矫正的技术体系，通过矫正技术体系的运作来创建现代监狱的深厚价值。循证矫正是矫正技术体系的一种不可或缺选项。

三、矫正技术体系的确立必须融相关理论与实践于一体

法国科学家狄德罗主编的《百科全书》给技术下了一个简明的定义："技术是为某一目的共同协作组成的各种工具和规则体系。"一般说来，科学的使命是认识和解释世界，技术的使命是改造世界，技术是从科学到具体实践的中间环节，是把科学理论转化为生产力的桥梁，实践经验和科学原理是技术的来源。技术在本质上取决于人们的需要，并满足其需要。技术之所以不同于科学就在于技术是为了满足人需要的人的行动方法。技术是有目的的，是以人为本的，技术的价值也正在于此。没有目的，技术就不成为技术了。日常实践活动大多聚焦在实际经验，科学则更关注理论研究，而技术则介于两者之间，并把理论与实践融汇一体。技术的基本特性决定了监狱矫正技术体系的确立有一个根本性的前提条件，就是必须逾越矫正理论与矫正实践相分离的鸿沟，超越两者分崩离析的状态，充分运用技术思维，按照技术有效运行的规律要求融合矫正理论与矫正实践于一体。

在目前的监狱矫正工作现实中，矫正理论和矫正实践被区分开来，变成自成系统的两块。把矫正实践看作是具体的操作行为，把矫正理论当作对矫正存在或现实的反映，是对矫正运行的客观规律的认识，实践是对理论提供的操作方法的运用，矫正理论是矫正实践操作方法的总结，必须对具体的矫正的实际运作过程发挥指导作用才有价值。这样，矫正理论被当作对教育改造罪犯现象的科学认识范畴，而矫正实践属于矫正过程的操作范畴，因此矫正理论可以完全彻底地反映矫正现象，而矫正实践活动就是通过运用矫正理论控制矫正过程，从而实现矫正的生产性的目的。这样来理解矫正理论和矫正实践的关系实质上掩盖了矫正活动的价值和伦理特征，忽视了矫正实践本身具有的目的性与形成性。在根本区别上，抹杀了矫正实践与一般的生产劳动的明确界限，非常容易引导矫正实践走上歧路。在过去，矫正实践存在严重的政治模式，这种政治模式把矫正实践看作是服务于阶级斗争的工具，服务于经济增长的工具，或者是另外一种特殊的

意识形态的传播或灌输的工具。比如罪犯道德教育的虚空化,把道德教育目标提高到普通公民以上的水准,完全脱离罪犯的生活实际。政治模式把罪犯矫正看成是隶属于某种狭隘的政治目标的实践,对矫正进行政治控制,通过对某些政治话语的解释,对具体矫正实践的指导,把矫正实践变成政治生态的注解,在政治形态的实践模式中既存在对矫正理论的限制与贬抑,也存在对矫正实践的误导与扭曲。实际上这种矫正本身的工具化和人的工具化并不符合我们对于人性的理解,不符合我们对于矫正的理性判断,不符合矫正作为一种行刑价值存在与人性的本质关系。"忽视罪犯本身的特点与实际需求,不重视罪犯在教育改造中的主观能动作用和参与性;以泛政治化的思想理论和文化技术常识为主要内容的'三课教育',体系陈旧,内容过时;管理、教育、劳动三大改造手段过于宏观和笼统,大而不当,难以把握,作用效果难以评估;主要是民警讲、罪犯听的单边强制性的灌输式、填鸭式教育,内容单调而空洞,观念落后,缺乏行之有效的教育改造手段和载体;专业化层次浅显,技术含量低,未能较好地吸收教育学、心理学、社会学、犯罪学等学科先进理论和研究成果;一些教育改造活动的组织实施未能遵循甚至违背了矫正的内在客观规律和作用原理,华而不实,浮在表面;等等。"[1]矫正中存在的表面化而非本质化、经验型而科学型、低效益而非高效益等方面的问题都是比较突出的。作为矫正的理论研究者、矫正师和矫正管理者,普遍对矫正效果的自信心不足,对矫正能不能真正产生效果持怀疑态度。平时普通矫正师只凭经验操作矫正实务,对矫正理论学习一般都浮于表面,以满足于考证、晋级为限,没有系统学习、实践先进的矫正技术。矫正管理者普遍对矫正理论研究表示不满,总认为矫正理论研究是虚空化的、思辨式的,对实际工作没有多大指导作用,甚至明显对矫正理论研究表现出不屑一顾的态度。

矫正理论研究确实是问题比较多的,因为严重与矫正实践相脱节,只顾思辨式的、演绎式的理论研究,习惯于在书桌上完成理论研究的任务,而没有去搞耗时费精力的实证研究、定量研究,呼应重大现实问题只是投机式地写在纸上,而没有落实在行动上——所有这些在本质上是刻意回避现实重大关切,是当前矫正理论研究存在的最大问题和短板。在这次启动循证矫正的技术系统以来,目前理论界还拿不出一个有说服力的、有规范操作、具有高级别证据的矫正项目,实在是中国矫正理论界的悲哀。在当下的循证矫正研究中,有些同志对循证矫正的理解还是限于理论研究的状态,没有把它提升为矫正理论与实践一体化操作的认识论、方法论、实践论范畴,没有把循证矫正的项目研究作为证据生产的

---

[1] 周勇:《矫正项目:教育改造的一种新思路》,《中国司法》2010年第4期。

主要方法和核心价值所在来认识，所以产生了很多偏颇不当的认识。比如有些理论专家在自己没有进行实践的情况下就来指责定量研究的短处，来分析实证研究作为方法论的缺陷，甚至把循证矫正的技术引进与否定我国改造罪犯制度相联系，表现了监狱学作为学术研究的不严谨、不理性、不成熟。

总之，目前监狱工作中矫正理论与实践相分离现象相当严重，由此带来的后果也非常明显。建构监狱工作的新常态，凸显监狱的本体职能和应有价值，必须积极采信现代化的矫正技术体系打破理论与实践相分离的僵局。循证矫正则是一套充分融合理论与实践为一体的矫正技术体系，完全能够成为落实提高罪犯改造质量为中心任务的强有力工具。这是由循证矫正的技术特性决定的。

第二节　循证矫正综述

简言之，从行业上看，循证矫正借鉴了外部行业的成功做法，从 20 世纪 70 年代末 80 年代初兴起的循证医学中进行移植；从地域上看，循证矫正首先发端于北美地区；从监狱矫正本身发展轨迹看，循证矫正是对 1974 年美国社会学家马丁逊发布"矫正无效"报告后做出的矫正有效性的确切回应；从重要时间节点上看，西方发达国家的矫正项目随教育刑思想而兴起，其历史由来已久，只是在循证的理念下相关技术升级换代，矫正项目的干预技术、干预量和程序不断完善。道德认知矫治项目（Moral Reconation Therapy，MRT）于 1979—1983 年在美国联邦孟菲斯监狱进行实验。理性化矫治项目（The Reasoning and Rehabilitation Programme）于 20 世纪 80 年代在加拿大、美国、英国、新西兰、澳大利亚、西班牙、德国等国家推广使用。加拿大的安德鲁博士和博塔博士于 1995 年设计并推出了用于罪犯危险性评估的水平评估量表（LSI-R 量表）（也称第四代量表，第一代量表实践于 20 世纪 50 至 70 年代，第二代量表产生于 70 至 80 年代，第三代量表产生于 90 年代初，第四代是在第三代的基础上修订的），并于 1998 年提出了有效矫正的五项原则（危险原则、矫正需要原则、对应原则、整体性原则、专业性原则）。强化的思维技能项目（Enhanced Thinking Skills）和思维第一项目（Think First）于 1996 年通过了英国监狱局的认证，1999 年 4 月英国推广使用了犯罪人危险评估系统（OASys）。至此说明循证矫正已经建构并实际运行了完整的技术体系。目前，"国际社会已经发展了一套罪犯矫正工具，从类型上看，有认知行为类矫治项目、社会交往技能类项目、情绪控制类项目、家庭治疗、生活能力帮助类项目；从适用对象看，有针对性犯罪的矫正项目'套餐'，有针对暴力型罪犯的矫正项目'套餐'，有针对毒品犯罪的矫正项目'套餐'"①。矫正项目在罪犯危险性和矫正需要评估等技术的支撑下,循证得到了越来越多的证据支持,矫正针对性和有效性不断提高,在降低罪犯重新犯罪率方面发挥了越来越大的作用。目前我国已经完成了循证矫正相关的理念、架构、技术引入工作,理论梳理在争议中前行,已越来越清晰,实质性运作在司法部推动下已经走上本土化轨道,试点工作成效明显,主要问题是作为循证矫正核心的矫正项目研发和实验的重点不够突出。

一、循证矫正的框架

(一)循证矫正的概念

对循证矫正概念表述,多数人仅作望文生义式的一般描述,对内涵边际的界定并不深究。通常的表述是:循证矫正,本意是"基于证据的矫正",其核心是遵循研究证据进行矫正实践,强调罪犯改造的科学性和有效性②。这种表述是非完整、周全的。其他有代表性的表述分别为:

宋行、朱洪祥主编《循证矫正理论与实践》一书的表述:"循证矫正是矫正工作者遵循循证实践原理,运用相应专业知识与技能,针对矫正对象的具体情况、个别化犯因和矫正意愿、寻找、筛选并基于有效的事实和最佳的证据,整合矫正资源和技术手段实施的消除现实危险和再犯罪或再违法的可能因素的矫正活动。"③这个概念表述文字不够简洁,对循证矫正以"矫正活动"定性显然不够周全,矫正活动是矫正项目里的系列活动,同时矫正活动中是技术贯穿到底的。

王平、安文霞提出的概念为:"循证矫正是指在矫正领域内、实践者在所研究的证据中,遵循最佳证据原则,结合实践者个体矫正实验,在矫正对象的配合下,针对矫正对象犯因性特点,开展高效矫正的一系列矫正活动。"④概念回避了循证矫正的核心是矫正项目,循证是贯穿整个过程的方法,在本质上是技术。

周勇提出的概念:"循证矫正(Evidence-based Correction),本意为'以证据为基础的矫正',引申为'遵循证据进行矫正',即矫正系统应根据科学有效的证据来进行评估、分类、管理和教育等各种矫正活动。"⑤这种表述也回避了循证矫正的运作实体是矫正项目,回避了循证矫正是一套技术体系的本质。

---

① 翟中东:《国际视域下的重新犯罪防治政策》,北京大学出版社 2010 年版,第 331 页。
② 夏苏平、狄小华:《循证矫正中国化研究》,江苏人民出版社 2013 年版,第 1 页。
③ 宋行、朱洪祥主编:《循证矫正理论与实践》,化学工业出版社 2013 年版,第 1 页。
④ 王平、安文霞:《西方国家循证矫正的历史发展及其启示》,《中国政法大学学报》2013 年第 3 期。
⑤ 周勇:《循证矫正的理念、方法与价值》,《中国司法》2015 年第 7 期。

管荣赋、徐肖东、李凤奎提出的概念是："循证矫正，是监狱遵循循证实践的基本理念和原则，针对罪犯犯因性问题和矫正需要的差异，结合矫正工作者的专业知识和技能以及矫正实践经验，采取项目化矫正方法和路径，达到最大限度地节约矫正资源和降低重新犯罪率为目的的一项专门矫正活动。"①这个概括缺少了对循证矫正的技术体系的本质定性。

在循证矫正的发展过程中，较早提出循证矫正概念的人是麦肯齐（Doris L. Mackenzie），她是《预防犯罪：什么有效、什么无效、什么有希望》报告的撰写人之一，在2000年提出了"循证矫正"这一概念：运用科学的证据来明智地进行罪犯矫正决策，并对矫正项目进行效果评估②。麦肯齐所提概念产生的背景是1997年出台的前述报告，这个报告是依据矫正项目实验的科学规范程度对500多个矫正项目按照5级计分标准进行评估的结果，评估是对矫正项目实验的技术严谨程度的划分。由此推断，循证矫正从根本上遵从了实证研究的西方传统，在本质上就是依从最佳证据进行的矫正项目实验。由此，我们提出如下概念表述：

循证矫正是根据罪犯危险性与矫正需要的精确量化评估、采用最佳证据进行决策、实施矫正项目为单元的实验技术体系和活动。以实验技术体系和矫正项目活动为"循证矫正"定性。既然是"实验"与"活动"，有效性是其目标追求，操控干预是其手段，评估贯穿全程，评估结果充分量化，这些自然是"实验"规范中的应有之义（具体参见本书第一章）。

（二）循证矫正的原则

1998年，加拿大学者安德鲁斯（D. A. Andrews）与博塔（J. Bonta）就如何使矫正有效（有更好的效果），提出以下五项原则③：

1. 风险原则（The Risk Principle）。所谓风险原则，是指矫正需要根据罪犯的风险程度进行。罪犯风险性越大，矫正机构及矫正师对罪犯采取的矫正干预力度也就越大；罪犯风险性越小，矫正机构及矫正师对罪犯采取的矫正干预力度也就越小。风险性主要是指罪犯重新犯罪的可能，但是也包括实施暴力、脱离监控的危险。根据这一原则，矫正机构要对罪犯的风险程度进行系统精确的评估。通过评估来预测再犯风险，既评估静态因素，又评估动态因素，从多维度采样，如犯罪历史、教育/就业、家庭/婚姻、同伴、酗酒/吸毒问题等等，把罪犯风险评估与罪犯管理相配套。

2. 矫正需要原则（The Needs Principle）。矫正要考虑罪犯的矫正需要，矫正

①管荣赋、徐肖东、李凤奎：《循证矫正项目》，江苏凤凰教育出版社2014年版，第1—2页。
②转引自张崇脉：《当代美国循证矫正及其启示》，《中国刑事法杂志》2013年第6期。
③翟中东：《矫正的变迁》，中国人民公安大学出版社2013年版，第295—298页。

需要不同,矫正内容与方式应当有所不同,矫正项目也不同。对罪犯进行干预的范围很大,所以与罪犯重新犯罪相关的因素都可以作为干预对象,但是,只有对与罪犯重新犯罪相关的重要因素进行干预,要考虑罪犯动态的因素,如反社会认知、反社会情感、犯罪前态度与价值观、物品滥用等,才可能有显著的效果。

3. 对应原则(The Responsivity Principle)。这一原则关注罪犯与项目之间的关系,力图使矫正最适合罪犯。根据这一原则实施矫正要注意:第一,了解罪犯的基本情况。第二,选择对应的矫正项目。第三,是否在矫正师与罪犯之间可以形成互动的关系。社会学习理论指导下的认知行为疗法比非组织的、非指导的方法更为有效。干预应该以与罪犯的能力和认知方式保持一致的策略加以实施,应当考虑到诸如性别、文化、种族、人际关系敏感度、焦虑和语言能力等因素。

4. 整体性原则(The Integrity Principle)。这一原则要求矫正项目具有整体性,是一个具有独立功效的干预措施集成,要有清晰完整的结构。

5. 专业性原则(The Professional Principle)。罪犯矫正具有专业性,矫正机构对罪犯所开展的矫正项目应当由专业机构支持、实施,项目要由接受过训练的专业人员完成。

(三)循证矫正的步骤与技术体系

一般认为,循证矫正的方法包括实施步骤和技术体系两方面。循证矫正的实施步骤一般由五个 A 组成:(1)提出问题(Ask),矫正师发现和明确要解决的问题;(2)获得证据(Access),矫正师通过文献检索等方法全面查找,找到解决这一问题的所有证据;(3)评价证据(Appraisal),矫正师对检索到的所有证据的科学性、有效性、适用性、可操作性、经济性等做出评价,从而找出适合解决这一问题的最佳证据,根据最佳证据设计矫正项目实验;(4)应用证据(Apply),结合矫正师自身的经验,遵循最佳证据实施矫正项目、操控实验;(5)后效评估(Assess),对遵循最佳证据开展的矫正项目实验效果进行总结、做出评估。本轮矫正项目实验经评估后,便成为下一轮循证矫正项目实验的一项新证据。

循证矫正的技术体系围绕证据在矫正项目实验中展开,主要包括证据分级评价技术、证据生产技术(如随机对照实验、系统评价、元分析、证据数据库)、证据使用技术(如文献的检索、查询、评鉴、应用)[①]、现代实验技术(如实验设计、实验操控、实验评估与分析技术)、矫正干预技术(如心理干预、认知干预、生理干预、社会关系干预)、项目设计与实施技术等。循证矫正的技术体系关键在矫正项目实验的设计与干预技术的操控,基础在循证。

---

① 周勇:《循证矫正的理念、方法与价值》,《中国司法》2013 年第 7 期。

以矫正项目实验的科学性程度来确定循证矫正的证据等级,作为衡量矫正项目有效性的标准,这是马里兰大学谢尔曼(Lawrence W. Sherman)为首的团队的创举。从中我们可以窥视循证矫正技术体系运用的大致要求。谢尔曼等人从研究设计、研究问题的选择、样本大小、样本缺损、统计分析、统计控制等方面来考量一项评估研究其研究方法的科学严谨程度。不同等级的评估研究在研究方法上具有以下不同的特征:1级:这些研究虽然表明矫正项目与罪犯的重新犯罪之间具有某种相关性,但是通常都没有对照组;2级:对照组与实验组初始差异大,而且在统计分析中没有变量来体现实验组与对照组之间的初始差异,虽然矫正项目与罪犯的重新犯罪之间存在一定的因果关系,但是无法排除很多别的解释因素,因此存在很大的局限性;3级:这类评估研究建立2个或2个以上的组别进行比较,一组实施矫正项目,另一组则没有,在研究设计和统计分析方面,与建立标准的实验组和对照组具有合理的相似性;4级:这类研究明确包含实验组与对照组,对照组有相关控制因素,与实验组稍有差异;5级:这类研究符合研究设计的"黄金标准",例如随机抽样,对照实验,比较分析,控制样本缺损等。谢尔曼等人认为,列为1级的评估研究,不可采信,不能作为矫正决策的依据;而达到5级的评估研究为数不多,因此,如果有2项或2项以上的3级或4级评估研究获得比较一致的结论,相比较而言,具有证据优势,可以作为矫正决策的依据①。上述中的"评估研究",实际是指矫正项目实验的研究,实验研究越规范,其评估所得证据越可采信。靠什么来规范?靠的是矫正项目实验相关技术的全面运用。

二、循证矫正的引入

21世纪初,循证矫正开始进入中国大陆的视野,而台湾、香港地区比大陆要早一些。周勇在中国大陆是最早公开推介循证矫正的学者,他对循证矫正的基本理念、方法、分类、价值、运转实体(矫正项目)和本土推进都进行了认真思考。2003年,他发表《加拿大罪犯矫正项目概述》,从矫正项目的视角首次触摸到了循证矫正的内核,在重点介绍了教育项目、"对位"项目、性犯罪罪犯矫治项目、暴力预防项目、生活技能项目等五个矫正项目的基础上,建议我国借鉴加拿大矫正项目"内容全面、系统"、"方法科学、先进"、"操作规范"等优点,"大力加强罪犯教育改造科学化的建设"②。2009年12月,周勇、张灵的《初论矫正项目》在前文的基础上,着重论述了矫正项目的发展状况、概念与作用、组成要素、研发与实施、评价与借鉴,特别是对组成矫正项目的名称、目标、对象、工作原理、干预方式、课程

---

① 转引自张崇脉:《当代美国循证矫正及其启示》,《中国刑事法杂志》2013年第6期。
② 周勇:《加拿大罪犯矫正项目概述》,《中国监狱学刊》2003年第2期。

进度安排、关键要点、考核评估、备注说明 9 个要素的阐述,并以暴力预防矫正项目为例作进一步说明,为矫正项目画出了比较清晰的轮廓①。2010 年第 4 期《中国司法》发表了周勇的《矫正项目:教育改造的一种新思路》,在前文的基础上,阐述了矫正项目的科学性、专业性、多学科性、规范性、整合性、开放性等六方面特征,认为"矫正项目及其理念做法比较符合我国罪犯教育改造工作当前实际需要与未来发展方向,是教育改造罪犯的一种积极有效的新思路",着重论述了推行矫正项目的必要性。他在 2013 年第 7 期《中国司法》上发表《循证矫正的理念、方法与价值》,重点阐述了循证矫正的基本理念、实施步骤、证据分级评价和六种证据生产技术(随机对照试验、系统评价、元分析、马里兰科学方法评分法、指南标准、证据数据库),并把循证矫正与传统矫正进行了差异比较。2014 年第 1 期《中国司法》刊登了他的《循证矫正若干问题探究》,认为"循证矫正的本质是指在矫正实践中要应用现代循证理念及其方法论,即应寻找并遵循现有最佳的证据(观念、方法、手段、措施等)来开展矫正活动",循证矫正具有渐进性、相对性、开放性、融合性等基本特征,根据现代循证理念及其方法论在矫正活动不同环节上的应用,循证矫正可以划分为循证评估、循证分类、循证教育干预、循证管理等类型。根据现代循证理念及其方法论在不同类型罪犯矫正活动中的应用,可划分为暴力犯循证矫正、抢劫犯循证矫正、盗窃犯循证矫正、过失犯循证矫正、性犯罪罪犯循证矫正、顽危犯循环矫正等类型。根据现代循证理念及其方法论在罪犯不同方面矫正活动中的应用,可划分为文化知识循证矫正、法制观念循证矫正、犯罪恶习循证矫正、药物滥用循证矫正、暴力倾向循证矫正、生活技能循证矫正、职业技术循证矫正等类型。他主张开展和实施循证矫正是对过去成功经验和有效做法的继承和升华,而不是对以往工作的全盘否定,循证矫正本身也需要"循证",注重本土化。

对西方循证矫正的遵循原则、罪犯危险性与矫正需要评估工具、矫正项目等运作实体推介最多、最具体、最系统的是翟中东教授。2010 年 1 月由北京大学出版社出版的《国际视域下的重新犯罪防治政策》,2013 年 9 月由中国政法大学出版社出版的《社区性刑罚的崛起与社区矫正的新模式——国际的视角》,2013 年 10 月由中国人民公安大学出版社出版的《矫正的变迁》,他在三本书中分别用一至两章的篇幅详细介绍并评述了国外危险性和矫正需要评估的主要评估方法与具体量表、各类重要的矫正项目,对循证矫正的基本理论、框架也花了不少笔墨,并从不同的角度提出我国借鉴先进矫正技术的建议,主张对罪犯进行危险评估

① 周勇、张灵:《初论矫正项目》,《河南司法警官职业学院》2009 年第 4 期。

和矫正需要评估,发展矫正项目。他认为:"循证矫正的核心是矫正项目,基础是循证,所以,循证矫正的基本实践表现是:在循证基础上构建'矫正项目';对所建构的矫正项目进行认证;将经过认证,即具有好的矫正效果的矫正项目付诸实践。"[1]"在矫正项目的设计中,循证是保证矫正项目的有效、高效的基本机制。""循证的基本意义就在于保证矫正项目的有效性。经过循证的矫正项目意味着有证据证明该项目能够有效地矫正服刑人员,使用经过循证的矫正项目意味着该项目能够降低服刑人员的重新犯罪率。"[2]

另外比较早的推介有:2004 年中国轻工业出版社出版《国外罪犯心理矫治》,作者吴宗宪介绍了循证矫正的相关情况;同年 8 月黄兴瑞的专著《人身危险性的评估与控制》由群众出版社出版,该书介绍了国外罪犯危险性评估与控制的情况,发布了研发罪犯人身危险性评估工具的思路、过程与成果;2006 年 1 月,英国 Clive R. Hollin 主编、郑红丽翻译的《罪犯评估和治疗必备手册》由中国轻工业出版社出版,该书比较系统地介绍了各类罪犯评估和治疗的理论与方法;2009 年知识产权出版社出版由杨诚、王平主编的《罪犯风险评估与管理:加拿大刑事司法的视角》,比较全面介绍了加拿大对各类罪犯进行风险评估、风险管理的情况。

杂志中最集中发力推介的是《犯罪与改造研究》。仅 2012 年,在几个月时间里,该刊刊发有关循证矫正的文章有:张桂荣、司绍寒、陈静编译的《美国循证矫正实践的概念及基本特征》(第 6 期),郭健的《美国循证矫正的实践及基本原则》(第 7 期),张桂荣、赵雁丰编译的《循证原则在监狱矫正中的实践与应用》(第 8 期),葛向伟编译的《成年犯矫正项目循证研究——如何有效降低重新犯罪率》(第 9 期),朱洪祥的《基于循证实践理念的罪犯个别化矫治教育逻辑范式重构》(第 10 期),张庆斌的《循证矫正与矫正质量评估比较研究》(第 12 期)。

通过上述引入动作,循证矫正的技术体系概貌得到了展现,开阔了矫正工作的视野,为监狱民警的专业化指明了一条崭新的道路。但是,人们对相关技术的理解一时褒贬不一,消化更需一个长期的过程,现实的前景并不令人乐观。

三、重大组织推动

2012 年 4 月,在全国监狱局长培训班上,司法部提出了积极探索中国特色的"循证矫治"方法的工作要求。

2012 年 9 月 16—19 日,司法部预防犯罪研究所主办、江苏司法厅和江苏省

---

[1] 翟中东:《矫正的变迁》,中国人民公安大学出版社 2013 年版,第 272 页。
[2] 翟中东:《社区性刑罚的崛起与社区矫正的新模式——国际的视角》,中国政法大学出版社 2013 年版,第 264—265 页。

监狱管理局协办举行了"循证矫正方法及实践与我国罪犯矫正工作研讨班",时任司法部副部长张苏军代表司法部讲话,认为目前"教育改造罪犯的手段比较单一,方法比较陈旧,尤其缺乏有量化实证数据支持的有效矫正项目和方法措施",阐述了循证矫正的概念和开展循证矫正的必要性和重要性,提出了开展循证矫正的思路,部署了全国的试点工作。①

2013 年 4 月 17 日,司法部召开了循证矫正研究与实践科研项目领导小组第一次会议,张苏军副部长在会上讲话,他认为"循证矫正的引入和推行将会给矫正理论研究和矫正工作实践带来一场根本性的变革",阐述了开展循证矫正研究和实践的意义和基本设想,部署了全年项目研究和试点工作的主要任务,要求加强项目的组织实施。②

2013 年 9 月 13 日,张苏军副部长约见了"循证矫正中国化研究"课题组成员,并发表了讲话,他认为"整个中国法学界的研究方法都是思辨性的研究、规范性的研究、注释性的研究,缺少实证研究","循证矫正是实证研究的一个新的发展方向"。特别强调"循证矫正是一项专业性工作,不是强制性的行政推动","十年之内能在中国的矫正领域把这项工作开展起来,把循证矫正作为一项正常性的工具在使用,我就心满意足了"。③

2013 年 11 月 12—15 日,司法部在西安举行循证矫正和循证戒治研究与实践骨干民警培训班上,张苏军副部长作了讲话,他总结了循证矫正试点工作,布置了下一步任务,强调"开发本土化矫正项目和工具是循证矫正重要的基础工作,也是一项长期、艰巨的工作","矫正项目和工具的开发必须规范化和科学化"。④

2014 年 1 月 6—7 日,中国政法大学与浙江警官职业学院联合举办了"循证矫正与再犯风险评估"高端培训班,顶尖专家邦塔博士讲授了"加拿大再犯罪风险评估工具的发展与应用",著名的莱特萨教授讲授了"通过循证实践设计更有效的矫正项目",杨波、黄兴瑞、张庆斌、杨国强等专家也在班上交流了各自的研究项目进展和听课体会。

2014 年 3 月 21 日,司法部召开了循证矫正研究与实践科研项目领导小组第

---

① 张苏军:《在循证矫正方法及实践与我国罪犯矫正工作研讨班上的讲话》,《犯罪与改造研究》2013 年第 1 期。

② 张苏军:《在循证矫正研究与实践科研项目领导小组第一次会议上的讲话》,《犯罪与改造研究》2013 年第 8 期。

③ 张苏军:《坚持统筹兼顾、整体推进、探索循证矫正中国化道路——张苏军关于〈循证矫正中国化研究〉的讲话摘要》,《犯罪与改造研究》2013 年第 12 期。

④ 张苏军:《在循证矫正和循证戒治研究与实践骨干民警培训班上的讲话》,《犯罪与改造研究》2014 年第 4 期。

二次会议,张苏军副部长在会上讲话,明确要着力做好以下五个方面的工作:一是继续深化循证矫正理论及方法研究,进一步拓展研究领域,归纳梳理项目实施以来有关研究成果。二是积极探索专业培训的新渠道、新方法,论证开发出一套适合我国国情的循证网上培训课程,并在项目实施过程中培训业务骨干。三是继续推进项目与工具的开发与试验,研发、积累各类证据,提高循证矫正科学化水平。四是着手进行循证矫正证据库的框架设计。五是认真做好项目总结与相关评估工作。①

我们完全可以说,司法部推进循证矫正试点工作的力度是空前的,方法也得当,不搞行政推进,而是运用专家组项目研究、骨干培训等方式进行,符合技术体系建构的规律和要求,开了一个不求轰轰烈烈、但求实效的良好开端。但是,技术的培育有一个长期的过程,如何持续发力、保持技术的延续成长,避免以往的虎头蛇尾式的宿命? 问题已经摆在人们面前。

四、理论梳理与本土化研究

(一)循证矫正的专著

最早以专著形式对循证矫正进行系统全面介绍、理论梳理和本土化研究的是《循证矫正中国化》和《循证矫正理论与实践》,对循证矫正进行了较为系统的理论解读,对循证矫正相关的推进发挥了作用。

《循证矫正中国化》出版于 2013 年 9 月,在时间上是最早的,理论见地比较深刻。该书体系宏大,分国外循证矫正考察、循证矫正的中国化研究、循证矫正的监狱实践等三编共 18 章。书中对循证矫正的解读、中国化的路径研究和对抢劫犯、盗窃犯、短刑犯、累犯、危险犯等五类罪犯进行循证矫正的过程梳理令人印象深刻。如张发昌执笔的第九章,他对矫正目标的演变概述符合历史进程,对循证矫正目标定位的多维度分析,特别是对循证矫正目标的分类与分解、犯因性分类的论述,对循证矫正的实体起步具有指导意义。又如张发昌执笔的第十一章,他对循证矫正中国化路径的分析与提示、中国化的模式思考系统全面、客观务实,具有现实操作性。他认为循证矫正的探索路径,全国层面要从理论学习与经验借鉴、统筹规划与科学指导、局部试点与本土化开发、建库扩容与网络体系建设等步骤来进行;省市或监狱层面,则要从普及知识与培训骨干、试点先行与榜样示范、突出特色与信息化处理、机制完善与专业化建设等举措加以落实。他把中国循证矫正的模式分解为证据生产、证据运用和工作推进等三部分,把证据生

---

① 张苏军:《在循证矫正研究与实践科研项目领导小组第二次会议上的讲话》,《犯罪与改造研究》2014 年第 6 期。

产模式分为原始研究和集成研究,认为原始研究就是随机对照试验研究和非随机对照试验研究,证据运用模式在形式上分为个案式、对比式、项目式,比较多地表述了循证矫正的技术运作。①

《循证矫正理论与实践》一书整个体例不同于《循证矫正中国化研究》,全书主要是从循证矫正的过程角度进行系统理论论述、技术方法梳理,对循证矫正的对象评估、效果评估和信息系统的建设进行了专章论述,特别介绍了自己研发的有关评估量表,技术操作层面落墨较多。②

出版时间靠后半年的是江苏省未成年犯管教所管荣赋、徐肖东、李凤奎编著的《循证矫正项目》。该书对循证矫正项目的内涵、体系构建、实施与管理进行了概述,重点是按认知、情绪情感、意志、行为、社会功能等六大分类,编制了33个矫正项目,对每个项目的适用对象、实施条件、实施计划(主要是矫正目标、干预方法与课程安排)、验收评估、相关知识链接进行编排。该书对研发矫正项目具有参考价值。③

(二)循证矫正的论文

1.关于循证矫正的模式研究。连春亮认为循证矫正是新型的矫正模式,"是对传统罪犯矫正模式的优秀特质的继承、发展和整合,更是区别于传统罪犯矫正模式的重新探索和华丽蜕变,把新的理念、实践框架、行为规则、思维模式与技术规范注入传统罪犯矫正模式,使之具有了新的活力因子,整个矫正样态呈现出不同于以往的文化特质,是对传统罪犯矫正模式的质的超越"。④他还认为,"人本主义思想是循证矫正的内在动因,而实证主义思想则是循证矫正的价值追求和外显形态",循证矫正的内在机理在于循证决策遵循科学精神、矫正方案界定参与者的"权力边界"、以矫正效果为价值取向、把科学精神作为文化特质。⑤张庆斌认为我国成功的改造罪犯的经验和方法、现有的改造罪犯的做法,如何与循证矫正有机结合,在循证的视野下进行科学的改造,使之更加符合循证矫正的证据的要求,能够成为改造罪犯的最好的证据,从而最有效地达到改造罪犯的目的。建立中国的循证矫正模式与体系,需要在充分了解西方循证矫正的原则、方法和体系的基础上,从中国的实际情况出发,符合我国改造罪犯的规律。我国监狱循证矫正模式的构建,既需要研究循证矫正的内在实质性内容,又需要对满足循证矫

①夏苏平、狄小华:《循证矫正中国化研究》,江苏人民出版社2013年版。
②宋行、朱洪祥主编:《循证矫正理论与实践》,化学工业出版社2013年版。
③管荣赋、徐肖东、李凤奎:《循证矫正项目》,江苏凤凰教育出版社2014年版。
④连春亮:《论循证矫正的谱系谫证》,《犯罪与改造研究》2013年第9期。
⑤连春亮:《循证矫正的思想实质和内在机理研究》,《犯罪与改造研究》2014年第8期。

正实施的组织发展和监狱文化进行研究,从而保证循证矫正可以在监狱得到完整实践,取得与研究过程所得的一致效果。作者提出从构建我国监狱循证矫正模式分析,需要着重解决以下几个关键性问题:一是罪犯再犯罪风险的精确评估;二是罪犯需求分析;三是矫正项目与矫正方案;四是循证证据系统的建设。①

2.关于循证矫正的组织推进。张国敏认为,监狱开展循证矫正存有以下几个主要问题:矫正双方的现实目标相差甚远,罪犯自主矫正的主体意识不足;罪犯矫正的具体指向模糊不定;矫正项目设置标准五花八门;"矫正证据"的科学性如何评价;循证矫正的根本目的如何界定。作者进一步分析认为,监狱开展循证矫正实践应加强以下方面的工作:一是科学界定监狱矫正罪犯的根本内容;二是积极探索矫正项目的立项原则;三是科学设计矫正项目的相关指标;四是积极营造宽松和谐的矫正环境;五是积极促进监狱与科研院所的矫正合作;六是科学细化循证矫正的工作目标。② 马臣文认为,在组织回应上,监狱应当构建与循证矫正相应的综合一体管理模式,引入与风险评估和需求分析相配套的项目管理机制;在组织协作上,监狱构建多方参与的矫正机制,建立以实现矫正目标为导向的复合职能团队;在组织发展上,最终形成围绕最佳证据基础的工作模式和管理流程,形成证据为本为导向的矫正组织文化。③

3.关于矫正项目。胡配军认为:"我国对于矫正项目的研究很少,目前除了几个泛泛的手段外,虽然偶有探索,也生出些经验,但终未能成为一个可以命名并被他人循证应用的矫正项目。当务之急是要尽快组织专家队学者以及监狱从事矫正的民警进行矫正项目的开发研究。""循证矫正的证据有时无法通过借鉴引用,而是要靠从业人员自己通过实验研究生成。"④宋行的《循证矫正项目研究》,着重分析了矫正项目构成要素、项目管理一般过程与基本要求⑤。宋行的《循证矫正项目的开发和控制研究》认为循证矫正项目开发包括以下内容:一是识别需求,在准备开发项目时监狱首先要确定自身的矫正需求;二是识别干系人,是指不同的项目实施者或项目团队负责人对项目实施中的相关干系人的识别;三是编制矫正需求文件,内容包括适用对象范围,罪犯的犯因、矫正需求和监狱的矫正需求的定义和范围,时间周期,可提供的矫正资源、相关干系人,矫正目标和质量标准、费用、项目结束的方式和效果评价的时间及方式方法、相关法律、政策和其他

①张庆斌:《我国循证矫正构建的基本思路与内涵体系》,《中国司法》2014年第3期。
②张国敏:《监狱开展循证矫正研究》,《犯罪与改造研究》2014年第5期。
③马臣文:《我国循证矫正组织应对研究》,《犯罪与改造研究》2014年第11期。
④胡配军:《循证矫正本土化研究》,《犯罪与改造研究》2013年第7期。
⑤宋行:《循证矫正项目研究》,《犯罪与改造研究》2014年第4期。

相关文件等;四是矫正项目可行性论证,矫正项目开发人在开发前一般应认真识别矫正需求的定义和范围,并广泛收集相关理论和实践证据,以证明矫正需求在现行的条件和资源下是可以满足的;五是矫正项目选择,有优先证据证明矫正技术可行或有以往成功案例支持,且能获得最佳矫正目标的,是优先选择开发的矫正项目。他强调矫正项目开发控制,认为需要通过持续有计划的识别、分析和评估,识别矫正项目开发中发生的偏差,对发生的偏差予以纠偏。①

4.关于循证矫正的技术研究。安文霞认为,确立风险原则的基本方法是对照性实验与风险因素测量,对照性实验是国外确立风险原则的首要方法。"为确保风险原则的有效性,研究者力求实验的全面性。"②肖玉琴、杨波比较全面介绍了加拿大班塔、安德鲁斯的RNR模型,解析了风险原则、需求原则、反应性原则,对主要的风险/需求因子(反社会行为史、反社会人格、反社会认知、反社会同伴)进行解读,认为"RNR模型未来的发展方向应该着重于矫正项目的选择与开展,应该选取兼具科学性和针对性的循证矫正项目"③。邵晓顺认为"建构高级别证据的研究方法主要是实验研究方法",陈述了实验研究的基本思路,详述了假设检验、方差分析、卡方检验等实验数据处理技术,特别提醒实验研究要注意有效选择被试、控制无关变量、正确解释数据等环节。④ 张桂荣论述了动机性访谈技术应用于罪犯矫正的理论背景与构成、工作原理、基本原则,详述了开放性问题、肯定、防御性倾听、摘要等具体技术。安文霞认为把内观疗法引入罪犯矫正,需要运用循证理念对其本土化改造,在对象自愿性、手段集中性、犯因性需求等三方面与循证矫正契合,通过监狱化、对象选择、效果评估、丰富细化内涵等途径完善改造内观矫正法。⑤

5.关于评估工具研发。目前我国学者研发的罪犯评估工具主要有:周勇2000年编制的《中国罪犯心理测试量表个性分测验》(COPA-PI);马建洪教授的留学生塔伊巴·穆斯塔克对罪犯的静态的人口学信息和犯罪信息进行逻辑回归,建立了再犯危险性的预测方程;刘邦惠修订了中文版的精神病态评估工具(PCL-R);杨波修订了用于暴力罪罪犯进行分类矫正的评估量表,以及评估吸毒者成瘾性的量表。监狱实务部门研发的罪犯风险评估工具主要有:江西

---

① 宋行:《循证矫正项目的开发和控制研究》,《犯罪与改造研究》2014年第8期。
② 安文霞:《循证矫正视野下"风险原则"的理解与适用》,《犯罪与改造研究》2014年第3期。
③ 肖玉琴、杨波:《循证矫正的理论基础——RNR模型解读》,《犯罪与改造研究》2014年第3期。
④ 邵晓顺:《论循证矫正证据建构技术》,《中国监狱学刊》2014年第3期。
⑤ 安文霞:《循证矫正视野下内观矫正法阐释》,《中国司法》2014年第3期。

赣州监狱和中央司法警官学院联合开发的《罪犯狱内危险等级评估量表》;江苏省监狱管理局开发的《罪犯心理认知行为量表》和《罪犯需求评估量表》;浙江省警官职业学院和十里丰监狱联合开发的"罪犯再犯风险自评"工具;上海市青浦监狱修订了加拿大的 LS/CMI,创建了中文版的危险性评估工具;上海市南汇监狱研制的《罪犯自杀风险评估表》;广东省番禺监狱陈卓生通过对重新犯罪罪犯的访谈和测试,发现导致罪犯重新犯罪的谋生困境、心理失衡、社会疏离等八个因素;司法部预防犯罪研究所、上海市青浦监狱和恒久泰公司联合开发的罪犯风险评估工具——恒研罪犯动态评估智能平台,能将一个或数个同类或不同类型的评估量表制作成网络版评估量表,部署在智能平台内,行使管理、评估、辅助优化量表以及检测比较(导入 SPSS 软件做信度和效度分析)的功能①。

根据上述对循证矫正技术体系、引入进程、重大组织推动、本土化研究等方面的情况综述,目前我国已经完成了循证矫正的启动,但全面展开尚需时日,有待多方面转变与突破。主要是:观念还需进一步转变,不能停留在理论研究与实践二分法的境界,运用专业技术思维融合理论与实践于一体,下足做的功夫推动相关技术的进步;以矫正项目的研发与实验为核心,搭建实体运转平台;立足矫正项目实验、对接矫正项目实验开发中国特色的风险/矫正需要评估工具系统,与矫正项目共同成长;着眼矫正项目实验的针对性应用,不断探索各种干预技术的成效;从零起步,不断积累矫正项目的实验数据(量化的证据),尽早形成规范数据储存与运用的循证矫正库网系统。

在循证矫正的实务运作过程中,为了确保顺利进行和应有成效,作为矫正管理者需要化解矛盾着力协同,妥善处理好以下关系:①行政思维与技术思维的关系,矫正管理者在把握好原则、方向的前提下,不对矫正师做过多的干预,放手让矫正师做好专业技术分内的事;②监狱安全导向与矫正导向的关系,协同两者之间的价值链接,在确保安全底线的前提下更多地向矫正做政策引导上的倾斜;③学习借鉴与自主创新的关系,在技术上还没有入门的情况下,首要的任务是学习借鉴,在已经入门但无法自立的阶段,更多强调学习借鉴也绝不放弃创新,在技术能够自立的情况下,要让创新大行其道;④矫正的正当性与有效性的关系,在矫正的手段使用方面,不能追求有效而放弃正当,也不能为了正当而不顾减效甚至无效,要在确保正当的前提下争取有效最大化;⑤专业技术与综合运用的关系,循证矫正中需要大量的专业技术,各种专业自有各自的门道与逻辑,前提是

---

① 司法部预防犯罪研究所课题组:《中国监狱罪犯分类理论与实务研究——罪犯动态风险评估的"智能平台"》,《中国监狱学刊》2015 年第 3 期。

都值得遵循,但是,在尊重的同时,必须在矫正目标与最佳证据的指引下权衡利弊,有所取有所弃,并把所取各项进行综合运用,在矫正项目与矫正需要之间达成最大限度的契合。

第三节　循证矫正项目实验概况

2013年5月底,"循证矫正实验研究"作为浙江省监狱管理局重大课题立项以来,浙江省未成年犯管教所连续三年以年度全所重点工作加以部署和落实。专门成立课题组,正确定位,立足长远,着眼实情、实战、实效,凝心定气,聚力合围,高效运作,克服种种困难,扎实推进实验研究。我所立足自身矫正对象实际,潜心研发针对性强的矫正项目,以教育实验的方式进行实证研究,扎实推进循证矫正,探底四类未成年犯对相关干预措施的敏感度,获得了高级别数据,成效明显。

一、实验过程简要描述

课题组严格遵循循证矫正的科学理念与原则,敢于突破当下监狱学研究的局限,确立了实验研究的基本思路,以实验的方法对未成年犯循证矫正进行研究,形成技术取向的未成年犯矫正工作模式和规范,探索实践循证矫正的本土化。立足基层押犯单位作为研究的平台和区分成败、鉴别成效的主战场,三个管区分别成立了非理性信念矫正项目实验小组、攻击性矫正项目实验小组、犯罪典型情境思维矫正项目实验小组,心理健康指导中心成立顽危犯转化项目实验小组,相关单位的一线业务骨干民警纳入了循证矫正实验研究的轨道,矫正业务工作提升为循证矫正实验研究的技术规范。针对未成年犯中心理非理性化、攻击性强、犯罪主观原因深挖难、顽危犯转化反复多等突出问题,设计相应的矫正项目实验方案,积极应用认知行为疗法、房树人治疗、动机谈话、非结构式与半结构式团体心理辅导、思维导图等干预技术,采用了攻击性量表、中学生非理性信念量表、情感量表(AS)、孤独量表(UCLA)、自尊量表(SES)、匹兹堡睡眠质量指数(PSQI)等量表,分别对相应的实验组、对照组进行实验前、后进行测试,取得相关数据后运用SPSS统计软件分析实验结果,在未成年犯的矫正技术、方法、标准、目标协同、效果评估与数据表达等方面获得经验与相关数据,探索未成年犯矫正的正当而有效的模式、标准、技术规范。

课题组始终抱着时间服从质量的信念,严格遵循循证矫正的技术规范和标准,从循证矫正项目研发、实验方案制订到实验人员组织架构搭建,从实验方案的修正调整到实验各个环节的协同,从实验组、对照组的前、后测到数据的分析始终贯彻了实验研究的基本要求,确保了实验的有效性。首先,在矫正项目研发、实验方案编制上下足功夫。从2013年6月一直到2014年2月,在"未成年人犯罪与矫正研究课题"的成果基础上,张怀仁会同有关管区民警研发未成年犯的矫正项目,草拟实验方案,不断细化前期调研,反复权衡,比较优选,一再调整,几易其稿,并认真进行预实验,从技术的层面确保实验的有效性。2013年11月1日,课题组领导专门开会,听取了各实验小组的方案汇报并提出了修改意见。其次,强化培训为实验研究开路。先后选派5人次参加了"循证矫正与再犯风险评估高端培训班"等培训,在所内举办了三期培训班,迎请张同延专家为实验研究人员讲授了实验研究方法、实验方案设计、实验数据分析与报告撰写、房树人心理测验与治疗、循证矫正实务、非结构式团辅、焦点解决短期治疗技术等系列课程。再次,实验得到了专家大力支持。12月12日,省局研究所马卫国所长组织专家对四个循证矫正项目实验方案进行认证,并对方案进一步完善提出修改意见。实验过程持续得到陈学军教授、邵晓顺教授等专家的技术支持与悉心指导。

实验实施过程汇聚各方正能量,形成了充分体现教育改造作为中心任务来运作的合力。从2014年3月初到11月中旬,四个实验组严格按照实验方案运作,不断对照实验对象进行较标,努力确保实验技术规范的落实到位。课题组领导密切关注实验进展,经常听取实验情况汇报,给予多方面的指导,及时帮助解决遇到的实际问题。在所领导的带领下,徐小强(三级心理咨询师)、叶文荣(二级心理咨询师)等实验所在管区一把手亲自担任实验小组组长,并作为主力全程参与实验,做了28次以上的非结构式团体心理辅导,每次一个半小时并作1500字以上的记录。各相关业务部门一路为实验的顺利进行开绿灯,为实验的有效性努力协同。参与实验的民警坚持最大限度提高矫正质量、促进未成年犯健康成长的愿景,秉承实验的技术规范,自觉奉献自我,牺牲了大量的休息时间,并充分磨砺、发挥、发展了自己的专业技术特长。实验开辟了罪犯教育改造的新气象、新境界,培养、锻炼了民警矫正罪犯的能力,提高了队伍专业技术水平。

二、实验结果与体会

经初步分析总结,四个矫正项目的实验显著有效,实验所得的基本数据和未成年犯的实际表现情况改善显著一致,是成功的实验。首先,实验创造了数据,成为循证矫正中核心的"证",有三个实验小组获得了有实验组和对照组、有前测和后测的高级别数据,是自变量与因变量构成逻辑关系、建模的完整数据,让人真真切切看到应用特定的规范技术和系统的程序操作矫正罪犯的有效程度。攻击性矫正项目实验对同是暴力型、攻击性程度不同的未成年犯接受系统干预的敏感度进行了探底。非理性信念矫正项目实验对未成年犯的欲求绝对性、感知歪曲性、思维非理性、应付非理智性等四个不同因子接受系统干预的不同敏感度进行了探底。犯罪典型情境思维方式矫正实验项目运用思维导图等手段，帮助新入所未成年犯深挖犯罪原因在思维方式层次进行探底，提高认罪服法程度。其次，实验彻底改变了监狱研究的方法和样态，由一般量化调查甚至纯粹文案工作、写给人家看转变为首先做出样子给人家看；由照着常态标准干工作转变为严格按照实验技术规范干；研究数据分析由研究者的纯粹自我判断转变为必须依靠专业软件进行客观描述。再次，实验形成了技术规范的操作手册，研究成果由难推广转变为容易普及，犯罪典型情境思维方式矫正项目实验组还自主研发了用于测试罪犯认罪服法程度的内隐联想测验（IAT）软件。

实验中，我们普遍采用了非结构式团体心理辅导技术，初步体验了该技术的优势和作用发挥的机理。监禁状态下的非结构式团体心理辅导（以下简称团辅），这项矫正技术的优势在于民警作为矫正师的身份隐身（团体中的普通一员，一位平等的交流者身份），矫正的主题隐身，过程操作的框架隐身，而把罪犯的在矫正中的主体身份凸现出来了，特别是充分运用了罪犯之间的差异性，在他们之间引发头脑风暴，通过他们之间心与心的沟通交流，让那些与罪犯自己一天24小时在一起的人在不经意间的心灵碰撞中成为一瞬间的引路人。就在于这种真诚心灵互动中，罪犯认识到了自我的存在，逐渐理清自己的心理变化轨迹，学会客观地看待他人和整个社会，在团体成员的反馈中看清自己的身心影子。矫正师在更高的层次进行操控，把团辅的主题和框架隐匿起来，形式上化有形为无形、化硬为软、化整为零、屈高就低，内容上把那些不同嘴巴里说出来的鸡毛蒜皮小事按照团辅主题的逻辑串联、演绎、移植，在丑陋的世界里寻找美的闪光点，化无为有、变小为大、积少成多，在无形中贯彻有形，在自然交流的无意中实现矫正者的刻意，从中的引导可以发挥四两拨千斤的作用，并在团体中落实矫正个别化的策略，开启罪犯的自我觉醒之门。团辅主体和框架的隐身，在实质上营造了接近正常社会的状态，再现了正常社会交往的特殊情境，一个交流者地位绝对平等的场景，而且，这个特殊情境由于矫正者引导因素的存在，充分显示了情境的方向性，引导是情境发展趋势的引导，在不显山露水、不留痕迹的情境下，发挥了团体辅导主体和框架规定的方向定势作用。正是这样的特殊情景，有利于罪犯接受自我、自我的正常发育，罪犯对照交流者的影子矫正自我的形象与观念，自我形态由暗隐走向暴露，概念由模糊变为清晰，展现方式由波动极端变为平稳演变、理性发展，并很有可能打开一条通道，进入自我修正、自我激励、自我发展的良性循环状态。

我们的探索是初步的，还有不少缺憾，我们将在现有基础上进一步深化研究，完善实验方案，拓展矫正项目，改进测试评估工具，积极夯实循证矫正基础工作和基础数据，努力实现循证矫正的中国化。

第一章
循证矫正的实验本性

随着刑罚进化的步伐,监狱行刑理念、监禁形态和行刑技术不断走向文明进步,矫正在现代监狱中的比重不断加大。矫正已成为刑罚执行的中心指向,是现代监狱存在价值和功能发挥的高级形式,是监狱善念、善行结善果,承载人类教化育人理想的伟大工程。循证矫正是矫正发展到一定阶段的产物,是当代前沿技术系统集成在矫正这块特殊领地里设计、实验、建构的结果。循证矫正具有实验的本性,是以矫正的实践本性为基础的。循证矫正的中国化必须按技术培育的方式进行,最重要的基础工作是设计和规范操控矫正项目实验。通过矫正项目实验完成循证矫正的中国化,是培育发展矫正技术体系的明智而现实的路径选择。

第一节 矫正的实践本性

一、矫正辨析

与人类漫长的进化和文明史相比,矫正的历程还是短暂的,但也经历了从改造到矫治再到矫正的演变。从不同的视角来剖析,矫正表现为纷繁复杂的特性。从现代回归司法的理念来看,矫正是对罪犯重新社会化的相关追求;就自然属性来说,矫正是监禁或监视状态下的罪犯的生活方式、生活态度、生活状态的改变;从教育学看来,矫正是针对罪犯的特殊教育;从政治学来看,矫正是促进罪犯成为守法公民的有关措施的公共行为;从经济学来看,矫正是为公众安全需要提供守法公民的投入与产出。但是,从本质上来看,矫正是一种针对罪犯改进、改善的措施,是促进罪犯改变的干预行动。

改变什么,如何改变呢? 从宗教上来看,罪犯是恶人罪人,因此要从道德上改变罪犯;从医学模式上来看,罪犯是病人,所以要从心理上、精神上改变罪犯。而现在的矫正则更多地关注罪犯各个方面的变化,综合考虑改变罪犯①。从罪犯自身的视角来看,矫正可以是罪犯大脑中的生物化学物质的运动变化;矫正可以是相对持久的行为变化;矫正可以是信息加工方式的变化;矫正可以是对过去犯罪生活的回忆和记忆的清醒批判和对当下的自我修正;矫正是特殊情景——监禁状态下的社会性协商;矫正是思维技能的改进;矫正是一些为回归社会生活而准备的知识的建构;矫正是观念的转变,特别是犯罪观念的转变;矫正是监禁生活中的日常性活动;矫正发生在主体积极参与的活动的境脉中;矫正分布在监禁状态下的共同体之中;矫正是根据特殊环境给养调适感知;矫正是确定性的情境中还有许多不确定的存在。从以上罪犯个体本身分析,我们基本上可以推断,矫正是一种认知机制,同时是社会性的情感体悟,而且是由连接感知和体验的大脑神经回路支持的极为复杂的大脑持续调适和塑造。

基于以上认识,我们要对矫正下一个准确的定义,还是比较困难的。美国的克莱门斯·巴特勒斯认为,矫正是法定有权对被判有罪者进行监禁或监控机构所实施的各种处遇措施。②

我国监狱学家吴宗宪在改造的语境里把矫正定义为:努力消除罪犯的泛因性缺陷并使其日趋具备守法能力的系统性活动,具有目的性、层次性、针对性和系统性的特点。③ 吴宗宪认为,矫正是目前西方国家使用最多的与罪犯相关的术语,不仅体现了一种哲学和理念,而且也表示一个普遍接受的行业、业务机构和学科的名称。加拿大学者认为矫正至少包含四方面的含义,是一个社会概念,是一种法律实体,是一系列计划,是刑事司法系统的一个子系统。④

但是,美国法学家克莱门斯·巴特勒斯对矫正的定义仅仅是一种对监狱现象的描述,不是实质性的概括。吴宗宪把改造归结为一种系统性的活动,作为活动来规定改造的属性与他在同一本书中对改造的表述是不相称的,他认为"改造罪犯是一项要求更高的,更具有艰巨性和伟大性的工作"⑤。而矫正应该是一个与威慑、报应相对应的刑罚概念,可以把它概括为针对罪犯矫正需要

---

① 翟中东:《矫正的变迁》,中国人民公安大学出版社 2013 年版,第 272 页。
② 克莱门斯·巴特勒斯:《矫正导论》,孙晓雾译,中国人民大学出版社 1991 年版,第 3 页。
③ 吴宗宪:《监狱学导论》,法律出版社 2012 年版,第 462 页。
④ 乔成杰:《从改造到矫正的监狱语境建构——论监狱行刑价值和行刑样态的重塑》,《犯罪与改造研究》2012 年第 6 期。
⑤ 吴宗宪:《监狱学导论》,法律出版社 2012 年版,第 456 页。

而进行规训和教化的实践。矫正的目标定位是正常社会化,是恢复性司法的集中体现。矫正的手段区别于传统经验型的,是有科学技术含量的规范操作系统;矫正的理念追求区别于纯技术的医治模式,是富含人文精神的特殊情境的内化;矫正需要设计,是多学科整合的边缘科学的应用性目标、标准、流程在对象个别化意义上的准确表达。① 法国学者福柯认为,罪犯需要外在的规训和内在的教化。而我国的教育哲学家金生鈜把规训指向现实教育中那些错误、谬误以及恶的活动,把教化归结为积极促进人性的优秀和卓越的教育活动。② 矫正概念当中的规训是指监狱监禁下的一种状态或社区监视下的一种状态,而教化是针对内心本质性的举措,是矫正的核心内容。规定这个矫正概念最关键的还是矫正的属性词:实践。

二、矫正是一种至善的实践

矫正是一种实践活动。对这个表述,可能大家都能接受。但是,为什么矫正的本性是实践而不是别的?矫正是怎么样的实践,在什么意义上是实践?对这些问题,人们分歧也许很大,监狱学也没有做过认真的思考,忽视了矫正作为实践的应有品质。

亚里士多德是实践哲学的奠基人,他对实践概念的分析和理解对后来的康德、黑格尔、阿伦特、伽达默尔、马克思、哈贝马斯等都产生了重要影响。亚里士多德将人类的全部行为分为三类:理论(theoria)、生产(poiesis)和实践(praxis)。理论的方式是静观和沉思,结果是理论之知,从表象世界中抽象、概括、分析和证明永恒的、普遍的知识;生产的方式是创制,结果是技术之知,产品为目的,过程是得到产品的手段;实践是指人类运用理性来处理事务,结果是实践之知,或实践智慧。强调实践的哲学家们都继承了理性传统,在人是实践的主体与目的的意义上,突出了实践的规范性。亚里士多德把实践与理论和生产区别开来的时候,实践特指人际行为。实践是智慧的善的行动,是指行动本身基于善,这种行动的内在目的本身就是善,因为行动本身具有内在目的,所以实践行动与目的是一致的,具有内在善方面的规范性。这种目的善的价值标准取向,"实践的目的就是实践本身所包含的,实践的本身就是实践的目的,实践的性质是受目的性价值规范的"③。而理论和制作的目的都指向外在的,直接目标在于自身的行动之外,因此在亚里士多德看来,它们都够不上实践。亚里士多德只把政治、伦理、教

①戴相英等著:《未成年人犯罪与矫正研究》,浙江大学出版社 2012 年版,第 17 页。
②金生鈜:《规训与教化》,教育科学出版社 2004 年版,第 2 页。
③金生鈜:《何为教育实践?》,《华东师范大学学报》2014 年第 2 期。

育等追求善的行动看作是实践。终极善的目的就是人的发展,因为实践本身具有内在的善,所以它在行动理由上是正当的、符合价值的、符合道德的,是符合善的标准的。它在实践的目的、方法、动机上的价值合理性和正当性都是必然的,规范的。

为什么说矫正的本性是实践?因为矫正的应然状态具有实践所具有的目的性、合理性和道德性这三种特性。

1.矫正是目的性的实践。它以剔除、摒弃邪恶人性,培育、引导、发掘人的善性为目的。矫正的这种目的是终极的,不是外部力量所强加的,而且这个目的是普遍的、永恒的,矫正行动的本身所包含、具备的,矫正的发展史也证明了这一点。现代监狱自诞生之日起,就指向了这种至善的行动本质。1556年英国的布莱德威尔劳动所开始收押罪犯,标志着现代监狱雏形的形成,他们的目的是向罪犯注入犹太教、基督教所共有的道德、劳动与节俭的道德,这种道德认为体力劳动有利于人的灵魂提升。① 英国的约翰·霍华德以虔诚的宗教使命感积极倡导刑罚人道主义,有效地促进罪犯的处遇改善。1870年美国的辛辛那提宣言推进了累进处遇制度,让罪犯在希望中改造,宣言第一条就开宗明义:改造而不是惩罚应当成为监狱工作的目的。从矫正的发展进程上看,由改造演变为矫治再到矫正,其目的性都是善的增加,是善行份额的加大和力度的增强。矫正的内在目的是终极性的,是为了人的发展,旨在把罪犯因为犯罪而中止的发展、邪恶的发展、走上歧途的发展改变为正常的、社会化的善性发展。这个矫正的内在目的规定了矫正行动作为实践的特性,也排除了那些不是矫正的行动和行为。矫正的目的性意味着实践主体必须具备明确的目的意识,以终极目的为矫正的指引,以目的来反思原则,以目的来规范、指导矫正的任何一个行动,矫正师的具体矫正行为选择必须遵循矫正的真正目的,按照矫正的终极目的来指示自己的行动。只有矫正师具有明确的目的意识,才会选择符合矫正终极目的的行动,符合矫正终极目的的行动是保证矫正实践具有善性的根本办法。如果离开矫正的目的性,那么矫正者的行动就很容易偏离矫正的正当和有效性。一个真正的矫正师就是认识到矫正行动的至善属性并以此为理由而行动的人。他把矫正的目的作为自己行动的最高伦理准则,他是由矫正目的推动矫正行动的人。

2.矫正是矫正师的理性行动。矫正的价值、矫正的方法、矫正的目的与结果都要经过矫正者理性的思考、明辨、审视和选择,矫正实践需要明智而健全的判

---

① 翟中东:《矫正的变迁》,中国人民公安大学出版社2013年版,第4页。

断力来区分矫正面临的善与恶、准确与错误、正当与非正当、应然与实然等多方面、多层次的界限。矫正师的德性是伴随着理性而具体展开矫正实践的,只有理性才能让矫正者去对矫正的目的、方法和它的正当性和有效性进行反思,去追问和提出矫正行动的应有目标、方法、手段。考问矫正行动的本身及其矫正结果伦理责任从而形成正确而理性的价值判断。在矫正师的理性天空里,他应该具有极大的包容度,特别是在面对异质的人性,异质的心理和异质的社会态度和行为的人群面前,展现自己美好、正当、善良和正义的崇高价值观。同时,在理性的指引下,矫正师要表现出卓越的实践智慧,因为矫正师总是处于监禁的特殊环境下,在一个人的价值、利益、欲望、信念、习惯等众多复杂因素构成的关系中能够明辨各种对矫正的影响因素做出理性而正当的选择。

3. 矫正是崇高的道德行为,是价值行动,是一种至善的伦理实践。矫正是矫正师发挥自己的影响力、带动罪犯追求美善生活的价值行动,深刻反映了人对于正当的、有价值的、有意义的行动的理想渴望。新中国改造日本战犯的成功实践原因不外乎两个方面:一方面是当时战犯所处的社会环境与战时相比发生了根本性的变化,作为战争的罪恶土壤在现实中已经不存在了;但更重要的是另一方面,当时中国政府和那些管理日本战犯的善良中国人,他们面对日本战犯所采取的人道态度和行为是最重要的,是最根本的。正因为有他们的善念、善行,才有成功改造日本战犯的善果,矫正的德行发挥了极大的作用。矫正的政策、矫正的法律制度及其实施的方式方法都必须符合道德原则和价值。矫正师是具有高尚的道德品德和勇于承担道德义务的人,按照道德的规则在一个特殊的情境中,监禁或者是监视,再以自身的具体行动来营造好社会,来展示人类对美善生活的理想追求。矫正的实践主体和它的相关行动必须接受矫正实践终极目的的指引和规范,必须承担实践的终极价值的实现义务,在时刻经受道德价值的考验中保持对矫正行为的清醒和敏感。矫正师追求矫正行为的道德价值的义务是它的矫正实践本身所包含的,因为如果矫正失去了道德价值,那意味着它的行动根本就不是矫正实践。马克思主义的实践观强调社会发展的最终目的是人的发展,和亚里士多德把人的发展定位为最高的实践是一脉相承的。人类的行为丰富多彩,在所有的行为方式中人的发展、人类的幸福为目的的行动是具有终极目的的最高行动。矫正是为了罪犯灵魂的洗涤,唤醒罪犯真善美的潜能,具有为人的发展而行动的规范标准。因此矫正的行动具有独立性,是自身具足的行动,矫正的目的是非实质性的目的,它是终极性的目的,不可能成为实现其他目的的条件价值和手段价值(如把矫正当作维护监狱安全或创造经济效益的工具,就是矫正在价值目标层次上的错乱或降格)。因此,矫正是实现终极目的的实践。

矫正历史视野下的矫正实践和矫正作为实践哲学下的当下行动,时刻提醒我们矫正必须具有实践的目的性、合理性和道德性。矫正的本源是实践性,矫正是具有终极意义的实践,矫正的实践性时常警示我们不能忘记矫正的崇高理想和神圣使命。矫正是依法治国、实行公平正义、促进社会文明进步的神圣事业,更是造福他人、造福社会的至善德行。

第二节　循证矫正的实验本性

现代科学技术的发展以前所未有的速度和力度改变了我们的存在方式,技术总是按照科学的旨意和逻辑不断拓宽已有的边界。这是一个技术迅速扩张的时代,它必将引起实践形态的变化。理论与实践之间关系一直处于欲说还休的争议与分离状态,但在循证实践的方式中,两者已融为自然的一体。现在的循证情形下,当人们顾念理论时,实践在更高的层次检验了理论的真实效度,在注解理论的同时,又向理论提出了更深层次的问题;在你关注实践时,理论在另一个维度或视角透视实践的真相与成效,理论的旨趣又点燃了实践的理想之火。循证矫正开辟了矫正理论与实践之间关系的新境界,是一种理论与实践融为一体的新方式,实验就是把矫正理论与实践紧紧地捆绑在一起的技术形态。现代实验是技术系统集成的实践,循证矫正是技术系统集成的矫正,充分体现了实验的本性。

实验是循证矫正的主要表现形式,是循证矫正主要的、核心的证据生产方式,循证矫正作为认识论、方法论、实践论汇聚于矫正领域、高度统一于实验的行动当中。在循证矫正的视野里,实验不再是单纯的科学工具,而是在善的目的性价值指引下渗透了人文的素养和品性,融合了工具理性和价值理性。在哲学家阿伦特的语境里,"行动是唯一无须事物的中介而直接在人与人之间展开的活动"[①]。按照《现代汉语词典》的解释,行动是"指为实现某种意图而具体地进行活动"[②],阿伦特对行动"赋予了很高的人文价值,是唯一可以在不需要其他中介帮助下人与人之间直面相对并能揭示自我的活动,其对人的发展影响是不可估量的"[③]。循证矫正是具有显著的行动属性的活动,行动则以探究为旨归,探究的

---

①王寅丽:《在哲学与政治之间:汉娜·阿伦特政治哲学研究》,复旦大学博士论文2006年,第59页。

②中国社会科学院语言研究所词典编辑室编:《现代汉语词典》2012年版,第1456页。

③刘旭东:《行动:教育理论创新的基点》,《教育研究》2014年第5期。

科学方式就是实验。矫正也是一种被理解的活动,是人与矫正的不断对话、不断沟通的过程,人和矫正的关系在这个过程中不断趋向和谐。它不再拘泥于矫正的单纯效果,而更关注矫正活动过程和活动过程当中的人及其所建构的环境和氛围,通过创设具体的、特殊的情景来激发人产生自发动作。阿伦特对构成行动要素的描绘好像是对一种具体的矫正情境的生动描述:首先需要有能够聚集在一起分享言行的民众;其次,有试图把民众聚集起来并对他们的言行发生影响的愿望;再次,能够以自己的言行对民众产生影响,使他们的言行发生变化。① 可以说,阿伦特对行动的定性正是对矫正的准确哲学概括。矫正的价值就在于帮助罪犯在特定的情景中重新塑造自我的愿望,具有鲜明的价值导向性,它的价值形成于矫正的实际情境中。循证矫正的行动是矫正理论与实践的复合体,复合的方式、复合的实体就是实验。循证矫正的实验本性主要表现为四大方面:

一、从循证矫正的方法论上分析,循证矫正的哲学旨趣来自实证主义,实验的方法与思维的智慧融为一体、高度一致

循证矫正作为一种科学在实践领域的渗透,它在认识论上体现了一种求真的价值观,这种求真的价值观首先来源于实用主义。实证主义是以科学哲学的面貌显示的。从法国社会学家孔德为代表的第一代实证主义,发展到 20世纪 30 年代奥地利维纳小组为代表的第二代实证主义——逻辑实证主义,再到 20 世纪四五十年代开始的在美国发展兴旺盛行的实用的实证主义,都是对科学求真方法的回应。尽管到了 20 世纪 70 年代因为方法论大战,以实证主义方法为指导的定量研究还是占主导地位,到了 20 世纪 90 年代又形成了世界性的后实证主义,它主张科学研究要根据研究对象的需要,以多元性的方法论去指导研究实践的观念。② 循证矫正吸收最多的还是以杜威为代表的实用主义哲学思想。杜威是美国近代著名的教育思想家、实用主义哲学家,1859 年出生于美国佛蒙特州柏灵的一个中产阶级家庭。1879 年,年仅 20 岁的杜威毕业于佛蒙特大学,担任了高中教师。杜威在芝加哥大学任职期间创办了闻名世界的实验学校——杜威学校,完成了从哲学家到教育家的转变。杜威作为实用主义哲学的集大成者,他提出"真理就是效用"、"效用是衡量一个观念或假设的真理的尺度"的主张。他认为:"所有概念、学说、系统,不管它们怎样精

①伊丽莎白·杨·布鲁尔:《阿伦特为什么重要?》,刘北成、刘小鸥译,译林出版社 2009 版,第 60—62 页。

②沃野:《论实证主义及其方法论的变化和发展》,《学术研究》1998 年第 7 期。

致,怎样坚定,必须设为假设,就已够了。它们应该被看作验证行动的根据,而非行动的结局……它们是工具,和一切工具同样,它们的价值不在于它们本身,而在于它们所能造成的结果中显现出来的功效。"①杜威坚持用自然科学的实验方法解决社会问题,在杜威的教育理论中,思维习惯和能力的培养被放到极为重要的位置。他认为思维是经验中智慧的表现,思维的过程一般包括五个步骤:①疑难的情境;②确定疑难究竟在什么地方;③提出解决问题的种种假设;④推断每个步骤所涵的结果,看哪个假设能够解决这个困难;⑤进行实验证实,不驳斥或改正这个假设。他把这五个步骤形成了实验探索的五个阶段,与循证矫正的实施步骤基本吻合。

二、从循证矫正的发展渊源上看,循证矫正的自然禀赋是实验,因为它的生长土壤是西方的实验传统

事物的性质总是离不开它的来由,撇不开它的产生背景。自伽利略开创科学实验以来,几乎所有的重大科学发现、新学科成型与发展、关键技术发明都有赖于实验的重要突破。沿着实验的足迹,科学技术不断突飞猛进,引领人类文明发展进步。在西方发达国家,实验不仅作为科学理念、技术手段存在,更是一个事关民族、国家发展的战略与创新的代名词,一种代表先进生产力、先进文化的技术形态,不仅倾注在西方文明发展史中,还深刻烙印、不断沉淀在西方人的思维方式甚至集体无意识中。不管矫正如何发展,它总归是一种特殊教育,离不开教育学的涵养。看看美国20世纪教育的实验,就知道为什么循证矫正会首先在北美发生并得到迅速发展。20世纪初,杜威领衔进步主义教育实验,他创办芝加哥实验学校,通过教育实验把实用主义的哲学观、教育论、知识论、学习论传遍了美国和世界。进步主义教育实验主导了20世纪上半叶的美国教育,适应并引导了美国社会经济的发展需求。其他流派的教育实验,如行为主义教育实验、认知主义教育实验、人本主义教育实验、建构主义教育实验等流派一浪高过一浪,实验充斥了整个世纪的美国教育。实验领军教育改革和发展,成为教育理论创新与实践创新的首选工具,对于美国教育的发展方向和水平提升,对于塑造美国国民素质和国家发展产生了无法估计的意义。实验成为心理学、信息学、人脑科学、统计学等学科新技术、新方法进行综合运用的平台,不断贯彻和完善了实证的理念与方法,不断提升了实验的科学水平。通过实验进行实证的技术已渗透到全行业的精髓里,据统计,1928

---

① 杜威:《哲学的改造》,许崇清译,商务印书馆1958年版,第78页。

年美国各种心理、教育方面的标准测验达 1300 种,20 世纪末,达到 3000 种以上①。基于上述情形,循证矫正的理论、操作技术规范、评估工具在北美地区首先发育就不足为奇了。美国的矫正发展史表明,矫正项目实验的实证研究已有很长历史,循证矫正是矫正项目实验系统深化取得实效的产物。实验的方法是过程和结果的实证,实验的旨趣是过程和结果的有效性提高。循证矫正的循证方法直接来源于循证医学,而循证医学的形成和发展进步的每一步都来自循证的医学实验,循证医学的高级别证据来自实验,基本的方法是进行有前测、后测、控制组、对照组的实验,用有效性来检验证据的科学程度。循证矫正还深受循证心理治疗的影响,因为循证矫正的具体技术很多都来自心理学的技术和方法。从矫正自身发展的渊源上,我们也可以发现,循证矫正都是在实验中成长、完善的。

三、从循证矫正的实体运作上看,作为一整套技术操作规程系统,它完全符合科学实验的基本特征,也是按照实验的要求运作的

1. 循证矫正的步骤合乎科学实验的一般规程。循证矫正的主要步骤:①明确矫正实践中的问题,矫正师在工作实践中遇到的问题或困难,将它们转化为含义清楚、范围明确的具体问题,并要用最简明的疑问句等形式表述清楚。②确定最佳证据,寻找那些能够证明矫正方法有效的最佳证据,明确最佳证据的效力等级,建立最佳证据的数据库,将不同效力的最佳证据收录到专门的循证矫正数据库中,通过检索、分析、筛选证据,确定并优先使用效力最高的最佳证据。③使用由最佳证据证明确实有效的矫正方法对罪犯开展有效矫正,制订循证矫正指南、标准和手册,进行人员培训,调集各方资源营造适宜的矫正环境,按照指南、标准和手册的要求予以实施。④对循证矫正进行总结,在一项具体的矫正项目完成后及时总结,发布总结材料并将其收入循证矫正的数据库。在整个过程中,为了保证矫正的有效性,必须要让矫正师、矫正管理者、研究人员、矫正对象都参与到成效保证的计划中来,清楚描述成效可测量的结果及其指标,建立适当的成效管控机制,不断将成效保证的数据融合到循证实践中。从以上循证矫正的主要过程与要求中可以看出,循证矫正和一般实验一样也是从提出问题开始的,进而研究并确定一个解决问题的假设;循证矫正中的检索、分析、筛选证据,优先使用效力最高的最佳证据,也就是一般实验中的实验方案设计;后面就是按实验的规范、标准要求实施,严格操控并监测变量,确保实验的成效,在对最佳证据进行验

①盖青:《美国 20 世纪教育实验研究》,广东省出版集团 2010 年版,第 243 页。

证的基础上产生新的证据,最后进行认真总结。因此,完全可以说,循证的过程就是标准的实验过程。

2.循证矫正的原则合乎科学实验的基本要求。美国国家矫正研究所制定的循证矫正的八项原则,就是对矫正实验的基本要求与规范。一是精确评估再犯危险与矫正需要的原则,用有效的科学方法评估犯罪人的再犯危险(risk to reoffend)和矫正需要(criminogenic needs),通过精确评估,认清谁是再犯危险最大的罪犯、这些罪犯最重要的矫正需要是什么、采用什么有效的干预能够解决这些矫正需要,这些都是对实验对象、自变量与因变量进行研判、提出实验假设的技术要领。二是增强内在转变动机的原则,这是自变量对因变量发生作用在方式上的技术要求。三是目标干预原则,将矫正资源优先适用于较高再犯危险的罪犯,着力解决罪犯最突出的矫正需要——犯罪人格、反社会态度、价值观问题、自我控制力低、犯罪同伙、物质滥用、家庭破裂,因人施教,充分考虑罪犯的个人特征和接受程度,针对罪犯再犯危险和矫正需要给予适当的干预数量和强度,这些都是自变量对因变量发生作用在实质内容上的技术要求。四是运用认知行为治疗方法提供技能培训原则,这是对自变量的技术内涵的具体规定。五是增加正强化原则,尽可能多地鼓励罪犯学习新技能和发生态度、心理、行为的转变,这是对自变量发生作用的方向性指定。六是在自然社区中继续支持的原则,当罪犯从监狱回归社会时,需要积极提供亲社会的支持,这是保护和巩固实验成果的有力措施。七是评估相关过程与活动的原则,这是对实验全程进行测评的要求。八是提供评估反馈的原则,这是对实验测评结果进行应用的规定。

3.循证矫正是以证据为中心、遵循并验证最佳证据、生产新证据的科学实验。矫正作为一种特殊教育的形式,与其最接近的行业应该就是教育、心理治疗。循证矫正一般都遵循循证教育、循证心理治疗的证据等级划分标准,其证据等级划分标准是对科学实验的极力推崇。美国教育部提出了循证教育实践的证据等级,分为六级,按照证据的来源分为:一级是随机控制组的实验研究,二级是准实验研究(含前测实验和后测实验),三级是有统计控制的相关研究,四级是没有统计控制的相关研究,五级是个案研究,六级是传言与掌故。[1] 美国教育部还提出了证据研究的获取途径,共有八个途径:一是随机控制组实验研究;二是基础研究领域的量化研究;三是自化研究,即在自然亲情下多途径收集资料,使用归纳法侧重总体性研究以形成特定的理论解释;四是系统的案

---

[1]杨文登:《循证心理治疗》,商务印书馆 2012 年版,第 261 页。

例研究;五是单一个案实验;六是人类学研究;七是自然亲情中的生态研究;八是资料分析。对最佳证据的判断标准,美国心理学会认为主要考虑六项标准:一是研究方法科学程度,一般来说随机对照试验(randomized controlled trial)与元分析(metal-analysis)效果最好,质化研究次之,专家意见和个人经验最差;二是研究样本具有代表性;三是可以作为指南来指导实践;四是可以向现实情况推广或转移;五是在有限的研究基础上得出结论;六是适用于其他种族、人群。在所有同类证据中,符合以上标准的为最佳证据。在实践操作层面,美国心理学会提出了衡量最佳证据的指标,只有经过科学实验同时具备良好的疗效及推广效果的证据才是最佳证据。无论是循证教育有六个等级的证据和八个途径的证据来源,还是循证心理治疗的最佳证据判断标准,都是对科学实验基本方法与根本要求的极力维护与尊重。循证矫正的矫正项目实验研究还是循证矫正的最为根本的证据生产方式,并生产出高级别的数据成为循证矫正中最核心的数据。

四、从循证矫正的基本运作单元看,项目实验是循证矫正的标准单元和标准形式,是设计性的实验范式

(一)概念解析

1. 矫正项目

矫正项目是对应特定罪犯矫正需要所采取的适切而系统的干预措施并具有预期效果的行动设计单元。江苏省司法警官高等职业学校教授宋行把矫正项目定义为:"实现特定矫正目标的矫正活动过程。构成矫正项目的要素是矫正需求识别、矫正项目可行性论证、矫正项目实施方案、矫正项目实施修正和监管记录、矫正项目总结报告五部分。"[1]这个概念的界定过于宽泛,没有把循证矫正项目的特质体现出来,不合适。再看中央司法警官学院教授翟中东的定义:所谓矫正项目就是具有矫正内容、矫正量、矫正程序的矫正模块。[2] 在这个概念中,矫正内容、矫正量、矫正程序仅仅是矫正项目的外延,缺失的是矫正项目的内涵的规定。

2. 设计

现代意义的设计多从作动词用的英文"design"翻译而来。设计就是为了构想和实现某种具有实际效用的人工物而进行的探究活动,这是一个有目标指引的过程,该过程的目的就是要创造某种人工物。设计活动是一种重要的后理性

---

① 宋行:《循证矫正项目研究》,《犯罪与改造研究》,2014年第4期。
② 翟中东:《社区性刑罚的崛起与社区矫正的新模式——国际的视角》,中国政法大学出版社2013年版,第235页。

认识①活动,为实践活动提供行动方案、制订蓝图。自1919年德国著名建筑师、设计理论家瓦尔特·格罗皮乌斯创办包豪斯设计学院近百年来,基于设计的研究已渗透到社会的各个行业,设计的思想和方法借助现代科学技术的发展特别是信息技术的突飞猛进,已经完成了设计研究替代更新。设计是人类智慧聚焦并综合运用的产物,它以本质上的技术取向,创造或改变、改良了符合目的的人工物。

3. 循证矫正项目实验

循证矫正项目实验是以科学理性认识为指引,在采信现有最佳证据基础上设计实验方案,以实用标准、实效目标、实境技术规范操作进行探究,探究最新、最有效、最有用的新证据的过程。矫正项目实验的设计,要综合考虑各种证据,采用最适切的技术手段,整合矫正专家、矫正管理者、矫正师、罪犯等各方面的有利因素,反复探究矫正有没有效、在什么具体情景中有效、有效程度如何等问题的精确量化答案,在循环往复的实验中实现矫正技术、矫正效果、矫正证据的螺旋式升线换代。

4. 范式

范式作为一个学术用语,比通常所说的模式、模型、范例等解释被美国当代科学哲学家托马斯·库恩赋予了更多的含义。他在1962年出版的《科学革命的结构》的一书中提出了"科学革命的本质就是范式转换"的核心观点。在1977年出版的《必要的张力》中,库恩将范式进一步界定为"科学共同体"。现在范式的含义被概括为某一科学共同体在某一专业或学科中所具有的共同信念,这一共同信念规定了他们共同的基本观点、基本理论和基本方法,为他们提供共同的理论模式和解决问题的框架,从而形成了该学科的一种共同传统,并为该学科的发

---

① 以理性认识的最终形成为界限,把实践活动和认识活动划分为理性认识形成之前的实践活动(简称"实践I")和认识活动(简称"前理性认识活动")以及理性认识形成之后的实践活动(简称"实践II")和认识活动(简称"后理性认识活动")。前理性认识阶段是理论的形成阶段,即经过感性认识上升到理性认识,这一阶段的根本任务是创造理论;而后理性认识阶段是理论的运用阶段,即从理性认识到实践的转化,其根本任务则是使理论与实践相结合,去改变客体的存在状态,创造理想的人工物。前理性认识活动主要包括三项具体的活动:发现活动、创立活动和著述活动;后理性认识活动也包括三项具体的活动:理解活动、设计活动和加工活动。前理性认识活动是近代认识论研究的重点,这主要是由于19世纪以前,人类对宏观世界的认识总体上还未达到理性阶段,笛卡尔和培根的认识论是这一时期的代表。而19世纪末、20世纪初,人类的认识向微观世界和宏观高速运动领域挺进,现代认识论越来越重视后理性认识活动,即如何理解已有理论并运用理论进行创新活动。库恩、拉卡托斯、波普尔、皮亚杰都是研究后理性认识活动的典型代表。

转引自互动百科 http://www.baike.com/wiki/设计。

展规定了共同方向。① 把循证矫正项目实验定位为范式,主要考虑其符合库恩认为的从本体论、认识论、方法论这三大方面表现出来的特征。设计性实验除了对矫正项目具体的研究方法和中观层面的方法论做出规定外,还从本体论和认识论的视角对矫正是什么、矫正的信效度到底如何这两个具有元性质的问题进行了反复的不断循环进步的探究,有一个非常明确的本体论、认识论和方法论的框架结构,既表达了循证矫正项目实验所具有的基本理念,又规定了操作过程中用到的主要手段。在实验人员的构成上,设计性实验和一般的矫正实践与矫正共同体相比,他们具有更加坚定的矫正理念和信心,并且从罪犯矫正这一多边应用学科的矫正共同体中借鉴更多的先进理念、先进技术和方法,吸引更多的人来参与这个矫正共同体,来进行这一多学科、跨学科的实验活动。

(二)循证矫正项目实验的基本特征

在先进理论的指导下,采信已有的最佳证据设计循证矫正项目实验,操控适切的干预技术进行规范实验取得新证据,新证据又建构了新的理论。在这个螺旋式的循环上升中,表现出证据性、系统性、过程性、针对性、集成性等五大方面的主要特征。

1.证据性

证据贯穿整个矫正项目设计性实验的过程,从发现问题、寻找解决问题的证据、梳理已有的证据、评判分析,再到运用现有最佳证据设计实验、依据设计操控干预,最后形成新的证据,证据无处不在,无时不有,证据效用极致发挥。证据的生成就是扎根于已有证据生成新证据,而且新的证据又要接受新的循证。在这里,证据表现了实用主义的价值取向,证据蕴含着一种综合运用实证的直观的各种各样的研究方法,证据已成为有用的知识,这是衡量一个设计性实验的价值所在。证据发生在这种真实的矫正情景中,延续了杜威的实用主义探究路线,理论的价值判断不是根据他们对真理的主张,而是根据在真实的矫正情境中发挥作用的效力大小。证据应有遵循实用的价值,实用性是基于设计性实验它所产生的新的证据是否有价值的标准。因为,它要解决真实情境中的矫正问题,并让这个问题的处置效应来决定这个设计性实验的有用程度,把此时此地的真实的矫正情境过程展现出来,把在真实情境中的有效性展现出来,把真实情境中的变化作为理论是否有效的根本证据。

2.系统性

矫正项目实验的系统性首先表现为理论层面的螺旋循环。它要运用先前的

---

① 李智:《范式抑或科学研究纲领——兼论传统公共行政和新公共管理的区别》,《上海行政学院学报》2008 年第 9 期。

先进理论,并由矫正专家把理论传道给矫正师、矫正管理者,并用先前理论来统合、分析、评估、判断先前的证据,筛选出最佳证据,以证据驱动来进行实验,实验产生新的证据,又建构了新的理论。其次是实验操控实体的系统性。实验中干预手段、措施、方法,干预的时效、程序、强度等方面的操控是一个完整的自足的系统,它在项目系统内形成合力,组成一个具有独立的、规范操作的、能够自主完成设计规定目标的综合体。在系统内部,它是有机的建构;对外部而言,它是一个独立的整体,表现出足够的功能效应。

3. 过程性

矫正项目实验高度重视设计时的过程推演和操作时的过程控制、评估、分析的留痕,在过程的把控中实现实验的目标。对过程的重视主要体现在对干预过程的精确把握,十分关注干预之后的变化、为什么会发生、发生的具体过程和演变轨迹是如何表现出来的。它非常关注在罪犯监禁的自然情景中,罪犯个体在监禁状态下的文化、境脉和各种干预措施,以及罪犯之间、罪犯与民警之间互动的矫正机制,力主把干预的认知过程、准备过程、操控过程进行透明化设计。在矫正场所的实验项目中,设计的因素如何发挥作用,在哪些方面发生了作用,效用有多大,有多大的证据能证明我们的设计理论、理念,技术的效用,都集中体现在对项目实验过程设计是否精准到位。在实验实际运行中,过程的具体走势是按照矫正项目的专业架构运作,按照规定的程序、方式按部就班展开的。在这个过程当中,它体现为完全的、可以操作的一种技术规范,技术规范就是对项目实验的整个过程设计所具有的规定标准与程式。它不再是基于矫正师的个人经验,而是基于预先设计好的结构化程序、方法、措施。整个循证矫正的项目实验,是一个设计不断验证、修正设计的过程,一个对实验对象、干预目标、干预后反应的不断评估过程,一个依据已有最佳证据生产新的证据并努力使之成为新的最佳证据的过程,最终是在干预的时空里,实验对象的社会态度、心理、行为发生变化的过程。随着信息技术运用的广泛深入和专业检测设备与技术的引入,实验过程变得透明,可视化程度的提高不断强化了实验的过程性,过程正变得与结果一样重要,过程与结果一样成为了大数据里的数据流。

4. 针对性

在设计过程中,矫正项目实验需要根据具体类型、特定范围的罪犯,针对具体的矫正目标,运用最佳矫正证据,采取适切的、适量的、适时的干预措施,干预措施的强度不能太强,也不能太弱,要根据矫正对象的具体情况、矫正目标实现的难易程度等方面来确定合适的干预强度和剂量。针对性确立的必要条件是问题导向的,就是设计并实施与实验对象的危险性、矫正需要、反应方式相适应并具有实际效果的干预措施。针对性的确立也是目标导向的,即通过适当、适时的干预尽可能减少甚至消除实验对象在社会态度、心理、行为习惯、人际交往、职业技能等方面的问题，以达到预防重新犯罪的目的。针对性的层次定位有三：一是针对类型，特定范围的罪犯类型可以有很多依据的类型划分方式，但最终是以干预所指向的目标类型至为显要；二是针对个案，在罪犯类型的针对基础上，强化个案层面的针对性，以罪犯个案为目标，进一步校正干预的适切度；三是针对特定的时空动态，在实验过程中，实施干预既有规定的程式，也有相当的灵活度，应与特定时空情境下的实验对象动态状况相契合。

5. 集成性

矫正项目设计性实验具有很强的集成性，需要干预措施、方法、证据、资源和时空等多方面要素的集成，理论上的整合，它具有多学科、综合性运用的特性，需要开阔的理论视野，尽量吸收心理学、教育学、脑科学、统计学、数学等多学科的前沿理论与先进技术，才能够操控矫正项目实验的成效。整个矫正项目实验的过程，是设计、实施、评价，再基于最新证据的设计、理论形成等多个环节的、多次迭代循环的过程，从而不断加深对矫正的理解，提升设计能力，生产出更高、更有效的证据。它把罪犯的风险评估、矫正需要评估、反应模式的评估集成研判，寻找最佳的证据，做出对罪犯问题解决的呼应，实施基于最佳证据的干预。在这个过程当中，它集成了矫正研究者、矫正管理者、罪犯和矫正师四方面有意义信息并进行对接、校准、碰撞，从而推动矫正的实施，矫正实效的真实发生，并将意义趋向最大化。总之，矫正项目设计性实验不仅要描述矫正正在发生什么，还要研究是什么造成了具有因果关系的证据。设计性实验不再停留在描述性的因果关系研究，而是进一步探究矫正发生的机制，是什么造成什么的机制发生原理和过程，以实验的证据来建构矫正的应用性技术体系，同时也建构矫正的基础理论，最大限度地实行达到理论与实践的重合，两个维度合力推动技术体系的发展进步。

正是在项目实验的平台上，循证矫正的研究者、矫正师、管理者和罪犯集合并形成了共同体，过程和结果都应该是通透的。过程是结果中的过程，轨迹可循可证；结果是过程中的结果，最佳证据不断迭代更新，在循证的实验里没有最好，只有更好。矫正项目的形成来自实验的有效性取向。循证矫正的主要构成单位是矫正项目，没有矫正项目，循证矫正也就失去了最起码的架构支撑，就变成没有实质性内容的虚空化。一个成熟、规范、有效性强的矫正项目，真不知道要经过多少实验，从小样本实验到大样本实验，从非标准实验到规范实验，从单因子实验到多因子实验再到系统实验，矫正的有效性就是这样不断提升的。如果没有经过有前后测、有随机对照组的实验，也就没有高级别的证据。可以肯定，矫正项目实验是循证矫正的核心之"证"的源头。除了高级别的证据，其他如中级别的证据的科学性、信效度就差一些了,那些以个案的或者以专家的判断作为证据的效力就更低了。我们当然不排除其他的任何的可证、可资之"证",但必须分清"证"的有效性层次,因为关乎循证矫正的有效性高低。在现代实证研究的视域里,"证"只来自实验得出的一套完整的、有逻辑建构的数据,实验的有效性表达是充分量化的。

实验在循证矫正实验中的作用意义是很明显的,实验在循证矫正中所占的份额、所在的位置之重要是没有另外因素可以来替代的。循证的证的源头在实验,证的核心在于循证矫正的项目实验产生高级别证据;证之新在实验,通过实验把以前的证据、把各种各样的证据都能够汇聚起来,进行对比,运用最佳证据进行操作后得出新的证据。循证矫正的项目的研发构建与完善都离不开实验。从设计到实施到总结这个过程都需要实验,项目的完善需要实验,项目的推进需要实验。只有实验才能锻炼循证矫正的专业化的矫正队伍,才可能形成职业化的矫正者联合体。因为实验给矫正者提供了最好、最有效的机会,提供了最规范的操作方案,起到了比较好的示范作用。只有实验的结果,实验所产生的高级别证据最容易积累为专业化的标准、职业化的品格和规范。围绕各种证据的收集、评判、分析、推断、决策而得出最佳证据进行行动,然后生产出新的证据。在这个循证矫正的整个过程中,只有实验有资格可以贯穿全程,可以左右掌控全程,只有把实验的方法作为循证矫正推进的核心办法,中国化才是现实的,才能够产生符合中国国情、中国犯情、中国文化特点的循证矫正模式和技术、评估工具、网络库等技术体系。循证矫正推进的过程实质上也是中国化的过程。循证矫正作为舶来品,中国化是很有必要的,也是必需的。作为系统的方法论,循证矫正的危险性评估要针对中国罪犯的风险特点,矫正需要的评估要根据中国的当下社会转型的特点和中国传统文化背景,这是无法回避的。循证矫正要在中国的矫正领域生根、发芽、结果必须要有适应中国的土壤,在中国化的过程中我们绝对不能放弃中国化的主要手段就在于循证矫正的项目实验。

第三节　循证矫正中国化的技术路径

中国化的实质性目标是:在中国监狱现实与传统的基础上对接循证方法,通过矫正项目实验培育完整而高效的循证矫正技术系统。根据中国现阶段的现实条件,严格遵循循证矫正的基本规范,积极运用先进的技术和方法,从推进循证矫正的基础性工作着手从实做起,基于中国国情、狱情、犯情和文化传统与社会生活习惯进行开发性、形成性的矫正项目实验研究,积累真实发生并符合规范实证研究的基础数据,成为过硬的证据,为开发比较成熟的矫正项目,形成比较规范的运作模式,造就一批懂技术、讲标准、会操作、善于创新开拓的循证矫正专家。司法部应切实履行好技术推进总体统筹规划和科学指导的职责,对循证矫正技术推进进行顶层设计,按照技术发展的逻辑、技术成熟所需的时空过程来稳妥地推进循证矫正技术的发展,避免全国一哄而上,表面上轰轰烈烈,实际技术内容空洞、实际效果空虚等不良后果的产生。如果不严格按照技术推进的思路和路径,很容易把循证矫正工作实践引向形式化、表面化,把科学的理念、方法论变成伪科学、伪技术。我们要极力避免出现监狱发展历史上办特殊学校、"三分"等工作热闹一阵子后归于沉寂的窘境,从中吸取教训,为循证矫正项目实验的应有成效和技术发展厘清可持续发展的路径。

驱动循证矫正的方法不能按一般工作业务流程的行政方式推进来进行,而必须依靠技术方式的推进,依据技术的进步、发展、成熟、完善的进程稳步地到达成效最大化的目标。矫正项目作为循证矫正的主要载体和运作方式也是技术运用的汇聚点,实验是落实技术推进、取得技术突破、验证技术完善性的主要手段。技术推进的方法就是不断地培育技术、涵养技术、保障技术、规范技术的过程。技术推动的主要方法有:进行规范实验,颁布技术操作手册,技术指南和技术标准;出台技术的保障政策,如矫正经费投入,按项目实施情况予以落实;实现技术资格、准入制度,规定从业者由行政身份转变为技术身份;加强对从业人员的培训,提高他们的技术水平;依靠信息化推进技术。在上述各种技术推进的方法中,最核心的还是以实验手段,以试点的方式来进行技术开发、技术研究的推进力度是最大的。

技术培育的具体路径或关键节点依次如下:

一、理念培育

首先,在矫正领域全面推行工作即研究、研究即工作的科学理念,持续提升监狱民警的专业化水平,为推进队伍职业化夯实基础。按照一般的推理,任何一项现代职业,其职业化的标志是具有系统的成长性的职业规范与标准,而支撑职业规范与标准的是职业相关的专业技术,专业技术的阶梯铺就了职业的成长之路。近些年来,监狱系统行业发展滞后于社会现代化的步伐,一个很重要的标志性原因就在于监狱民警的专业化程度低,最具专业化成长前景的罪犯矫正技术没有纳入专业化的发展轨道。培育民警专业化的自上而下的现实捷径是把矫正的业务工作与专业水平的研究实施一体化的运作,民警人人有研究课题,形成工作即研究、研究即工作的生动格局。其次,必须选择一种专业理论作为循证矫正项目实验的指导理论,为实验提供理论支撑与专业准星。比如认知社会学理论、建构主义教育理论都是可以考虑的选项。遵循了某一专业理论,实验运作就可以获得广阔的专业背景与资源,少走弯路,避免重复研究或重蹈覆辙,成为有源之水、有木之本。没有专业理论指导的现代实验,要取得很可观的成效是不可想象的,也不可能持续发展,走不远。专业理论既是现代实验必备工具,更隐含了推动实验运作的动力、方法与规范。再次,要培育技术化的思维方式。在循证矫正项目实验中,技术化的思维方式主要体现为矫正领域的专业化知识的构成逻辑和系统考量,遵循循证矫正的专门知识进行逻辑推理和系统思考。偏离技术思维或参考太多的非技术思维(如行政思维),实验的设计和运作很容易误入歧途,走向科学实证的反面。

二、规划培育

司法部和各省市出台循证矫正项目五年培育规划。规划的实质是循证矫正的项目推进和内生发展作顶层设计,形成组织的应对培育方案,对循证矫正技术系统的发展目标、成长路径、要素养育、人才培育、运转机制、考核激励等方面进行系统性、综合性、时间性、强制性和基础性的规定,成为循证矫正的任务书和项目库。规划的主体内容是培育循证矫正的项目实验,对实验的宗旨、方案设计、目标分类、变量架构、核心技术运用和效果评估提出指导意见或预见设想。以规划鼓励监狱自行开展循证矫正项目研发实验,成熟一个验收一个,由各省局组织验收,验收合格后由司法部组织专家认证。规划要对矫正项目研发实验验收、人才培训、组织激励与保障做出规定,努力体现实验全程的、可视化、网络化、档案化、定量化方案报备、数据集中管理等大数据条件的现代实验规范。

三、证据链培育

实验生产证据,一个完整的实验产生一组独立的证据,一个规范的实验产生一组自足的证据,一组相邻的实验就可能生成一条证据链,一组成系统的实验就会形成系统的证据链。在矫正的技术系统里,证的可靠性、科学性和有效性是由证据链决定的,证据链越长、时空跨度越大,就显得越有价值。证据链的培育进程可以从短程实验发展到长程实验。从证据链的时空长度看,首先着眼罪犯不良行为习惯、扭曲心理的矫正,促进其改造表现的稳定和进步,研发矫正项目进行实验;取得成效后再进行长程实验,把罪犯回归社会降低重新犯罪等纳入实验的时空范围,并进一步把提升罪犯的综合素质,完善健全其个性等使之成为常态社会人的要素作为矫正项目实验的主要目标。

四、标本培育

所谓标本就是最佳证据。如何使样本上升为标本,有很长的路要走。基于罪犯矫正的复杂性,其效应的产生涉及因素极为广泛,具体矫正行动所营建的因果关系发生机理可能是线性的,也可能是非线性的,同样的矫正行动因为对象与背景的差异甚至表现出了更高的要求,在变量与因变量之间的关系中,更注重对因变量的背景因素进行系统考察,把我们选择的实验样本提升为标本,通过规范、标准的实验操控,着力提高实验的科学性。矫正项目实验,我们既要重视线性的因果关系发生的科学证据,更要勇于探索非线性的因果关系的发生原理和概率,更要允许实验在很多样本上的无数次失败从而产生真正意义上的成功标本。样本培育的大致进程可从小样本实验发展到大样本实验,最后为系统分析、元分析做准备。实验项目的起点要高,过程操作严格规范,限于人力物力等矫正资源有限,可以从小样本入手,局部拓展,从小样本到大样本,从大样本上升为大系统。

五、评估工具培育

评估贯穿矫正项目实验全程,既有结果评估,也有过程评估、立项评估、系统评估。循证矫正离不开评估工具,迫切需要专业、精准的评估工具,而评估工具的开发源于实验。只有实验才能产生合法、合情、合理的评估工具。所谓合法,是指评估工具的来源在实验,符合实验的标准规范,作为工具的科学性最终能够进入司法程序以充分体现权威性。所谓合情,是指评估工具是在无数次的循证矫正项目实验中,经历了各种复杂矫正情景的检验,整合了典型的矫正情景。所谓合理,是指评估工具既能测定实验前后的对象的客观状态与基本数据,更能精准反映样本在实验前后变化发生的逻辑轨迹。循证矫正项目实验的成熟性和系统扩展是产生本专业、本土的评估工具的充分必要条件。评估工具的研发与完善需要以实验为基础的足够时间与空间跨度,以平面化普查为基础来研发评估工具的弊端显而易见,急功近利的做法贻害不浅。在现有条件下,循证矫正项目实验的评估工具只能走"拿来主义"之路:一是大胆借鉴西方发达国家比较成熟的循证矫正评估工具;二是积极采用心理学、教育学等学科相当成熟的评估量表。运用现存的评估工具来运作我们自己的循证矫正项目实验,等实验成系统后自然会产生属于我们本土化、本专业的评估工具。我们可以从采用已成熟的小范围量表开始作为实验的评估工具,局部积累经验,为研发循证矫正的风险评估、矫正需求评估等大范围量表的研发、验证、规范使用创造条件。

六、数据共享培育

实验作为量化的实证研究,在充分量化表达的同时,必须有一个对样本的整体观念和视角,在针对个别化的样本进行实验设计、操控的时候,还能念念不忘全国性的样本概貌。这就非常需要互联互通的全国监狱罪犯数据共享。在专业全国循证矫正专网建成之前,相关实验应该获得全国监狱的大数据支持,才能确保实验的高度、深度与精确参照值。在此基础上,如果能够实现循证矫正项目实验的数据共享,实验对实验之间的推动、激励和辐射影响力就会达到倍增的效应。实验相关的基础数据共享也是建立循证矫正数据库的基础。基于上述考虑,很有必要规范、分类细化、系统深化全国监狱矫正相关的数据统计,改革统计报表上报和共享制度,把矫正工作动态数据纳入网络式统计、可视化归档,为及时统计数据、共享数据创造良好的信息化环境。从现实角度考虑,首先要把现有的全国层面的、全省(市)层面的各口子的统计报表实现内部的数据公开,共享共用,发挥基础数据的作用,让相关数据成为推动循证矫正项目实验的有生力量,成为最初的"证"的重要组成部分。在此基础上,根据循证矫正项目实验的需要,拓展、细化、补充、规范相关数据统计,健全完善相关数据统计制度,保障数据安全和规范使用,尽早实施数据网上统计、网上上报、网上汇总、汇总结果反馈的统计格局,为建立循证矫正数据库打好基础。

七、重新犯罪率结果调查培育

尽管重新犯罪是属于需要刑事法律来调控的犯罪问题,从社会生态视角看,也是一个社会治理能力与水平的问题,但就循证矫正来说,则归结为矫正质量的个体性因素,既是循证矫正效果的重要指标,也是循证矫正的证据链终端,是核心的证据。因此,罪犯重新犯罪情况的调查统计,在循证矫正中具有不可缺少、至关重要的分量,必须加以认真实施,全面培育相关调查统计的合规性与准确性。所谓合规性主要指两个方面:一方面,调查的主体资格要予以明确,在目前我国法律、法规没有明确授权的情况下,监狱要获得上级管理机关的行政授权,在罪犯属地司法局、司法所进行面上初步调查的情况下,由监狱单位组织重点深入细查;另一方面,调查统计的程序和内容细目要根据循证矫正的证据要求予以规范,具有一致的统一口径与证据归档要求。所谓准确性,也有两个方面的要求,一方面是面上的调查统计是完整、真实,另一方面对重点个案的重新犯罪原因分析精准到位,为循证矫正的持续改进提供证据支持。最重要的是,调查统计与循证矫正项目实验相衔接,受查人员的横向范围、纵向时间节点严格按试验设计要求予以落实。协同社会力量全面实施罪犯回归社会生活状态调查,以三年为期，准确统计重新犯罪情况，以及其他矫正所产生的各种效应，通过调查统计结果反馈，构建循证矫正项目实验完整的证据链，反哺循证矫正实验项目的正强化。

八、专业激励培育

从现实情况考量，改革监狱实绩考评办法，由安全为主导模式升级为矫正质量为主导的全面考核模式，激励监狱不断提高矫正质量，以目前的条件还不成熟、不具备，扭转既有方向的惯性为时尚早。但是从专业化的角度，对循证矫正项目实验进行激励培育是完全可能、可行的。监狱要有意识地集聚一批与循证矫正项目实验相关的人才资源，相关专业背景、职业旨趣、技术追求的民警汇集在一起，想在一处、干在一处，形成循证矫正项目实验的专业化团队。在此基础上，对从事循证矫正项目实验的民警进行专业培训，充实或更新相关知识，学习掌握有关技能，明晰相关技术标准，确立和巩固专业的思维方式。在此基础警醒业绩激励，充分展示从事专业技术工作的价值所在，在舆论导向和价值指引上营造浓厚的氛围，为循证矫正项目实验的开展创造良好的外在环境的同时，积极实施目标激励、价值激励，把循证矫正工作者的个人业绩提升为监狱组织发展的价值方向和基本理念，并进行多方位的协同，最终在组织层面形成以循证矫正为中心的工作模式和管理流程。最根本、至为关键的是专业的成长性激励，有效防止循证矫正实验项目的专业技术人员断种，专业业务停工，专业技术断代，基础数据断根断系，丧失可持续发展的活力。我国现代监狱史上，有许许多多非常成功的做法与宝贵经验，就是因为缺乏专业的成长性激励，得不到历史的延续与进步，仅仅是一个曾经的闪光点，失去了演变为辉煌的一条线、一个面，甚至一幢美轮美奂的地标式建筑的机遇。成长性激励的主要措施有四方面：一是专业技术人员团队始终存在，保持人员正常的交流与更新，不断充实团队的组织活力；二是专业项目的研发和实际运作不停步，具有连续性的专业活动中不断探索技术的先进性，努力提高技术的有效性；三是不懈追求专业技术的迭代循环，循证矫正正是通过持续的项目实验，推进了"最佳证据"的一次刷新和操作标准、规范的反复锤炼直至升级换代；四是围绕专业技术的业绩考评，对专业技术人员的实绩成长性进行评定，给予相应的技术名分、职称与待遇。

九、提升拓展实验培育

现在的循证矫正实验是建立在法学、心理学、信息学、教育学、生理学、社会学等学科基础上的，依据科学技术发展的新成果和新趋势，需要进一步拓展实验的涉及领域，提升实验的品位，适合人脑的矫正是循证矫正实验的一个重要发展方向。人脑是负责心理、意识和思维活动的器官,针对罪犯的教育干预都需通过大脑才能产生效应,适应、契合大脑的生理机能和活动规律的,就可以收到预期效果。进一步说,如果我们的教育干预措施的实施效果,已经从罪犯行为、心理、意识的改变上升为罪犯大脑的认知神经环路的改进、成为重塑的大脑,证明我们的矫正工作做到家了,开辟了一个新时代——基于人脑的矫正。运用当代最前沿的人脑研究技术和专业设备,通过实验获取了循证矫正在人脑活动图谱、认知神经层面的证据是可能、可行的。脑认知成像技术在受试者无损伤的情况下,能够直接检测人在认知活动过程中的大脑神经运动状况,为研究认知过程的神经基础和相关特征提供了科学手段。脑认知成像技术主要是运用脑电图(EEG)、脑磁图(MEG)、功能性磁共振成像(FMRI)、事件相关电位(ERP)等相关技术和设备,进行相关的科研活动。近年来,美国、欧盟、日本、加拿大等发达国家和地区都投入巨资,在国家和企业等不同层面制订了雄心勃勃的人脑研究计划,预示人脑研究即将获得重大突破,相关技术和设备越来越成熟,走向更为广阔的运用天地。在循证矫正的项目实验中,脑认知成像技术既可以是矫正措施实施的手段和工具,也能够为教育干预提供更多的思路和方法选项,更为可贵的是,它是矫正效果即时实测并可连续检测的可信评估工具。总而言之,建立循证矫正实验室,购置有关心理测试、大脑成熟度测试、大脑思维认知测试的设备,为提高实验层级、增强实验的科学性提供设施设备条件,不失为开辟实验新境界的良策。

十、云技术的应用培育

信息化始终是推动循证矫正项目实验的引擎,实验的设计、运作、评估和整个循证矫正的运行平分建构都离不开信息技术的深度介入。监狱及其循证矫正是一个复杂的信息系统,复杂信息系统的表征实战化、操控智能化都离不开技术,循证矫正相关数据的采集、处理、存贮、转换、整合、分析与检索,更离不开云技术。云技术是基于分布式计算技术,综合运用网络技术、信息技术、整合技术、管理平分技术和相关行业应用技术,协同计算机、存储器、网络设施、数据库、资源地、管理中间件等软硬件高效、安全地处理大数据,按需便捷地为应用提供服务的总称。云技术于监狱、于循证矫正不是一个空泛的概念,在本质上是一整套基于分块、分类、分布完成的整体的信息化解决方案。对循证矫正来说,就是现有的最佳证据的筛选并在现有条件下最佳的整体应用方案的信息化表征。规范和成功的开端在司法部,特别是司法部的顶层设计和统一的信息化平分,尽管云端在监狱的一线应用,如果没有细致周到、面向实战的整体解决方案和统一平台,信息化就失去了正确的方向。尽管循证矫正的云技术的基础在项目实验,但是,云技术能够加速实验成果的推广应用和实验层次的提升,为项目实验装配了

"顺风耳"和"千里眼"。不止于此,云技术与循证矫正的深度融合,循证矫正项目实验的框架设计将予以重构,在现有资源、数据、证据中寻找最佳技术路径。云技术的核心主体在于对罪犯个体意识、心理、行为监测与评估的智能化、数据化、网络化,在科学性和实践水平的应用上获得大幅度提升。云技术应用的起点是要由司法部具体牵头建立一个全国统一的循证矫正数据库。首先在一个省市或数个省市试运行循证矫正数据库,包括项目库、证据库、案例库、矫正师库、专家库、管理库等主要数据集成的子库。经试运行在数据库比较成熟的情况下,全国联网,数据共享,以信息化推动循证矫正的广泛开展与质的提升。

循证矫正作为整合的、系统的矫正方法论,其哲学范畴属于实用主义。作为技术,它融合了当代有关学科研究的前沿成果,其操作标准、技术规范无疑具有系统性,但其系统要素的架构、链接、排序甚至系统内的所有逻辑关系、相关关系、因果关系都是需要经过实验的千锤百炼得来的,必须不断经历沙里淘金的过程。只有实验才能成就技术规范,只有实验才能提炼操作标准。通过非实验途径得来的只能是伪技术规范和伪操作标准。循证矫正中国化的具体路径是以矫正项目实验为主通道,其他各种举措都要围绕主干道的通畅而提供保障、服务、激励。循证矫正要真正扎根中国的文化土壤,只有拿来人家的方法真做我们自己的科学实验这一条道路行得通。只有实验,而且要科学实验,才能为循证矫正起好步,走对路,除此别无他途。

坚持矫正的实践本性,就是坚持了监狱工作的宗旨意识;坚持循证矫正的实验本性,也就坚持了矫正工作的科学理念。实践与矫正、实验与循证矫正有着太多的同构关系,循证矫正确实是矫正作为求善之证与科学求真之证相统一的技术系统。

第二章
循证矫正实验方法

实验是循证矫正的本性,也是循证矫正的主要运作方式,更是循证矫正建构高级别证据的主要生产方法。在所有的研究方法当中,实验是帮助我们检验因果关系假设的唯一办法,因果关系正是证据的关键所在。循证矫正也必须遵循指导一般科学实验的理论、科学实验的一般形式与规程,重视对实验变量的分析,深刻认识变量之间的关系,把握变量的演化规律。

第一节　循证矫正实验概述

一、实验方法论

循证矫正实验的基本方法是实证主义。实证主义是一种强调经验,排斥形而上学的研究方法。实证主义作为经验主义的表现形式产生于19世纪三四十年代的法国和英国。在这之前,牛顿和休谟的经验论已经涉及实证问题,19世纪法国空想社会主义者圣西门最早使用"实证主义"一词。实证主义创始人是法国哲学家、社会学家孔德。孔德出版了《实证哲学教程》六卷,标志着实证主义有以下形成。自孔德以来,实证主义已经渗透到各门学科,从最古老和最基础的物理学到社会科学,形成了自己独特的系统研究方法,在20世纪大行其道。

实证主义有以下基本特征:一是将哲学的任务归集为现象研究,以现象学的观点为出发点,现象即实在、有用、精确,和相对、想象的这些属性相对应;二是对经验进行现象主义解释,主张从经验出发,拒绝通过理性把握感觉材料;三是把处理哲学和科学的关系作为其理论的中心问题,主张科学至上及科学是真理,是知识的绝对形式。哲学是以实证的自然科学为根据,以可观察和实验的事实及知识为内容，以实证知识取代神学和形而上学。

实证主义总是以代表科学哲学的面貌展现自己。主要观点有8个方面：

1.关于科学研究的工具性。实证主义主张科学技术知识最大的特征就是具有工具性，有用。不能被使用，就不是科学知识。认为科学本身既是手段，也是人类追求的目的，研究的目的是发现自然法则，以便人们预测事件的发生，控制物质和社会环境为人类服务，创造新的方法。

2.关于价值中立。实证主义认为，科学研究并不对它的对象和结论作价值判断，坚持事实和价值的二元论。社会科学应是客观不附带价值观的科学，科学运作要求科学工作者放弃个人偏见和价值观，严格按照规范和程序形式确保科学的中立和客观。除了在选择课题时有所偏好以外，研究者不应在研究中渗入任何价值判断。

3.关于人的本性。实证主义认为，人受自我利益的驱使，追求快乐，但具有理性；人为外界的力量所左右，同一外因对所有的人都具有相同的效果。了解人的恰当方法方式是通过观察人的外部行为，而不是揣摩他们的内心世界。人的个人行为和社会习俗由外部力量，而非个人喜好使然，人世间事物也可用因果法则来解析，因果法则是或然的，即对多数人适用，以行为预期出现的概率来表示。

4.关于对社会现实的认识。实证主义认为社会现实稳定有序，原本就存在模式和规律，这些模式和规律与自然法则别无二致，有待人们去发现。虽然目前人们对它们没全部认识，但科学家们正在对社会现实的各个方面逐个研究，逐步认识，最终形成有关知识的整体画面。社会科学的研究方法与自然科学的研究方法没有本质区别。

5.关于社会现实的解释理论。实证主义认为，科学解释接受的是普遍法则，科学通过发现因果法则来解释社会法则。因果法则与观察到的具体现象和逻辑相联系。相信终有一天，社会科学中的法则与理论能够用像数学那样精确、简洁的符号系统来表述；社会科学理论将像自然科学那样，最终成为有相互联系的定义、公理、法则组成的逻辑演绎系统。

6.关于事实和证据的判断。实证主义认为科学是对外在于科学的现实的研究，研究对象是客观的，外在于科学的，客观事实独立于人的主观世界而存在。人们通过感官以及延伸感官的仪器，可以观察到客观世界的存在。如果人们对观察到的事实有不同意见，原因可能是工具不好或工具使用不当，也可能是观察还不够，研究需继续进行。能否为经验所证实，是区分思想真假的唯一标准，好的证据出自精确的观察，并能被他人的经验所证实。

7.关于正确与错误的区别。实证主义认为，科学的解释必须经得住客观事实的检验，解释必须经得起重复，任何研究者都可重复他人的研究，这为创造知识的过程提供了一个监控的机制。对社会现象的解释逻辑上不存在矛盾，并与观察到的事实相符就是正确，否则就是错误。

8.关于科学和常理的区别。实证主义认为，科学和非科学之间有明显的界线，追求知识有许多途径，但科学显然优于其他途径。常理与科学接近，然而常理不严谨、不系统，逻辑性不强，还可能带有偏见。科学群体有特定的规范、严谨的态度和成熟的技术，因而能产生真正的知识，常理做不到这一点。

实证主义作为工业——科学时代的方法论，在人类思想史尤其是在推动知识生产、积累和转化为生产力方面的巨大贡献上，占有极其重要的地位。它倡导实证研究，以获得确定性、精确性、可验证性、可重复性的知识作为科学的方式和手段认识世界和改造世界，推动了时代发展、社会进步和意识观念革新。当然，它有很多局限性，受到历史和逻辑上的批评。如波普尔在《科学发现的逻辑》中认为，理论不能被证实，而只能被证伪；又如库恩认为科学的出发点不是事实而是科学结构，证实和证伪都不是主要的，科学最重要的发展是范式的转变。但是，实证主义的技术体系直至今天仍有沿用的重大价值，它还是前工业化国家在工业化过程中遵循的"范式"，也还是后工业化国家转型之后的新型式，实证主义得到进一步发展，在方法论上发挥着新的作用。

在犯罪、刑法学领域，实证的研究可以追溯到1876年，意大利犯罪学家龙勃罗梭《犯罪人论》出版。中央司法警官学院翟中东教授概括了实证方法在刑罚分析中的主要价值，他认为实证方法的基本价值有二：其一，描述说明所关注对象真实情况；其二，对假设进行统计性的推论。实证方法在刑罚分析领域中的价值主要有十一个方面：①描述各种刑罚适用的情况，包括各刑种适用的绝对数量与相对数量；②描述接受不同刑罚的人员的情况，包括性别、种族、民族、年龄、接受教育情况、犯罪前就业情况、家庭情况、疾病情况、所犯罪行情况、所接受刑罚情况等；③描述某种刑罚适用的效果；④描述某项刑事政策的效果；⑤描述某种刑罚适用的有效性；⑥对刑罚执行中某种方法的效果进行推断；⑦对刑罚可能出现的对社会、对犯罪人、对执行人员影响，包括积极的影响和消极的影响，做出推断；⑧对刑罚施法与执行中的各项投入进行说明；⑨对刑事政策的推动社会可接受性进行判断；⑩对新刑罚效果进行检验分析；⑪对新理论进行检验性分析。[1]

上述情况表明，实证主义的方法论在监狱工作中具有广阔的应用前景。循证矫正的项目实验离不开实证主义的理论指导。

---

[1]翟中东：《实证方法在刑罚领域中的价值、应用与中国前景（上）》，《中国监狱学刊》2013年第2期。

二、循证矫正实验的概念与基本形态

实验是一种对相关条件严格控制,通过操控某些因素来探索变量之间因果关系的办法。这种控制的条件实际上是创设一定的情境,用以引发希望被试发生的变化。循证矫正实验就是在这个矫正项目的实施过程中,通过控制、操作相关因素而设定成一定的情境,引发被试的特定的行为。其基本形态有三种:

1. 实验室的实验

在实验室内运用相关的设备、设施,借助专门的实验仪器,操控相关因素进行研究。实验室的研究能够相对容易控制各种不同因素,而且运用专门的仪器进行测试和记录,实验的信度比较高。在实验室里,现代先进的实验仪器,如眼动仪、正电子发射断层、事件相关定位、功能磁共振成像等,就可以用来研究心理过程和引发某些心理活动的生理上的机制方面的问题,对提高循证矫正实验的信度、深度、精度有非常大的意义。

2. 监禁条件下的实验

在罪犯在监禁状态下,有目的有计划地创设情境和控制一定的因素来进行研究。在监禁状态下进行实验研究,最大的好处是便于控制一些变量,对变量的操控相对容易。但是,监禁状态会给罪犯带来许多负面的影响,不是正常社会生活的环境对实验的影响也有一些负面的因素。在实验设计过程,我们必须充分考虑监禁情境下实验所面临的利弊因素。

3. 社区矫正实验

在罪犯在社区自然生活的状态下,有目的有计划地利用相关的条件创设一定的情境来进行实验研究。在社区的实验比较接近正常的生活实际,也方便实施,但对变量操控的难度比较大,因为社会的情境因素比较复杂,且容易诱发意外事件或受意外事件的影响。

除了上述三种基本形态外,还有混合形态。如监禁条件下的实验形态加上实验室形态,在大部分实验过程是在监禁条件下的自然状态中进行,但对实验对象进行评估时是在实验室操作。又如根据实验课题设计,实验对象首先在监禁条件进行实验,然后,又在社区矫正形态下继续实验。混合形态下的实验,说明实验利用了更多的条件与资源,潜在的优势是明显的。

三、循证矫正实验的变量

一个完整的循证矫正实验项目包含三个基本要素:自变量、因变量和无关变量。实验的成功与否、成效大小区别就在于是否对自变量、因变量、无关变量进行恰当的选择,是否进行规范的操控。在实验被试监禁状态下的矫正,充分体现了干预的意味,矫正就是在于营造特殊情景实行最大限度的干预,为了确保干预的有效,所以需要遵循已有的最佳证据,并运用实验手段创造最新的最佳证据,以此不断提高干预的成效。干预应该是循证矫正实验中的核心变量,也是最大的变量。从干预的视角看实验变量,自变量就是针对实验被试的具体目标实施的干预措施,因变量是特定的干预措施针对被试的特定目标实施后的受影响程度,而对干预措施有可能造成影响、混淆甚至干预的因素就是无关变量。

(一)变量种类

1. 自变量

实验所操控的对被试者反应产生影响的变量称为自变量,它是实验的中心所在。为什么要做实验,实验的意义就是从自变量引发的。一项实验至少要有一个自变量,而且这个自变量至少可以分成两个以上不同的水平或类型。

2. 因变量

因变量是由操控自变量引发的实验对象某种特定的反应,是随着自变量的变化而变化的实验对象行为。实验过程当中要对因变量进行全过程的观察、记录。以什么样的指标因素来做因变量,要看具体的实验课题和实验项目。出于测量和观察因变量变化的需要,在实验当中必须把因变量分解为可以测量的因子或指标,并且要严格定义这些因子、指标的具体的测量方法。

3. 无关变量

凡是能够对因变量产生影响的都是相关变量。在相关变量当中,除了实验需要的自变量外,还有我们主观上不用的相关变量,被称为无关变量。在实验中必须对无关变量加以严格控制,所以无关变量又叫控制变量。假如不对这些无关变量加以控制,它就可能与自变量一起对因变量发生作用,造成实验难以区分无关变量的效应和自变量的效应,那就没有办法真正解释清楚因变量变化的真正原因。所以,无关变量也称为干扰变量。一个实验项目需要控制的变量很多,如何排除无关变量的干扰是一项重要而难度很大的任务。

(二)变量分析

循证矫正项目的实验设计需要对监狱变量进行系统分析,包括变量的结构分析、变量的空间分布特点分析、变量的交互决定的机制分析。对监狱变量的系统梳理可以为循证矫正实验项目设计提供思路和分析框架。

1. 变量结构分析

监狱变量结构是司法权力在监狱内全面渗透的结果,其结构是按照权力的等级梯次排列的,突出表现了司法权力的强制性作用,它的构成是罪犯、管理人员、监狱形态和制度这四大块。

(1)罪犯变量。作为矫正对象的罪犯,其变量主要包括罪犯的生理、心理、行为特点和社会文化因素。社会文化因素最关键的是它的人生价值观念与社会态度,在监禁状态下集中表现为自我悔罪程度、刑罚主观感受程度、矫正的主动参与程度。一个通常的假设:自我悔罪程度、刑罚主观感受程度、矫正的主动参与程度都比较高的罪犯,回归社会后正常社会化、没有重新犯罪的概率比较高;反之,正常社会化、没有重新犯罪的概率就比较低。但是,假设需要经过实验验证才会变成科学,自我悔罪程度、刑罚主观感受程度、矫正的主动参与程度的评估也要规范,并经过实验的验证。罪犯变量中最复杂也最需要弄清楚的是罪犯矫正需要,不仅是具体的矫正目标,也指犯罪的主客观原因,从犯罪史延伸到人生成长史。罪犯变量是矫正的出发点和落脚点,也是循证的逻辑起点。我们以罪犯变量为中心建构循证矫正项目实验的运作框架,以适当的自变量最大限度地激活罪犯变量,朝矫正师意愿的方向演变。

(2)管理人员变量。尽管目前监狱管理人员没有实现职业岗位分类,但在监狱实际工作中确实存在分工,管理人员包括行政管理者(监狱领导)、执法警察、看守警察、矫正师,以及辅助警察工作的工人。在循证矫正的框架里,变量的主要构成是矫正管理者、专家和具体矫正者,他们的身心特点、知识结构、价值理念和业务技能专长,作为团队的价值目标、组织架构、拥有的资源和综合实力。其中矫正管理者主要是通过制定相关的制度,调配矫正资源,实施对矫正的动态管理而发生作用。研究专家主要是为循证矫正提供技术支撑,提供最佳证据,培训矫正者的业务技能而发挥效力。矫正者是具体的循证矫正中的操盘手,在整个循证矫正的流程中发挥主体作用。

(3)监狱形态变量。主要是监狱表面比较直观的设施、设备以及相关的工具,也包括隐含其中的技术含量、审美情趣和价值理念,构成了监狱静态环境中的基本要素变量。监狱形态变量对罪犯的作用实质是以一定的物质及附加在物质上的技术形成了监禁环境,对循证矫正项目实验来说,也是实验运作的具体情景的背景。作为监禁环境的变量,对罪犯的作用是全方位的,是监狱学研究的母题。"尝试罗列如下十大研究母题:①监禁状态下的罪犯反应(适应性)研究;②监禁状态下的刑罚效应研究;③监禁状态下的矫正效应研究;④监禁管理者的心理研究;⑤监禁状态下监禁管理者与被监禁者的互动研究;⑥现代监禁技术研究……"[①]从中可以掂量监狱形态变量的重要性。

(4)制度的变量。包括监狱相关的法律法规、基本制度、工作标准以及一系列的业务操作规程。监狱制度的落实情况构成了监狱秩序的动态状况,监狱制

---

① 张怀仁:《监狱工作战略转型的现实问题与条件需求》,葛炳瑶主编,《社会管理创新与监狱工作战略转型》,法律出版社2013年版,第79页。

度是循证矫正发生、发展的基础,也是循证矫正密切相关的规则、理念与价值系统的综合表征,制约着循证矫正主体之间以及与其他社会组织、个人之间发生关系的基本状态。

2.监狱变量的空间分布特点与主体行为方式分析

监狱是一个特殊的社会空间。监狱变量按照制度设计的逻辑和规则机制分布在监狱的空间。变量之间的关系无论是人际关系、人与物的关系都构成了监狱空间的实体。按照法国社会学家福柯的观点,监狱是一个异质空间,和一般的社会状态具有明显的差异。1967年福柯在演讲稿《不同的空间》中提出了异质空间这一概念,他把监狱定性为对正常社会的偏离性的异质空间[1]。监狱作为一个异质空间,它首先具有等级性的特点。监狱内部组织是等级性的,是一个由命令——服从关系耦合起来的空间,警察之间的科层制关系、警察与罪犯之间的明显等级关系,还有罪犯通过分级管理,造成的等级差异都表现了等级在空间中的分布状态。其次,监狱具有异质空间的支离性。监狱空间被人为划分成为体现独特功能的无数小块,这种琐碎的空间格局构成了监狱空间的不均匀和复杂性,更多地表现了监狱的不同等级和梯度。可以说福柯所列举的异质空间的六个特征——①对正常社会的偏离;②不同文化的异托邦;③为某种特定功能或目的将不同空间并置;④时间断裂;⑤同时具有开放性和封闭性;⑥具有幻觉和补偿——监狱都完全具备。在人类社会里,也只有监狱同时具备了福柯所讲的异质空间的六个特征。在监狱的异质空间里,变量之间的关系表现了众多的矛盾、差异和悖论。

德国著名的哲学家、社会学家哈贝马斯[2],提出了交往行为理论。他把人的行为分为四种类型:一是目的性行为,主要是人们借助工具理性从事改造客观世界的活动;二是规范性行为,这是以行为者共同的价值取向为目标的行为,主要体现在人们的主观世界和社会世界中的价值认同和规范遵守;三是戏剧性行为,他认为社会是一个舞台,每一个人都要在观众和对象面前表演自己,背诵着早已准备好的台词,让观众去领会他的潜台词;四是交往行为,交往是指使用语言或非语言符号作为理解他们各自行动的工具,以便使他们能够在如何有效地协调自身的行动上达成一致。马克思、恩格斯在《德意志意识形态》中认为,人类社会的历史既是生产的历史也是交往的历史,首先是生产的

---

[1] 米歇尔·福柯:《不同的空间》,《激进的美学锋芒》,中国人民大学出版社2003年版,第23—28页。

[2] 尤尔根·哈贝马斯是德国当代最重要的哲学家之一,是西方马克思主义重要流派法兰克福学派第二代的代表人物,被公认为当代最有影响力的思想家。

历史,而生产的本身又是以个人彼此之间的交往为前提的。① 马克思从哲学的角度对交往进行了研究,他认为交往是人类特有的生存方式和活动方式,能够在生产力发展、社会关系的变革与完善、科学文化的继承、人的自由全面发展等四个方面发挥重要作用。哈贝马斯认为,人的交往行为具有四方面的功能:一是理解的功能,有助于把握知识;二是合作的功能,使社会形成一个有机的整体,有利于社会目标的实现;三是社会化功能,能够使个体认同社会规范和价值取向,从而形成某种价值导向;四是社会转型功能,推动社会的结构转型、结构变迁和社会进化。

　　以上相关理论表明,传统监狱的空间特点是不利于罪犯矫正的,在矫正项目设计与运行中,如何根据监狱空间特点进行改造,规避不利因素,创设有利于矫正的特殊情景,是摆在我们面前的必须逾越的障碍。要把监狱形态变量、制度变量演变成矫正项目实验中的自变量的组成部分,通过人工创设,努力改良监狱空间,在监狱异质空间里营造小范围的与社会同质空间。对照哈贝马斯对人类行为的四种类型划分,监狱中的人们行为目前最集中体现为目的性行为和规范性行为。监狱借助工具理性来行使对罪犯的控制、管理,强制性地要求罪犯遵守相关的规范,对偏离目的性和规范性的罪犯行为进行惩罚、训诫,对罪犯的规范性行为和符合监狱价值取向的目的性行为进行奖励、表彰。监狱的目的性行为和规范性行为体现了福柯对监狱的理解,那就是惩罚与规训。作为矫正的自变量,与惩罚无缘,在层次上要高于规训,规训仅是矫正势力范围边缘的辅助协同力量,它应该更多地体现人类的交往行为。循证矫正项目实验中各行为主体应该行使完全社会化的交往行为,在特定的时空场景弱化甚至杜绝其他的规范、目的、戏剧等行为方式,千方百计让交往行为发挥理解、合作、社会化的功能。循证矫正的原则、规则更多地尊重了罪犯的作为矫正对象的意愿,明显加强了监狱的交往行为的分量,体现了教化的特征。正像德国哲学家、教育家雅斯贝尔斯所说的“一棵树摇动另一棵树,一朵云推动另一朵云,一个灵魂唤醒另一个灵魂”,真正达到了教化的境界,显示了教育的本质意味。如何让监狱的时空更多地向交往行为倾斜,让交往行为妥善有序地分布到监狱的时空,这正是循证矫正试验设计与运作当中需要重点关注、充分考虑的问题。循证矫正项目试验的规范设计也为交往行为在监狱的广泛推行预设了足够大的发展空间。

①《马克思恩格斯选集》第一卷,人民出版社 1995 年版,第 168 页。

（三）变量交互决定作用的机理分析

美国学者扎耶克主张矫正项目采取循证的方法要遵循七项原则,其中的第三项原则是矫正应当建立在有效的理论基础上。他认为实践表明社会学习理论、认知行为理论可以支持矫正。[①] 社会学习理论的创始人班杜拉认为,社会学习理论即探讨个人的认知、行为与环境因素三者及其交互作用对人类行为的影响。班杜拉在对环境绝对论和个人绝对论进行批判的基础上,吸收了行为主义、人本主义和认知心理学的有关理论元素,摒弃了它们的不足,从而提出了自己的交互决定论(reciprocal determinism),强调在社会学习过程中行为、个人因素、环境因素三者作为相互连接、相互作用的决定因素产生的交互作用。班杜拉提出了人的行为是三项交互决定作用的模型,人的行为特别是人的复杂行为主要是后天习得的,行为的习得既受遗传因素和生理因素的制约,又受后天经验环境的影响。行为习得有两种不同的过程,一种是直接经验,另一种是间接经验。在间接经验里班杜拉强调了观察学习,强调了人的主体能动性,主张人是自我主张的、主动的、自我反省的和自我调节的,而不是经由外界环境所塑造或由潜在内驱力所推动的反应有机体。人类功能是个人因素、行为和环境三者动态相互作用的产物。

根据班杜拉的交互决定理论,循证矫正中的变量呈现了交互决定的模型:

1.矫正活动与矫正对象、矫正活动环境的交互作用。矫正对象参加了矫正活动,这个矫正活动是矫正对象自己愿意的,是矫正对象发生的个人行为。矫正活动与矫正对象是相互作用的,矫正活动会按照矫正项目设定的内容影响矫正对象,矫正对象在矫正活动中习得的行为使矫正对象的认知结构发生潜移默化的变化。在矫正活动与矫正对象的交互作用过程中,环境因素一直在起作用,三者处于三项交互的状态,创设有利于矫正活动开展的环境,提高了矫正对象参与矫正活动的积极性,矫正对象在矫正活动环境中体验了习得的愉悦,进一步激发出参与矫正活动的热情,强化了矫正活动的效果。如果矫正活动环境难以使矫正活动顺利展开,甚至是环境干扰了矫正活动的顺利进行,都会影响矫正对象参与矫正活动的积极性,降低矫正活动成效。

2.矫正对象与环境、矫正活动的交互作用。在循证矫正活动中,矫正对象处于主体地位,一切矫正活动都要围绕矫正对象展开。首先是矫正对象与矫正对象之间的交互。在矫正活动中,矫正对象之间需要交流,需要更多的协同、配合,对矫正活动内容的讨论、情感交流,使矫正对象产生人际交往的真实体验,体验

---

①翟中东:《矫正的变迁》,中国人民公安大学出版社2013年版,第298页。

的过程促进了矫正对象的社会化技能的习得。其次是矫正对象与矫正者的交互。矫正者在矫正活动中与矫正对象的交互是真实、具体发生的。矫正者是矫正活动的引导者,矫正者与矫正对象的有效交流不仅能够帮助矫正对象解决疑难问题,增进情感交流,还能够让矫正对象获得新的行为方式、新的心理感应甚至思维方式的改善。再次,矫正对象与矫正活动之间的交互。矫正对象先前的认知风格、身心特点会影响到矫正活动的开展,矫正对象原有的认知风格也会影响矫正活动中的矫正者行为方式,矫正者的自我图式、事件图式和全体图式同样会影响矫正对象在矫正活动中的积极性,包括主动参与程度和效果期待,矫正对象自身的自我效能会深刻影响矫正活动所开展的成效。再次,矫正对象与矫正活动内容的交互。按照皮亚杰发生认识论的观点,矫正对象与矫正活动内容之间主要是一个同化与顺应的过程。假如矫正对象对活动内容理解比较到位,他在自己原有的图式中找到了对应的图式,就发生了同化的效应。如果活动内容不符自己已有的图式,矫正对象就会发生顺应的变化模式。最后是矫正对象与环境的交互。矫正活动的环境总是在潜移默化当中影响矫正对象,矫正的效果发生在真实的情景当中,真实的情景离不开相应的、适当的、适宜的活动环境,环境始终是一个不可忽视的因素。

3.环境与矫正对象、矫正活动的交互作用。任何矫正活动都要在一定的环境中展开,在日新月异的现代科技条件下,虚拟环境为矫正活动的开展提供了极大的便利,对矫正对象的影响愈来愈能够发挥更大的作用,在一定程度上可以弥补矫正活动开展当中真实环境的不利一面。矫正活动属于特殊的社会认知活动,社会认知就是一个形成社会图式,并且已形成的社会认知又会对我们今后的认知产生影响的过程,而环境不仅是矫正活动的背景,也是矫正活动的重要组成部分。在矫正活动中,矫正对象总是充分地注意和感知在活动中收到的信息,并选取有益的信息进行编码,将获得的信息与已有的知识经验(图式)进行比较,解释对信息的意义。在这个过程中,环境一直在现场从不缺席,成为知识经验(图式)的有机组成。在理解矫正活动意义的基础上,矫正对象产生一系列可供选择的反应计划,从中选择适合自己的行为反应,并且对这种反应进行评估和比较评价,预测各种反应的效果,并决定采取何种行为反应,然后根据这些所选择的行动计划做出真正的行为反应,而环境自始至终是行为反应方式选择的参与者,并且成为行为反应的背景。因此,矫正活动中的社会学习,矫正对象要受多种目标、动机等因素的影响,并且在情景、个性、文化背景等方面的差异上表现不同的反应模式。

四、循证矫正实验的确定性分析

循证矫正实验的确定性主要表现为实验是量的研究方法,它具有情境的操控性、路径的演绎性、价值取向的中立性、程序的精确性、结论的普适性等特点,所以具有研究的权威性和科学性。规范操控的实验其结果是确定的,实验的过程是真实发生的,应该说它的确定性特别是对因果关系的确定性是可靠的。一直以来,我们监狱系统对量化的、定量的实证研究是最缺乏的。之所以缺少实验研究、量化的实证研究,这里面有中国传统的文化历史因素,也有我们国人的思维方式等集体潜意识方面的原因,但确实与我们监狱系统一直以来专业化程度比较低相关。在观念和习惯上,当前监狱学在定量研究上存在很多误区与短板。应通过实验来规范量的研究方法,提高研究过程与结果的确定性。我们要客观认识实验研究的确定性与局限性,规避它的不确定性。

(一)确定性分析

1.情境的操控性

在循证矫正实验中,根据研究目的与已有证据提出的假设,设计营造一个特定的情景,系统地操控变量从而发现变量之间的关系,并进一步精确地测量具有因果关系的量的构成、等级、规模、范围、程度,从量的关系上探求矫正活动的发生、发展的内在规律和矫正效果的大小,成为循证矫正中的新的证据。通过对真实的研究情境的规范操控,把代表矫正活动本质和规律的量过滤、挖掘出来。而目前的监狱学研究习惯上总是混淆定量研究的目标与质性研究目标的区别,甚至认为量化研究藐视罪犯的个体差异,是"见林不见树"的研究方法,没有关注个案的情况。实际上在量化研究的时候是能够兼顾面和点的,只需有关注个案的热心,就完全可以做到既见林又见树。

2.路径的演绎性

量的研究的技术线路通常采用以演绎为主线的假设检验逻辑,辅之归纳的逻辑推理。假设检验是量的研究的主线,以假设检验为核心,建立具备因果关系的各种变量的分析框架,遵循标准化程序的演绎过程,从针对矫正的目标(问题)形成假设到证据筛选,从依从最佳证据确定假设再到实施假设、确定抽样、测量工具选定与展开、干扰变量控制、效度检验、统计与分析数据,直到最后验证假设,遵从了从一般到特殊、先分析后整合的演绎路径。而我们惯常采用的研究路径不太习惯定量的研究,采用先分析后整合的思维方式,总是觉得定量研究对对象进行分解,不考虑整体。实际上定量研究首先都是研究事物的具体结构,尽可能地分析细化,通过分析事物的过程,来把握事物的属性和规律。这确实区别于我们通常采用的整体的思辨的角度来研究监狱工作。如果能够采用定量研究的方法在分析事物的结构和属性的同时,又能够考虑事物的整体性和各个组成部分的相互关系,我们是完全可以避免定量研究因为分析强调过分造成的缺

3.价值取向的中立性

在量的研究中,研究主体是独立于整个研究过程之外的,对量的分析、综合、演绎与归纳都不掺杂研究主体个人的主观色彩,使量能够纯正客观真实,以便量能够充分反映其所表达的不以人的意志为转移的事物本质和客观。在循证矫正实验里,证据是量化的证据,矫正效果也是量化表示的,对量的研究的整个过程需要显示对量的足够尊重与敬畏。只有如此,才能最大限度地维在自变量与因变量互动所发挥的人的主体性与主观能动性。可以说,对量的研究中保持价值中立,通过保护量的客观性,也达到了对研究者主体性发挥的保护目的。而我们常有的偏见是认为定量研究重视了事物的客观性而忽略了人的主体性,是只见物不见人。实际上定量研究的主体性充分表现是多方面的;我们对什么问题要确立研究课题,有兴趣进行持续关注、选择什么样的方法来进行研究都无法回避主体性,其中都反映了主体的价值取向。

4.程序的精确性

对量的研究必须严格遵守程序,始终按照程序的要求贯穿全程,在结构与逻辑上用数学语言来表示它的精确性,从而使量不断接近或约等于甚至等于事实本质、规律。平时,我们常犯的错误是认为定量研究过分强调程序,重视形式而忽视了内容。实际上定量研究的根本目的在于揭示事物发展的客观规律,无非它的形式更多的是用数量来示意,数量是有丰富内涵的数量。

5.结论的普适性

基于上述实验的量的研究中情境的系统操控,技术路径的严谨演绎、价值取向的严守中立、研究程序的精确规范,量的研究结论就具有普适性。大量的抽样统计代表了其范围的普适性,经过实验的严格实证,以事实证明普适性。而我们陈旧的偏见是觉得定量研究对人的内心世界如情感、态度、价值观等方面是揭示不了的,因为总觉得人的这些因素不能够精确测量。现实世界中脑科学、心理学、信息学等学科发展突飞猛进,新的研究成果不断涌现,对人的主观能动性方面的测量手段越来越丰富,对人的认知、情感、动机、态度、价值观等问题都是作为热门的课题在研究,许多关键领域获得重大突破的趋势不可阻挡。随着研究方法的不断创新,研究技术的不断完善,对人的主观能动性方面的测量会越来越精准。之所以我们有些同志对循证矫正不是很热心,不是很认同,缺乏足够支持与理解,有很大的因素就是没有认识到定量研究的长处,对定量研究它的科学性和真实性没有体会、体验。如果能够认真做好循证矫正实验,我们监狱系统的定量实证研究一定会兴旺起来。

（二）不确定性分析

在肯定循证矫正实验确定性的同时,我们要客观地来分析看待它的局限性,从而可以采取适当的方法努力规避或排除它的不确定性,着力提升其确定性。剔除了不确定性,剩下的就全都是确定性了。循证矫正实验对因果关系的确定性本质上还是属于大概率事件,毕竟循证矫正实验与自然科学实验还有很大的区别,在确定性上处于不同的层次,因为绝大多数的循证矫正实验是在真实的社会环境如社区环境或是监禁罪犯的特殊场所监狱环境里来进行的,而不是在实验室里操控的,它不可避免地受到许多无关变量的干扰。实验的控制程度肯定不能和实验室里的实验相比。循证矫正实验被试是罪犯,它要确认矫正现象之间的因果关系,它以求真做基础和前提条件,又以至善为出发点和归宿,同时又是一项充满情感、有着明确目的和价值取向的活动,肯定要受到真理标准和价值规范的双重制约,以此为条件来操控变量,这是循证矫正实验最本质的特点。它以最大限度地降低罪犯重新犯罪率来操控变量,这是循证矫正实验最本质的特点,所以,它和自然科学实验是有区别的。循证矫正实验的不确定性主要表现为四大方面。

1. 从循证矫正实验的活动性质看,它是求真与求善的统一体。

循证矫正实验既是一种研究的活动,又是一种矫正的活动,是实践和理论研究的统一体。矫正以求善的价值为基础,主要的直接目的是提高罪犯矫正质量、降低重新犯罪率。它具有明确的矫正性、道德性、实用性。所以,循证矫正实验既要有自然科学实验的科学性,又要有提高罪犯矫正质量、降低重新犯罪率的实效性,它要担负起矫正罪犯、培养他们适应社会重做新人的重要使命。

2. 循证矫正实验在假设、控制、和验证方面与自然科学实验有重大区别。

自然科学实验既可以提出正面假设,也可以提出反面假设;既可以证实,也可以证伪。循证矫正实验因为它是以提高罪犯矫正质量、降低重新犯罪率为目标取向的,是一个求善之证的行为,所以它的假说只能是从如何提高罪犯矫正质量、降低重新犯罪率的正面上提出假说来进行实验,从怎样提高罪犯矫正的有效性上来操控实验,对实验的结果它只能是怎样发挥矫正的有效性,只能是证实有效性的大小,而必须避免矫正活动可能产生的负面影响。从实验过程中的条件控制方面来看,自然科学实验操控的对象是物,所以它采取的方法和手段、干预的措施相对来讲比较灵活,容易成功,而循证矫正实验的操控难度系数比较大,特别是变量的分离比较难,变量的控制比较难,可以控制的变量少,没有办法完全将矫正活动脱离现实的矫正环境来进行实验,如果过于控制相关的变量,反而会使实验变得毫无意义。再次,从实验效果的验证来看,自然科学实验可以反复操作,而循证矫正实验在绝大多数情况下是一次性的,不可能完全复制。

3.普遍性与个性不能兼具的问题。

从实验的数据统计和结果分析来看,自然科学实验往往是用整体性的统计方法,描述整体性的事物发展规律,而循证矫正实验既有整体,更兼顾个体,它需要解决的是在着眼普遍性问题解决的同时,更要兼顾一个个特殊的个体问题,在对罪犯的群体情况进行分析的基础上,实施对罪犯个案的干预。以定量研究的思维方式来操控实验,同时客观地认识循证矫正实验与自然科学实验的区别和联系对循证矫正实验的成功与否具有非常重要的意义。

4.实验效度的影响因素上分析,循证矫正实验的效度比自然科学实效要低。

效度分为内在效度和外在效度。内在效度是指实验操控的自变量对因变量所造成的真实的影响程度,也就是因变量在多大程度上可以归因于自变量的贡献,内在效度标志着实验的成功程度。外在效度是指实验结果的代表性和概括性的程度,涉及实验能否推广,就是实验对其他情景的适用程度。内在效度高的实验外在效度不一定高,内在效度低的实验也就没有推广的意义。因此,循证矫正实验做得内在效度和外在效度与自然科学实验一样高的可能性很小,因为影响它们的因素有很多。

影响内在效度主要有八大因素。一是实验期间的事件。在实验过程中,围绕实验对象发生的事件,凡是在实验对象内心产生了影响,就会干扰干预措施的成效,既可能是正强化的,也可能是负面的,从而扭曲了自变量与因变量之间正常对应系数。比如,在循证矫正项目实验期间,国家对罪犯减刑、假释、暂予监外执行的刑事政策进行了调整,假如对罪犯有利的话,罪犯参与、配合循证矫正项目实验的积极性、主动性会明显加强;假如对罪犯不利的话,罪犯的积极性、主动性就很可能受挫,需要采取有针对性的解释答疑、教育引导工作,尽量降低刑事政策调整事件带来的影响。在实验期间,如果一名罪犯参加了一个人际交往改进的矫正项目,在这个实验期间,他的家人频繁来会见,突然改变了对他原来冷漠的态度,亲人之间的关系融洽了,会见的时候相互交流很充分,所以这名罪犯在人际交往当中的积极性无形提高了。这个事件对人际交往实验项目是一种干扰因素。二是自然成熟的因素。就是说在实验的期间,被试的身心发生了自然的变化,这也会影响自变量对因变量的作用。如未成年犯在服刑期间作为循证矫正实验被试,经过实验这段时间已经由未成年变成成年人,他在生理上、心理上自然发生了变化,所以很难估算实验当中的因变量受到了多大的干扰。三是测量因素。由于实验的需要,在循证矫正实验中需要前测,也需要后测,那么前测很容易对后测产生影响,而且前测也会产生暗示作用,影响了实验因变量,从而强化了实验的效果。四是测量工具的影响。实验的测量工具、测量的主持人、评判人其内部的不一致性都会影响测量效果的正确性,影响了实验的效度。如果实验的测量工具本身就有大的问题,那实验结果就肯定不准确。循证矫正实验一再强调评估工具的重要性,意义也在这里。五是趋中效应。实验前测和后测在统计上很容易出现两个极端往中间靠的自然现象。罪犯当中表现特别好的或者特别差的很可能在后测中表现为模糊化的趋向。六是差异的选择。实验当中所选择的两组或几组本来在实验前差异就非常明显,那么实验结果的显著差异就不能简单地说是自变量的干预引起的。七是被试流失。在实验期间被试刑满释放或者调离,或者因为其他的客观原因不能继续参加实验,这样很可能使实验结果发生偏差,变得难以解释。八是各种因素的互相影响。在实验期间自变量、因变量、无关变量等许多因素都在互相影响,有些因素可能我们在实验当中还没有预计到,或者还没有预计到它发挥了多大的作用,所以,很多因素相互影响就把自变量、因变量之间的因果关系混淆了,影响了内在效度。

影响外在效度有四因素。一是测量的反作用与交互作用的效果。测量反作用是前测对后测的影响,测量的交互作用是前测与后测之间的相互影响。不管是测量的反作用还是测量的交互作用,如果这两者的影响因素都比较大的话,都会影响实验的外在效度。二是选择的偏差与实验变量的相互作用效果。就是在样本选择的时候,我们选择了的具有某种心理特质的一些罪犯,可能会影响整个实验的变量测试。三是实验安排的反作用的效果。因为被试已被安排到实验中,很可能会因为参与了实验而表现了自己优良的一面,产生加强实验的效果,他的动机和行为容易发生所谓的活塞效应。四是多重实验处理的干扰。如果被试接受了多种因素的实验处理,多个自变量之间会互相干扰,那么很容易降低实验的外在效度。

为了增强循证矫正实验的确定性,努力提高实验的内在、外在效度,必须对实验进行严格设计,想方设法尽可能地使自变量发挥最大的效用,把无关变量的干扰减少到最低的程度,在选好信效度高的测量工具并进行规范、标准操作的基础上,增强实验的确定性。主要方法有:一是随机增强,将参加实验的被试随机地分配到实验组和控制组。二是情景增强,对实验的情景要严格按照实验的要求来进行设计和管控。三是排除增强,就是尽可能地将能够预先设想的影响实验结果的变量排除到实验之外。四是纳入增强,把影响实验结果的某种因素变成自变量进行多因素的实验设计。五是配对增强,将实验组和对照组的被试一对一配对,这一对一就是按照同质的要求进行一对一的样本选择。六是测量选择增强,就是根据测量结果进行选择和分配,保证实验组和对照组在实验处理之前的基本状况相同。

第二节　实验模式与过程

在循证矫正实验中实验的操作会因为实验目的设计思想和实验内容的区别采取不同的实验模式,尽管模式不一,但实验的一般过程是基本一致的。

一、实验模式

最基本的实验模式包括单组实验、等组实验和循环组实验三种。

（一）单组实验模式

单组实验模式是只把一个实验组作为研究对象,对其实施一种干预（自变量）或两种以上干预,然后测量干预成效,比较干预前后的差异,或者是实施某一种干预与另一种干预的成效差异,从而确定实验的效果。比较常见的是单组前后测实验模式,单组多因素实验模式。

1.单因素单组前后测模式

在这种实验中,实验前先对实验组测量,然后对实验组进行实验后再次测量,对两组结果进行差异性比较。这种模式的长处在于相同的被试都接受前测和后测,降低了差异的选择和受试的流失因素对实验内在效度的影响。但是,其内在效度还是会受到实验时期事件、被试的自然成熟、测量工具等因素的影响,其证据级别还是比较低的,不能作为循证矫正中的高级证据。

2.单组纵贯重复前后测模式

这种模式主要是针对长期的、连贯式的实验被试而设计的,它不仅要取得实验的最终结果,还要取得实验各个阶段的效果。要对各次测量的结果进行比较,把不同时段的实验处理的结果显著性差异进行鉴定。

3.单组多因素模式

以单组为实验对象,基于两种或以上的实验处理,并对每一种处理均进行前测后测,然后比较各种实验处理的效果。

以上三种模式的单组实验一般在下列情况下适用:一是没有两个等组或难以找到两个完全相同的被试;二是实验目标受自然因素的影响变化不大,实验前一阶段与后一阶段一致;三是前后测的难度系数保持一致。单组实验设计的缺点主要有三条:一是单组模式因为缺乏比较,无法排除本身的被试的自然成熟的影响因素;二是多因素单组实验模式,由于分阶段施加自变量和测试,所以前后测影响比较大,会发生前实验和后实验的迁移现象;三是被试在矫正的不同时间和阶段,他们的态度都会不同,但一般来讲开始到结束变好的可能性比较大。所以,单组的模式的缺点是比较明显的。

(二)等组实验模式

当有两种或两种以上干预时采用单组实验模式就很难操作,就随机选择两个条件相等的实验组,对他们分别进行实验处理,然后测量比较不同干预的影响,得出研究结论。这种模式就是等组实验模式。随机划分小组是最好的分组模式。一般来说,具备随机划分对照组的就是真实验,没有随机划分组的只能降格为准实验。能够构建循证矫正高级别数据的实验比较认可随机派对照的等组实验模式。等组实验模式一般分为单因素对比等组实验模式和多因素对比等组实验模式。

1. 单因素对比等组模式

单因素对比等组实验模式是指实验被试随机分为实验组和对照组,实验过程中实验者向被试施加单一干预,对照组不施加干预,两组均进行前后测。

2. 多因素对比等组模式

该模式是指被试有两个以上的个体或群体,他们被随机分为若干组,其中一组是对照组,其他各组均为实验组。在实验过程中各个实验组同步被施加不同的单一干预,对照组则不施加干预,各组都进行前后测。

用等组实验模式来进行循证矫正实验,它的优点是比较明显的,能够避免单组实验中效度不高的问题,但是要选择两个条件完全相同的等组,难度也是非常大的,特别是进行大样本的等组实验,那对样本的选择要花相当大的功夫,而高级别的证据恰恰是来自大样本的等组实验。

(三)循环组实验模式

该模式是指两个或两个以上条件不完全相同的个体或群体作为被试,在保持其他条件相同的情况下,实验者将不同的干预,或同一干预不同的水平分期、轮流对实验组进行实验处理,分别对各种干预或同一种干预的不同水平引起的变化加以测量与比较。循环组模式与等组模式不同之处在于:等组模式需要严格选择实验组和对照组,控制无关变量,确保被试在非实验条件下完全相同,而循环组模式在实验对象选择上可以随意一些。循环组模式是交互进行的,等组模式的实验组和对照组是确定不变的。

二、实验一般过程

循证矫正实验一般包括准备、实施和总结三个阶段。

(一)准备工作

循证矫正实验成功与否很大程度上取决于实验前的准备充分程度。准备工作主要分为发现问题、检索筛选证据和理论思考三个方面。

1.发现问题

矫正是以问题为导向的,循证矫正实验也不例外。问题就是罪犯的矫正需要,它是循证矫正实验的起点,查准、查实、查全问题才会有合理解决问题的假设,有了假设才可能进一步设计整个实验。问题怎么来呢?问题从犯情中来,是对于罪犯内心世界的真切、确切、完整的把握,是对狱情、警情、一切罪犯矫正相关信息的梳理和适切回应,要花大工夫进行翔实、细致的调查研究。需要循证矫正实验的所有的参与者,包括矫正管理者、矫正专家、矫正师一起来探讨罪犯的矫正需要。思考问题的维度可以从罪犯的心理、生理、社会态度、社会关系处理等方面去着手。在一系列问题当中寻找最大、最突出、最关键的问题。

2.检索筛选证据

根据罪犯矫正需要的问题,我们要尽可能多地查阅相关的文献,检索筛选各种不同等级的证据,同时要在矫正的实践一线去发现问题、分析问题,并从中找出解决问题的证据。在反复比较证据的可信度、现实操作可能性的基础上确定最佳的证据,特别要关注那些大样本的对照组的实验证据,作为我们进一步深化理论思考的逻辑起点。

3.理论思考

在发现问题、证据搜寻比较任务完成之后,要进行系统的理论思考,针对问题发生的现象、过程、本质和原因做出理论解释。成熟的理论思考的水平是循证矫正实验取得成功的先决条件,只有理论思考不断深入、系统到位,循证矫正实验才能够取得预期的效果。理论思考的成果最后归集为建构一个有意义的问题模型,这个问题模型主要是罪犯问题模型,主要由罪犯的风险、矫正需要、反应性等三要素构成。基于对罪犯的风险、矫正需要、反应性特点作全面深入的调查研究,通过资料查考、问卷、量表、机构性访谈等各种途径,切实了解罪犯的生理、心理、情感、价值观、社会态度、社会关系、劳动技能、矫正意愿等方面的情况,再进行细分缕析,客观地评判危险性因素、矫正需要、反应性特点等要素,再综合考虑之后形成一个有意义的问题模型。同时,也要对研究者、矫正者、矫正管理者的有关问题进行梳理,在设计过程中,一并加以考虑。

(二)实验实施阶段

这个阶段主要包括形成实验假设、完成实验设计和实验运作。实验的主要任务就是创设验证假设的条件、观察假设现象的发生和变化,搜集验证假设所需要的材料。具体的实验的运作就是操控自变量、控制无关变量和观察因变量变化的过程。

1.形成实验假设

根据理论思考的结果确立研究课题,接着就要针对选定的课题提出基本的假设,明确实验的目的。假设就是循证矫正实验中自变量与因变量关系的预期设想。作为假设必须具备四个条件:一是它必须有相当说服力的证据,最好是高级别的证据和科学理论为依据;二是它必须说清楚已经知道的和循证矫正实验项目有关的现象和事实;三是假设的本身不能有任何自相矛盾或不能自圆其说的瑕疵;四是假设必须能够预期新的现象或事实,并用实证的方法测量。假设对实验的变量要作明确、清晰的界定,使其具有操作的可行性。客观地定义操控自变量、记录因变量、控制无关变量。循证矫正实验提出的假设要明确实验研究的范围和方向,规定了实验目的性、自觉性,是展开实验的指南。一个好的假设能够推动实验顺利进行,因此形成假设的意义非常重要。循证矫正实验依从最佳证据提出理论假设,根据罪犯问题模型深入研究矫正对象,进一步拓宽搜索相关的文献资料并加以综合考虑,研究有关的矫正实践指南手册,探访相关的数据网络系统,尽可能多地把解决问题的证据与矫正实验发生的真实场景进行全方位比对,提出理论假设。

2.实验设计

在假设形成的基础上就要对实验进行总体设计,要在实验人员的理论准备、工作经验、研究工具、物质条件等一系列系统的因素进行综合考虑,设计成实验方案,要对实验的步骤、实验的方法、实验的经费、设备来源、实验的技术准备、实验的组织领导多方面进行详尽的安排,形成完整、全面、细化的实验方案。确定干预的关键因素,每个矫正项目的设计都有它特定的针对指向,干预措施也不尽相同,矫正项目设计是以干预为中心进行筹划。很有必要明确干预的关键因素,并以它作为核心来组合其他因素,形成一个整体的实验方案。要对干预的关键因素进行有深度的研究,对各种场景下的应用做出恰当的预计和必要的说明,从而确定规范的实验流程操作标准。构建矫正共同体,在提出理论假设的基础上,要积极把矫正的研究者、管理者、矫正者、矫正对象四方面力量集聚起来,对矫正对象进行进一步的探底,在多方磨合的过程中开展对矫正对象的预实验。通过预实验这个过程,切实激发矫正对象的矫正主动性,参与矫正的积极性,从而形成一个共同的愿景,在真实的矫正实验发生的场景中开展富有深度的合作,实现矫正者和矫正对象之间的良性互动。

3.操控实验

循证矫正实验在具体操控时要特别注意以下几点:一是实验要充分体现正面的、正向的矫正作用;二是实验被试保持正常状态;三是认真安排试探性的预实验;四是全程详细考虑实验过程所有的干预措施、技术会不会因为不规范而干扰实验结果。在实验过程中迭代修正设计,干预措施在实验过程当中要进行不断的评估。对干预措施的开发和形成性的评价,要在再设计的迭代循环阶段做出回应,从而完善干预,在设计检验修正的多次循环中,不断提高干预的成效。要完全真实、及时地记录实验,把整个矫正项目的运作过程予以全程记录,既包括成功的,也包括失败的。在对实验全程的记录中,要看到每一个设计的因素在实验中的运行情况,它的成功之处和缺陷所在。

(三)实验总结

实验总结主要由统计分析、撰写实验报告、提出新问题三部分组成。

1.统计分析

我们主要运用量化的统计分析循证矫正实验的结果,同时要紧密结合定性分析。通过数据分析,我们首先从量上判断自变量的操控是否对因变量有了显著影响,验证实验假设的因果关系是否成立。如果因变量的前后测在统计学意义上显著差异而且实验设计严密、实验过程规范,就完全可以推断自变量的操控是因变量发生变化的原因,据此就可以得出实验的结论。有了初步结论,还要对结论做出合理、合情的解释,主要是对实验的变量因素进行细分,作具体、深入的分析。实验假设内容有没有全部实现、实现的程度如何;在因变量的变化过程当中,有自变量到底起到了多大的作用、如何起作用、在什么时段起作用、在什么情况下作用最大:这些都是需要认真加以分析的问题。在对实验作结论时,实验者必须坚持科学务实、严谨审慎的态度,客观而真实地反映实验结果,这些都是非常重要的。哪怕是预期目标没有达到的不成功的实验、操作过程不规范甚至设计有问题的实验,如果能够实事求是对待,实验还是有价值的。从多层面分析干预措施的成效,既要分析矫正设施的相关情境,也要分析矫正共同体层面的交互作用。既要分析矫正者个人层面的矫正经验,更要分析矫正过程中的罪犯认知水平提高情况、对矫正情景理解状态、对理解矫正情景之后的改变发生情况,特别是矫正者和矫正对象的互动情况、矫正成效的分享情况、矫正对象所在小组的人际关系改变情况,从这些方面着重分析干预措施的效应。

2.撰写实验报告

实验报告主要内容是实事求是地描述实验发生情景与过程、分析实验得失,主要包括实验的设计目标、干预要素、实施情景、描述每个阶段的发现和得到的收获这五个部分的内容。实验报告是循证矫正实验成果的文字表述,是实验的总结,是成果的交流评价及推广的基础性文本。实验报告撰写要以客观的态度陈述事实,作全面的定性与定量相结合的分析,按照科研报告的一般格式认真撰写,特别要注意按照科研报告的规范格式来制作图表和描述数据,尤其不能回避实验过程中的问题,要把问题的分析作为重点进行阐述,这是循证矫正实验研究推动矫正实验有效性的不断提高的不可缺少的态度与行动。多维度描述变量，重点关注对矫正成效评估有重要影响的因变量。罪犯的风险程度，有没有降低，反社会态度有没有得到转变，不良行为习惯有没有改正，有没有自觉来改善自己人际关系的意愿，有没有对自己犯罪原因上有一个客观清醒的认识，有没有真实地建立自己未来发展的愿景，要对这些重要的实验情景中的因变量做出详细的描述。同时也要关注实验情景中的重要自变量：监禁的特殊场景对罪犯心理的影响有什么引导作用，有没有负面的影响，负面的影响是如何规避的；矫正对象的反应性因素是如何影响矫正效果和矫正目标的；矫正项目中的相关资源对矫正目标的达成提供了怎样的支持；矫正者的专业发展在矫正项目实施过程中得到了怎么样的变化。对这些自变量也要认真回顾和深刻的反省。

3. 提出新问题

在认真总结的基础上，实验者要对实验的问题进行进一步的理论思考，把实验当中反馈的问题作为进一步实验研究的起点、基础。循证矫正实验是一个迭代循环、螺旋式上升的动态发展过程，最佳证据的不断更新，就是要靠在实验中提出新的问题。一个实验的结束将是另一个新实验的开始。

三、循证矫正项目实验的模式进路

根据实验模式、实验一般过程的技术要求和循证矫正项目运作的技术规范，循证矫正项目实验的模式选择必须经历从低级到高级、从简单到复杂的过程，支付必要的时间成本，必须按技术自身发展的规律寻找进路。按时间顺序，我们提出如下的实验模式进路设想：

1. 进行单项自变量的实验，测量干预目标的敏感度，从而建立罪犯单项评估的架构维度与具体指标。实验目标与步骤为各大类型罪犯（如盗窃犯、暴力犯、短刑犯、顽危犯）对不同的单项干预措施的敏感度。干预措施主要是认知行为疗法类和社会学习理论支持下的矫正技术，包括结构式和非结构式团体心理辅导，还有社会化技能类的团体心理辅导。

2. 在上述实验的基础上，按罪犯危险程度、矫正需要和反应性方式的不同类型，以罪犯问题模型分类、问题等级为导向进行细分，以区别于前面的大类型的粗分。与之对应的单项干预措施是敏感度实验，通过实验进行数据统计、结果辨析，总结提炼，筛选最佳证据，形成初步的操作手册，并进一步从综合考虑的角度提出理论假设。

3. 以多项自变量对单项因变量、单项自变量对多项因变量或多项自变量对多项因变量进行综合性实验，探究不同罪犯问题模型对综合性干预的敏感度。对综合性干预措施实验进行分析评估，筛选最佳证据，修订和完善操作手册。

4.通过实验精确定义各类罪犯问题模型中的基本概念,划定问题类别与性质严重程度的不同标准指数,并以此推动实验引向深入、形成系统。这项基础性工作非常重要,却很容易忽视。罪犯问题模型的分类是矫正的干预措施选择、矫正目标和方向确定的重要依据,是我们矫正者全力以赴去解决核心问题的任务图谱。明确了矫正对象的问题模型细分,辨别各种罪犯问题的真伪,区分其严重程度,就容易把罪犯评估的数据通过梳理建立逻辑结构,串点成线、连线组网,从而明确罪犯问题模型的内涵与外延,划定我们实验干预的边界。在分类的基础上,对罪犯问题模型要充分量化,以量化支撑分类,切实提高分类的科学性。为什么我们过去的"分押、分管、分教"(简称"三分")工作不能持续发展?如果从自身技术找原因的话,就是我们对矫正对象的问题既没有建立模型,也没有充分量化的科学评估。当然,充分量化要以科学评估工具为前提,科学评估工具的研发,必须通过长期的实验来完成和验证。

对罪犯问题模型的分类,要尽量避免琐碎化,按罪犯的生理、心理、行为习惯和社会因素又加以细分,就很可能产生交叉不清的问题。把重新犯罪的危险性和狱内在囚危险性分开来进行考虑,我们要采取系统性的量化评估分析方法,对每一名罪犯,主要考虑他的核心问题所在,主要问题所在,最危险的因素所在,从重度危险因素、不良因素中抽取或提炼出最关键的因素。在目前循证矫正实验的初始阶段,我们可以借鉴北美国家的分类,可以把罪犯问题模型按犯罪人格、反社会态度和价值观、自控能力差、缺乏社会技能、结交犯罪伙伴、吸毒酗酒、家庭不全或者家庭问题、反应性不良八大类型加以考虑,经过综合性的分析,制订与分类相应的矫正干预措施并进行实验。在确定八大类问题模型的同时,要对问题的严重程度进行划分,根据不同的问题程度,安排不同的矫正项目进行实验。

5.通过实验形成阶段性的最佳证据,并以最佳证据为中心,建立各种细分的循证矫正操控模型,规范各项干预措施的操作技术,形成针对罪犯问题模型细分的操控标准、手册。根据较长周期的大量实验和实验获得的问题模型细分的敏感度建模,我们进行综合考虑,进行系统性的数据分析。在系统数据分析的基础上进行建模,用数据量化的方法来表达循证矫正的操控,形成自变量、因变量、控制无关变量构成一个模型拓扑。建模是建立数据库的基础,建模只能是在罪犯问题细分、问题模型界限划分清晰、问题定义与量化计算精准、干预技术规范的前提下来考虑综合性、系统性的建模。建模也要进行严格细分,是以最佳证据为中心进行细分,什么样的问题,对应于什么样的干预措施,什么样的干预措施能有什么样的预期效果。我们要用量化计算方法把模型精确地表达出来,把循证矫正主要的过程表达清楚,把矫正项目的矫正量表达准确,把矫正项目的确定性和模糊性边界划分清楚,包括矫正项目的适用对象、范围。

6.通过实验获得的罪犯问题模型分类、干预措施分类、最佳证据分类的量化计算规则,考虑循证矫正数据库的建构、结构和数字模拟表达方式,进行各种严格的数字模拟定义,尝试建立循证矫正数据库。通过循证矫正数据库建设,进一步推动循证矫正实验的发展,真正形成实验技术的周转互动和螺旋上升。

上述项目实验模式的技术进路按先易后难程度的排序,最核心的还是循证矫正项目实验的设计与规范操作,矫正项目设计、研发要按照设计研究的方式来严格进行,才能确保我们的矫正项目实验不走样、不变调,真正取得实证的效果与最佳证据。经过以上六个实验模式或步骤的推进、目标的达成,循证矫正项目实验将逐步成熟,必将迎来循证矫正的全面推行。最终目标是循证矫正将由技术推进转变为司法制度推进,由核心技术标准转变为法律规定标准。

第三章
循证矫正实验心理干预技术

　　从前面章节的介绍,我们已经了解到实验的操控过程是围绕干预的实施展开的,循证矫正实验离不开心理干预技术。循证矫正是一种复合式的干预,包含的是一套技术体系。相关的干预方法、干预技术范围很广,有社会学的、哲学的、法学的、教育学的、心理学的、音乐艺术的,甚至是数学的。就监狱特定的技术而言,也包括分类关押、分级处遇、狱政管理、教育改造、劳动改造、技能培训、职业生涯指导、心理矫治等。本章重点论述在国外循证矫正中已取得较好成效的心理干预技术——认知行为疗法、后现代焦点短期疗法以及非结构团体心理辅导技术。

第一节　认知行为疗法

　　在北美和欧洲的一些国家,认知行为疗法作为循证矫正主要干预技术应用的成效取得比较普遍的认可。自20世纪80年代以来,认知行为疗法已经被相当广泛地应用,遍及加拿大、美国、英国、西班牙、德国等国家。兰茨贝格和利普西对58个使用认知行为疗法对罪犯进行矫正的研究进行元分析发现,认知行为疗法平均有效减少犯罪率达25％,其中最有效的矫正项目减少再犯率可达50％。[1] 美国国家矫正研究所制定的循证矫正八项原则第四条便是"运用认知行为治疗方法提供技能培训"原则。

　　在本节中,我们论述在循证矫正实验中如何运用认知行为疗法。

---

[1]张峰、赵刚、杨波:《论循证矫正方案的科学设计》,《河南司法警官职业学院报》2014年第6期。

一、认知行为疗法的基本原理

认知行为疗法起源于相差甚远的两大传统治疗派别——认知疗法和行为学习理论，现已成为应用最为广泛、研究最为彻底的心理治疗方法之一。它有丰富的技术去治疗各种各样的疾病，减少对功能的不良影响，缓解来访者的痛苦，让其更加适应环境，改善日常生活功能。

行为学习理论的代表人物有巴甫洛夫、华生、桑代克、斯金纳、班杜拉等心理学家。该理论认为，人的所有的行为都是经过学习获得并由于强化而巩固的，异常行为是错误强化导致而成的。根据这理论，我们可以通过对来访者再训练的方法来改变来访者的不适应行为。

认知疗法由贝克提出，他认为一个人对事件的看法是问题的关键，也是治疗的根本。贝克认为，认知产生了情绪及行为，错误的认知产生了异常的情绪和行为。一个人对事件的看法，对生活赋予的意义是治疗的关键，所以，我们反复地挑战这些想法，就会导致感觉与行为的逐渐改变。①

埃利斯提出的理性情绪疗法（RET）（理性情绪行为疗法）即 ABC 理论后发展为 ABCDE 治疗模型，与认知疗法相似，是对认知疗法的一个推动。来访者通过理性情绪疗法学习运用 ABCDE 模型去理解思维、感受、行为间的关系，即诱发事件或先行事件（Antecedents，A）引发了当事人对事件的意义的看法或信念（Belief，B），如果看法是比较僵硬、功能受损的或者是绝对化的，那么结果（Consequence，C）可能会是自我挫败的或是消极有害的。于是治疗师可以教来访者使用一系列的思维辩论（Disputing thought，D）来挑战驳斥那些功能不良的信念。一旦信念被驳斥了，一个更灵活有效的思维（Effective thought，E）就形成了，这样可以用来替换原来的信念。②

梅肯鲍姆明确提出把认知与行为疗法这两种传统的方法结合在一起，形成统一的方法，即认知行为疗法（CBM），并最早用于儿童的治疗。③ 梅肯鲍姆关注的是求助者的自我言语表达的改变，他认为一个人的自我陈述在很大程度上与别人的陈述一样能够影响个体的行为。CBM 的一个基本前提是求助者必须注

①［美］Eva Szigethy，John R. Weisz，Robert L. Findling 主编：《儿童与青少年认知行为疗法》，王建平、王珊珊、闫煜蕾、谢秋媛等译，中国轻工业出版社 2014 年版，第3页。

②［美］Eva Szigethy，John R. Weisz，Robert L. Findling 主编：《儿童与青少年认知行为疗法》，王建平、王珊珊、闫煜蕾、谢秋媛等译，中国轻工业出版社 2014 年版，第4页。

③［美］Eva Szigethy，John R. Weisz，Robert L. Findling 主编：《儿童与青少年认知行为疗法》，王建平、王珊珊、闫煜蕾、谢秋媛等译，中国轻工业出版社 2014 年版，第6页。

意自己是如何想的、感受的和行动的以及自己对别人的影响,这是行为改变的一个先决条件。要发生改变,求助者就需要打破行为的刻板定式,这样才能在不同的情境中评价自己的行为。这一技术最早开始是用于帮助冲动儿童的,让这些儿童在表现类的任务中能平静下来,在没有任何痛苦的情况下逐渐地修正自己的行为,收到了很好的成效。

梅肯鲍姆提出"行为的改变是要一系列的中介过程的,包括内部言语、认知结构和行为的相互作用以及随之而来的结果"三个阶段。第一阶段:自我观察,包括提高对自己的想法、情感和对别人的反应方式的敏感性;第二阶段:开始一种新内部对话,即新的内部对象将作为新行为的向导,反过来,也会影响求助者的认知结构;第三阶段:学习新的技能,求助者所学内容的稳定性在很大程度上受他们告诉自己的有关新学行为和它的结果内容的影响。

在对文献的分析中,罗斯和法比亚诺发现,许多的研究表明思维过程影响社会知觉,并且发现犯罪人样本和非犯罪人样本之间的人际关系是不同的。同时,有证据表明,罪犯倾向于在思考之前就很快地行动,在做出选择的时候也没有考虑到周围的环境和他人的情绪,在解决问题时表现出认知僵化。詹伯和珀珀瑞罗描述了大量的关于男性罪犯被试在解决日常问题中的缺陷。这些被试的问题解决有以下特点:通常,他们解决问题的方法都是非系统的,更倾向姑息问题而不是以解决问题为导向,一般缺乏有计划的或者亲社会的行为。[1]

社会学习理论认为,一个人的行为失常,往往是他在儿童期就没有获得这方面的知识与榜样,没有习得常态下的人际关系模式。根据认知行为疗法的基本原理,矫正师的工作目标就是要矫正矫正对象的错误的想法和核心的信念,帮助矫正对象学会如何思考,其次是思考什么,最后是知道怎么做,使他们学会多思考,而不是不加思考地做出反应行为,对自己面临的情况,学会做出更有预期的和有计划的反应,做出预判,让自己更有准备,能以更客观的心态对待。并在这个矫正过程中,帮助矫正对象重新习得社会化的人际关系模式。

第一位在哈佛大学心理学系获得教授席位的女性心理学家艾伦·朗格教授曾做过一个"复印机"的实验:几个人在排队复印东西,实验者问前面的人能不能让他先复印。只要这个实验者给出了理由,人们通常都允许他插队。有趣的是,这个理由本身是否合理却并不重要。无论你说"对不起,我赶时间"或者"对不起,我想复印文件",人们的反应都是一样的。"并不是他们没听见你说什么,"朗格教授说,"而是他们根本没意识到你说了什么。"我们在日常生活中的许多行为

①霍林主编:《罪犯评估和治疗必备手册》,郑红丽译,中国轻工业出版社 2006 年版,第 80—81 页。

都是像复印机实验里的那种"自动"状态下做出的。所以,我们需要时不时地停下脚步,思考一下我们正在做什么,在某个情境下是怎么反应的,为什么会这样反应,还有没有别的选择。这是朗格教授的"专注力"概念,也是认知行为疗法要我们学会的。

二、认知行为疗法在监狱循证矫正实验中运用的基本因素分析

根据认知行为疗法的基本原理和循证矫正实验的具体要求以及监狱工作的实际特点,主要从以下六个方面对认知行为疗法在循证矫正实验中的运用进行分析。

(一)基本理念分析

认知行为疗法假定适应不良的行为和认知是习得的,与循证矫正的"人是可以重塑的"理念是一致的。从生理心理学上讲,某些因素如基因确实会影响一个人形成适应不良的思维与行为的潜在倾向,但是,行为心理学的经典条件反射理论和斯金纳条件反射理论都证明学习经验会强化或者消退行为与认知。这样,就会使原来仅仅是有适应不良的行为与倾向而渐渐发展成为功能受损的行为模式,也就是假定人的适应不良和认知是习得的。之所以国家愿意花那么多财政的钱来建设监狱,之所以管理监狱的民警需要经过专业的培训,正是因为深信"人是可以改造的"。一个人犯罪,如前所述,往往是他在儿童期就没有获得这方面的知识与榜样,没有习得常态下的人际关系模式。既然不良行为是习得的,那就是可以重塑的。"人的行为和认知是可以重塑的"就是在罪犯有限的监禁生活中,矫正师、管理民警、咨询师各方不管遇到任何挫折,都坚信"人是可以重塑的",运用认知行为疗法等技术,共同努力,教会他们习得新的生活模式、人际关系模式,以补偿原先社会化过程中的缺陷,从而成功地再社会化。

(二)起点分析

循证矫正的起点是以当前罪犯的问题为关注点,即关注罪犯的在囚风险、矫正需要、重新犯罪风险等。认知行为疗法以当前为关注点,恰当运用,容易解决罪犯的上述问题。监狱作为国家的刑罚执行机关,首先要在最短的时间内消除罪犯的现实危险性,即在囚风险。这样,认知行为疗法"以当前为关注点"的精神与监狱工作的现实安全问题的解决在目标上是一致的。其次也与我们的监管工作主旨相称——我们需要做的是提高改造质量,维护监管安全。提高改造质量首先是要消除罪犯目前的危险性,其次是要提高他的心理素质,抗挫折能力,以及回归社会的适应能力,成长其人格。一名罪犯的在押时间是有限的,同样,我们能对其实施矫正的时间也是有限的。所以,认知行为疗法的"当前关注性""简短性"就为我们的循证矫正工作提供了最有力的技术支撑。

（三）主观能动性分析

认知行为疗法要求咨询师具有主观能动性，矫正师的主观能动性的充分发挥，能激发矫正对象的主观能动性。监狱的心理咨询或干预与社会心理咨询或干预相比，监狱罪犯更缺乏改变的主动性。作者本人已从事十余年重刑犯监狱和未成年犯监狱的心理咨询工作，咨询过的罪犯近一千人次，看到和听说的更有几万人次。但是，在这么多的咨询人次中，真正主动寻求咨询以改变现状的不足百人次。这是为什么？一是文化程度低。虽然已提倡免费义务教育多年，但是在押犯中还是有近5％的人员是文盲，近30％的人员只有小学文化程度。可以说，在入监前，他们根本不知道什么叫心理健康，什么才是一个真正健康的人。二是认知水平低。在他们的观念里，还强烈地占着"参加心理咨询的都是精神有毛病，很丢人的"的观念。三是改变的动力与愿望低。对自己某些错误的观念与行为，他们往往以"我们那儿的人都是这样想的，都是这样处理的"来解释。根本意识不到，这正是自己童年期习得的缺陷，所以改变的动力就明显地不足。这就更需要我们的矫正师积极有效地带动，甚至有时要扮演一个老师的角色，不断地给他们灌输新的理念、新的希望，并且鼓励他们最终能积极主动地参与到治疗中去。

学习是认知行为疗法的关键，所以，在使用这一疗法过程中要求矫正师更有主动性、示范性、榜样性，以此来促进矫正对象的学习。

（四）结构化分析

认知行为疗法是结构化的，有着具体、清晰、明确的目标，有利于循证矫正实验规范操作。结构化方法的基本思想是把一个复杂问题的求解过程分阶段进行，而且这种分解是自上向下，逐层分解，使得每个阶段处理的问题都控制在人们容易理解和处理的范围内。矫正师会通过设置议程来组织每次会谈，咨询师会和来访者一起商量共同要实现的一个目标，以及为完成这个终极目标，会分解成哪些具体的小目标。每次会谈时，虽然会讨论或关心一些其他的议题，但一个优秀的矫正师把这样的议题融入原先设定好的目标中，使其能促进目标的实现。每次会谈开始时，都会对上一次会谈内容作一简短的回顾，主要是看看来访者对于在咨询室中获得的成长能否在生活中予以延续。这是一套非常具体的、明确的程序，是结构化的。规范的循证矫正工作需要矫正过程的规范性、程序性，从矫正实验的心理干预技术结构化入手，有利于循证矫正实验规范操作。

（五）效果延伸分析

认知行为疗法重视家庭作业的完成，要求矫正对象在治疗室之外拥有同样的治疗状态，有利于循证矫正实验最终目标的实现。为了检验矫正对象每次谈话的有效性以及在治疗室之外的延续性，每次咨询结束，咨询师都会向他们布置家庭作业。这些家庭作业是矫正对象在咨询师的要求下，或是主动或是被动地，将治疗过程中学习到的新的策略应用到现实的日常生活中，或是在现实生活中检验自己新建立的信息。这样的体验能够促使他们的治疗效果实现在咨询室的"强化"到现实生活中的"内化"并进一步"固化"，让其在日常服刑生活中保持思考的习惯和使用新的思维方式、应对方式的意识，使学习与改变不仅发生在课堂上或矫正过程中，而使之成为其行为习惯，不因环境的改变而改变治疗效果，从而最终实现我们工作的目标，促使矫正对象的真正成长。当然，有一点要提醒的是，他们在完成家庭作业时，可能会出现完不成的情况，这里矫正师要分情况而定，可能是我们的这项作业布置得比较着急了，矫正对象还没达到这一层面，也可能是他们的阻抗，等等，这些都需要在下次咨询开始时予以讨论澄清。

（六）个案概念化分析

认知行为疗法非常强调个案概念化，有利于确保循证矫正实验在个案目标上的达成。认知行为疗法个案概念化是指根据矫正对象的心理结构和问题的特性，将经典的可操作的认知行为治疗模式的原理个别化，以适合具体的矫正对象。裴森提出了进行个案概念化的四个要素：①建立一个问题清单，包括主要的症状与问题；②确认产生这些障碍或问题的机制；③确认在当前激活了问题的诱发因素；④考察当前问题在来访者早期经历中的起源。① 根据裴森的观点，通过仔细地考察问题的机制、诱发因素以及起源，"将所有的这些要素彼此协调地整合在一起"，咨询师可以从问题清单向初步的个案概念化进行过渡。

这一点非常重要，从我们的实践经验来看，即使是同样为与小组关系处理不好的几个矫正对象，张三可能是因为自卑，李四可能是自大，而王五则有可能是风俗习惯不同。也就是说，同样的表现，不同的矫正对象之间，可能有着截然不同的思维、情感、认知以及行为。这就需要咨询师根据实际情况予以辨别，选择不同的治疗方案。同理，即使同样的问题，按俗话说"条条道路通罗马"，也是有不同的方法予以解决的。比如，地震中产生的应激障碍，实践证实，可以用不同的方法予以处理，只是咨询师需要根据矫正对象的具体情况来选择最合适最有效的一种方法。个案概念化不仅体现在个案矫正中，同样体现在团体矫正中，尽管在团体辅导时，我们是就某一个共同的目标而组织的有总的方案与目标的活动，但矫正者对每一个成员在入组访谈之后，还是会有一个具体的方案，当其在团辅过程中出现脱落或某一阶段未达到预期目标时，矫正者就有必要启动专门针对该矫正对象的方案，以带动其跟上团体。

---

① [美]Deborah Roth Ledley，Brian P. Marx，Richard G. Heimberg：《认知行为疗法》，李毅飞、孙凌、赵丽娜等译，中国轻工业出版社 2012 年版，第 70 页。

三、认知行为疗法在循证矫正项目实验过程中的操控

通过对认知行为疗法与循证矫正的基本理念、起点、主观能动性、结构化、效果延伸、个案概念化等六个方面的对比分析，我们明确了认知行为疗法在监狱循证矫正实验中得以广泛应用的缘由与信心。认知行为疗法这一技术在循证矫正项目实验过程中的基本操作过程如表 3-1 所示。

表 3-1　认知行为疗法基本操作过程

名称	阶段	学时	基本要求
认知行为疗法	第一阶段 （建立关系阶段）	第 1、2 个学时	重视与成员初次接触，运用温暖、真诚等技术，建立良好咨访关系，对成员进行评估，初步个案概念化
	第二阶段	第 3、4 个学时	确立目标，商量有关实验的设置，并完成个案概念化
	第三阶段 （核心工作开展阶段）	第 5 到 12 个学时	进行认知行为治疗技术的治疗性会谈，重点工作在于认知重建，处理治疗过程中出现的障碍与阻抗
	第四阶段 （结束阶段）	第 13 到 15 个学时	与成员探讨治疗中的收获，帮助成员建立对未来的现实期望或目标以及如何应对症状的复发
实验设计理由	运用认知行为疗法基本理论，通过实验帮助矫正对象认识到自身存在的负性自动思维，完成认知重建，调节自身的心理健康，实现人格的成长		

由于后面的章节中将有对个案的具体陈述，所以在这个部分中我们重点说明在应用认知行为疗法过程中几个需要注意的事项，以及从作者实践角度提出最佳的处理方式。

（一）注意初次接触，良好咨访关系的建立

由于各个监狱心理矫治氛围不同，与矫正对象初次接触的情况会有很大的不同，有些是自己主动要求帮助的，有些是半推半就式的，有的是完全被动式的……我们说不管与矫正对象初次接触背景是怎样的，作为矫正师都要对其可能出现的不安与退缩十分敏锐，要以真诚、热情、积极关注等技术与其建立起良好的咨访关系。特别是当明知道矫正对象是因为近期表现不好或是刚与他人发生争吵推拉等违规违纪行为而被警官强制要求来咨询的，我们此时更要发挥不评判的职

业素养。对于摆到监狱咨询师面前的矫正对象,咨询师常常事先有机会了解到其基本情况,但这些情况只能做参考。当真正介入个案时,要将矫正对象在脑中的印象看成是白纸,这纸上如何图画,完全是经由初次访谈以及后续的访谈画上去的。很多人在陈述问题的时候,会有先入为主或想当然的想法,有时我们的警官也不例外。所以,如果,我们想真正帮助矫正对象,一定也要听听他的陈述。

特别是被动求询的矫正对象,如果矫正师处理不好,可能一开始就会出现阻抗,此时矫正师的耐心与真诚就十分重要了。可以通过以下陈述来尝试突破,如:"你现在的顾虑与心情,很多来咨询的都有过,但最后,他们选择了给自己一个不一样的机会,结果,他们都感到了当初的选择是正确的。"这个去特殊化的步骤很重要,会让他们有不一样的思维,并感到原来不止自己这样,而且是有希望的。接下去,矫正师要诚恳地告诉矫正对象:"如果你也想给自己这样一个机会的话,我同样会尽全力来帮助你。"这是要让矫正对象看到支持的力量。另外还可以这样处理:"现在表现出来的不愉快和你在监区里表现出来的不愉快有哪些不一样呢?"避开问题,直接从矫正对象当前表现出的情绪入手:"面对同样是穿着警服的我们,在你心里,可能会有同样的顾忌。但是,我想说的是,我现在只是矫正师,矫正师有矫正师的职业要求,比如我会对我们所谈的包括你对警官的看法等内容保密等,所以我想你可以先考虑一下。如果愿意与我分享,我非常愿意和你一起来探讨你面临的困境与解决办法。"并要给矫正对象留出足够的思考时间。这样的解决问题方式还有很多,不一样的矫正现场,矫正师要学会觉察,尽可能多地将注意力集中到矫正对象身上,不但要倾听到他说什么,更要倾听到他说这话的深层含义,既要注意矫正对象的言语行为,更要注意他们以非言语行为传递的内容,然后用不一样的方式去化解。此时的关注也是为个案概念化做准备的。

(二)有效目标的确立

这里有一个重要问题,就是会谈目标的设立,一个有效的目标本身就是要求明确、具体、可操作的,认知行为疗法更是强调目标的"通俗易懂"性。也就是说,每一步要达到的目标和最终要实现的目标是透明化的,而且在治疗干预中也要尽可能采用矫正对象能够理解的语言。这个要求对于大多数都是处于初中甚至是小学文化程度的矫正对象来说就显得尤为重要了。从社会心理学来讲,我们要去做一件事情或者说最终要相信一个人,首先我们会去评判这件事的可行性,换句话说,就是"是否接地气",只有矫正师与矫正对象一起设定的目标,被矫正对象认可了,才能发挥其主动参与性,才能推动其进步。比如,对于一个容易情绪失控的矫正对象来说,他自己的目标可能是"我希望我能够控制自己的情绪",这是一个目标,作为矫正师还必须进一步与他探讨,"怎样的表现会让你觉得自己是控制住自己的情绪了呢?""学会控制自己的情绪会给你带来哪些不一样的变化呢?""你同伴的什么样行为会让你觉得自己已经学会控制自己的情绪了呢?"以及"由此带来的内心体验是什么?",等等。

(三)注意评估方式的多样性、客观性

进行一个完整的评估关键是从多个来源收集信息,并对不同来源收集到的信息进行真实度区分,常用的方法有访谈、问卷、现场观察、借用行为评估工具等。访谈法有结构化的、非结构化的以及半结构化的,需要根据具体谈话的内容与情节而定。问卷一般根据需要选择,切忌因为自己的不确定性而随意过多地使用问卷。现场观察这点非常重要,这里的观察是指除了他回答矫正师问题之外的部分,通过观察这些不经意中表露的"微语言",能够帮助我们更好地看到治疗在如何进展,同时帮助我们更好地完成个案概念化。但有一点,在做咨询时,矫正师要表现出应有的职业性,而非随意性。我们在观察矫正对象时,他们其实也在观察我们。有一位同行分享过这样一件事,她在咨询时,因为对矫正对象的问题一时拿捏不定如何继续时,习惯性地玩起了手中的笔,矫正对象马上就问"你是不是觉得和我谈话很无聊"。一下子就破坏了原先建立的良好关系。

初期评估的目的是:通过会谈确定这个矫正对象的具体问题,然后确定自己是否有能力帮助这个矫正对象。如果这个矫正对象是因为一个问题而来,但是经过会谈,你发现他其实有两个不同的问题需要处理时,需要和他商定先解决哪个问题,再解决另一问题;如果另一问题恰好是自己不擅长的,那就需要和他说明转介的理由与可能。

在这个环节中,建议使用裴森的个案概念化模型来进一步完成个案概念化的任务。首先是建立一个问题清单,主要包括精神病性症状、人际关系、原文化程度及在校情况、捕前职业及收入情况、捕前主要生活方式、犯罪主要情况、目前所表现出来的主要症状以及困扰等,矫正师需要与矫正对象交流来完成这样一个列表。第二步是要确认产生这些障碍或问题的机制。根据裴森的观点,"在个案水平上进行概念化的关键在于,对病人产生问题或症状的心理机制进行描述",由此,裴森概述了对机制建立假说的三个步骤:①选择一个或一组症状,进行聚焦;②选择一个基本理论来分析这些症状;③对个案进行个性化处理,并对基本假设进行进一步的推论。[①] 可以说,个案概念化是一个不断推进的过程,虽然在一开始时,我们会对整个治疗有一个计划,但在个案治疗的推进过程中,矫正师必须对个案进行不断的评估修正,以更好地适应个案的情况。一个好的个

---

① [美]Deborah Roth Ledley,Brian P. Marx,Richard G. Heimberg:《认知行为疗法》,李毅飞、孙凌、赵丽娜等译,中国轻工业出版社 2012 年版,第 72 页。

案概念化,还是有助于我们对治疗中可能出现的问题进行预判的。

（四）注意设置治疗议程的重要性

记得在参加个案督导的时候,督导老师都会问同一个问题:"你们的设置是怎样的?"在监狱中做矫治工作与社会上有所区别,很多时候,我们不会完全将我们的设置告诉矫正对象或者与矫正对象讨论。但无论如何,作为矫正师心中必须要有本账,要有整个治疗的设置。在针对整个治疗做出计划后,对每一次的治疗都要有具体的议程,作为每次认知行为治疗会谈的基本框架,包括的内容有:听听矫正对象对上一周情况的汇报,看看家庭作业完成的情况,本次会谈的主要内容与方向,与矫正对象核实当次会谈的收获,布置新的家庭作业等。这里特别要提出的是对上一周情况的汇报,在这里可能会发生一些情况,如等待已久的家人没有出现在会见名单上,家中亲人突发变故,减刑假释受挫,与同犯发生了重大的违规等,面对这些情况,矫正师必须要花一些时间去处理,因为这类事件会严重地影响到他的认知重建。而对于生活中的一些矫正对象很想谈的常态的事件,可以只在开始或结束前花几分钟做个处理,治疗是灵活的而非死板的。

认知行为疗法尽管具有广泛的适用性,但也并非对每个人和每种状况都合适。比如有严重智力问题的矫正对象,在认知的领悟方面就会有较大的困难;对自己改变没有兴趣的人也不适合。

（五）矫正对象认知重建的重要性

认知行为治疗的关键是帮助矫正对象实现认知重建。在治疗过程中,需要多次向其强调事件、想法和感受三者之间的关系,要彻底让其明白不是事件本身导致了负性的想法和行为。要完成这个任务或是目标,最好的方法是利用矫正对象自己的经历和想法,配合苏格拉底式的询问,帮助矫正对象自己去发现这些错误的想法,并在家庭作业中予以强化。如,矫正对象反映:"小组其他成员都不要看我,只要我和他们在一起,他们就会不说话了,他们是看不起我才会这样的,我肯定不会有好朋友的,我就是一个失败者。"这里出现这样三个负性思维"他们是看不起我才这样的""我肯定不会有好朋友的""我就是一个失败者"。我们可以利用这些不恰当的负性思维,通过引导矫正对象质问自己,实现转变。如:

矫正师:那么我们从"我就是一个失败者"这个想法开始吧。你可以问自己什么问题来挑战这一想法呢?

矫正对象:嗯,我可以问自己我有什么证据证明我就是一个失败者呢?

矫正师:嗯,非常好,在这个过程中,还有个非常重要的一步,那就是回答自己的这个问题。对于"我就是一个失败者"你有什么证据吧? 我们就从你与小组的关系开始吧。

矫正对象:我现在与小组的关系确实就是不好。

矫正师:你还能找到其他证据吗?

矫正对象:你是说具体到和每一个人的关系吗?

矫正师:我不知道,但你可以顺着这个思路进行下去试试。

矫正对象:我们小组十六个人,其实也不是每个人都不喜欢和我在一起的,也就是那两三个比较会来事的,他们起哄的时候才会出现"我如果出现,他们就不说话"的情况。

矫正师:好,知道这一点很重要。接下去,我们还会去讨论"我就是一个失败的人"的想法还会在其他什么地方会出现。

这样,矫正师又引导矫正对象与其他的负性自动化思维进行辩论,逐渐地,矫正对象就会出现理性的反应。

(六)冷静应对治疗过程中出现的困难

在认知行为治疗的推进过程中,往往会遇到一些困难,如矫正对象不愿意开放自己,不配合完成家庭作业,或者太会说或者太不会说,等等。此时,矫正师最好的办法就是保持冷静,并做到足够的共情。对不愿意开放自己的矫正对象,可以真诚地告诉他们:"我看你好像不是很愿意与我谈这些问题,能告诉我是有什么样的担心吗?""怎样才算是准备好了与我开始谈话呢?"对不配合完成家庭作业的矫正对象则要分析其中的原因,如要是因为太难了,则可适当降低难度,如果是担心矫正师的评判,则告诉他们:"矫正师只会陪着你们,教给你们新的技巧,而不会评判你们。"并且要在治疗过程中重复这个观念。对于多话与少话,我们都要考虑他背后真正的原因,是因为焦虑还是不自信或是与特定的心理问题有关等等,需要具体问题具体分析。但有一点是值得注意的,就是矫正师所要说的话,是不是要马上说,是不是需要说,都要进行评估,评估说话之前之后给矫正师带来的感受。如果一句话说了,当时觉得很痛快,那么这句话可能就不是治疗性的话,而只是矫正师自己的一种宣泄。如果说之前之后的感觉是一样的,那么可能表明这句话是合适的,具有治疗性的。

(七)必须做好记录

对于任何一种治疗模式来说,都必须做好记录。第一,是出于保护矫正师的必要性。无论公安机关还是司法机关,都非常注重证据,我们监狱系统也制定了索情锁证的制度,要求当罪犯发生自伤自残、故意伤人、暴力闹事等事件时,需要提供的证据之一就是矫正师曾经工作的记录。所以,记录必须清晰、完整。第二,是出于个案概念化的需要。每次会谈结束的资料整理,有助于我们更全面地评估个案并不断修正个案治疗计划,从而有利于咨询师的成长。第三,是为循证矫正积累有效的个案库资料。

认知行为疗法虽然已得到广泛的推广应用,但也并不是适合所有的矫正对象的,在实际的应用中必须具体分析。

第二节　焦点解决短期疗法

焦点解决短期治疗(SFBT)模式,是社会工作实践的一种新范式,此模式是一个正面的、以行动为主的治疗方法,是后现代独特且盛行的心理治疗学派。焦点解决短期治疗已有二十多年的历史,起源于史蒂夫·德·沙泽尔、茵素·金·柏格及其同事,在美国密尔沃基的短期家族治疗中心发展出来的一种治疗模式。以"正向为焦点的思考""例外带来解决之道""改变永远在发生""小改变会带出滚雪球效应""矫正对象是解决自己问题的专家"等治疗信念,以及目标架构、例外架构、假设解决架构和丰富的问句技术,以及其正向思考、简单实用见效快等特点在世界范围内得到普遍的认可,并被广泛应用在不同的咨询情境中。SFBT还强调从心理健康的角度去看待矫正对象的问题,注重问题解决的方法,而非问题本身。这点与我们要工作的大部分对象是一致的,他们是正常的人,只是心理不健康,所以需要我们发挥我们的能力,通过矫正,带动他们走回到心理健康之路。

本节我们将对焦点解决短期治疗的经典问句,以及对非自愿矫正对象咨询时的介入、危机干预应用中注意事项等方面作探讨。

一、焦点解决短期治疗的经典问句

焦点解决短期治疗模式的技巧十分丰富,是史蒂夫·德·沙泽尔、茵素·金·柏格及其同事在长期的实践活动过程并反复的验证中总结和提炼出来的。焦点解决短期治疗聚焦的是协助当事人讲自己的故事,帮助当事人改变与重写故事,并借此帮助他们成长,所以,这一治疗模式特别注重"语言"的力量。史蒂夫·德·沙泽尔曾指出,焦点解决学派工作者将治疗性的对话看作是一种语言的游戏,而这样的一个过程可以使得工作者和案主聚焦于例外、目标与解决之道。也就是说,焦点解决短期治疗这一模式看重在咨询过程中咨询师不一样的问话,用不同于平常的问句启发矫正对象进行思考,用另一打破常规的新奇的眼光来重新审视经历的事件,从而受到启发,获得成长。这些具有代表性的问句,包括成果问句(outcome question)、奇迹问句(miracle question)、假设问句(suppose question)、例外问句(exception question)、差异问句(different question)、应对问句

(coping question)、评量问句(scaling question)、关系问句(relationship question)、赞美(compliments)以及追踪问句(follow-up question)。这些代表性的问句的形成,是促使咨询师得以对当事人建构解决之道做出贡献的基础方法。

1.成果问句。成果问句是焦点解决短期治疗模式一开始会使用的技巧,主要是用于了解矫正对象的动机与目的,用来评估矫正对象的问题所在及未来方向,同时,引导矫正对象从一开始就朝着正向、未来及解决导向的方向发展。如:"你觉得来到咨询室,我们谈些什么对你的帮助更大呢?""这个谈话要谈些什么,才会让你觉得这次的谈话是有价值的呢?""如果这次谈话之后,你有一些变化,你觉得它会是什么呢?"

2.奇迹问句。这里的奇迹,是在具有实现的可能性的基础上的理想状态,是把人带到潜意识的想象中,想象可能发生的美好事物,然后观察细节,寻求突破口,而不是一种不切实际。从某种程度上来说,奇迹的场景想象得越真实,越给人以希望,它所带来的赋能感也会越强,越能给人以力量去实现。终归一句话,奇迹就是给矫正对象一种希望,一种生活中可以发生的、实现的希望。奇迹问句是给矫正对象一个信念——这样的现状是可以改变的,同时,也让咨询师明白在出现什么样的情况时,咨询是可以结束的。"我要问你一个奇怪的问题。在你经过这次会谈后,有一个奇迹发生,你带来这里的问题得到了解决。你发现你身边有什么不一样的变化,能够证明这个奇迹是真的发生了?"

3.假设问句。假设问句就是将矫正对象未来的目标拉回此时此刻的做法,是询问矫正对象如果已经朝着这个目标前进时,或者假设已经完成了这个目标时,他的行为会有什么不一样。这样,矫正对象就会意识到,他所描述的这些景象不一定要等到很久才能够去做去实现,只要矫正对象愿意为他所描述的景象做一点小小的行动,都有可能为他所面对的事情带来大的变化。"当这件事情已经开始有转变时,你会注意到的第一个变化是什么呢?""假设现在你和小组成员已经能友好相处了,他们对你会有什么样的变化呢?"

4.例外问句。焦点解决短期治疗模式认为任何的困扰总是存在着一些例外,而这些例外就是解决问题的线索。正如许维素老师所说:例外问句引导着当事人去看到问题不发生或比较不严重的时刻,以及探讨这些时刻是如何发生的,以能开发过去成功的解决方法并判读可否运用于现在,特别值得看重的是,可能达成当事人所欲目标的相关例外。可以这样说,当矫正对象目标清晰时,例外问句可以促使其形成行动,而目标不清晰时可以促使其形成目标。"在什么时候,你的心情不会这么糟呢?""在什么情况下,你的内心是开心充实的呢?""在什么情况下,你和小组同犯是能友好的相处的呢?"

5.差异问句。在前面奇迹问句、假设问句、例外问句的基础上,就可以选用差异问句邀请矫正对象来看看：矫正对象自己目前的状况与所希望的状况之间还有哪些差异，或者是与假设的美好情况还有哪些细节上的差异。这样的问句是为了启发矫正对象进行思考并将思考的内容带到实际的行动上来。"在那奇迹发生后，你的生活和现在有什么不一样的呢？在这个不一样中，你发现什么是你现在不能做的呢？什么是原先你一直没去做而现在却可以去做的呢？""假设你小组的成员，都能和你友好相处了，你觉得你可以把哪些做得更好呢？"

6.应对问句。应对问句顾名思义就是询问矫正对象在事情发生时，是如何应对的，特别是做了哪些行为使事情没有往更糟的方向发展，这些行为可能是矫正对象习以为常的，也可能是矫正对象或旁人认为理所当然、应该如此的，但是，当矫正师带着矫正对象这样去思索的时候，会给矫正对象不一样的体验，会让他觉得被矫正师问话时还发现自己其实并不是一无是处的，给他一种积极的暗示。"在这么一个不如意的小组时，除了因为监狱的规定外，你是如何让自己一直都坚持到现在，而没有更换一个小组的呢？""妻子提出离婚，让你的心情处在那么不好的状态下，你是怎么坚持依旧完成生产任务的呢？"

7.评量问句。评量问句，就是当矫正对象对自己的情况不能清晰表述时，给他一个数字区间，让他对自己的状态做出一个评分，通常在刚开始咨询、咨询中期、咨询结束时都会使用，可以用一个更直观的数字评估出咨询的效果，也可以让矫正师知道，在达到几分时，矫正工作是可以结束的。评量问句通常以1到10分为量尺，1分表示最糟糕的情况，10分表示最期待的情况。"如果对你的情况，我们用1到10分来评价的话，1分是最糟糕的情况，10分是你希望出现的状况，那你目前是处在几分的状态呢？""达到几分的时候，你觉得就可以不用再来矫正中心了呢？""就像你说，你目前的状况是3分，而8分是你的目标，那要做些什么才能使这分数再往上增加1分呢？"

8.关系问句。关系问句是通过询问矫正对象生活中的重要他人对此事件的看法，帮助其理清自己的想法与他人想法的差距，并为此可以做些什么，以增加现实感。另外，关系问句的提出，也是为矫正对象现实生活中加强人际关系的互动提供模板。"你说现在最对不起的就是妈妈了，不想再让她伤心，那你觉得你做了些什么，可以让妈妈看到你的改变呢？而你又是怎么发现妈妈已经注意到你的这个改变了呢？""你的妻子希望你有所改变，这样她就不会提出和你离婚，她说的这些改变是什么呢？你哪些不一样的表现会让她知道你已经改变了呢？"

9.赞美。焦点解决短期治疗模式相信，支持、鼓励可以支持矫正对象走更长、更远的路，所以在治疗模式中非常看重正向回馈。赞美就是其正向回馈方式之一，可以是咨询师直接告诉矫正对象所看到的他身上的积极方面，也可以是用一种兴奋、喜悦的声调表达的问句带来的间接的赞美，也就是振奋性引导。从我们的实践来看,矫正对象都比较含蓄,似乎更容易接受间接的赞美,而且通过间接赞美问句的提出也更能带动他们的思考,以此来固化曾经优秀的表现。"虽然在你很小的时候,父母就离开了你,使你承担了很多原本不是那个年龄的孩子所该承担的责任,我深深地感动于你的那份不容易。你能这样坚持下来,可以明显地看出你的韧性和坚强。现在,也是人生的一个低谷,你仍旧这么努力地想到要改变一些东西,我觉得真得很不容易。""现在在你身边冷嘲热讽的人还有很多,你是怎么做到不像入监前那么容易冲动的呢?"

10.追踪问句。追踪问句是对矫正对象未来目标的进一步引领与落实,以强化其本身积极的一面。"你是怎么做到不被他们轻易挑拨的呢?""你看到什么,就知道自己和小组的关系又更进一步了呢?"

焦点解决短期治疗模式的魅力在于其"语言"的应用,而很多语言的应用是我们不习惯的,如例外问句、奇迹问句等。这就需要我们的矫正师在深刻领会焦点解决短期治疗模式的经典问句方式的精神之后,寻找自己本土化的特点,用自己和矫正对象更好接受的语言来表达同样的内容,以更好地发挥其功效。

二、焦点解决短期治疗对非自愿矫正对象的介入

无论是作为矫正对象还是作为咨询对象,监狱这个特殊场所,绝大多数是以非自愿的形式出现的,有的是因为触犯了监规纪律被送到咨询中心,有的是因为有自伤自残现实危险性被送到咨询中心,有的是快要回归社会却毫无生活目标被送到咨询中心,等等,这类矫正对象可以说是非常常见却又很困难进行的一种对象。非自愿矫正对象由于并非出于个人主观改变的能动性来接受治疗,往往会以不同程度的阻抗方式表现自己的不愿意,从而带给我们矫正师较大的压力和困扰。在我们矫正工作的过程中,矫正对象的变化是一个动态发展的过程,有些情况是事先不能预计的。对于这类矫正对象的辅导,焦点解决短期治疗有一套自己的看法与处理原则,那就是从被强迫而来中找到动力,从被动中找到主动的欲望。

相信有过实践的矫正师或是基层一线的民警,都曾遇到过这样的矫正对象——木然地坐在你的前面,无论你问什么,就是不开口,也没有表情的变化,可以用"三缄其口"来形容他。其实,矫正对象之所以如此,很大的一个原因是被强制而来而感到不高兴或在我们的矫正过程中出现了阻抗而不愿更多参与。因此,焦点解决短期治疗提出,不谈问题,不谈目前状态,只谈"因强迫来谈的动力""有阻抗却继续参加的力量",以此来激起矫正对象发表意见的欲望。一般常用的问句有:

"虽然你被警官带到了咨询中心,但我不会直接要求你做什么或者告诉我发

生了什么,但我真正想帮助你的是,怎么样可以让你不用再来这里,我想,这也是你的目标。"这样的表达方法,既可以表明咨询师的善意与立场(与监区管理民警不一样的立场),放松警惕与阻抗,同时,也给了矫正对象一个他自己并不清楚的目标并开始思考。

"在你感到如此不满与愤怒的情况下,你还能坐在这里听我说些什么,这真的很不容易。"这句话所传递的言下之意是咨询师知道,矫正对象其实还是个愿意与人合作的人,肯定矫正对象其实内心是想"改变"的,这样会激发起矫正对象的主动性与改变自己的可能性。

可以直接引入奇迹问句,如:"假如有个奇迹会发生,你觉得这个奇迹会是什么,让你觉得待会儿从这里出去,警官、同犯对你的评价已经不一样了?"这样的问句可以直接勾起矫正对象的假设,并谈出自己想改变、能改变的方向。这是一个新奇的问句,在提问之前必须找好时机,把握语气,不能让矫正对象觉得咨询师的询问怎么会这样傻乎乎的或者是这么奇怪的。

评量问句以及关系问句的介入,如:"我怎样可以帮助你说服警官,让他们看到你已经有改变了呢?""你觉得你改变成什么样子,就可以不用再来这里了呢?""我们来打个分数,如果你现在的样子是 0 分,那么你想达到几分,就可以不用来这里了呢?"当矫正对象报出一个分数后,然后接着问"为了达到这个分数,我们可以做些什么呢?"引发进一步的思考,这是朝着矫正对象自己的目标行进的。"他们(包括警官和同犯)会给现在的你打几分呢? 他们是看到什么才会打这个分数的呢?""假如要让这个分数降低些,我们可以做些什么呢?"此时的目标是朝着他人的期望去的。

还有一类情况是,矫正对象也并非故意不配合,而是他们真的不知道到底什么样的情况才叫改变,比如,有警官和他说"你应该脾气好一点儿",可是,他根本不知道,这"脾气好一点儿"是什么意思,此时咨询师就需要帮他澄清目标。"你说警官希望你的脾气能够变得好一点儿,是希望你最起码能做到每天最多发一次火,还是和同犯交流时,语气能缓和一些,还是能多参加一些集体的活动呢?"这是一个多重选择的问句,可以帮助矫正对象将"脾气好一点儿"具体化,让他真正明白什么是"脾气好一点儿"。这样的做法特别适合未成年人、女性以及文化程度低且年纪偏大的矫正对象,是用来帮助矫正对象对具体问题进行澄清,且选择项是可以操作与具体评量的。但是这种方法不能经常使用,否则会降低矫正对象主动思考的积极性。

还有一类矫正对象,刚开始时就会表现出明显的挑衅,如:"不要再和我说些什么了,这是在浪费时间。"此时,咨询师要冷静且可以顺着他的话下去:"那我们谈些什么,可以让你觉得不是在浪费时间呢?"把这个问题抛回给矫正对象,引发他的思考,从他的回答中,咨询师可以判断他想做的是什么,以及怎么做更有意义。

当然,在正式提问前,还是需要先做一些必要的共情的。这里所举的面对非自愿矫正对象的介入方法也只是抛砖引玉,具体的还是需要各位在真正领会焦点解决短期治疗的治疗策略后,结合自己的个案实际,找出适合自己、适合矫正对象的问句。

三、焦点解决短期治疗对危机个案介入的注意事项

荷兰学者罗森豪特指出,危机是一个社会系统的基本价值和行为准则架构构成严重威胁,并且在时间压力和不确定性极高的情况下必须对其做出关键决策的事件,直接诱发并表现上诉状态的事件就是危机事件。危机事件一般具有突发性和紧急性、高度不确定性、影响的社会性和决策的非程序化的特征。心理危机是指由于突然遭受严重灾难、重大生活事件或精神压力,生活状况发生明显的变化,尤其是出现了用现有的生活条件和经验难以克服的困难,以致使当事人陷入痛苦、不安状态,常伴有绝望、焦虑、麻木不仁,以及自主神经症状和行为障碍。在监禁状态下的罪犯经常会遇到的危机为父母亲等长辈的突然离世、离婚、老家发生地震泥石流等自然灾害、亲眼见到他人自杀、发生群体性扰乱改造场所秩序事件的受害者等突然打扰了矫正对象的正常生活,带给矫正对象极大情绪反应的事件。矫正对象会突然觉得一片茫然、恐慌、害怕、孤独、提不起做事的兴趣、做噩梦,严重地还会出现暂时的生活自理能力的丧失,自杀等情况。在危机事件发生后,人们需要立即的支持来稳定自己的情绪,这种支持可以来自自身支持系统的重建,也可来自外在力量的帮助。

危机干预常见的几个重大原则包括:以当事人的安全为最大考虑,防止过激行为的再次发生,第一时间干预,先疏导情绪再解决问题,积极利用可利用的一切资源以及时间的有限性等。可以说,危机干预的基本原则与焦点解决短期治疗的基本精神是不谋而合的——关注当事人所欲求的未来而非过去的问题或现在的冲突,帮助当事人对目前不想要的模式发展出其他的模式,治疗朝向未来、正向、解决的方向,强调每一个问题都可以发现解决问题的例外经验,相信矫正对象是解决问题的专家等。

之所以引入焦点解决短期疗法对危机的干预方法与技巧,是由于不管是一般的矫正对象还是项目中的矫正对象,在我们整个矫正工作开展过程中均有可能出现危机事件,为更好地解决危机事件,我们就必须循证,及时地干预,而焦点解决短期疗法为我们提供了很好的方法与技术。焦点解决短期治疗模式应用于危机干预的介入流程与技巧,在许维素老师《建构解决之道——焦点解决短期治疗》一书的第三篇中已做了详尽的描述,这里作者也就不班门弄斧作过多的解

释,只是选择几个重点加以介绍。

在使用焦点解决短期疗法过程中,有以下几点是需要注意的:

1. 把"人"与"问题"分开,和矫正对象讨论问题,以了解当事人的思维方式。焦点解决短期治疗模式的一个很重要的理念便是相信"案主"是"案主","问题"是"问题",矫正师要引发案主的思考到解决问题上。所以,当处理危机事件中的矫正对象情况初步稳定下来之后,就要开始了解事情发生的具体情况,如时间、地点、情节、频率、程度等,在询问的过程中,注意将"人"与"事"分开,以引发矫正对象多作思考。可以这样问:"你是怎么知道这是一个问题的呢?""这个问题是什么时候找到你的呢?""这个问题对你有什么样的影响呢?""这个问题给你带来的影响有哪些呢?""你没有被这个问题影响的又有哪些呢?"同时带着欣赏地问:"你对这个困惑试过哪些方法呢?""在这些方法中,有没有曾经有效的呢?"

2. 与矫正对象完全共情,评估其现实危险性并寻找他的真正目标。危机事件的处理,主要的是要顾及并最大限度地提升矫正对象的安全,所以,在处理危机事件时,必须要走到矫正对象内心去,这样才能最大限度地了解矫正对象。而要做到这点,最有效的方法就是要与矫正对象完全共情。在实现这一目标时,可以这样问:"你之所以这样做,一定有一个重要的理由,能和我说说吗?""除了这个方法还有其他的方法可以达到这一目标吗?""你在做了什么的情况下会发现这个目标离你又近了一小步呢?""你曾经做了什么来帮助自己呢? 坚持了多久呢?""在这么艰难的情况下,你是怎么坚持下来的呢?""这个行动对你来说为什么具有这么重要的意义呢?"此时,矫正对象的状态还不是很稳定,所以,矫正师要相当谨慎地提出自己的问题,在询问的过程中,不管是应对问句还是例外问句,或是赞美,矫正师都要抱着尊重与好奇的态度,所表达的内容是要矫正对象容易理解与接受的。这样才能协助矫正对象深入而明确地了解什么才是他真正想要的,并由此评估矫正对象的现实危险程度,方能为下一步具体咨询方案和干预措施的确立提供保障。

3. 客观看待干预结果,不要急于求成。危机事件的出现具有突发性的特点,解决它并不是件容易的事情。我们在评判一件事时,习惯从"好"与"不好"或"正面"与"负面"两极来评判,而忽略了"中间"的第三极。对一个危机的案主来说,也是如此。如果,在第二次,甚至第三次、第四次咨询时,我们询问"你目前的情况如何?"得到的仍然有可能是"没什么改变,就是那样子"。此时,我们心中可能会有些失落,其实不然,这"没什么改变"也是一种进步,最起码矫正对象在干预后没有朝着更坏的方向去发展了。这时,我们可以询问他:"你是怎么做到没让这个状况更糟的呢?""对一个人来说,维持现状也是件很不容易的事情,你是怎么做到的呢?""如果接下去的日子里,你继续保持这样的状况,会对你的生活有什么影响呢?""需要发生什么事,才能在你身上发生小小的不同呢?""我还可以做些什么,才能让你感觉到你开始有一点点的变化的呢?"在这个过程中,可以尝试问更多的细节,以启发矫正对象发现其实在这貌似不变中,他是已经有一些小小的改变的,进而稳定、强化这些小小的的变化,继续向前做正向的引导。即使在治疗的这段时间内发生了一些更糟的情况,咨询师也要冷静对待,保持咨询师的专业性,充分尊重矫正对象,并耐心地倾听、接纳矫正对象描述的一些更糟的事件,只是此时可以多用一些应对问句来了解矫正对象的经历。如:"这周出现了这么多事情,你是怎么渡过这些难关的呢?""在再次的经验中,你发现更有效的应对方式是什么呢?""你觉得这次的状况和上次的状况有什么不一样吗? 你在处理方式上又有什么不同呢?""虽然再次发生了一些不好的事情,但是我很想知道,是什么力量让你仍旧能做到来咨询室的呢?"当然,除了继续尊重与了解矫正对象外,咨询师还应该停下来看看对矫正对象目标的确定是否正确,如果不正确则应与矫正对象做个澄清与改变。如果矫正对象的危险性确实进一步加大了,则应采取一些必要的防护措施。

四、焦点解决短期治疗模式在项目实验过程中的操控

焦点解决短期治疗模式具有单次咨询的精神,所以每一次的咨询是第一次也是最后一次,每次治疗流程都是一样的,不同的是,每次问话的方式根据实际情况的发展而定,具体在循证矫正项目实验中的应用设置见表 3-2。

表 3-2 焦点解决短期治疗模式基本操作过程

名称	阶段	时间分配	目标
焦点解决短期治疗模式	第一阶段（建构解决的对话阶段）	每一次咨询的前四十分钟	通过目标架构、例外架构、假设架构完成开场的正向引导、评估矫正对象类型、设定良好目标、探寻解决方案
	第二阶段（休息阶段）	约五到十分钟	矫正师仔细思考矫正对象所讲的内容,同时让矫正对象有个独立思考的空间与时间
	第三阶段（正略回馈阶段）	咨询的最后十分钟	给予赞美和肯定、提供信息、布置家庭作业
实验设计理由	运用焦点解决短期治疗基本理论,基本精神,通过实验帮助的正向的、积极的、未来导向的目标与行动,调节自身的心理健康,实现人格的成长		

我国焦点解决短期治疗模式的推进人骆宏博士曾说,"焦点解决的这种发展性思维非常类似我们国家的中医思维,是一种以儒道'动态平衡'为思维方法的哲学思维,强调事物和事物之间的功能性联系,在看待问题的时候,不重'对错、好坏、成败',而是把解决的关注点放在'积极反馈、适应情境和成长发展'这些策略运用上"。焦点解决短期治疗模式由此形成的治理理念,必然形成一套十分人性的注重"合作、梦想、当下、正向"的问题解决方式,非常适合当下监狱矫正工作的安全模式要求。

第三节　非结构式团体心理辅导

与个体心理咨询相比,团体心理咨询的优势在于重现人际冲突,浓缩真实的社会互动。利用"此时此地"技术,强化积极、有效的人际互动模式,从而促使组员改变不良的人际方式。在心理咨询界有这样一句话:个体咨询是一个人陪伴一个人成为一个新人的过程,而团体心理辅导则是一个人或两个人陪伴一群人成为一群新人的过程。团体心理辅导效率高、影响广泛、互动性强等特点已愈来愈受到心理咨询界的喜爱与推崇。可以预料,不久的将来,团体心理辅导必将会有较大的发展,特别是在青少年成长发展、心理健康人员的心理成长与能量提升等方面。

一、概述

团体心理辅导是在团体情境中提供心理帮助与指导的一种心理咨询与治疗形式,服刑人员团体心理辅导则是在服刑人员团体情境中为服刑人员提供心理帮助与指导的一种心理咨询与治疗形式。它是通过团体内人际交互作用,促使个体在交往中通过观察、学习、体验,认识自我、探讨自我、接纳自我,调整改善与他人的关系,学习新的态度与行为方式,以发展良好适应性的助人过程。按照不同的标准,团体辅导有不同的分类。本节主要介绍亚隆非结构式团体辅导模式在监狱循证矫正实验中的应用。

亚隆团体心理咨询与治疗是由美国著名存在主义心理治疗和存在主义团体心理治疗大师欧文·亚隆经过40余年研究探索而发展出的一种基于人本—存在主义取向的心理动力学团体治疗与咨询模式。其主要形式是由一名或两名咨询师、两到三名观察员共同为一组来访者提供心理帮助与指导,以团体为核心,重视小组动力,在小组的发展中从辅导的角度,从更深层的人文关怀和人性帮助的角度协助来访者深度而持久地成长。

非结构式团体辅导主要是针对团体成员各自的问题进行探讨,基本上是讨论型的,其内容没有什么限制。带领者和团体的成员会跟随团体的动力去走,关注的是此时此刻的感受,在感受中去觉察自己,这和结构式的团体辅导和半结构式的团体辅导在内容和主题等方面都会有一个比较大的区别。

(一)亚隆非结构式团体辅导的基本要点

亚隆非结构式团体辅导为参加者提供了一个安全、保密、温暖的氛围,创造出一种信任、支持的环境,使团体成员可以以他人为镜,反省自己,深化认识,培养与他人相处及合作的能力,重塑生活的希望。其基本要点如下:

1. 亚隆认为"人们内心的困扰均源于人际关系的冲突,最好的解决之道就是利用团体的动力去化解",而"真正有效的团体心理辅导首先要为病人(组员)提供一个场所,使他们置身其中能与他人自由地互动,然后帮助他们识别并且理解自己在互动中出现的问题,最终使他们改变那些适应不良的模式"。① 因此,团体咨询师要为组员创设一个能与他人自由互动的场景,帮助组员识别并理解自己在互动中出现的各种行为与心理问题;辅导师关注团体活动中"此时此地"的人际互动并开展工作,使组员产生改变的动力,获得成长。

2. 在辅导师和全体组员的共同努力下,团体呈现为一个"微型的社会",组员们在社会上的不良行为模式在团体中得以重复呈现,并在团体人际互动中得到改变。团体还会呈现为一个"家庭模型",组员曾经的家庭经历与互动方式在团体中会再次经历,并在团体动力的正性作用下使组员获得矫正性体验,从而修正对自身各方面的认识。这是一种具有动力取向的团体心理治疗。

3. 促使组员产生治疗性改变的"疗效因子"有 11 个,分别是:希望重塑、普通性、传递信息、利他主义、原先家庭的矫正性重现、提高社交技巧、行为模仿、人际学习、团体凝聚力、宣泄、存在意识因子。② 这些疗效因子互相依赖,既不独立存在,也不单独起作用。

(二)非结构式团体辅导的六个阶段

亚隆非结构式团体辅导一般由 1 至 2 名领导者、8 至 12 名成员组成,团体规模过大,会影响整体效果。经典的团体发展理论认为,团体的发展包括以下五个阶段:形成期、风暴期、规范期、执行期和中止期。③ 为了便于理解与掌握,我们在

① [美]Irvin D. Yalom,[加]Molyn Leszcz:《团体心理治疗——理论与实践》,李敏、李鸣译,中国轻工业出版社 2013 年版,第 Ⅵ、Ⅶ 页。

② [美]Irvin D. Yalom,[加]Molyn Leszcz:《团体心理治疗——理论与实践》,李敏、李鸣译,中国轻工业出版社 2013 年版,第 1 页。

③ [美]Irvin D. Yalom,[加]Molyn Leszcz:《团体心理治疗——理论与实践》,李敏、李鸣译,中国轻工业出版社 2013 年版,第 261 页。

实际工作过程中,一般将团体的工作分为下列五个阶段:探索形成阶段、冲突磨合阶段、凝聚整合发展阶段、巩固结束阶段、评估总结跟踪阶段。矫正师在不同的阶段需要把握并发展有所差异的工作任务。

1. 探索形成阶段

在此阶段,成员与成员之间、成员与带领者之间不熟悉,成员对各自目标能否实现具有不确定性。成员往往会出现焦虑担心、沉默寡言、防卫抵触等反应,因而此阶段的工作重点是带领成员建立安全感和信任感,初步理清各自的目标。主要任务有:

(1)经过私密访谈初步了解成员的目标、人际关系模式、社会支持、参与的愿望与决心等,建立起独特的关系。

(2)协助成员彼此认识。

(3)确定团体的结构与基本设置。团体规范是引导团体成员的行动准则,规定成员什么应该做、什么不应该做,还有舆论导向的作用。

(4)向成员说明,团体是大家的,每个人都对团体的发展方向和效果负有责任。带领者保证所有成员积极参与团体互动。

2. 冲突磨合阶段

在探索形成阶段,成员之间为了获得彼此好的印象,交流的内容与方式是有所保留的,而随着团体的进展,感受到团体的安全与温馨后,为了尽早实现各自的团辅目标,团体成员会逐渐表现出真实的自我。这既会引起自我内心的冲突,也会引起成员之间价值观、人生观等方面的冲突,从而再次表现出焦虑、不安、阻抗、反复,甚至是对带领者的挑战等。在团体中,冲突与挑战是不可避免的,也不是坏事,只要带领者妥善处理,往往能促使团体的凝聚力与效能的发挥,形成团体的发展动力,促进团体的发展。因而此阶段的任务主要是:

(1)告诉成员认识和正确表达的重要性,提高团体的质量。

(2)带领者理解和接纳成员的情绪,并引导成员接纳和理解该情绪,保证团体成员不受指责。

(3)指出那些明显在争取控制的行为。

(4)真诚处理任何挑战,为团体成员提供一个榜样。

3. 凝聚整合发展阶段

团体的发展一个关键性的因素就是团体凝聚力的形成。经过前期的冲突与磨合,在带领者的示范与带领下,成员们增进了相互的了解,密切了彼此的关系,进一步体会到团体的安全与温馨,对团体有了归属感与认同感,对团体的满意度提高。团体凝聚力的形成,为团体提供了向前发展的动力。

(1)协助成员更深刻地认识自己,发现自身的问题,作为自我突破与前进的基础。

（2）鼓励成员相互关心与帮助，坦诚交流，通过彼此的交流，找到解决各自问题的方法。

（3）协助成员在团体活动中实现认知重建，并将领悟化为行为。

（4）注意团体活动主题的深入与方向。

（5）注意个案的处理。

4.巩固结束阶段

团体发展到这一阶段，成员之间建立了良好的友谊，由于预见到团体即将结束，成员往往会出现退缩行为，不再以高昂的热情参与团体。对于分离的事实，有些成员还会产生焦虑和伤感，也有成员担心在日常生活中能否运用在团体中所学习到的行为模式，所以此阶段的任务是：

（1）处理好成员的离别情绪，至少在团体结束前三次，就逐步告知团体结束的时期，让成员能早作准备。

（2）协助成员整理学习成果并运用于现实生活中。

（3）提供机会让成员表达在团体中尚未解决又迫切需要解决的问题。

（4）让成员有机会互相提供有建设性意义的反馈。

（5）强化成员在团体中的变化，内化成其内在的体验。

（6）再次重申在团体结束后保守团体秘密的重要性。

5.评估总结跟踪阶段

这是团体发展的最后一个阶段，是对整个团辅过程的一个总结与效果评估的过程。主要任务有：

（1）评估团体辅导的目标是否达到。

（2）与观察员进行讨论，明确评估团体开展的动力状况、细节处理等问题，对整个活动做出总结。

（3）设计确定效果跟踪评估的路径与方法，以评估团体的后续效能。

二、亚隆非结构式团体心理辅导示例

作者本人与浙江警官职业学院邵晓顺教授曾在监狱环境下，运用亚隆非结构式团体心理辅导工作原理带领过多个小组，均取得比预想要好的成效，特别是非结构式团体辅导技术对顽危犯的教育转化实验中更是取得了显著的成效。下面，将以非结构式团体辅导技术带领顽危犯小组为例来介绍一些我们的体验。

（一）正式实验组员筛选

在全所确定的XX名顽危犯中挑选改造表现不良最突出的10人组成正式实

验的组员。他们的不良表现主要是：经常散布反改造言论、屡犯所规所纪、经常打架斗殴、抗拒管教、经常逃避学习和劳动、有的自伤自残或有逃跑经历，同时他们共同具有自信心低、情绪暴躁易怒、易冲动、人际关系不良等问题，其中 1 人被诊断为抑郁症。研究对象年龄在 16 岁至 20 岁之间，平均年龄 18.4 岁；刑期在 2 年至 11 年之间，平均刑期 5 年 8 个月；罪名：7 人抢劫，1 人抢劫、盗窃、脱逃，1 人盗窃，1 人故意伤害；文化程度：初中毕业 2 人，读完初中二年级 2 人，读完小学 5 年级 2 人，读到小学二年级 3 人，念完小学一年级 1 人；籍贯：浙江、青海、甘肃、宁夏、江西、贵州、四川、安徽籍各 1 人，湖北籍 2 人。

（二）团辅设计

入组访谈后进行团体辅导。团辅活动每周一次，每次一个半小时，计划团辅 30 次，在每周一上午进行。

团体辅导由两名带领者与 10 名选定的团体成员围成一圈而坐。团体活动不预先设置主题，由团体成员自由发言，其他成员给予真诚反馈。任何组员可以对其他人的反馈进行再反馈，亦可以随时谈论自己想谈的主题。组员从他人的反馈或团体过程中得到感悟、获得提升。两位带领者根据团体成员的发言与团体进程作适时、适当的引导。

（三）实验前后测

在实验进行过程中前后分三次对全体成员进行情感量表（AS）、孤独量表（UCLA）、自尊量表（SES）、匹兹堡睡眠质量指数（PSQI）四个量表的测量，得出组员实验前后以及实验过程中的情感平衡能力、孤独感、自尊感以及睡眠质量的变化情况。

1.情感量表（AS）：用于测查一般人群的心理满意度。正性情感 5 个项目，得分越高正性情感越强；负性情感 5 个项目，得分越高负性情感越强；整个量表共 10 个项目，总分范围为 1—9 分，得分越高，表示情感平衡能力越强。

2.孤独量表（UCLA）：用于评价对社会交往的渴望与实际水平的差距而产生的孤独。共 20 个项目，总分范围为 20—80 分，得分越高，表示孤独程度越强。

3.自尊量表（SES）：用以评定青少年关于自我价值和自我接纳的总体感受。共 10 个项目，总分范围为 10—40 分，得分越高，自尊程度越低。

4.匹兹堡睡眠质量指数（PSQI）：用于评定个体的睡眠质量。量表共有 18 个自评条目。18 个条目组成 7 个成分，分别是睡眠质量、入睡时间、睡眠时间、睡眠效率、睡眠障碍、催眠药物、日间功能障碍，每个成分按 0—3 等级计分，累积各成分得分为 PSQI 总分；总分范围为 0—21 分，得分越高，表示睡眠质量越差。

在团辅过程中还及时向监区民警了解成员的表现情况。团体辅导结束三个月后对成员进行回访。

（四）团体发展的五个阶段（简要介绍）

1.正式团辅前,矫正师对每位成员进行了"入组前访谈",以了解成员的人格特征、成长情况、人际交流模式、社会支持力量等,达成初步目标,并告知每位成员团体辅导的规范,特别是保密原则。

2.第一次团辅开始时,带领者重复入组访谈时向每个组员交代的团辅设置:团体辅导每周一次,每次一个半小时,每周一上午进行。并再次强调了保密原则:成员可以和团体外他人谈论自己在团体中的感受与自己的情况,但不能谈论团体其他成员所谈的内容和情况。同时强调了坦诚原则,希望组员能够真诚反馈其他组员所说所谈后的内心感受。带领者讲解团体的进程模式:带领者不给团体设置话题和方向,所有的话题都由组员自己发起、自己决定谈什么以及什么时候来谈论它们。

第一次以及随后的若干次团辅为团体形成期。通过带领者与组员的共同努力,使团体逐渐发展成为一个"工作团体"。团体初次活动主要是相互了解、克服焦虑。随后的几次团辅活动是组员为自己在团体中定位,寻找参加团辅的意义,表现出对参与团辅的犹豫等。为了更好地评估成员参加团辅的效果,在第一次团辅活动结束时,要求每位成员完成 AS、UCLA、SES、PSQI 四个心理评估量表(识字能力不足的组员在他人帮助下完成)。

在第三、第四次团辅结束后,分别有一位组员提出想退出,这是团体冲突磨合期的一个正常表现。矫正师在第四、第五次团辅前跟他们进行了个别谈话,了解想退出的原因,肯定了他们在前几次团辅中的表现以及对团体发展所做出的贡献,希望他们能够坚持团辅活动到 12 次之后再考虑是否退出。同时,在团体内,带领者不断评估成员的认知、情感、行为的变化,并给成员们带去前行动力。之后直到整个实验结束,不再有成员要求退出。(一人正常刑释一个调回原籍。)

3.随着团体的推进,团体安全性逐步得到成员的认可,团体凝聚力逐渐形成与发展,团体进入工作阶段,即凝聚整合发展阶段。组员们纷纷呈现各自的困惑,以及在监狱中学习、劳动和日常生活中与警官、他犯的各种各样的冲突;在团体中宣泄他们的消极情绪;表达曾经或当前的自伤自残的行为,一段时间来自己想自杀的意念与冲动,等等。所有的心理、行为、情绪问题,在团体中基本得到了真诚反馈与良性互动,从而提高了组员对自身困惑的理解,帮助组员渡过一个又一个心理难关,明确了自身心理、行为、情绪问题的表现特征与产生原因,在改造表现反复中逐步克服存在的问题,呈现出螺旋式成长的特征。

在这个阶段,矫正师仍然只是适当、适时的引导,尽量不指示、不灌输、不作教导式教育,也不强调组员在团体中或者回到团体外的改造生活中该做什么、不该什么,主要是给予组员真诚的关心、理解、支持、鼓励与陪伴。在这一阶段,组员呈现的心理与行为问题以及各种困惑,常常是组员们自己用相互讨论、相互批评、相互交流的方式进行并解决;矫正师作为团体的一员,必要时也会提出建议或看法,但矫正师只是其中的一分子,矫正师一般不强调自己的权威性,不要求组员必须听从并遵照执行。如果组员们自己已经解决了问题,不需要矫正师的建议或看法,带领者就不说、不做什么,只是在倾听,但是认真的倾听、入神入心的倾听。只有当团体遇到阻滞或者组员对问题的解决难以为继时,矫正师才作适当的引导,或者提供一个新的角度、新的视角供大家讨论。对组员的疑难问题或困惑,当组员都不能解答时,矫正师也会给予科学的解释,比如,有组员问:什么是同性恋? 自己的某些行为表现是否为同性恋?

矫正师在整个团体辅导阶段,坚持两个原则:一是以来访者的利益为最高利益;二是如果组员与带领者都想说话,总是组员优先;而且只要组员在说话,带领者非特殊情况不打断。

4. 在团体辅导的后期即巩固结束阶段,为了更好地巩固、内化组员们在前期阶段形成的情感支持与自我探索的成果,留出若干周时间进行回顾与总结,处理团体辅导结束常常会带来的离别情绪与分离焦虑。

矫正师在进行到第 23 次时开始作分离的准备,提醒组员离结束还有 8 次时间。在接下来的每次团辅时都提醒组员离结束还剩下的次数。

团体进入结束阶段后,矫正师有意识地向组员提出回顾或总结的要求,矫正师也会归纳并肯定某位组员团辅以来的进步与成长情况,让组员看到自己的变化与进步。对组员在团辅快结束阶段再呈现出来的深层心理问题,一般不再展开作深入讨论(可作团辅之后的个体咨询),因为如果没有足够的时间来开展相应的工作,可能会给组员造成心理伤害。团辅的最后一次,在回顾、支持与相互鼓励中结束,也结束了对顽危罪犯的整个干预过程。

5. 评估总结跟踪阶段。在团辅结束前,再次对全体成员进行情感量表(AS)、孤独量表(UCLA)、自尊量表(SES)、匹兹堡睡眠质量指数(PSQI)四个量表的测量;商量确定在团辅结束三个月后,由成员所在单位民警反馈其近三个月的改造表现。在获得相关资料后,对整个团体辅导做出总结。

(五)团体成效

正如前面所述,亚隆团体能够构建出"微型社会"与"原生家庭模型",并通过团体动力(疗效因子)使成员获得矫正性体验。监狱顽危罪犯绝大多数曾经经历的社会交往与家庭关系,是冷漠、被歧视、被贬低甚至遭受遗弃。他们基本缺乏温暖、友善、支持、共情的人生体验。因此,"友善的社会关系"与"温暖的家"正是这些顽危罪犯的矫正所迫切需要的,也是让他们产生正性情感、认知与思维所必需的,是促使他们积极改造的内生动力。本次团体辅导实验,参与其中的多名组员认为团体是一个"温暖的家",是一个"陪伴与支持"的处所。这让他们感受到了家的温暖,也体会到了人与人之间相互的爱与心理支持。因此,不管是带领者与组员共同创设出来的"微型社会",还是带领者与组员共同构建的"温暖的家",都对参加团体的每位顽危罪犯带来新体验,获得正能量,促使他们去重新思考人生目标,获得自我成长与发展的动力。这些改变从以下四个方面得到了明确的佐证。

1.从前后测数据看,人本—存在主义团体辅导对顽危犯的转化具有正效应

两名组员因刑满释放或调犯在团体辅导中途退出,他们只接受了前测,因此,以下结果与分析中呈现8名顽危犯的心理测评结果。

(1)情感量表(AS)测评结果分析

①8名顽危犯正性情感得分变化情况如表3-3所示。

表3-3 正性情感前后测结果

	赵某	王某	钱某	孙某	周某	吴某	郑某	李某	平均值
前测	0	2	4	1	3	4	3	3	2.5
后测	5	3	3	4	4	3	4	1	3.375
后测减前测	+5	+1	−1	+3	+1	−1	+1	−2	+0.875

从表3-3结果可知,经过27次团体辅导,8名顽危犯正性情感总体上得到较大改善,从平均2.5分提高到平均3.375分;从个体角度分析,5人正性情感得分增加,3人正性情感得分减少。

②8名顽危犯负性情感得分变化情况如表3-4所示。

表3-4 负性情感前后测结果

	赵某	王某	钱某	孙某	周某	吴某	郑某	李某	平均值
前测	5	2	4	4	1	3	3	3	3.375
后测	3	3	2	5	3	3	2	1	2.75
后测减前测	−2	+1	−2	+1	+2	−2	−1	−2	−0.625

从表3-4结果可知,经过27次团辅,8名顽危犯负性情感总体上得到改善,从平均3.375分减低到平均2.75分;从个体角度分析,5人负性情感得分减少,3人负性情感得分增加。

③8名顽危犯情感平衡能力得分变化情况如表3-5所示。

表3-5　情感平衡能力前后测结果

	赵某	王某	钱某	孙某	周某	吴某	郑某	李某	平均值
前测	0	5	9	2	7	4	5	5	4.625
后测	7	5	6	4	6	5	7	5	5.625
后测减前测	+7	0	−3	+2	−1	+1	+2	0	+1

从表3-5结果可知,经过27次团辅,8名顽危犯的情感平衡能力从平均4.625分提高到平均5.625分;从个体角度分析,4人情感平衡能力得分增加,2人没有改善,2人情感平衡能力得分减少。

情感量表测评结果表明,经过团体辅导干预,顽危犯总体上正性情感增加,负性情感减少,情感平衡能力增强。因此,亚隆团体辅导对顽危犯情感状态的改善有促进作用。

(2)孤独量表(UCLA)测评结果分析

8名顽危犯孤独感得分变化情况如表3-6所示。

表3-6　孤独感前后测结果

	赵某	王某	钱某	孙某	周某	吴某	郑某	李某	平均值
前测	65	52	58	43	54	54	55	44	53.125
后测	52	48	65	38	37	43	51	46	47.5
后测减前测	−13	−6	+7	−5	−17	−11	−4	+2	−5.625

从表3-6结果可知,经过27次团辅,8名顽危犯孤独感量表得分从平均53.125分减少到平均47.5分;从个体角度分析,6人孤独感得分减少,2人孤独感得分增加。

孤独量表测评结果表明,经过团体辅导干预,顽危犯总体上孤独感得以减低。因此,亚隆团体辅导对顽危犯内在孤独感有较好的改善作用。

(3)自尊量表(SES)测评结果分析

8名顽危犯自尊感得分变化情况如表3-7所示。

表 3-7　自尊前后测结果

	赵某	王某	钱某	孙某	周某	吴某	郑某	李某	平均值
前测	40	35	23	24	27	28	25	25	28.375
后测	29	26	23	18	23	19	23	23	23
后测减前测	−11	−9	0	−6	−4	−9	−2	−2	−5.375

从表 3-7 结果可知,经过 27 次团辅,8 名顽危犯自尊感得分从平均 28.375 分减少到平均 23 分;对前后测作"配对样本 T 检验",达到统计学意义的显著差异。从个体角度分析,7 人自尊感得分减少,1 人自尊感得分不变。

自尊量表测评结果表明,经过团体辅导干预,顽危犯总体上自尊感得到了提升。因此,亚隆团体辅导对顽危犯内在自尊感有显著的改善作用。

(4)匹兹堡睡眠质量指数(PSQI)测查结果分析

8 名顽危犯睡眠质量得分变化情况如表 3-8 所示。

表 3-8　睡眠质量前后测结果

	赵某	王某	钱某	孙某	周某	吴某	郑某	李某	平均值
前测	16	8	8	7	3	13	4	12	8.875
后测	17	9	7	4	2	4	3	3	6.125
后测减前测	+1	+1	−1	−3	−1	−9	−1	−9	−2.75

从表 3-8 结果可知,经过 27 次团辅,8 名顽危犯的睡眠质量得分从平均 8.875 分减少到平均 6.125 分;从个体角度分析,6 人睡眠质量得分减少,2 人得分增加。

匹兹堡睡眠质量指数测评结果表明,经过团体辅导干预,顽危犯睡眠质量总体上得到了较大改善。

2.团辅成员参加亚隆团体辅导后的矫正性体验

团辅结束时,矫正师要求每位成员对自己在团辅过程中的收获与感受作书面的总结与回顾。现摘录部分内容如下(注:摘录内容为团辅成员原话,括号中的字为作者所加)。

组员赵某说:时间过得真快,转眼间 7 个多月过去了,我们的心理团体辅导课也马上结束了,此时此刻,心中也有点舍不得,心中也难免会有点失落。我不得不说,这七个多月来真得(的)让我学到了很多,也解决了许多改造中的问题。在接下来的改造生活中,再也没有这么一个地方可以让我们诉说,遇到困难后也或许没有那么几个人会来给你真诚的建议,也没有了老师们的支持与鼓励。

……在每周一的团辅时间里,是我一周下来最期待的,可以把自己所遇到的不愉快的事情讲出来,这样感觉自己的身心都会变得轻松一点。(团辅)让我学会了感恩,也给我增添了改造的动力。……我只能说,这段时间真的让我过得很开心,在这段时间里学到的东西,做人做事的方法,相信我会终身受益。

组员王某以"一起的日子"作为团辅结束时的总结标题。其中说道:在这些日子大家都比较了解我,也给我一些反馈的话提(题),我在这里很感谢大家,有(尤)其是两位老师的领导下,我走出了痛苦的日子,在这里的每一天都是很真诚的,也很他(踏)实,过的(得)也快。所以几次下来也很感谢这个团队。来的那一天,我都(就)知道会有结束,我做好了种(准)备,只是提前结束了,但是我不知道以后不来会有什么感觉,我现在很难说,我们的这段日子我会铭记在心,这是我在牢(劳)改生涯中最温暖的地方……

组员钱某表示:自从我参加本次活动以后,虽然大的改变没有,但也学会了忍让和改掉有些毛病与不足之处。比如:容易激动、害怕、钻牛角尖等等。现在的我不容易激动,也不感觉害怕,以前我害怕与人交往,但现在没有那种害怕的感觉了,反而是常常和大家聊天,在管区组织活动的时候还能主动报名参加,还敢上台唱歌,以前的我在父母面前都会害羞,更别说要当着管区一百多人放声高歌……这二十几次下来,多谢蒋老师和邵老师的陪伴与教导,是你们让我学会了一些东西。不是说学会了什么大道理,而是我学会了一些最基本的与人相处的道理,不得不说这是我的一种自我突破……

组员郑某说:来参加心理辅导那么多次,最大的收获是轻松、快乐,以他人的经历、教训,来当作自己的经历和教训,从中获取经验。也许只是一点点评价(反馈),可是让我受用一生,并且让我明白只有自己才是自己最好的心理老师,并且让我坚定了自己人生目标。

组员周某说:自从今年(2014年)3月来到心理健康指导中心后,在这里我懂得了很多,让我明白了怎样更好的(地)解决困难,克服困难。让我的心灵成长的也很快,也让我的改造道路越来越顺利了。这个地方对我们服刑人员的帮助真的很大,我希望这个活动能一直坚持下去,能帮助更多的人。

3.三个月后监区民警对参加团辅顽危罪犯矫正效果的评价

为了实现团辅效果检测的多维性,我们向组员所在监区民警了解团辅效果。部分监区反馈情况如下。

一监区民警反馈:监狱里开展了对顽危犯的团辅活动,监区抱着试试看的想法,让两名顽危罪犯参加了团辅。起初他们的心态改变不大,情绪还是比较低落,人际关系也比较紧张。但一段时间之后,我们在与他们的交流中感觉其情绪明显有所变化,也能主动与民警交流思想,谈自己的看法和观点,也逐步地融入到了改造集体中。目前参加团辅的两名顽危罪犯整体思想稳定,情绪较以前有了明显的改善,整个精神状态较好,也能与民警和其他罪犯积极进行沟通。

二监区民警反馈:本监区参加团辅的服刑人员原来内向、自闭,不与同犯交流,也基本不与警官交流。参加团辅后增长起来的自信也延伸到了改造中。现在,他能在小组评议时举手表态,能在上课时踊跃发言,还能当着大家的面唱《单身情歌》,成了不折不扣的"活泼小王子"。

4.矫正师观察

矫正师在27次团体辅导过程中,不断收到监狱民警关于组员变化的各种信息,不断看到组员们在团体中的各种变化。

开始的几次团体辅导中,许多组员常常一开口就是国骂,语言不文明现象普遍存在。团体活动若干次以后,矫正师向组员提出了注意语言文明的要求,慢慢地组员们语言不文明现象逐渐减少,到团体结束时这个现象得到了很大改观。

团体辅导的起始阶段,组员们遇事基本上是"自扫门前雪"各顾各。在矫正师的示范下,组员们慢慢地能够在言语、行为上相互理解与支持,既能够包容相互间的差异,又认识到彼此的互助关系是人际关系的基石,互帮互助成了团体中大家自觉的行为。同时外化到组员们的日常生活中,在管区里也能够去帮助其他犯人。

曾经遭受过不公正对待或者自认为受到了不公正对待的组员,在团体辅导中慢慢化解开心结,能够较为理性地去理解曾经的不公正对待,心情发生了变化,积极情绪开始占据主导地位,人也变得开朗起来,愿意以更积极的姿态来对待今后的服刑生活。

原来经常与其他犯人发生矛盾冲突并且常常以打架方式来解决冲突的组员(这样的组员在团体中有多人),慢慢地冲突次数减少了,发生冲突时也能够停下来想一想而不是先伸出拳头,而且还能够从他人角度去想一想。

抑郁症的组员,起初的几次团体活动时情绪低落、行为被动、孤独少语。在矫正师的鼓励与其他组员的积极互动下,慢慢地参与到团体互动中来,语言表达在不断学习、互动中逐渐增多,从开始时的低头表达到抬头说话,从说话回避他人视线到能够看着人说,从结结巴巴说话到能够顺畅地说,而且情绪情感跟着得到改善,与管区犯人、民警及父母、亲人的人际关系逐渐得到改良,团体结束时抑郁症状基本消解。

组员们说,刚参加团体时其他犯人会讽刺他们,说他们有"神经病"。慢慢地,管区犯人看到了组员们日常行为表现和心理状态的变化而开始羡慕他们,也希望能够来参加团体辅导。

测量结果、组员自我评估、民警的反馈以及矫正师的观察表明,非结构式团体辅导对顽危罪犯的外显行为、内在认知与情绪状况都能产生正性影响作用。从总体上看,亚隆团体辅导能够使顽危罪犯正性情感增加、负性情感减少,提高其情感平衡能力,并且对顽危罪犯的内在自尊感、孤独感产生良性变化。这种变化也体现在顽危罪犯的自我体验与感受当中,正如他们所说的,参加团体让他们"身心感到轻松"、"学会了感恩"、"增添了改造的动力",并外化为行为,"融入改造集体中"、"能与民警和其他罪犯积极进行沟通",还能够使一个存在一定社交恐怖的罪犯"主动参加管区的活动"、"上课踊跃发言"等等。这符合心理学研究结论:个体的认知、行为、情绪是一个系统、一个整体,三者紧密联系、互为因果。个体行为的变化,会逐渐对个体的认知、情绪带来变化;而个体的认知改变,也会使其行为、情绪发生改变;同样地,个体的情绪变化,也必然会影响到个体的行为与认知。这也正是团体辅导中带领者所应关注的重点内容,也是团体工作的中心所在。因此,带领者在团体辅导时应充分重视顽危罪犯的认知、情绪、行为的变化。而顽危罪犯在认知、情绪与行为上改善,必然会使他们逐步走出"顽危"状态,并最终部分或全面地矫正了他们,实现监狱的终极目标——身心健康的守法公民。

三、在循证矫正实验中运用亚隆非结构式团体辅导的技术体会

1.正式团辅前入组访谈的重要性。在正式团辅前,带领者与每位成员进行一次个别访谈,大约十五分钟的时间(如时间允许,一般访谈时间为四十分钟)。主要是对个体的基本情况如家庭情况、学习情况、工作情况、朋友情况、进监前主要生活方式,与父母的关系及目前的状态等作一了解。通过与成员的交流,基本了解他生命中的重要他人、他的人际关系状况、处理人际关系的方式以及处事能力等。通过入组访谈,明确组员的人际关系模式,存在的成长问题及建立初步的团体目标,为接下来的团体辅导打基础。

2.宽松和谐氛围建立的重要性。一般情况下,在进行入组访谈后就进入第一次的正式团辅。因为小组成员彼此不熟悉,一下子将大家聚在一起,此时矫正师除了再次强调小组的设置与活动原则外,不会讲过多的话语,所以一开始可能会出现冷场的情况,三分钟、十分钟,甚至更长一点时间都有可能。一般地,当冷场超过五分钟时,矫正师要进行干预,可以提议请大家作个自我介绍等作为开始。而在实际操作过程中,由于团体压力的作用,总会有人跳出来说第一句话,往往也是以自我介绍作为开始。当然,也可以把第一次团辅活动做成结构式的,以一些"破冰"活动来暖身,让小组成员在活动中,放松下来,彼此认识。

3.活动中带领者引导的适度性。根据亚隆团体辅导的要求,在活动中矫正师只是适当、适时的引导,不指示、不灌输、不作教导式教育,也不强调组员在团

体中或者回到团体外的改造生活中该做什么、不该什么,主要是给予组员真诚的关心、理解、支持、鼓励与陪伴。但是,我们在实践中发现,对于未成年服刑人员、文化程度较低的服刑人员、认知水平低下的服刑人员、受暗示性强而自我认知能力弱的服刑人员,以及改变决心不强的服刑人员,在团辅过程中,还是需要矫正师进行一些具体的引导与灌输,并对其团体外的生活作一些要求的。带领者这样的行为,可以推动该成员向前向上发展,只是,两名带领者要做好分工,这样的行为只能由其中的一名矫正师做出,而不能在一次团辅活动中两人都做出这样的举动。

4.团体中非自愿参与成员的应对策略。服刑人员来咨询大多是被安排或被要求而来的,是非自愿的,在发现这一情况后,矫正师如果不作及时处理,肯定会影响团体的发展进度和效果,所以,矫正师在入组访谈阶段就必须对这一情况做出处理。根据工作实践,一般采用下面三种方法:一是直接说明。可以这样说:"我知道你们当中有许多人并不希望参加这个团体,你们可能会认为来这里是浪费时间。而我想告诉大家的是,我希望你们至少给这个团体一个机会,我认为我有许多计划是你们可能会喜欢的。"二是共情。共情就是感同身受,可以这样表达:"因为你们并不是自愿来参加这个团体的,我想你们对于来这里一定会感到不舒服。我想先告诉大家我们在这个团体内要做什么,你们将会发现这个团体可能是很有趣的,而且对你们是有帮助的。"三是去个别化。去个别化,就是让成员感觉到有这样的想法其实是很正常的,并不是只有他一个人有。可以这样说:"每一次我带领这样的团体时,总有一些成员在开始时非常抗拒,但到最后他们总会感谢我们给他提供了一个可以供他们分享想法和感受的地方。我知道你们当中有些人对于强迫来这里感到愤怒,而我想说的是,这个团体真的能帮助一些人,如果你愿意的话,它也可以帮助你。如果你愿意给团体一些机会,我们将尽力使它成为你美好的经验。"

5.脱落个案的处理。在团辅过程中,小组成员不可能同步发展,总会出现一些脱落的情况,此时,两名矫正师要做一些讨论与分析,分清具体情况,如:是因为本身不善言语而脱落的,还是因为希望引起带领者的注意而故意脱落的或者是发现小组的模式、目标与其本身希望的有差距而脱落的,抑或是在他身上出现了具体的危机而脱落的等。总之一句话,分清具体脱落的原因,然后做进一步的处理。如"是因为本身不善言语而脱落的",矫正师在下次活动中可以有意识地找机会直接点名问他对某一情况的看法;如"是因希望引起矫正师注意而故意脱落的",可以稍微再放放,但用眼神关注他,他自然会跟进的;如"是因为发现小组的模式、目标与其本身希望的有差距而脱落的",可以找其单独谈谈,并用一般化并带有正向能量的话告诉他"很多刚参加团辅的成员都会出现和你一样的想法,但是,他们最后都选择给自己一次不一样的机会,当然,最终,他们没有因此而后悔的"。如"是在他身上出现了具体的危机而脱落的",则需要个体治疗与团体辅导同时进行,可以在当次团辅后,由一名矫正师继续为这名成员做个体咨询,也可以在两次团辅期间另外选择一时间完成个体咨询。这样的咨询往往不是单次的,它可能会伴随团辅活动较长时间,直到该小组成员危机消除,不再在小组中脱落。当然,此时,也可视具体情况将这名小组成员转介给其他咨询师。

团体辅导过程中强调"此时此地"体验的重要性。矫正师引导团体成员对团体中发生的事件、团体运作方式、对其他团体成员互动模式的体验等的关注,可以促进每个成员脑中社会缩影的产生与发展,可以促进矫正对象情绪合理宣泄和社交技巧的习得,因为每个人都看到都知道,也会使矫正对象对所谈内容更有兴趣,团体变得更有活力,确保团体疗效的发生。当然,矫正师在引导进入此时此地之后,更要实现意义的提升。

6.团体发展中主题转换时机的把握与方法。虽然说亚隆团体每次的活动并没有明确的主题,但事实上,这个主题还是存在的——就是团体开始时设定的团体目标,所以,每次团体活动还是在矫正师的带领下围绕这个主题进行的。矫正师需要时刻关注团体进行中主题或是焦点的变化,不断地判定主题是否跳跃得太快而需带回,并保持在某个主题或个人上,或者需要将主题转移到其他人、话题或活动上。

团体主题的转换时机与方法主要有:①时机:在某个成员身上停留了太长时间。方法(示例):有谁对张三刚才的看法给点反馈意见吗?——从一个成员转向另一成员。既然我们想听到更多的意见和观点,那么就大家一起讨论,其他人觉得怎么样?——从个人转向主题。②时机:在某个主题上停留太长的时间。方法(示例):让我们在两分钟内结束这个主题,因为我们还要讨论其他方面的主题——某个主题停留时间过长。③时机:与团体目标有一定的差距或偏离。方法(示例):我希望每个人都想想前几分钟我们所谈的,有没有谁想针对这个主题探索?——主题偏离。④时机:时间不够。方法(示例):嗯,我们今天的活动还有十分钟就要结束了,下面再请一个人进行发言——时间不够。

7.团体活动记录的重要性。为了更好地实现矫正效果,总结循证矫正的经验,建议再安排两名观察者。设置观察员,主要是逐一回馈他们在这个团体中看到的成员在团体中的一些细节,以及由此给他们的一些感受,协助矫正师使团体更好地发展,还要承担起现场的记录工作。有条件的,要在征得团体成员的同意下进行,建议最好使用现代化的记录设备如摄像机、录音笔等。同时,观察员要准确地记录下非发言人的表情、肢体等非言语信息,在每次团辅结束时,矫正师将对这些信息进行讨论、评估,为下一次团辅活动做好准备。

以上介绍只是一个总体概念，是作者本人的一些实践体验，只希望能抛砖引玉。虽然在上面内容中单一地介绍了心理咨询各治疗模式的应用，但是，在实践中，我们往往是整合各疗法的精髓在不同的干预阶段重点使用。总之，我们在进行具体的矫正干预时的目标就一个：以矫正对象为重，消除目前危险性，实现其人格成长。

作为一名矫正师，我们有需要学习合作对话的态度，这样才可以摆脱简单地为问而问，真正做到"无痕迹过渡"；要学习精神动力，这样才可以真正地理解对方，而不是为了正常而正常；要学习认知行为疗法的理念框架，这样才能更好地转变认知和促使行动；要学习人本主义的意义和价值理念，这样才能更好地找准成长的方向；要学习意向对话和沙盘疗法，这样可以更好地发挥形象思维和故事、物件的隐喻的作用；还要特别学习中国传统文化和哲学思想，才能客观地看待现象。总之，要学习的还有很多，最重要的是在学习之后，融会贯通，自成一体，磨合出适合监狱环境下的矫正与治疗模式。

第四章
循证矫正实验评估

评估在循证矫正实验中极为重要,实验项目与主体的确立、实验对象的问题、实验过程的控制、实验结果的评价等都离不开评估,评估贯穿实验的整个过程。评估是实验设计中必须重点考量的事项,包括评估的工具、方法和技术。建立循证矫正评估体系是实证研究规范化的要求,对实验项目进行评估,既能更好地开展矫正工作,又能完善矫正项目。

第一节 概 述

评估,是指依据某种目标、标准、技术或手段,对收到的信息,按照一定的程序,进行分析、研究、判断其效果和价值的一种活动,是贯穿整个实验过程的,其评估报告则是在此基础上形成的书面材料。依据不同的评估主题有不同的分类,如问题或方法取向评估、结果评估、方案评估、个案研究评估等。循证矫正实验评估则是依据预先设定的矫正目标、标准、技术或手段,对从开始设计循证矫正实验项目到完成项目实验,其间的各类信息,按照一定的程序,进行分析、研究、判断其实验效果和价值的一种活动。循证矫正实验评估在目前情况下,可以理解为一类综合性的评估,既要对其具体实验项目的方案进行评估,也要对其问题取向进行评估;既要对其过程进行评估,也要对其结果进行评估;既要对其采用的技术进行评估,也要对其实验的相关进行评估;既要对矫正师进行评估,也要对矫正对象进行评估;既有对实验项目的评估,也有对个案研究的评估。

具体地评估循证矫正实验,首先要对循证矫正实验评估的特点、作用、内容等方面有一个大概的了解,以此较全面地认识了解实验研究。

一、循证矫正实验评估的特点

一般情况下，我们在探讨一个实验项目的时候，往往要探讨这个项目的优点和不足之处，以及完成实验的过程中，实验主持者是否坚持了中立的态度以及实验过程是否规范，该实验结果是否在相同条件下可以进行复制，也就是说经过相同程序的操作能否得到相同的方法等。即评估通常是对某一事物的价值状态进行定性和定量的分析说明和评价的过程。基于这些实验项目评估的共性特点，我们来探讨循证矫正实验评估的特点。

（一）从评估的性质看，既重循证矫正实验价值评估，也重循证矫正实验技术评估

循证矫正实验是为今后的工作积累经验、总结可寻找的证据和可操作的方法而进行的，所以，首先我们要对它所达到的效果做价值的评估：这个项目的实验结果是否有利于消除罪犯的现实危险性，提高其心理能量，抵抗挫折能力，从而进一步降低其回归社会后的再犯风险（考虑到再犯罪因素的多元性、复杂性，再犯罪率可以作为评估矫正成果评估的一方面，而不是全部）。

尽管现在我们所做的循证矫正项目实验也是具有可操作性的，但是，与传统的教育改造罪犯的方法相比，它主要是一种检验假说，判断自变量与因变量之间关系的研究活动。相应地，循证矫正实验的评估不仅要对实验结果既取得的效果做价值评估，也要对自变量与因变量之间的关系做出判断。很多公开发表的循证矫正经验介绍，较为注重该项实验所取得的效果的评估，而忽视了对实验自变量与因变量关系的阐述与论证。一项成功的实验，是在实验过程中有清晰的思路，能够很好地操控自变量和控制无关变量的。

既从实验所取得的效果方面又从实验操作过程中自变量与因变量等变量关系中关注事实判断方面，对循证矫正实验进行评估，可以巩固通过实验研究获得的有效的循证矫正证据的科学性。

（二）从评估的内容看，既重循证矫正实验结果评估，也重循证矫正实验过程评估

要评估一项循证矫正实验，需要在科学地了解所获得的结果的基础上对实验效果做出判断。这既包括对实验结果做出价值评估，也包括对实验所获得的新认识，可以是围绕着自变量与因变量的关系，做出相关分析或方差分析得出的结论，而做出事实上的评估。罪犯是一个特殊群体，其人生所经历的并给他带来心理变化的，是一系列的心理、行为、事实因素。我们相信"人是可以改变的"理念，但其可变性也是因人而异的。有些实验对象可能在较短实验周期内就能取得明显的变化，而有的则经过较长时间才有明显的变化，甚至有一些根本就没有

变化。这就有必要在不同的实验阶段评估其结果。如:在实验正式开始前,对这些对象进行一次前测,然后在实验过程中再对这部分人员做一到两次评估,最后在实验结束前再对这些人做个评估,实验结束后一段时间还可以做个跟踪评估。评估的方式可以是问卷式也可以是谈话式或问卷与谈话综合式的;可以是自评式也可以是他评式的。总之,按实际需要选择具体的评估方式,尽量避免产生评估的逆反、应付或附和心理。

正如前所述,一项循证矫正实验并不是在短期内能完成的,所以有必要考察实验的过程。一般情况下,可以将实验分为不同的阶段,并依据不同的标准进行评估。如:评估每一阶段是否都已按计划进行实验,是否达到了实验预先设计的目标或效果,是否有新情况发生。以期发现问题,并能及时解决,逐步地达到整个实验的目的,从而为实验结果的归因提供可靠的保证。监狱环境下,完成循证矫正的实验不像实验室条件下这么单纯,所以这里特别要注意,对实验过程中控制变量的关注,努力做到对控制变量的控制,详细记录下实验过程中控制变量对个体可能的影响。

(三)从评估的标准看,既重循证矫正实验的目标,也重循证矫正实验的规范

循证矫正实验具有矫正性,因此,我们评估循证矫正实验时,必然要从矫正目标来考察实验要求的现实意义和理论意义。现实意义方面需要考察的是:循证矫正实验所采取的干预技术是否有利于实验对象即罪犯现实危险性的降低、心理能量的提高,抵抗挫折能力的提升,从而进一步降低其回归社会后的再犯风险。从理论意义方面需要考察的是经过这一实验得到验证的技术是否可以作为循证的资料,是否可以为循证矫正数据库的建立提供有力的数据支撑。

既然目前我们所探究的矫正活动,称之为"实验",就必须进行实验规范方面的评估。这包括评估循证矫正实验的设计,自变量、因变量和控制变量的确立,实施过程(干预技术的参与、控制变量的控制等),实验结果的检测等方面是否符合实验的规范,结论是否严密,能应用于哪些项目与对象等。

(四)从评估的方法看,在充分量化评估的同时也不忽视定性评估

近年来,中国传统矫正工作一直在努力地探索和尝试从单纯定性向定性与定量并重转变,改造质量评估体系的构建与心理矫治技术在矫正领域的引入使矫正的定量应用水平取得了一定的突破,循证矫正模式为矫正定量水平的进一步提升并与矫正定性应用在矫正实践中的密切融合,提供了最佳的平台和载体。循证矫正实验的评估强调在充分尊重定量评估的同时也不忽视定性评估的评估体系。循证矫正实验的一些效果可以通过定量评估来完成,如:考察经过矫正行为罪犯的劳动任务完成情况,学习参与情况、日常活动参与情况以及行为表现

等。往往采取任务前后对照表、心理测量、日常状态前后对照表等方法。一般情况下,定量评估可以提供比较客观的数据,从而为准确地评估实验情况提供依据。

循证矫正实验是一项由"人"参加的活动,涉及的各类因素比实验室实验或自然实验更为复杂,而且人的心理状态是一直处于变化之中的,因此,所带来的诸如参与感受、矫正工作人员技术干预过程中的思量以及体会等等,往往需要用座谈会、个别访谈等方法来进行定性评估。循证矫正实验评估兼顾定量评估与定性评估的方法,可以全面、客观地反映实验效果。但是,在具体的不同目标与模式的循证矫正实验项目上,是可以有所侧重的。

二、循证矫正实验评估的作用

(一)评估循证矫正实验所取得的成效可以更好地指导矫正罪犯工作

循证矫正实验与我们平常的教育改造罪犯工作密切相关,它所采取的措施、干预的技术,应致力于消除罪犯的即时危险性,提高罪犯的改造质量,降低其回归后的再犯风险。从实验设置开始,到实验的开展过程和实验的结束阶段,以及后面的跟踪阶段,对实验进行评估,不但能促进实验在规定的条件中进行,达到预期的实验目标,还能确保实验结果的科学性。在实验的过程中,我们经常会碰到经过我们预先设定的程序,采用既定的干预技术,但最后的实验结果与我们实验目标却不一致的情况。有些人可能认为这是个不成功的实验,但事实上,这并不是一次失败的实验。这样的实验结果,可以指导我们在日常的工作中,遇到实验中出现的个案或状况时,不再使用类似的干预措施。进一步帮助我们的监狱民警明确,在寻找矫正对象的共性特征与共性干预技巧外,还必须寻找其个性特征,采取有针对性的干预措施,从而指导我们以最佳证据指导矫正罪犯工作,使我们矫正罪犯工作更具科学性、针对性、有效性,减少盲目性。

(二)评估循证矫正实验的整体开展,可以确保实验的科学性、规范性

全面地对循证矫正实验进行评估,首先能在实验实施前检查实验的可行性、内容的有效性,不至于一开始就进入"假实验"的圈子;其次能不断地规范实验的过程,发现实验过程中的偏离、无关因素的影响、特殊个案的干预等;再次能促使我们时刻检查实验中的相关资料,使实验更具科学性、规范性。

(三)评估循证矫正实验的过程,可以进一步强调"育人"过程的动态性

循证矫正实验的评估不是一次性的,而是分阶段做不同项目的评估,这样的评估,可以让每一位民警明确,我们"育人"的过程是一个动态的干预过程,我们的对象是一直处于变化中,而不是一成不变的。所以,我们的干预措施,必须根

据现实的不同情况,做出必要的修改,包括为我们矫正的总目标设定的各个小目标,在干预过程中也是需要不断地做出修改调整的。

(四)评估循证矫正实验的规范性,可以提高循证矫正数据库的质量

以往监狱工作中的矫正方法,并不乏其有效性,但却很难推广,为什么？因为,以前我们的监狱工作讲的基本上是"经验"而不是"证据",现在循证矫正工作的启动,一个很重要的原因就是通过循证矫正项目实验成果的不断累积,研发可靠、有效的精准评估工具,用客观证据说话,而且这个证据是可以直接复制的。这样,就大大提高矫正的效果与可循证性。这样的证据数据建立起来的数据库,必将具有规范性、科学性,必然能提高数据库的质量,从而实现循证矫正工作初期进行实验的目的。

三、循证矫正实验评估的内容

根据循证矫正实验过程所涉及的主要因素,循证矫正实验评估的内容至少包括以下几方面:

(一)参与主体评估

循证矫正实验的顺利进行离不开矫正师和矫正对象两大主体,而参与主体的评估就是对这两大主体的评估。实验矫正对象即在押罪犯,其在矫正项目实施中,是一个能动的主体,其对矫正项目的理解和接受能力以及个人是否有矫正意愿,往往对矫正目标的实现起着至关重要的作用。具体地说,对矫正对象的评估包括:哪些人需要矫正,其本身意愿如何,这是为项目的设置服务的;需要矫正的这些对象他们需要解决的问题是什么,找到矫正对象的共同问题与差异性;矫正这些对象可以利用的资源是什么、存在的障碍又是什么以及存在的风险因素等方面。矫正师自我的评估包括:对于这类矫正对象是否可以胜任;从矫正师自我角度出发,要完成这类矫正任务可以利用的资源是什么;同样的,虽然可以胜任,但还存在哪些障碍以及存在的风险因素等方面。

(二)目标评估

循证矫正实验所确立的目标是衡量和规范实验的重要内容,具体地说,在进行实验目标的评估时,可以包括以下几点:一是循证问题是否具体明确,这个问题的解决是否具有理论与实践两方面的价值;二是衡量矫正效果的标准是否合适,也就是这个实验是否为"真实验";三是实验目标是否可操作,这个目标是不是具体、这个实验项目在实验过程中是否能够很好地控制自变量与无关变量等因素;四是实验项目的设置是否具有科学性,即我们设置的实验项目以及其间所要采取的干预措施是否有充足的理论依据或事实依据,为总目标的实现而设定的各个小目标之间是否具有逻辑性等。

（三）过程评估

实验的过程，是一项实验完成的重要阶段，实验过程的质量直接影响着实验的结果。所以在此阶段我们要做出的评估主要是其实施过程的科学性、规范性。主要包括：实施的具体方案、实验设计中变量的类型及水平，实验模式的选择、变量控制的方式，搜集资料的方式与效果，矫正证据的选择是否出现偏差，矫正过程的质量如何等方面。

（四）成果评估

循证矫正实验的成果，是我们追求的目标，涉及理论与实践两方面。实践成果主要是：这个实验项目的完成是否解决了问题；是否带动了矫正对象的良性发展，消除了当前的危险并降低了回归后的再犯风险，达到了目标；是否对这类矫正对象均具有同等的效力；是否有代表性；是否适用于现实的情况；还存在哪些问题未解决，存在哪些困惑等。理论成果评估主要是是否有利于验证采用循证矫正的办法来改造在押罪犯是追求矫正高效性、有效性、最佳性和可操作性的目标假设。值得一提的是，在进行效果评估的时候，还应该就整个实验项目实施的成本进行评估，投入与产出是否成比例，是否有更好的办法。总之，循证矫正实验的成果评估是评估矫正工作者做了什么，用于帮助矫正方案管理者和其他相关人员改正与促进他们的工作。

第二节　循证矫正实验评估指标体系

在明确了循证矫正实验的内容后，就要建立具体的评估指标体系，以便在实施评估时有具体的可操作的依据，同时确保实验的科学性、规范性。让我们先来看看评估指标和评估指标体系的概念。

评估指标，是指根据一定的评估目标确定的、能反映评估对象某方面本质特征的具体条目。指标是具体的、可测量的、行为化和操作化的目标，即指标规定的内容必须是看得见、摸得着的，是可以通过实验过程获得明确结论的。评估指标体系，是由不同级别的评估指标按照评估对象本身逻辑结构形成的有机整体。它是系统化的，具有紧密联系的，反应评估实验项目整体的一群指标或具体指标的集合。评估指标只能反应实验的一个方面或某几个方面，评估指标体系则能反映实验的全部方面。

（一）设置评估指标体系的几个原则

1. 可操作性。在设置评估指标体系时，要注意所设置的指标是可以用语言具体描述，可以直接测量，以获得明确结论的。也就是说，评估指标的设定并不是随意的，而是有明确规定的，或是被论证过的。

2.独立性与系统性。对一个实验项目的评估，涉及好多方面，各方面的评估方法与指标不一样。这就要求各指标的设立要有相对的独立性，不能相互重叠，不能从一项指标导出另一项指标，存在因果关系。同时评估指标体系是由具体的以及各个阶段的评估指标构成的，因此，各个阶段的指标要有系统性、连贯性。

3.完整性。评估指标体系是对实验的全部方面的一个反映，所以设置出来的指标体系必须是完整的系统，是能够全面地反映一项实验的过程与成效的，并且有足够的信息支撑该实验的科学性。

4.一致性。评估指标体系是对我们实验项目是否达到预先设定的目标服务的，所以，从确定具体的评估内容到制订评估标准都要与实验的目标相一致。同时，如果该指标是由好几级组成的，则下一层的指标要与上一层的指标一致。

(二)设置评估指标体系的作用

1.可以时刻提醒、督促循证矫正实施者坚持实验的方向。循证矫正工作本身就是一项刚起步的工作，要为今后循证矫正工作的全面展开建立有效的证据库，目前我们要做的就是进行循证矫正项目与个案的实验。这些项目与个案的实验，所采取的往往是一些比较有创新意义的措施，或者是传统措施的综合体。但是，在实验过程中，由于传统思想的束缚、喜好安逸等原因，这些措施不一定能全部被外界所理解与接受，于是在实验过程中会出现一些干扰与不一致的声音。所以，我们在实验之初就设定了完整的评估体系的话，在实验过程中就能做到心中有数，督促自我坚持实验的方向。同时，因为实验方案明确，评估体系完整，还可以作为帮衬自己的宣传依据，扩大循证矫正的影响力。

2.有了完善的实验评估体系，可以灵活地应对实验过程中出现的新情况。就像前面介绍的，实验对象的主观能动性是实验成功的一个关键因素。人的情绪、认知不可能是一成不变的，同样的，我们的实验对象的情绪、认知也是处在一个动态的变化当中的。既然如此，在实验过程中就可能出现一些计划外的情况，也会出现一些预期的效果。出现这些情况有两种可能，一是原先的实验设计还有考虑不周的方面，二是这些预期外的情况也是在正常范围内的。但是，在实验过程中，对这些出现的情况要做明确的标明，对照实验评估体系分析原因，灵活应对。

3.有了可操作的实验评估体系，可以更好地评估一项实验的成效。我们说，一个完整的实验，它的评估并不是实验者自己说了算的，还需要其他相关的人参与评估。如果没有统一可操作的评估体系，由于各人的理解与出发点都不一样，做出的评估也就没有可比性。这样的评估结果是不准确的，对我们循证矫正工作的立证是没有帮助的。所以,以统一可操作的评估标准为基础,可以收集到在同一标准上的不同信息,使评估做到全面、公正、有效。

4.制订完善的实验评估体系,可以更好地为循证矫正工作的推广服务。我们现在所做的循证矫正实验,不管是项目还是个案,都是希望为今后循证矫正工作的推广累积资料,建模建库。如果只有项目方案或个案资料,没有一个完整的评估体系,后人很难客观地评估这一项目,也就很难从这一项目上寻找到相同性的东西并使用之,这样,就失去了循证矫正的意义。相反,有了完善的项目与个案的评估体系,后人在参考时,就有证可寻、有证可依、有证可比、有证可操作,实验成果也就自然地得到了推广,从而实现了目前循证矫正实验阶段为循证矫正更好地推广服务的意义所在。

三、制订循证矫正实验的评估指标体系

循证矫正评估体系是全面、综合地衡量循证矫正实验研究的工具,所以,我们制订循证矫正实验的评估指标体系时,就要从前面介绍的实验评估的内容——参与主体评估、目标评估、过程评估和成果评估——四个方面的内容来制订。只是,这样制订的评估指标体系是针对循证矫正实验的一些共性问题而设置的,在具体评估某项实验时,还需要按照此框架形成具体的评估指标体系。

(一)循证矫正实验参与主体的评估标准

1.矫正师的评估标准

(1)矫正师的个人能力,是否经过挑选与培训、是否能胜任该实验、可利用的资源有哪些、存在哪些障碍等

(2)矫正师对该循证矫正项目的了解程度

(3)同一项目如有多个矫正师,成员间的合作情况,包括分工与合作方式

(4)完成此项实验存在什么风险因素

2.实验对象的评估标准

(1)实验对象人口学资料的适应性,是否按照一定的标准选择实验的对象,如文化程度、智力情况等方面的限定、是否按照静、动态综合风险评估等级、矫正性需求原因等选定实验对象(静态风险评估包括罪名、罪刑、刑期、本次犯罪情况及犯罪历史、犯罪严重程度、有无逃跑史等情况;动态风险评估包括家庭与社会支持情况、人际关系状况、个人掌握社会生活技能状况、对今后的生活态度与价值取向、归因方式等方面)

(2)实验对象需要解决的问题的适用性,按这标准所选择的实验对象是否适合体验实验假说的内容

（3）实验对象参加此实验可利用的资源、优点

（4）实验对象参加此实验存在的障碍

（5）实验对象参加此实验存在的风险

（二）循证矫正实验目标评估标准

1.实验项目

（1）选择该实验项目的意义，包括实践意义与理论意义

（2）选择该实验项目的代表性，是否对共性问题具有代表性

（3）选择该实验项目在理论上是否有支撑性

（4）选择该实验项目在实践中是否具有操作性

2.实验方案设计

（1）是否有清晰的实验操作步骤

（2）是否设置了衡量实验成效的标准，此标准是否合适

（3）是否设置了一定条件的对照组

（4）实验措施的可操作性如何，对实验中出现的各种条件是否作明确的安排

（5）实验中自变量、因变量、控制变量的界定是否清晰，是否遵循"单一变量"原则

（6）此实验方案是否可重复进行

（7）实验过程中各子目标是否相互独立又相互协调一致

（8）实验的总目标与子目标是否清晰，具有关联性

（三）循证矫正实验过程评估标准

1.在静、动态风险评估的基础上是否选定与循证矫正实验项目相匹配的心理评估量表，并在实验的不同阶段实施心理测量，得出可以比较的数据，即所选用的测量工具是否能全面、准确地反映因变量的不同阶段的情况

2.是否有效区分与犯罪有关的外在社会因素与内在心理、行为因素

3.实验项目中自变量是否明确、具体，有没有落实有关实验要求

4.实验中对控制变量是如何控制的

5.实验中是否出现了非预期的效果，如何处理与归因

6.对实验过程中所采取的干预技术是否经过评估，包括干预技术与否有理论支撑，所用资源最少，是否与矫正对象的能力和文化程度、学习能力保持一致或最匹配，是否考虑到矫正对象的民族习俗和文化差异等因素，是否有完整规范的操作流程和技术标准等；单一干预技术还是综合使用几种干预技术（如心理干预技术与职业训练技术、艺术矫正技术等技术共用等）

7.矫正项目实验者之间的合作情况如何

8.矫正实验过程中收集到的资料，其方式是否客观，其结果是否全面

9.实验方案执行质量如何

(四)循证矫正实验成果评估标准

1.实验取得的具体成效是什么,是否达到之实验预设的效果,解决了问题,即因变量的具体情况如何

2.还取得实验预设外的哪些效果

3.是否与实验对照组的情况进行比较,以确定实验引起了哪些变化,是由哪些因素引起的变化,从而进一步确定实验假设的因变量与自变量的因果关系如何,即因变量的产生多大程度上是由自变量的参与带来的

4.屡次测试数据是否借助统计分析软件进行分析比较

5.实验投入与产出是否成比例,即实验成本如何

6.实验结果是否有代表性

7.实验结果是否具有可推广性

8.还有哪些新发现

9.存在哪些困惑

可见,制订一个实验项目的评价指标体系是从确立这个实验目标开始的,涉及评估内容的框定,再到评估指标的制订,是一个比较复杂的过程。下面列举一个实验项目的评估指标体系(见表4-1)。

表 4-1　错误归因矫正项目实验评估指标体系

评估内容	具体评估项	错误归因矫正项目实验评估项	评定等级				
			A	B	C	D	E
参与主体	矫正师的个人能力,是否经过挑选与培训、是否能胜任该实验、可利用的资源有哪些、存在哪些障碍	矫正师是否获得国家心理咨询师三级以上资格证书,并熟练掌握认知行为疗法、情景剧表演技能,团体辅导技能	A				
	矫正师对该循证矫正项目的了解程度	是否召开会议讨论该实验项目,以使矫正师了解该实验项目的整体要求	A				
	多个矫正师之间的分工与合作情况	最少3位矫正师,两人负责组织团辅并对实验实施过程中特殊个案的干预,一人是观察者	A				
	矫正师完成此项实验存在的风险因素	无	A				
	是否按照统一标准选择实验对象	智力正常、身体健康但情绪容易激动,行为冲动性强,人际交往困难,较少了解事件的客观信息,对一些事件的归因与他人差异较大,具有主观性强等符合错误归因判断依据的罪犯15名	A				
	实验对象静态、动态综合评估等级	是否使用罪犯人身危险性评估量表和罪犯再犯风险评估表	A				
	实验对象存在问题的适用性	实验对象最突出的问题与实验需矫正的目标是否一致	A				
	实验对象参加此次实验可利用的资源与优点	监区能否支持并协助控制无关因素对实验成果的影响	A				
	实验对象参加此实验存在的障碍	实验对象是否愿意积极参与此实验项目	A				
	实验对象参加此实验存在风险	无	A				

评估内容	具体评估项	错误归因矫正项目 实验评估项	评定等级				
			A	B	C	D	E
实验目标	实验项目的意义,包括实践意义与理论意义	实践意义:认识自身存在的错误归因,了解不同归因对自身情绪和行为的影响,改变自身错误归因模式,巩固新认知,形成稳定合理的认知模式,使合理归因固化到其认知结构中,从而在回归社会后能学会合理归因;理论意义:为循证矫正工作积累数据库	A				
	验项目的代表性	因错误归因而导致犯罪、再犯罪的群体比例介绍	A				
	实验项目在理论上是否有支撑性	错误归因项目实验应以认知行为疗法、情绪疗法、团体疗法等作为理论依据	A				
	实验项目在实践中是否具有操作性	采用晤谈技术、合理情绪疗法、团体活动、情景剧表演以及放松训练等技术,均是可操作的	A				
	实验方案是否有清晰的实验操作步骤	依照实验实践目标设置几个单元,总共次数	A				
	实验方案是否设置了衡量实验成效的标准	是否以实验前后测的心理量表数据、矫正师的观察、他人的反馈、矫正对象的行为表现为证	A				
	有无对照组	有无选择具有同样条件的对象 15 名作为对照组	A				
	实验中自变量、因变量、无关变量的界定情况	是否能证实干预技术的实施引起实验对象归因模式的转变	A				
	实验中各目标的关系	各单元目标既互相独立又协调一致,与总目标间有关联性、递进性	A				

第四章 循证矫正实验评估

续表

评估内容	具体评估项	错误归因矫正项目 实验评估项	评定等级				
			A	B	C	D	E
实验过程	心理测试量表的选择情况	是否选用 COPA、CBQ（认知偏差量表）、XRX9（心理认知行为量表）、16PF 等量表中涉及认知的相关因子进行测试，在实验初期、中期、后期进行测量，通过比对数值，判断该项目实验的成果；同时通过情景剧的表演直接观察矫正对象的行为表现	A				
	实验中无关变量的控制情况	是否严格控制无关变量对实验情况的影响	A				
	实验过程中采取的干预技术及对其的评估情况	晤谈技术、合理情绪疗法、情景剧表演、团辅技术以及放松训练等技术对错误归因实验对象是否具有疗效，是否已整合加工，按实验过程实际需要实施	A				
	矫正项目者之间的合作情况	合作者之间配合情况如何，每次矫正结束后，合作者是否均会召开讨论会，对干预过程的进步与不足予以讨论，并完善下步干预计划。及时做好每次干预情况记录	A				
	矫正实验资料的收集	收集资料的方式、纬度	A				
	实验方案的执行质量如何	实验过程能否完全按实验方案实施	A				

评估内容	具体评估项	错误归因矫正项目 实验评估项	评定等级				
			A	B	C	D	E
实验成果	实验取得的具体成效	心理测量量表多次测量的结果如何，场景测试如何	A				
	屡次测试数据是否借助统计分析软件进行分析比较	数据结果是否经过统计分析	A				
	实验成本如何	实验的效果与实验的成本之比是否合理	A				
	实验结果是否具有代表性	实验结果是否具有代表性	A				
	实验结果是否可推广	实验结果是否可推广	A				
	有无实验预设目标外的新发现	有无实验预设目标外的新发现		B			
	还存在哪些困惑	有何新困惑		B			

注:1. 罪犯人身危险性简评量表采用的是江苏省监狱管理局 2004 年编制的量表,简称 RW 量表;罪犯再犯风险评估表采用的是江苏省司法警官职业技术学院 2012 年研制的量表,简称 CRAS 量表。

2. 等级评分采用五级评分制,A、B、C、D、E 分别对应优、中上、中、中下、下等。统计计算时,可以给 A、B、C、D、E 分别赋值 5、4、3、2、1,最后将总分相加求出总体评估的分数值。当然,当实验评估指标有变动时,此总分值也随着变动。

第三节　循证矫正实验评估的过程与方法

对一项循证矫正实验进行评估,一般情况下,首先需要根据循证矫正实验评估指标体系建立具体的实验项目或个案评估指标体系,然后根据评估指标体系所规定的内容去搜集相关的评估资料,最后对这些资料再进行整合评估并得出整个实验项目的评估结论。前面两节中已介绍了如何制订评估指标体系,这节就重点介绍如何搜集评估所需资料、如何分析处理并做出判断。

矫正项目实验的评估方式,以评估执行主体的不同,可以分为矫正实验者自我评估和矫正实验者之外第三方评估。为了取得更客观、全面的实验效果,建议在矫正师和矫正对象外,设立第三方作为观察者,跟踪实验的整个过程,以完成实验评估资料的收集、评估工作。

一、搜集矫正实验项目的评估资料

从建立的评估指标体系,我们可以看出,对一项实验项目的评估是贯穿实验开始前、实验开始时、实验过程中、实验结束时的,既包含对矫正师的评估,也包含对矫正对象的评估,所以我们搜集资料也要包含这些过程与方面。一般来说,搜集资料的方法主要有访谈法、测验法、问卷调查法、观察法、跟踪调查法等。需要指出的是,有时,我们搜集评估实验项目的资料的过程本身也是一个实验的过程,所以其资料是可以共享的。

1.访谈法

访谈法是在矫正项目实验中用得最多的收集评估资料的方法。访谈法的形式有很多,包括与矫正师、矫正对象个体或与他们相关民警、罪犯的交谈,与矫正师、矫正对象、其他相关民警、罪犯群体的座谈等。访谈之前,最好依据项目评估指标体系列出大概的提纲,以使谈话目的明确,效率提高,切忌漫无目的、毫无主题地谈。

如,在焦虑倾向矫正项目实验中,需要收集到矫正项目不同阶段效果的资料,实验评估方可以在实验初期、中期、后期等不同的阶段找矫正师、矫正对象、矫正对象所在监区民警、矫正对象所在监区罪犯进行个别是访谈或群体座谈;矫正对象是否有意愿接受该项目矫正、矫正师对实施这个矫正项目有无障碍与建议等,都可以以访谈的形式开展,只是每个阶段谈话的重点,而依据该阶段的评估指标而定。

2.测验法

测验法是直接将实验各项效果量化的一种方法,可以说,在任何一个矫正项目中包括个案矫正项目中都离不开测验法,选用心理测验量表对实验效果进行评估的过程也是实验项目之一,为避免引起矫正对象的逆反心理,同时避免多次心理测试引起的掩饰效果,建议只要在实验过程中进行此项工作就可以了。不过,这里仍需要注意几点:

第一,必须依据实验项目的具体需要选择合适的量表,即选择心理测验要有针对性。不同的矫正实验项目所要选择的测验量表是不一样的,如:焦虑倾向矫正项目实验,需要测量的是矫正对象"焦虑症状"的缓解、消除程度,所以,可以选择的是 COPA(中国罪犯个性分测验量表)、SAS(焦虑自评量表)、HAMA(汉密尔顿焦虑量表)三个心理测试量表来测试焦虑相关因子;对于抑郁倾向矫正项目实验,需要测量矫正对象抑郁倾向及自杀行为倾向等,可以选择 SDS(抑郁自评量表)、XRX(心理行为认知量表)等心理测试量表来测试抑郁直接因子与间接因子。当然,也有一些量表是每个矫正实验项目都是需要做的,如 RW(人身危险性简评量表)、CRAS(再犯风险评估表)等。第二,要尽量选用权威的心理测验量表。如果选择的是国外的量表,绝不允许选用直接翻译而未经临床修订的测验工具。第三,心理测验的结果一定要结合访谈法、观察法等其他方法获得的资料综合使用,不能单纯依赖测验结果,片面地得出结论。

3. 问卷调查法

问卷调查法是以书面提出问题的方式搜集资料的一种研究方法,是调查者运用统一设计的问卷向被调查对象了解情况的调查方法。在矫正实验项目的评估方面,对于一些通过测验、观察、档案查阅等方法无法直接或全面了解的实验效果,可以采用问卷调查的方式来考察。只是,调查问卷是要经过严格设计的,必须依据一定的要求来编制,而不是随意拼凑出来的。如:在内容分布上,要与实验项目内容相对应;在评估指标上,要与评估指标体系一致。否则,因测评的内容与实际实验内容的不一致或与评估指标相偏离,而影响对实验项目的真实效果的评估。又如:在对焦虑倾向矫正实验项目评估中,想获取调查对象参与实验项目期间的心理变化、意识变化、认知变化等,可以设计一份针对性的问卷来向矫正对象调查;或者想更好地了解实验设置的优、缺点,也可以设计一份调查问卷,由矫正师来完成。

4. 观察法

观察法是指矫正项目实验评估者根据矫正项目的实验目的、评估指标体系或自己所列的观察表,通过自己的眼睛、耳朵等感觉器官或者相机、摄影机等辅助工具直接或间接观察实验中各主体、各方面,包括矫正师、矫正对象以及矫正中实施的技术等,从而获得实验评估资料的一种方法。在我们已实施的矫正项目实验中,考虑到矫正对象一般为 10 人以上的一个群体,在配备 2 名矫正师之外,我们在实验项目中再配备一名观察者。这名观察者既可以在当次干预后,立即向矫正师反馈此次干预中技术使用的长处与不足,也可以当场收集矫正对象每次的干预效果与表现,作为评估资料。当然,我们也发现,因为实验对象为 10 人以上团体,仅靠人眼与耳很难全面地收集每个人的情况,特别是一些非言语行为的表现和微表情。所以,在实验的过程中,为更客观地收集资料,形成更有价值的评估结果,我们建议借助现代化的仪器和手段。目前,我们在实验过程中是借助微型执法纪录仪,既有录像功能也有录音功能,体积又小,不至于给矫正对象带来心理上的压力。当然,在使用执法纪录仪前,必须征得矫正师和矫正对象的同意。

5. 跟踪调查法

跟踪调查法是对矫正对象长期连续不断地跟踪调查。用这一方法可以克服其他方法只能掌握某一时间内静态资料或只是实验过程中的资料的不足,可以获取矫正对象的动态信息,特别是实验效果的延续性与稳定性。一般情况下,对于矫正项目实验对象,我们会在实验结束三个月后、一年后,刑释后三年内进行跟踪调查,以收集其矫正效果的稳固性、延续性,从而评量矫正项目的可推广性与有效性等。

二、整理、分析、处理评估资料

有时在搜集评估资料的同时,我们就已经开始对评估资料做出一定的整理、分析和判断了。不过,规范的实验项目评估还是需要对收集到的评估资料做系统的整理、分析与处理,然后据此做出事实的判断和价值的判断。

1. 对收集到的各类资料进行分类整理

在矫正项目实验的过程中,我们已采用多种收集资料的方法收集到大量的定性资料和定量资料。但是,这些资料还是一些比较原始的资料,我们要想通过这些资料得出更有意义的以及更科学的实验结论,就需要挖掘这些资料中的潜在信息,进行科学的整理与分类。不同类的资料,依据评估标准分类;同类的资料,按照其时间的先后、反映问题的重要性及彼此的关联性进行分类整理。可以说,资料整理是由资料收集过渡到资料分析的中间环节。这一环节的质量好坏,直接影响到矫正项目实验的成果评估。

在对收集到的各类资料进行整理的过程中,应当依据真实、准确、完整、统一和简明的原则。在整理的过程中,如发现一些有明显错误的资料或数据,应该深入追究其原因,尽量加以纠正;如发现资料或数据不完整,则应查明原因,尽量补充齐全;对于一些有严重错误的评估资料要予以删除。

2. 对整理好的资料进行评价

按照评估指标体系对收集到的矫正项目实验评估资料进行整理后,还要对收集到的评估资料的来源和本身的可靠性进行评价。因为评估资料的可靠性直接影响到实验结果的科学性与可信性。所以,对整理好的评估资料还要对其来源和本身的可靠性进行评价,必须坚持真实性、准确性。一般情况下,可以从收集到的数据、资料的合理性、完整性、一致性等几个方面出发进行评价。比如,对于矫正对象参加矫正实验一段时间以后的表现的评价资料,可以从包干民警、同犯、家属、本人等各方面获得,此时,就需要比较、衡量各方面获得的资料的可靠性。

3.对评价的资料进行分析

矫正实验最大的特点就是主动改变一些因素(即主动操作自变量)以期获得预期的效果(因变量发生预期的变化)。对收集到的评估资料的分析,依据评估内容的不同,也有不同的分析方法。如,对矫正师与矫正对象的资格与参加意愿等的分析,只要将收集到的资料,依据评估指标,做出直观的评估就可以了。而对于具体的实验效果的评估,则需要做出定量分析与定性分析,这也是一项实验评估的重点。

对实验效果作定量与定性的分析,一般是通过对比的方法获得结论。从矫正项目的实验设计模式中,我们可以看到有两种对比维度:一种是从时间维度看,即比较矫正对象实验前、实验中、实验后因变量的情况;一种是从对象维度看,即比较矫正对象与对照组在同一时期的不同情况。

定量数据分析。在一项实验项目中,最直观的是对定量数据的分析,而定量分析中涉及最多的就是各类测验结果的分析。对这些测验结果既可以做简单的常规统计分析如总分、平均分的比较(见表4-2),某项矫正实验中,矫正对象正性情感前后测的变化就是以测验结果总分作为比较的;也可运用统计学理论与技术方法对原始数据作比较系统的标准性处理,并进行统计分析如方差分析、标准差分析、显著性检验等。通常情况下,运用统计学技术方法获得的数据分析更具科学性与比较性(见表4-3),某矫正项目中不同犯罪类型的实验组成员在实验前后的攻击性水平比较,就运用了统计学中SPSS软件进行了数据的标准差分析。

表 4-2　某矫正项目矫正对象正性情感前后测结果

	姜某	谭某	庄某	马某	叶某	祁某	张某	李某
第一次	0	2	4	1	3	4	3	3
第二次	0	3	1	4	3	4	4	3
第三次	5	3	3	4	4	3	4	1
第二次减第一次	0	+1	−3	+3	0	0	+1	0
第三次减第一次	+5	+1	−1	+3	+1	−1	+1	−2

注:第一次、第二次、第三次为测量时间。

从表4-2的结果可以得到,第二次测量跟第一次测量时相比,即经过近5个月的团体辅导,罪犯的正性情感总体上得到一定程度的改善,从平均2.5分提高到2.75分;从个体角度分析,3人正性情感得分增加,4人没有改善,1人正性情感得分减少。

第三次测量与第一次测量时相比,即经过7个多月的团辅,罪犯的正性情感总体上得到了较大改善,从平均 2.5 分提高到 3.375 分;从个体角度分析,5 人正性情感得分增加,3 人正性情感得分减少。

表 4-3　不同犯罪类型的实验组成员在实验前后的攻击性水平比较

项　　目	犯罪类型	前测($n=26$) 均值(标准差)	后测($n=26$) 均值(标准差)	F
AQ 总分	抢劫罪	50.23(10.46)	42.04(11.26)	7.389**
	故伤故杀罪①	59.17(9.81)	53.17(10.57)	1.04
愤怒因子	抢劫罪	14.96(4.82)	13.54(4.94)	1.105
	故伤故杀罪	16.83(5.60)	15.33(4.76)	0.25
敌意因子	抢劫罪	12.46(3.75)	10.154(2.88)	6.183*
	故伤故杀罪	14.67(3.14)	13.00(2.90)	0.91
躯体攻击因子	抢劫罪	15.42(4.89)	12.15(4.76)	5.97
	故伤故杀罪	18.83(5.12)	15.50(5.09)	1.28
言语攻击因子	抢劫罪	7.38(1.55)	6.19(2.42)	4.481*
	故伤故杀罪	8.83(2.48)	9.00(3.74)	0.01

＊＊ $p<0.01$;＊ $p<0.05$

　　定性数据分析。在矫正项目实验中,除了依靠对定量数据的分析来考察实验效果外,还需要依靠定性资料的分析。如对参加矫正项目实验的矫正对象,除了考察他们实验前后某些心理测试的结果外,还可以通过评量他们的劳动状况、任务完成情况、与同犯相处模式的变化等方面作定性的分析。

三、对资料做出最后的总结评估

　　在采用不同的方法收集各类资料后,并依据矫正项目实验评估指标对各类收集的资料进行分类整理与评价、分析后,对一项实验评估来说,最后要做的就是根据评估标准对该项实验研究做出总结评估。

　　分类总结,根据所得的各项数据与文字资料,总结出该实验项目的实践意义与理论意义。也就是说,通过对数据和方字资料进行解释,从而详细阐述那些通过实验得到的变量之间的关系,发现"什么在起作用""起到了什么作用"。总体评估,在分类总结的基础上,依据评估指标对实验项目的整体成效、可信性、可操

———————————

①故意伤害罪和故意杀人罪,下同。

作性、可推广性等方面做出总体的评估。查找不足，对于还处在循证阶段的矫正项目实验来说，任何一次实验都是对某项或几项技术的一次尝试，其中有成功的可能，也会有失败的可能，或者不足的表现。所以，在任何一次实验结束时，都要对实验表现出的不足进行总结。对于尝试阶段来说，这也是一种成功的经验。

值得一提的是，总结评估所得出的结论，必须与所收集提供的各项资料表现出的价值相统一。

循证矫正项目的实验与传统矫正项目相比，更加注重和强调矫正或干预措施最终取得的实际效果和理论效果，更加强调将有限的资源真正用到需要的罪犯身上，也就是说会对高危罪犯落实更多的资源，从而获得能够最有效的干预措施与技术，确立最有效的矫正项目。这一目标的实现，就需要有完整、科学、规范的矫正项目实验评估体系，确立动态的项目成效考评机制。

第五章
循证矫正项目管理

　　项目管理是适用性很广的一套科学有效的管理方法,不管在什么领域,只要好好设计和应用,都会取得很高的管理效率。循证矫正实验项目既是关于一套矫正技术的实验,同时也是一种范式,把项目管理引入循证矫正实验中,通过把控循证矫正实验项目管理过程,落实启动、计划、实施、监控和收尾五大管理过程,执行循证矫正实验项目进度管理,完善循证矫正实验项目人力资源管理这些手段,可以有效规范矫正技术动作,提高实验进展效率和实验成果准确度,同时也将对这种范式进行审查、完善和提高。

第一节　循证矫正实验项目管理概述

　　项目管理为循证矫正实验项目提供一套有效的管理工具。项目管理能在提高效率、降低人力成本、保证质量和综合收益等方面对循证矫正项目产生作用,能提高循证矫正组织的效率,并进而提高矫正绩效。项目管理技术、方法和工具等可以为循证矫正项目提供新的管理手段,能使循证矫正项目管理变得科学和规范。

一、循证矫正实验项目管理相关概念

　　项目是一个特殊的将被完成的有限任务,它是在一定时间内,满足一系列特定目标的多项相关工作的总称。项目,来源于人类有组织的活动的分化。随着人类的发展,有组织的活动逐步分化为两种类型:一类是连续不断、周而复始的活动,称之为"作业或运作";另一类是临时性、一次性的活动,称之为"项目"。

　　项目管理就是把知识、技能、工具和技术应用于项目各项工作之中,实现或

超过项目利益各方对项目的要求和期望。

循证矫正实验项目管理是指为达到矫正目标,矫正管理者和项目团队运用系统理论和方法,对矫正项目进行全过程和全方位的策划、组织、控制和协调的总称。

具体的矫正项目会有具体的制约因素,矫正管理者需要加以关注。这些因素间的关系是,任何一个因素发生变化,都会影响至少一个其他因素。例如,扩大实验范围,需要利用更多的资源,包括罪犯和民警的投入。而不同的项目干系人对哪个因素最重要可能会有不同的看法,从而使问题更加复杂。为了取得项目成功,项目团队必须能够正确分析项目状况以及平衡项目要求。由于可能发生变更,项目管理计划需要在整个项目生命周期中反复修正、渐进明细。渐进明细是指随着信息越来越仔细和估算越来越准确,而持续改进和细化计划,以使项目管理团队能随项目的进展而进行更加深入的管理。

二、将项目管理引入循证矫正实验项目的必要性

引入项目管理的必要性主要体现在以下两个方面:

一是项目管理为循证矫正实验项目提供一套有效的管理工具。循证矫正实验项目具有较长的时间跨度和人员跨度,若缺乏科学有效的管理手段,整个项目进度和实验成果的准确性都将受到影响。引入项目管理能在提高效率、降低人力成本、保证质量和综合收益等方面对循证矫正实验项目产生作用,能提高循证矫正组织的效率,并进而提高实验项目绩效。项目管理技术、方法和工具等可以为循证矫正实验项目提供新的管理手段,能使循证矫正实验项目管理变得科学和规范。

二是项目管理为循证矫正实验项目提供一种科学实践的思路。项目管理理论体系能提供一整套严谨的科学管理程序,还能在更高层次上给循证矫正管理实践提供方法上的指导和处理问题的思维,起到方法、范式和导向的作用。另外,项目管理不但具有一定的方法论意义,而且十分注重具体领域的实践,是循证矫正理论与实践的桥梁。引入项目管理方法可以有效地解决循证矫正理论与实践相脱离的现象,促进循证矫正理论研究和实践应用的发展。

三、循证矫正实验项目管理的特点

循证矫正实验项目管理,作为项目管理的一种具体表现,具有一般项目管理的众多典型特点,但它又不同于普通的项目管理。与普通的项目管理相比较,循证矫正实验项目管理的独特特征包括以下几点:

1. 主要是以矫正需要为驱动

循证矫正实验项目主要来源于各监狱单位客观、普遍、紧迫的矫正需要。为解决各监狱单位实际管理矫正中碰到的普遍的、急需解决的问题，针对这些矫正需要，开发循证矫正实验项目，旨在提供理论指导，提供数据支撑，从而科学、有效地提高矫正效果和矫正效率。例如在当前形势下，对新入监罪犯的认罪服法教育要求越来越高，传统的灌输式的认罪服法教育已无法满足矫正需要，犯罪典型思维循证矫正实验项目由此而来，旨在验证该认罪服法矫正方法是否有效，以此提供新的认罪服法矫正方式，提高认罪服法的效果，提高罪犯矫正的效率。

2. 对项目团队成员的专业性要求较高

循证矫正实验项目往往涉及许多心理咨询和心理学的专业知识和技能。未具备这些专业知识和技能的矫正师在项目运行中往往举步维艰，影响循证矫正实验项目的整体效率，甚至会影响到循证矫正实验项目成果的准确性和有效性。例如未具备心理咨询技能的矫正师在做团体辅导时，可能会因为错误的引导或操作而影响团辅的效果，甚至会破坏前几次矫正的效果，最终影响到循证矫正实验项目的成果。因此，在循证矫正实验项目团队成员甄选中，具备心理咨询和心理学专业知识和技能是非常重要的条件。

3. 循证矫正实验项目管理的高效性体现在集约了人力资源，提高了成果的准确性

循证矫正实验项目管理的高效性主要体现在人力资源的集约以及成果准确性的提高。通过循证矫正实验项目管理，优化管理效率，优化了人力资源的配置，使原本松散的、分散的人力资源得以凝聚。利用循证矫正实验项目管理，理顺项目逻辑，通过提高管理水平，排除外界因素对项目实验的干扰，即优化控制无关变量，以此提高项目成果的准确性。

4. 管理过程的动态性

循证矫正实验项目的过程侧重于设计过程而非制造过程，是动态的而非静态的；循证矫正实验项目实施过程中，会不断地被激发新需要，不断地明确目标，导致项目的进度等项目计划不断更改，必须用动态的眼光看待循证矫正实验项目，随时调节具体的项目管理方法。例如在犯罪典型情境思维方式矫正项目过程中，发现自编内隐联想测验测得的数据存在问题，通过反思可能是软件的编制存在一定问题，就需要改变当前项目进度，重新修改软件。

5. 以实验的形式开展

循证矫正实验项目一般以实验的形式开展，对无关变量的操纵非常重视。因此，循证矫正实验项目管理对于项目过程监控尤为重视，尽可能减少无关变量对实验结果的影响，有利于提高循证矫正实验项目实验结果的准确性。

6.注重人力资源投入

循证矫正实验项目管理最主要的投入是人力资源投入,而非物质要素投入,项目团队成员之间存在着协同问题,成员与技术之间也存在协同问题,这就要求有一大批高素质的专业人员参与到循证矫正实验项目管理过程中来。

7.注重系统性

循证矫正实验项目管理的对象不仅是生产运作,还包括人员、资源、成本等方面。项目管理的全部工作就是全面、系统化地管理所有项目相关要素,只有各方面协调一致才能改善循证矫正实验项目的最终效果。

8.具有创造性

循证矫正实验项目管理的结果是一种矫正成果和技术,具有创造性。而创造总是带有探究性的,并可能导致失败,因此循证矫正实验项目管理更要依赖于科学的技术和科学的管理。

第二节　循证矫正实验项目管理过程

项目的实现过程是由一系列的项目阶段或项目工作过程构成的,任何项目都可以划分为多个不同的项目阶段或项目工作过程。同样,对于一个项目的全过程所开展的管理工作也是一个独立的过程,这种项目管理过程也可以进一步划分成 5 个基本的管理过程——启动、计划、实施、监控和收尾及应用。

一、循证矫正实验项目的启动过程

在一个项目管理过程循环中,首要的管理具体过程是一个项目或项目阶段的启动过程。它所包含的管理活动内容有:定义一个项目或项目阶段的工作与活动,决策一个项目或项目阶段的启动与否,或决策是否将一个项目或项目阶段继续进行下去等工作,这是由一系列项目决策性工作所构成的项目管理具体过程。

(一)项目立项

项目的立项是正式认可一个新项目的开始,项目立项的核心是矫正管理者认可项目的确立。循证矫正实验项目发起负责人需将立项申请报告上交矫正管理者,矫正管理者会召集相关人员对其报告进行评审、认证。立项申请通常采用书面形式,如表5-1所示。

表 5-1　循证矫正实验项目立项申请报告

循证矫正实验项目名称				
项目申请组织			项目申请人	
说明矫正项目背后的矫正需要及矫正需要识别的依据,判断其本身的价值				
矫正项目的目的和意义				
项目计划(项目开展的思路和时间规划)				
简单的可行性分析(包括本单位自身的优势与可能遇到的困难)				
预期成果及展示的形式				

（二）矫正项目可行性研究

矫正项目的可行性研究是矫正项目立项的主要依据,也是项目执行的基础。可行性研究是矫正项目在展开实质性的工作之前,对与该项目有关的一切因素进行全面的调查,进而在综合分析的基础上对是否立项给出答案。

国内学者宋行在"循证矫正实验项目研究"中提出,矫正项目的可行性研究主要包括:

1. 矫正需要可满足分析。即依据现有的知识、技能和工具,对矫正需要进行分析论证,对矫正需要是否可以满足,能否达到矫正目标进行判断。

2. 矫正技术可行性分析。即在系统开放的理念支配下,整合各种已有的能满足矫正需要的知识和应用规则,并对各种知识和规则进行对比分析,从中选择出最佳的知识和规则的过程。

3. 人力资源分析。在实施矫正项目前,进行必要的人力资源分析,对矫正工作者和罪犯进行分析评估是矫正项目实施必不可少的要素之一。

4. 环境资源分析。矫正项目无效的风险,一定程度上来源于环境资源。

5. 目标可行性分析。根据矫正需要设定的矫正目标,对矫正活动具有控制和导向功能,在最终矫正目标下需要分解为若干阶段性的目标和支目标,并逐步实现。对这些目标的可行性分析同样需要一定的理论依据、经验依据以及需要考虑到罪犯的实际情况。

（三）项目批准

项目批准是矫正管理者对新立项目的认可并准许实施的过程。矫正管理者根据项目组的申请立项报告，特别是可行性研究分析的结论，依据实验评估标准对实验项目和实验矫正方案进行安全性、代表性和操作性的评估，进而确认项目是否有意往下推进。循证矫正实验项目批准中主要关注的是项目的可行性和安全性，对项目成果的期望值不应作太高要求。这是循证矫正实验项目与其他项目的一个本质区别，因为循证矫正实验项目是一项创造性项目，很容易失败；而一旦成功，其提供的价值，对矫正技术的影响都是非常巨大的。

（四）项目正式启动

矫正管理者通过履行以下工作步骤来了解项目的基本目标，了解项目背后的矫正需要是什么，避免盲目服从项目团队的要求，出现理论与实际不相符的情况。

1. 循证矫正实验项目启动过程的工作依据

（1）有关项目的理论解释和技术指导。主要解释当前项目的矫正方式和理论依据，并指导项目团队如何具体操作。

（2）组织环境因素。主要考虑项目团队是否有能力承担此项目，如若缺少某类人才，应向项目团队提出，由项目团队在监狱内选拔提供此类人才。

2. 循证矫正实验项目启动过程的内容

（1）将项目划分为阶段。

（2）将项目团队的需要和期望转化为具体要求。

（3）确保书面记录矫正需要。

（4）书面记录项目假设。

（5）确定项目目标。

（6）确保项目成果与最终的实际需要相一致。

（7）确定启动项目的组织。

二、循证矫正实验项目的计划过程

循证矫正实验项目计划是项目所有工作进行的基础和依据。它是根据循证矫正实验项目目标的要求，系统地安排项目范围包含的各项工作，如项目任务、进度和完成任务所需要的资源等，使项目在规定时间内，以尽可能低的成本和尽可能高的质量完成。

循证矫正实验项目计划阶段应完成的工作，主要包括循证矫正实验项目团队的组建、矫正管理者的选择、项目组织结构的构建等方面。

1.组建循证矫正实验项目团队

项目团队是指为实现一个共同项目目标而协同工作的一组个体的集合,是整个项目的核心。项目团队的发展要经过形成阶段、震荡阶段、正规阶段和表现阶段等四个阶段。

(1)循证矫正实验项目团队的形成阶段

形成阶段是指促使矫正师转变为某个矫正项目团队成员的时期。这一阶段的情绪特点包括激励、希望、怀疑、焦急和犹豫。每位成员在这一阶段都有许多疑问:我们的目的是什么? 其他成员的能力、人品怎么样? 每个人急于知道他们能否与其他成员合得来,自己能否被接受。当然,很多循证矫正团队是由同一监区矫正师组成的,彼此熟悉了解,会自然进入下一阶段。

在这个阶段中,团队要建立起整体形象,需要明确方向。循证矫正实验矫正管理者一定要向团队说明循证矫正实验项目目标,并设想成功的美好愿景以及所产生的益处,公布有关循证矫正实验项目的工作范围、质量标准、进度计划等。循证矫正实验矫正管理者要讨论循证矫正实验项目团队的组成、选择团队成员的原因、他们的互补能力和专门知识,以及每位成员为协助完成循证矫正实验项目目标所充当的角色。循证矫正实验矫正管理者在这一阶段还要进行组织构建工作,包括确立循证矫正团队工作的初始操作规程,同时让成员参与制订循证矫正实验项目计划。

(2)循证矫正实验项目团队的震荡阶段

这一阶段又叫磨合阶段,现实也许会与个人当初的设想不一样。例如,团辅任务比预计的更繁重或更困难,成本或进度计划的限制可能比预计的更紧张。这一阶段的士气很低,成员们可能会抵制形成团队。震荡阶段的特点是人们有挫折、愤怒或对立的情绪。

在这个阶段,循证矫正实验矫正管理者要对每个成员的职责及团队成员间的工作进行明确的分类,使每个成员明白无误,还要使团队参与一道解决问题,共同做出决策。循证矫正实验矫正管理者要接受及容忍团队成员的任何不满,更要允许成员表达他们所关注的问题。循证矫正实验矫正管理者要做导向工作,致力于解决矛盾,决不能希望通过压制来使其自行消失。

(3)循证矫正实验项目团队的正规阶段

循证矫正实验项目团队逐渐接受了现有的工作环境,项目规程也得以改进和规范化。控制及决策从矫正管理者交给了各活动或工作包的负责人,团队的凝聚力开始形成,每个人都觉得自己是团队的一员,接受其他成员作为团队的一部分,成员之间开始相互信任并建立了友谊。

(4)循证矫正实验项目团队的表现阶段

这一阶段的工作绩效很高,团队成员有集体感和荣誉感,信心十足。团队成员能开放、坦诚、及时地进行沟通。团队成员相互依赖度高，他们经常合作，并在自己的工作任务外尽力相互帮助。团队成员能感觉到高度授权，如果出现工作难题，就由适当的团队成员组成临时攻关小组，解决问题后再将有关的知识或技巧在团队内部快速共享。例如多名矫正师在团辅中发现，未成年犯自省能力较弱，很难进行深度挖掘，于是一起探讨解决方案，成功解决了问题。随着工作的进展并得到矫正管理者的表扬，团队获得满足感。团队成员会意识到为项目工作的结果正在使他们获得能力上的发展。

循证矫正实验矫正管理者应集中精力关注进度计划和工作范围。如果实际进程落后于计划进程，要协助支持修正行动的制订与执行。

一个好的项目团队对项目成功来说是必不可少的。在组建循证矫正实验项目团队时，专业性是首先要考虑的问题。其次需要了解每个成员的特点，择优选择项目团队成员，同时要仔细分析人员组合的优劣，达到最优组合。还需根据个人的能力特点将具体任务恰当地安排给个人，做到各司其职。循证矫正实验项目团队中不是传统项目团队中的领导与被领导关系，而是更倾向于一种伙伴关系，成员之间有更多的协商和合作。

2.选择矫正管理者

矫正管理者是项目组织的管理者，其任务是对项目实行全面、科学的管理，保证项目在预期范围内最优化地完成既定目标。在项目管理过程中，矫正管理者主要履行计划、组织、指挥和协调、控制、收尾等职责。矫正管理者应具有指挥权、人事权、技术决策权和控制权等权力。而在当前限定的人力资源条件下，矫正管理者往往由具有人事权和控制权的教导员担任，而其专业能力可能略显不足，应考虑配备专业能力较强的副组长，由副组长提出技术建议，共同商讨做出技术决策。矫正管理者的素质应该包括：善于决策和勇于承担责任、创新精神、实事求是的工作作风，需要有较强的人际交往能力、处理问题的能力、组建项目团队的能力、解决冲突的能力等。

在循证矫正中，矫正管理者的选择是至关重要的。他不仅要有上述一般矫正管理者的能力，还需要具有把握项目目标及全局的能力、获得项目资源的能力、项目管理能力、循证矫正专业技术能力等。循证矫正实验矫正管理者的主要挑选原则有两个：一是挑选以前，充分考虑循证矫正实验项目的特点、性质、复杂程度、重要性以及技术要求等因素对矫正管理者的要求；二是对矫正管理者候选人的综合能力、素质和经验等方面进行全面客观的考察，必要时可以设定权重，进行量化打分。

矫正管理者选择完毕，由矫正管理者完成表5-2。

表 5-2　矫正项目组成员表

矫正项目组成员表

一、矫正项目基本情况

矫正项目名称		审核人	
矫正矫正管理者		制作日期	

二、项目组成员

成员姓名	矫正项目角色	所在部门	职责	联系电话	主管领导

签字		日期：
矫正管理者		

3.循证矫正实验项目的组织结构

(1)以监狱基层押犯单位为主

由于当前的循证矫正项目实验大多运作在基层押犯单位,其组织结构也相对简单。而循证矫正实验项目的顺利进行需要很多部门的协调配合,这就需要矫正管理者具备一定的职务和能力,所以矫正管理者往往由押犯单位的"一把手"担任。例如犯罪典型情境思维方式矫正实验的周期要超过2个月,在此周期内需要被试新犯稳定在同一地点接受矫正训练,而根据监狱管理局规定,新犯在入所管区满2个月,验收通过即要分流至他管区,这就需要教导员与所部沟通,适当延长参与矫正项目新犯的入所教育时间。

矫正管理者主要负责把握全局,按照项目计划指挥项目组员完成既定任务,通过与机关各业务科室的协商解决项目中碰到的问题,同时与矫正管理者保持高度联系,随时汇报项目进程,由矫正管理者检验审查是否偏离进度,若有偏差即可做出及时的调整。同时配备心理专业性较强的项目副组长,主要负责与矫正管理者沟通,领会项目目标,为矫正管理者提供理论建议和技术支持,与矫正管理者商讨具体实施过程(如图5-1所示)。

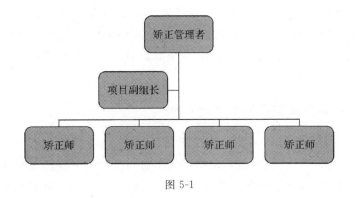

图 5-1

（2）项目型组织

组成项目组的成员来自不同职能部门，专门为该项目服务，所有资源均分配给该项目，进行独立运作项目，促使项目目标的高效达成。这种组织结构能够快速、合理地分配资源，以提高项目运作效能，但其人力资源成本较大，牵涉面较广，适合运作非常重要且项目周期较短的项目。

（3）矩阵型组织

建立一套横向的组织结构，放在直线职能结构上。即相关职能部门的结构不变，由矫正管理者确定项目的负责人，该负责人从上述部门中选择项目组成员，使这些成员既有该项目的工作任务又有其他职能部门的工作任务，既接受矫正管理者的领导又接受直线职能部门负责人的领导，由此形成一种纵横结合的矩形结构。这种结构加强了各职能部门和各项目之间的协作关系，统筹了纵向的职能领导系统与横向的职能领导系统。如图 5-2 所示，矫正师既在原组织单位工作，又接受矫正管理者的领导参与循证矫正实验项目。

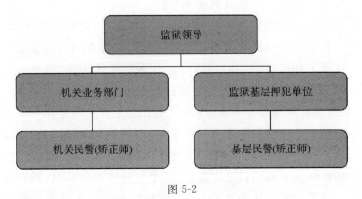

图 5-2

矩阵型组织结构的优点主要体现为有直接矫正管理者、能以项目为向导明确责任，来自各职能部门的资源信息可以得到共享，各职能部门抽调人员还是归属于各自的职能部门,负责的项目一旦结束又会各归其位,对原负责的部门事务不产生影响。但很显然,由于原职能部门工作需要牵扯一定的时间和精力,无法全身心投入到矫正项目中来,比较适合全监狱性的、人力资源投入集中度较低的、矫正周期较长的项目。

三、循证矫正实验项目的实施过程

循证矫正实验项目的实施是指按照项目计划,有步骤地组织和协调各种循证矫正资源,进行各项任务,激励团队完成项目目标。项目实施是循证矫正实验项目管理的关键步骤,要利用多种工具和技术进行,通常是与项目管理各知识领域结合在一起的。在循证矫正实验项目的实施过程中,要做好项目团队管理工作,分配好任务,项目团队成员可通过一些技术手段进行沟通与合作。

(一)循证矫正实验项目实施的工作依据

1.循证矫正实验项目管理计划。项目管理计划包括各专项计划和有关说明的总体综合管理计划。

2.项目组外部的组织环境。

3.经过批准的计划变更、纠正执行偏差、预防潜在风险和缺陷补救措施。这些措施是项目监控过程在发现项目问题后制订的解决方案,并按照项目管理程序获得批准,通过实施过程予以实施。

(二)循证矫正实验项目实施的内容

项目实施过程要求矫正管理者组织自己的团队全面采取行动实施项目管理计划,并积极应对多变的环境,处理问题,解决困难,控制无关变量,精准完成实验项目。

1.循证矫正实验项目所需资源种类

循证矫正实验项目所需资源种类包括:人力资源、物资材料资源、财务资源和信息资源。其中人力资源是项目最重要也是最难以获得的紧张资源。循证矫正实验项目正处于起步阶段,有经验、专业性强的人才不多,培养人才是当前阶段的首要之重。物资材料资源是实施项目的基本条件,但鉴于循证矫正实验项目的特点,对此类资源需要并不多,往往只要有纸笔和录音笔即可实施。财务资源对于循证矫正实验项目的支撑也非常重要,而当前的形势下,矫正项目并未列入政府采购项目,对循证矫正实验项目财务资源的申请带来了一定的困难。信息资源对于循证矫正实验项目非常重要,其中包括罪犯的信息、矫正手段的信息和专业知识信息等。对于成果类的项目,这些信息可以丰富项目实施者的知识和眼界,提高解决实际问题的能力,从而能更好地贯彻实施项目计划,以期达到项目目标,提高项目成果的准确性。

2.落实资源的步骤

（1）落实人力资源

首先要识别项目团队成员的专业性和专业类型需要，从而选择符合要求的团队成员。例如在犯罪典型情景思维方式矫正项目中，因需要完成团辅训练，所以在管区中选择有心理咨询师资格证和心理学本科专业的人员作为项目团队成员；因需要编制内隐联想测验软件，所以在所内选择有计算机软件编程专长的人员。

（2）落实财务资源

由于目前循证矫正实验项目并未列入政务采购项目，在财务的申领和报销上有一定的困难，只能通过走其他途径来落实财务资源。这为循证矫正实验项目的顺利实施带来了较大的困难，甚至可能影响循证矫正实验项目进度。为了能顺利落实财务资源，确保矫正项目的有序实施，建议将循证矫正实验项目纳入政府采购项目当中。

（3）落实关键物料

识别需要的关键物料，提前落实，避免形成项目实施的障碍。例如录音笔、彩色水笔和执法记录仪等。

（4）落实项目实施的地点。要选择与项目运作相匹配的地点，例如项目运作需要安静宽敞的地方，则需要考虑这些因素，选择与之匹配的地点。

（5）收集足够的、与项目相关的各种资料、信息。如购买各种所需的专业书籍，了解项目所需的技术和能力。

3.实施过程的工作结果

实施过程的最终结果是完成项目目标，得出项目成果。而另一项成果是项目实施过程中积累的项目档案资料，如项目文件和报告、项目录音，记录总结的经验和教训。

4.项目团队成员在实施过程中的角色与责任

（1）提供循证矫正实验项目管理组织环境、承诺资源、批准重大决策——由矫正管理者负责。

（2）制订项目关键决策和设定方向——由矫正管理者负责。

（3）制订详细工作任务计划——由矫正管理者和项目副组长负责。

（4）布置工作任务——由矫正管理者负责。

四、循证矫正实验项目的监控过程

项目监控是围绕项目，跟踪进度，掌握各项工作现状，以便进行适当的资源调配和进度调整，确定活动的开始时间和结束时间，并记录实际的进度情况，在一定情况下进行路径、风险等方面的分析。在实施项目的过程中,要随时对项目进行跟踪监控,以使项目按计划规定的进度、技术指标完成,并提供现阶段工作的反馈信息,以利后续阶段的顺利开展和整个项目的完成。项目监控可以达到避免原本合理的计划在实施过程中落空,避免"一根筋"地按照不合理的计划行事,将监控所得的数据保存起来,为将来的改进和提高提供有价值的信息。

(一)循证矫正监控过程的工作依据

1.项目管理计划。通过将计划的安排与实际的进度进行比较,检查进度是否落后。

2.工作反馈信息。以实际实施项目的项目团队成员和专业性较强的项目副组长的意见为主。

3.组织档案资料。通过对照组织档案资料对人员表现进行监控,并随时更新。

(二)循证矫正监控过程的内容

矫正管理者应定期地做项目进展报告,将各项监控的结果记录在项目进展报告里,以使矫正管理者能及时了解项目的真实进展情况。主要包含任务进度监控、项目开支监控和人员表现监控。

任务进度监控主要工作为:记录任务的实际开始时间和实际结束时间,实际的工作量以及工作成果等信息以判断该任务是否正常执行,如通过参与罪犯的反馈进行了解,回听录音等方式。对于进度有延误的任务,矫正管理者要与项目团队成员及时沟通,找出延误的原因,适当修改原有的计划,或者要求项目团队成员加紧完成进度。

项目开支监控的主要目的是将项目的实际开支控制在预算范围内。记录所有的项目开支,并与计划中的开支进行对比,看是否超出原预算,若有较大的赤字,则要找出具体的费用超出项,分析原因,并采取相应的措施。

人员表现监控主要工作为:记录下项目团队成员的表现,对表现突出的成员进行表扬和肯定;对表现不好的成员应提出批评,并要求改正态度——矫正管理者应该主动去找他们了解具体的情况,询问他们是否遇到了什么困难,或者是有什么其他想法,及时地帮助他们排除疑难,使所有成员能把全部的精力放到项目上,使得项目能按预定轨道前进。

循证矫正监控过程的步骤如下:

1.检查——识别偏差

检查是对循证矫正实验项目执行的跟踪和监控,包括对循证矫正实验项目进展的进度,已完成的进度情况的检查,同时,也要检查组织的运转情况,包括工作流程、信息流程是否正常、职责分工是否妥当等。另外,循证矫正实验项目管理人员还应分析循证矫正实验项目环境的变化情况。循证矫正实验项目检查中常用的方法有:矫正管理者及成员的交谈;不定期地审查进度报告;定期举行研讨例会等等。进度报告与会议纪要需要形成书面文件,参考格式见表5-3和表5-4。

表5-3　矫正项目进度报告表

矫正项目进度报告表

一、矫正项目基本情况

制作人项目名称		制作人	
		审核人	
矫正管理者		制作日期	

二、当前任务进度(简要描述任务进展情况)

关键任务	状态指示	状态描述

三、本周期内的主要活动(对本周期内的主要成果进行总结)

四、下一汇报周期内的活动计划(描述活动需要与项目计划相对应)

五、财务状况

六、上期遗留问题的处理(说明上一个汇报周期内问题的处理意见和处理结果)

七、本期问题与求助

表 5-4　矫正项目会议纪要

矫正项目会议纪要

一、项目基本情况

矫正项目名称		制作人	
		审核人	
矫正管理者		制作日期	

二、会议目标（简要说明会议的目标，包括期望达到的结果）

三、参加人员（列出参加会议的人员，在项目中的头衔或角色）

四、发放材料（列出会议讨论的所有项目资料）

五、发言记录（记录发言人的观点、意见和建议）

六、会议决议（说明会议结论）

2.分析——分析偏差

检查的目的是识别循证矫正实验项目实施是否存在偏差,并进一步分析偏差产生的原因。将循证矫正实验项目实际情况与计划进行比较,以确定循证矫正实验项目实施是否存在偏差。一旦确定偏差存在,循证矫正实验项目管理人员就应进一步地分析偏差产生的原因,这也是为了寻求有效的控制措施做准备工作。循证矫正实验项目中分析偏差可由项目团队成员自行努力完成,但更多的时候是依赖项目团队和专家的帮助,这样有利于准确高效地找出问题所在。

3.计划——选择控制措施

造成循证矫正实验项目执行过程中产生偏差的原因很多,因此控制措施也应多样,必须以目标控制为中心对症下药,使实际情况与计划的偏离尽可能地缩小。

循证矫正常用的控制措施有:①组织措施。即通过进一步明确责任和分工,落实控制人员或撤换不称职的人员,或者在制度上进一步保证控制的效果,优化工作流程和信息流程,或者有目的地设计组织之外的联系模式,以加强控制的力度。②技术措施。通过多个技术方案的论证和比较,遵循效益原则,对目标进行控制。

循证矫正实验项目中控制措施的选择,专业要求较高,要能集思广益,通常可采用"头脑风暴法",并很好地吸取专家的意见。

4.决策——决定控制措施

决定选用何种控制措施,实际上要立足于偏差发生的具体情况。但无论选用哪一种控制措施,矫正管理者都要认识到,这种纠偏措施可能给项目的目标控制带来的新影响。

循证矫正实验项目中控制措施的决策除矫正管理者要担当重要作用外,循证矫正实验项目副组长更应提供有力的支持,并根据自身的专业知识对有关计划的修订慎重提出参考意见。

5.执行——实施控制措施

一旦控制措施得到批准,循证矫正实验矫正管理者就要落实控制措施的实施。同时,必要的话,循证矫正实验矫正管理者还必须对计划进行调整。矫正管理者需要填写项目变更管理表,提交给项目团队和矫正管理者,需要得到矫正管理者和项目团队的批准,可参考表5-5。

表 5-5　矫正项目变更管理表

矫正项目变更管理表

一、矫正项目基本情况

矫正项目名称		制作人	
		审核人	
矫正矫正管理者		制作日期	

二、历史变更记录（按时间顺序记录项目以往的每一次变更情况）

序号	变更时间	涉及项目任务	变更要点	变更理由	申请人	审批人

三、请求变更信息

受影响的基准计划	1.进度计划	2.费用计划	3.资源计划
对成本的影响			
对进度的影响			
对资源的影响			
申请人签字		申请日期	

五、审批结果

审批意见：

签字：　　　　日期：

（三）循证矫正监控过程的工作结果

项目监控是项目管理的重要组成部分,项目监控这项关键活动的目标是综合项目目标,建立项目监控的制表体系及其例行报告制度,然后通过例会,对项目实施监控。

项目监控主要是为了避免已制订的项目开发计划在实施过程中落空。主要的工作是将项目的实际进展情况与项目计划进行比较,若发现某些要点的偏差比较大,超出了容许的误差范围,应及时做出分析,采取措施力求项目回到正轨。

（四）项目团队成员在监控过程中的角色与责任

1.制订工作原则和追踪项目进度——由矫正管理者负责。

2.收集项目数据和提出变更计划申请——由项目副组长负责。

3.报告项目状态和记录项目活动——由项目执行组员负责。

4.批准变更申请——由矫正管理者负责。

五、循证矫正实验项目的收尾过程

循证矫正实验项目收尾是结束循证矫正实验项目时需完成的各项工作。循证矫正实验项目的成果一般表现为发表论文、完成矫正等形式,收尾工作需要总结本项目的经验和教训,归档并保存项目资料,并发布项目成果。

阶段管理收尾工作是使一个项目成功的重要管理手段,它和项目的其他工作和任务一样,应该纳入项目计划并按计划落实。同时,阶段管理收尾是收集、整理、保存项目记录的最好的时机。一个项目阶段的工作刚刚完成,项目团队成员手头都保留有的工作记录,收集起来非常容易。时间久了,数据容易丢失,再想去收集就会困难重重。应事先列一个项目记录存档清单,明确在项目每一个阶段的哪些工作记录需要收集、整理和保存,由谁提供,什么时候提供,文档记录格式和要求等,并告知相关项目团队成员。除了完成项目工作以外,向矫正管理者及时提供准确的工作记录也是一项非常重要的工作。

（一）循证矫正实验项目收尾的工作依据

1.项目管理计划。

2.项目收尾任务书,是关于矫正管理者与项目团队如何结束项目的规定。

3.项目外部组织环境因素。

4.组织档案资料。

（二）循证矫正实验项目收尾的内容

项目收尾是矫正管理者对项目成果的验收而进行的项目成果验证和归档,具体包括收集项目记录,确保成果满足矫正需要,并将项目信息归档。

项目验收需要核查项目计划规定范围内的各项工作或活动是否已经全部完

成,可交付成果是否令人满意,并将核查结果记录在验收文件中。如果项目成果并未达到一定标准,则应查明具体原因——是哪些工作没有做到位,或是理论存在一定缺陷,从而进一步优化修改项目,以期在下一次循证矫正实验项目中达到预期的项目目标。

(三)循证矫正实验项目收尾过程的工作结果

1.实验项目获得最终成果。

2.组织的档案资料得以丰富。

3.组织的成员得到了培养和提高。

第三节　循证矫正实验项目管理领域

在循证矫正实验项目中,进度管理和人力资源管理尤为重要,两者都影响着项目实验成果的科学性和准确性。故在本节中,主要论述循证矫正实验项目进度管理和人力资源管理。

一、循证矫正实验项目进度管理

项目进度管理是指在项目实施过程中,对各阶段的进展程度和项目最终完成期限所进行的管理。使在规定的时间内,拟订出合理且经济的进度计划,在执行该计划的过程中,经常要检查实际进度是否按计划要求进行,若出现偏差,便要及时找出原因,采取必要的补救措施或调整、修改原计划,直至项目完成。其目的是保证项目能在满足其时间约束条件的前提下实现总体目标。

循证矫正实验项目进度管理对于循证矫正实验项目而言具有重要作用。通过矫正偏差,可以有效提高循证矫正实验项目成果的有效性;通过控制项目时间,可以避免无关变量对项目实验的影响。

(一)循证矫正实验项目进度管理与活动时间之间的关系

1.循证矫正实验项目时间管理

循证矫正实验项目时间管理包括为确保项目按时完成所需要的各个过程,主要包括五个过程:

(1)活动定义。确定为完成各种循证矫正实验项目实验直至可交付成果所必须进行的诸项具体实验操作。在循证矫正实验项目实验实施中,要将所有实验操作列成一个明确的活动清单,并且让项目小组的每一个成员能够清楚有多少工作需要处理。活动清单应该采用文档形式,以便于项目其他过程的使用和管理。

（2）活动排序。确定循证矫正各实验操作之间的依赖关系，并形成文档。在这里既要考虑项目组内部希望的特殊顺序和优先逻辑关系，也要考虑小组内部与外部的依赖关系以及为完成项目所要做的一些相关工作，例如未完成前测时，无法进行实验处理。

（3）活动历时估计。估算完成循证矫正单项实验操作所需要的时间，要充分考虑活动清单、合理的资源需要、人员的能力因素以及环境因素对项目时间的影响。

（4）制订进度计划。分析循证矫正实验操作顺序、活动历时和资源要求，以编制循证矫正实验项目进度计划。

（5）进度计划控制。控制循证矫正实验项目进度计划的变化。主要是监督进度的执行情况，及时发现和纠正偏差。在控制中要充分考虑影响项目进度变化的因素、项目进度变更对其他部分的影响因素、进度变更时应采取的实际措施。

2.活动之间的逻辑关系

循证矫正实验项目活动有先后顺序。在安排活动顺序时，要明确各活动之间的逻辑关系。逻辑关系主要有三种：

（1）强制性依赖关系。指循证矫正活动性质中固有的依赖关系，常常是某些客观限制条件。例如在犯罪典型情景思维方式矫正项目中，在通过运用思维导图领悟自身问题前，需要先弄清思维导图是什么及如何运用的问题。

（2）可以灵活处理的关系。可由循证矫正实验项目组根据具体情况安排的关系。由于这类关系可能会限制以后各活动的顺序安排，所以在使用时要特别周全。可灵活处理的关系可细分为如下两类：一是按已知的"最好方法"来安排的关系。只要不影响循证矫正实验项目的总进度，活动之间的先后顺序可按习惯或喜好来安排。这类关系叫软逻辑关系。二是为了照顾循证矫正活动的某些特殊性而对活动顺序做出的安排。其顺序即使不存在实际制约关系也要强制安排。这类关系叫优先逻辑关系。

（3）外部依赖关系。大多数依赖关系限于循证矫正实验项目内部活动之间，然而，有些依赖关系则涉及同本项目之外的联系。例如在入所管区进行的实验后测要控制在新犯分流之前。

3.活动之间的四种关系类型

在确定了循证矫正活动之间存在某种关系（强制的、可灵活处理的、外部依赖的）之后，接下来必须确定依赖关系的类型。

（1）完成—开始：只有完成一项活动，才能开始另一项活动。例如，只有学会如何运用思维导图，才能通过思维导图的推导领悟自身的问题。"完成—开始"

是一种最常用的依赖关系。

（2）开始—开始：一项活动开始时，另一项活动也需要同时开始。例如，在团辅中，活动开始时，团辅记录也必须开始。

（3）完成—完成：一项活动结束前，另一项活动必须结束。例如，实验结束前，实验后测必须结束。

（4）开始—完成：只有开始一项活动，另一项活动才能完成。例如，在我国收回香港主权的交接仪式上，在零点前要先奏英国国歌，零点后要奏中国国歌，为显示中国的主权，不能出现音乐的间隙，因而在英国国歌结束之前必须开始演奏中国国歌。

（二）循证矫正估时与关键路径

1.循证矫正活动的估时

估时是指对完成工作分解结构中单独事项所需时间的估计。通过估时将确定各单一事项开始和完成的具体日期。估时结果通常包括：最早开始时间 ES（early start date）、最早完成时间 EF（early finish date）、最晚开始时间 LS（last start date）、最晚完成时间 LF（last finish date）和工期 DU（duration）。同时，存在以下关系式：$EF=ES+DU$ $LF=LS+DU$。浮动时间是一个活动在不影响项目完成的情况下可以延迟的时间量。浮动时间可以是负值，负的浮动时间意味着项目要延迟完成。浮动时间 $float=LS-ES=LF-EF$。

2.超前与滞后

超前：逻辑关系中允许提前后续活动的限定词。例如，在一个有 5 天超前时间的完成—开始关系中，后续活动在前导活动完成前 5 天就开始。

滞后：逻辑关系中指示推迟后续任务的限定词。例如，在一个有 5 天时间滞后的完成—开始关系中，后续活动只能在前导活动完成 5 天后才能开始。像做植物实验，种子从萌发到生长有一个时段，这就必须有一个滞后期。

3.关键路径

关键路径是决定循证矫正实验项目时间的一系列活动。在一个确定性的模型中，通常按照浮动时间或等于零值的活动来确定关键路径。如果浮动时间是负值，那么绝对值最大的一系列活动构成关键路径。

关键路径具有如下特征：它是项目整个过程中最长的路径；关键路径上的任何活动延迟，都会导致整个项目完成时间的延迟；代表可以完成项目的最短时间。

关键路径不一定只有一条，可能有若干条路径的浮动时间都为 0，那么它们都是关键路径。另外，随着项目进展中对关键路径上的活动的管理，关键路径可能发生变化，有可能原来的次关键路径成为关键路径。要注意，关键路径上的任何一个活动都是关键活动，都需要加强管理。

二、循证矫正实验项目人力资源管理

（一）循证矫正实验项目人力资源管理的概念和特点

人力资源管理就是要在对项目目标、计划、任务、进展以及各种变量进行合理、有序的分析、规划和统筹的基础上，对项目过程中的所有人员予以有效的协调、控制和管理，使他们能够紧密配合，尽可能地适合项目发展的需要，最大可能地挖掘人才的潜力，最终实现项目目标。

在循证矫正实验项目中，矫正师的整体工作效能是矫正项目是否成功的决定性因素。而循证矫正实验项目人力资源管理是指对矫正师人力资源的生产、开发、配置、使用等环节进行统一管理的总称。循证矫正实验项目人力资源管理包括了矫正师的规划与评价、选拔与引进、培训、使用和激励等环节。

循证矫正实验项目人力资源管理有以下特征：

1. 管理目标的多重性。矫正师往往是各单位的优秀人才，他们既是循证矫正实验项目中的主力，同时也是各单位建设发展的重要推手。故而循证矫正实验项目管理的目标一方面要激发矫正师的主观能动性完成项目目标；另一方面也要提高矫正师的综合能力，将理论结合实际，更好地建设发展自己的单位。

2. 管理手段的单一性。与企业单位相比，行政单位的通病在于缺乏有效的物质奖励，较难调动矫正师的积极性。参与矫正项目的矫正师往往受到行政命令的约束，甚至并非自愿参与到项目中，主观能动性较差，管理难度较大。工作质量往往出自矫正师的责任心，也就是凭"良心"干活。这样的"良心活"很大程度上会影响矫正项目的结果，造成一定的偏差。

3. 管理理念的辩证统一性。在当前的大环境下，要遏制"良心活"的产生，提高矫正项目结果的准确性，制度化管理的引进显得非常重要；同时，循证矫正实验项目当中，团辅和课堂教育都需要由矫正师自主把控，故而管理制度应考虑矫正师的个性和差异性，使矫正师做到自主管理。即要将规范化管理与自主管理结合起来，要在规范的基础上给予矫正师更多的自主权。

（二）循证矫正实验项目人力资源的现状

当前，循证矫正仍处于起步阶段，具有相关知识的人才较为短缺，很多时候是处于一种"边做边学"的状态，根本无法按要求做到对项目周期的控制和项目结果的把控。而循证矫正的发展离不开人力资源的发展，我们应看清现状，针对问题有效地进行整改，以适应大趋势的发展。

1. 数量不足

主要指矫正师数量不足。在循证矫正起步阶段，具备相关能力的矫正师数量较少，导致开展循证矫正的难度较大。

2.配置不均

矫正师人力资源配置不均主要体现在没有日常管理和职能分工,即使有岗位的区分,在考核要求上并无明显区别,且矫正师的专业能力针对性差,人岗匹配不佳。例如具有二级心理咨询师资格的矫正师也参与日常值班管理,精力无法集中在心理咨询上,心理咨询业务能力无法得到提高,工作成就感低,造成恶性循环。

3.缺乏系统培训

由于缺乏专业的系统培训,矫正师无法做到科学化、标准化地开展循证矫正,而过度依赖过去经验个性化地开展矫正,导致循证矫正实验项目结果缺乏效度。

(三)循证矫正实验项目人力资源开发

人力资源开发就是把人的智慧、知识、经验、技能、创造性、积极性当作一种资源加以发掘、培养、发展和利用的一系列活动,是一个复杂的系统工程。

循证矫正人力资源开发就是以项目实验所需要的知识和技能为目标,对参与矫正师进行针对性地培养、发展和利用,主要包括谈心谈话能力、教学技能、个体咨询技能、团辅技能和实验心理学等项目。

1.循证矫正实验项目人力资源开发中存在的问题

(1)开发形式单一。在矫正师的人力资源开发形式中最主要也最常见的就是培训。但人力资源开发的方式不单单只是培训一种,培训只是人力资源开发的主要形式之一,除了培训开发以外,还应该有组织文化开发、职业生涯开发、管理开发等手段。不仅如此,就培训而言,其形式也存在缺乏多样性的问题,难以摆脱课堂灌输的形式。

(2)开发力度不足。由于循证矫正尚处于初级阶段,可利用资源相对紧缺,造成开发力度不足的现象,主要体现在四个方面:一是重使用轻培养的人才观依然存在,对矫正师的培养开发缺乏计划性和针对性,常常出现遇到事情临时拉人的情况;二是重计划轻落实,计划的制订与落实往往头重脚轻,在计划的实施上缺乏力度,落实不到位;三是重形式轻效果,缺乏对人才开发工作的系统思考和管理,对于目前循证矫正确切需要哪些知识和技能的概念较为模糊,使得开发活动未能收到实效;四是重当前轻长远,缺乏对人力资源开发工作的战略性思考,例如随着循证矫正的发展,心理学人才和统计学人才的需要会随之激增,应着眼未来,有计划地进行相关人力资源的开发。

(3)开发与管理脱节。一是缺乏项目职位分析制度,对参与项目矫正师应具备怎样的知识、技能、条件、要求等没有明确规定,往往"因人设事",而非"因岗设人",使矫正师的自我开发与主动参与开发活动缺乏针对性;二是缺乏配套的激励机制。如开发成果与用人机制缺乏联系,矫正师通过自身努力获得了二级心理咨询师资格证书,却只能获得一纸证书,而无法取得纵向职位通道或专业技术职位通道上的进展。

(4)缺乏沟通、反馈与评估机制。一是未能站在项目实际需要与矫正师自身需要的角度上设计与开展矫正师的人力资源开发活动,开发活动往往只是一种自上而下的规定,上面叫我怎么做,我就怎么做;而为什么要做,应该怎么做等问题却被忽视,缺乏自下而上的沟通与反馈机制。二是尚未建立起科学、合理的评估制度,开发活动的效果如何、存在什么问题、需要做哪些改进等问题还没有引起组织足够的重视,尤其是培训,往往是培训一结束就等于培训任务的完成,缺乏科学、合理的事后评估机制。

2.循证矫正实验项目人力资源开发方法探索

(1)培训开发

培训是循证矫正实验项目人力资源开发的最重要的方法,它是指通过培养和训练,使咨询技巧、教学技巧和相关心理学知识得到发展的工作。尽管培训需要较大的投入,但很多研究表明,培训是一项收益率很高的投资。在当前背景下,循证矫正实验项目需要的人力资源大多需要通过培训开发来获得。

首先要确定培训相关人员。由于公务员制度和大环境的影响,培训往往是组织要求或派遣相关人员进行培训,培训矫正师往往处于被动的状态,而循证矫正相关培训内容具有一定专业性,这种培训人员的被动性和培训内容的专业性较易导致培训效果极不理想。且在循证矫正实验项目中,参与矫正师需要保持高度的主动性来完成项目实验,所以这种培训人员选择方式是不适用的。因此培训人员需选择具有一定心理学背景(对相关知识的接受度高)、对循证矫正实验项目感兴趣的人员(处于主动状态的人员)进行培训,利用培训人员的主动性,达到培训目的。

其次要明确培训具体内容。在培训前应认真梳理本次循证矫正实验项目所需要的相关知识和技能,建立多重培训目标,既要满足此次循证矫正实验项目的需要,同时也要兼顾培训人员的个人发展,有利于下次培训的顺利开展。

再次要丰富培训形式。循证矫正实验项目包含的相关理论知识可以通过课堂灌输式的方式达到培训目标,但其中所包含的教学技能和咨询技能却无法通过课堂灌输取得理想的效果。可考虑丰富培训形式,加入如角色扮演、说课比赛、模拟团辅等形式以达到锻炼相关技能的目的,在形式中加入更多"练习"的成分,最后由和学员相互点评达到反馈的目的。

最后要建立培训的动力与保障机制,用制度来推动培训。一是可以参考建立学分制规定培训人员每年应完成的任务和时间,使培训工作成为常态,有序推进实施;二是把培训与考核结合起来,把培训的完成情况作为年度考核的主要依据之一;三是把培训与使用、晋升强有力地结合起来,让一部分参与循证矫正的矫正师得到晋升,在单位内形成循证矫正的"经济效应",以带动更多人加入矫正项目行列,为循证矫正实验项目提供更丰富的人力资源。

(2)管理开发

管理开发就是通过组织管理活动来开发人力资源,把人力资源开发的思想、原则与目的渗透到日常的管理活动中。之所以有必要将人力资源管理作为人力资源开发的一种方法,主要基于三点原因:一是管理本身就要求进行人力资源开发;二是组织的持续发展与竞争力提高,要求在管理中进行人力资源开发;三是任何一种人力资源管理都需要以人力资源开发为指导。

首先要建立多元化的激励机制。调动人的积极性是人力资源开发和管理的目的所在,而激励是公共管理的动力源泉,有效的激励能发挥矫正师的主动性、积极性、创造性和工作激情。党委组织对矫正师的激励,从方向上可以分为正激励与负激励,从形式上可以分为物质激励与精神激励。党委组织应当采取短期与长期相结合、个人与组织相结合、物质与精神相结合、正激励与负激励相结合的激励方针,在人力资源管理与开发的各个环节设计更为科学合理的激励机制。

第一,创建多元化的激励途径。尽管监狱矫正师的职业道德精神推崇的是"奉献"精神,但根据公共选择理论,矫正师也是"经济人",个人即使在公共选择活动中也追求着个人利益,不论是物质的还是精神的。因此,为了确保和提高行政效率,对矫正师进行适当的物质和精神激励是必要的,也是必需的。在激励的过程中,首先要避免激励手段的简单化和激励方式的过于"公平",其次要注意发展非物质激励模式,在物质激励的同时,完善精神激励体系。

第二,增强约束机制的制订。当前的约束机制对应的是公务员的大环境,并没有专门针对循证矫正实验项目的相关规定和条例。循证矫正实验项目对标准化的要求较高,故制订有针对性的制度和条例迫在眉睫。

(3)组织文化开发

组织文化是一个组织的精神凝聚力所在,是组织在长期的生存和发展中所形成的,为组织多数成员所共同遵循的最高目标、基本信念、价值标准和行为规范。组织文化对人力资源开发具有重要的影响和巨大的意义,对人力资源具有目标导向作用、行为规范作用、思想凝聚作用和精神激励作用。

由于循证矫正项目对相关知识技能提出了更高、更新的要求,学习已经成为循证矫正项目组的核心能力,唯有保持不断的学习,建立学习型组织,才能保证项目结果的科学、有效性,提升组织的可持续发展能力。因此,对循证矫正项目人力资源进行组织文化开发最重要的途径应该是创建学习型组织。

学习型组织是一种通过项目成员、项目团队和整个项目组的学习而不断地实现转化和创新的组织体系,它要求项目成员以开放性和战略发展的眼光来看待学习的必要性,自我超越,容忍多元化、倡导开放、强化互动与合作,建立新的思维方式,自下而上建立共同目标,通过深度汇谈、团队头脑风暴培养项目系统思考能力和实验项目思维习惯。建立学习型组织主要从以下两方面入手:

第一,建立定期、长效的学习分享活动机制。文化的发展需要载体,学习型组织的文化发展需要依托定期的学习活动。此项活动的周期不能过长,导致学习的延续性受到阻碍;也不能过短,导致参与民警压力过重,影响了参与该活动的兴趣。该项学习活动内容应有目标性和长效性,目标性即该项学习活动应以循证矫正项目和民警个人发展为目标,长效性即每次学习活动主题之间应有延续性,上次学习活动是这次学习活动的基础,这次学习活动是上次学习活动的深化。

第二,建立学习活动成果激励机制。目前循证矫正项目团体尚处于初始阶段,团体认同感尚未建立,需要利用"经济手段"进行价值引导,对于学习活动成果优秀的给予物质和精神奖励。在团体形成初期,物质奖励权重要多于精神奖励权重;待团体完善后,精神奖励权重应多于物质奖励权重。

第六章
攻击性矫正项目实验

攻击性是一种极具破坏性的心理现象,它是指个体具有的,对他人故意挑衅、侵犯或对事物故意损毁、破坏的心理特征。按攻击的行为表现,它可分为直接攻击和间接攻击。以拳打、脚踢、劫夺为主的躯体攻击,和以辱骂、讥讽、责难为主的言语攻击,都属于直接攻击。在愤怒或敌意等负性情绪支配下发生的心理攻击和关系攻击,包括社会排斥和造谣离间,则是间接攻击。若以攻击的表现形式,攻击性又可分为内隐攻击和外显攻击。内隐攻击是指因受到社会法律、道德和文化的限制,压抑到个体潜意识之中的攻击,与之相对应的则是外显攻击。

犯罪行为与攻击性密切相关,调查显示,暴力型未成年犯[①]的攻击性,无论是身体、言语的直接攻击,还是间接攻击,都特别明显。攻击性既是此类未成年犯狱内违规的重要因素,也是造成他们犯罪的一个重要内在原因。研究和矫正暴力型未成年犯的攻击性,针对他们的矫正需要,进行有效干预,对于降低他们的攻击性,提高他们的自控能力,防止他们重新犯罪具有非常重要的实验意义。

第一节　实验方案设计

为确保实验的科学和有效,本实验对实验目的、实验理论依据、实验工具的准备、实验内容的确定等几个方面进行了全面考量,具体如下所记。

一、实验目的

本实验运用循证矫正的方法,采取以"非结构式团体辅导和课堂化教育"相

---

①指抢劫、故意伤害、寻衅滋事和故意杀人类型的未成年犯。

结合的方法对暴力型未成年犯的攻击性实施矫正。旨在通过矫正实践,通过对干预效果的定量评估,验证此干预方法矫正暴力型未成年犯的攻击性是否有效;验证暴力型未成年犯的年龄、犯罪类型、刑期、文化程度、家庭情况等因素对此干预方法是否存在影响;验证此干预方法对于矫正不同攻击性水平的暴力型未成年犯群体是否存在差异。

二、实验的指导理论

本实验所涉及的理论包括两个部分,一是有关个体的攻击性理论,二是矫正干预方法所遵循的理论。对于个体的攻击性理论,不同的流派有不同的理解和解释。在这些理论流派中,精神分析理论、社会学习理论受到广泛的关注。矫正干预方法中涉及的理论流派主要是精神分析理论、行为主义理论、人本主义理论和社会建构理论。

(一)精神分析理论

弗洛伊德认为个体的攻击性是个体内部的攻击性能量对外宣泄的结果。生本能指延续个体与种族的原始本能力量,死本能指个体趋向毁灭和侵略的原始本能力量。个体的攻击性是一种攻击本能,攻击本能属于死本能,它向内表现指向自我,有自我破坏的趋势,包括自杀和自我惩罚、自我谴责等,向外表现即成为破坏、伤害、仇恨和征服的动力。[①]个体的攻击性通过向外的攻击行为表达,就会造成对他人的身体或心理伤害,是一种严重违反社会规范的伤害行为,具有极大的社会危害性。反之,个体的攻击性通过社会认可的、以升华的方式表达,就对社会有裨益。

(二)"阴阳平衡观"、"整体观"思想

我国传统文化源远流长,博大精深。"阴阳平衡观"和"整体观"是易经的思想精髓。"阴阳"是世界万物的两种基本属性,这两种属性相互依存、相互渗透、相互转化、和谐平衡的关系提示了宇宙自然万物运动发展的基本规律。"阴阳太极图"是这一思想的形象表达。"阴阳平衡观",是宇宙万事万物运动发展的共同属性、普遍规律,其中蕴含了"整体观"及"和合观"等思想。

(三)建构主义理论

建构主义认为,儿童是在与周围环境相互作用的过程中,建构起关于外部世界的认知。皮亚杰提出"图式"的重要概念和"同化、顺应、平衡"三个基本过程。"图式"是指个体对世界的知觉理解和思考的方式。"同化"是学习者个体对刺激

---

①钟友彬等著:《认识领悟疗法》,人民卫生出版社2012年版,第59页。

第六章 攻击性矫正项目实验

输入的过滤或改变过程。"顺应"是学习者调节自身内部结构以适应特定刺激情境的过程。"平衡"是学习者通过自我调节机制使认知从一个平衡状态向另一个平衡状态过渡的过程。建构主义认为"图式"是人类认识事物的基础。"图式"的形成和变化是认知发展的实质,认知发展受"同化、顺应和平衡"三个过程的影响。同时,建构主义的学习观提倡在教师指导下的、以学习者为中心的学习,也就是说,既强调学习者的认知主体作用,又不忽视教师的指导作用。教师是意义建构的帮助者、促进者,而不是知识的传授者与灌输者。

三、证据检索与矫正需要评估

(一)证据检索

对既往证据的搜集和研究为科学制订矫正方案提供参考依据,是避免重复研究的重要步骤。我们通过在中国知网、《犯罪改造与研究》、《中国监狱》的检索,获取了与本实验相关的资料文献百余篇,经过筛选整理,得到如下信息:

1. 刘晓明和冀云等人对"团体心理干预对暴力型未成年犯攻击性的影响"研究。该研究表明,团体心理干预虽然不能有效降低未成年犯的内隐攻击性(愤怒、敌对等因子没有显著改变),却可以显著降低他们的外显攻击性(躯体攻击、口头攻击等因子降低明显)。这表明经过团体干预,他们遇事能够很好地控制自己的身体和语言,他们的行为控制能力得到大幅度提升。

2. 毛燕静等人自编《冲动性攻击自评问卷》(分为攻击性自评和冲动性自评两个部分,通过因素分析各得到三个因子。攻击性自评部分包括攻击性表现、敌意和愤怒的情绪表现、敌意和愤怒的行为表现等三个因子;冲动性自评部分包括自我控制、冲动性和冲动性攻击等三个因子)和《攻击行为自评问卷》(得出躯体攻击行为、言语攻击行为、愤怒和敌意行为表现和冲动性行为等四个因子)对男性成年犯冲动性攻击行为的团体干预研究表明,通过为期 10 次、持续三个月的团体咨询,干预组的冲动性攻击水平比干预前有所下降,并且在攻击性、敌意和愤怒的情绪表现、冲动性和冲动性攻击四个方面有显著改善。结合干预组成员的自我报告,可发现,通过团体咨询,成员自我控制能力提高,理性思考更多,开始学会使用合理的方法控制和宣泄情绪,面对冲突的应对方式更积极。干预组和对照组的后测比较说明干预组在愤怒和敌意的行为控制方面显著优于对照组。整体而言,干预组的冲动性攻击水平相比对照组有所降低,但尚未达到显著差异。

3. 张丽娇等人对服刑人员愤怒情绪与父母同伴依恋的相关及实验研究。该实验研究表明,服刑人员的愤怒情绪除了与其婚姻状况、文化水平、年龄、已服刑期等人口学资料有关之外,还与其父母、同伴之间的依恋关系有显著相关,与父

154

技术建构价值——循证矫正实验研究

母、同伴有良好依恋关系,相互信任、交流的服刑人员,其状态怒、特质怒显著低于其他服刑人员,其愤怒控制能力显著高于其他服刑人员。

4.其他证据小结。除上述证据外,其余证据(Ⅱ级或Ⅲ级数据,出自中国知网)见表 6-1。

表 6-1 其他证据一览表

序号	证据名称	证据出处	作者
1	男性暴力罪犯的冲动、攻击性人格特点及其与童年期受虐待的关系	精神医学杂志,2010 年 23 卷 2 期	李宝花等
2	未成年犯攻击性行为调查及原因分析	重庆与世界,2011 年 28 卷 9 期	秦志斌等
3	未成年犯自尊与攻击性的关系:自我控制的中介作用	中国临床心理学杂志,2013 年 21 卷 4 期	黄曼等
4	未成年犯的攻击性注意偏向及其攻击性与人格的关系研究	硕士学位论文,福建师范大学,2012(6)	曾丹薇
5	主、客观原因在产生犯罪中的地位比较	河南警察学院学报,2013 年 22 卷 6 期	金其高
6	对暴力攻击型青少年愤怒控制的团体训练研究	硕士学位论文,中国政法大学,2011(3)	赵文文
7	成年犯共情对攻击行为作用机制的研究	硕士学位论文,中国政法大学,2010(3)	郑敬华
8	青少年暴力犯罪心理成因及其矫治研究	硕士学位论文,华侨大学,2012(6)	陈蔚然
9	青少年体育暴力量表的编制与施测	硕士学位论文,山西大学,2013(6)	王冰
10	冷酷无情特质对青少年暴力犯罪的影响	西南大学学报(社会科学版),2013 年 39 卷 4 期	杨波等
11	冷酷无情特质:一种易于暴力犯罪的人格倾向	心理科学进展,2014 年 22 卷 9 期	肖玉琴等

5.主要证据分析

刘晓明、冀云、毛燕静和赵文文等人有关团体心理辅导对于暴力型罪犯(成年犯或未成年犯)攻击性的矫正,均取得良好效果,显示了以下几个明显的特点:一是采取的均为结构或半结构的团体心理辅导;二是矫正方法都只采用团体心理辅导,没有同时使用其他干预方法;三是实验结果均显示出,对象外显攻击性水平降低,但内隐攻击性水平的下降不够明显;四是均设立了实验组和对照组,是随机对照的实验研究,具有较高的证据级别。此外,他们的研究还存在两个明显的不足:

首先是实验对象的人数较少。刘晓明、冀云的研究对象为年龄 15 至 18 岁之间的共 20 名罪犯,他们将这 20 人随机分成两组,实验组接受团体心理干预,控制组不接受任何训练。最后因为 2 人释放,有效被试只有 18 人。毛燕静的研究对象是 24 名初中文化程度的、年龄在 18 至 30 周岁之间的罪犯。赵文文在研究中,筛选了 24 名被试进入现场实验,其中随机选取 12 名作为实验组参加团体心理辅导,其余 12 名进入对照组作为对照,只进行正常教育,不接受团体心理辅导。

其次是团体心理辅导的次数少,时间短。刘晓明、冀云的团体心理辅导次数为 10 次,每次 90 分钟,每周一次。毛燕静的团体心理辅导历时将近 3 个月,平均每周进行一次,共计 10 次,每次约进行 90 分钟。赵文文设计的团体心理训练总共 8 次,每周 1 次,每次 150 分钟,总时长为 20 个小时。

鉴于此,本实验在进行设计时,充分考虑了诸方因素,尽量规避了他们的实验不足,体现出实验的独特性和完善性。

(二)矫正需要评估

暴力型未成年犯在人格特质层面的犯罪原因,是他们的一种矫正需要。国内专家与学者对此有很多研究与实践,如肖玉琴、杨波、黄秀"冷酷无情特质对青少年暴力犯罪的循证研究";宋行、刘卫东、朱延才等人"对于主要犯因类如生因性、心因性和社因性罪犯的循证矫正研究与实践";夏苏平、狄小华等人"对抢劫犯、盗窃犯、短刑犯、累犯和危险犯的循证矫正的研究与实践"等,都颇具理论见地。在这些研究中,与本研究密切相关的是肖玉琴的研究。

肖玉琴、张卓、宋平、杨波等人的研究指出,冷酷无情特质(即 CU 特质)是一种易于暴力犯罪的人格倾向,是在反社会及暴力行为中具有稳定性和顽固性的一类人格特质,具有这类特质的人,伴随有高频率和高破坏性的攻击和暴力倾向,并容易产生犯罪行为。具有这类特质的人,在情感上表现出对他人悲伤和恐惧的漠视,缺乏共情;在认知上表现出追求奖赏、忽视惩罚。他们的预谋性攻击和冲动性攻击都高,并且对被害者造成的伤害更严重。冷酷无情特质是未成年犯群体一个突出的人格特质，共情性差，冲动性强，在囚风险高是他们的共同特征。研究还指出，虽然冷酷无情特质者矫正难度高，但是他们并不是完全抗干预，在某些特定类型的干预下也能起到一定成效。这些干预项目应该根据其既有特征而确定，如针对他们的低共情特征，干预项目应该围绕提高共情来实施；针对他们对惩罚不敏感，以奖赏为驱动的特征，干预项目应该避免对其惩罚，而是采用正向激励的措施，如对他们的亲社会行为施以正强化。

犯罪原因是罪犯的一种矫正需要，基于这样一种矫正需要，减少在囚的风险，在本实验中，对暴力型未成年犯攻击性进行干预时，我们突出了对其"冷酷无情特质"的矫正，在具体的矫正方法运用上，一是在团体辅导时突出了共情性，二是在授课辅导时强调以奖赏驱动，三是在课堂化授课和团体辅导时，都紧紧围绕他们的心理成因进行矫正。

四、实验研究的工具和方法

本实验采用黎玉河、孟宪璋在 2005 年编制的攻击问卷（AQ），一是因为该量表已经过修订，本土化好，适合中国国情。国外有关攻击行为的自评量表，由于文化习俗、制度观念等方面的差异，直接翻译过来的量表中某些条目可能不太适合中国的国情。为此，黎玉河、孟宪璋在 2005 年根据以往研究成果，引进并修订攻击问卷（AQ）。二是本问卷测试简单，统计方便，易于操作。修订后攻击问卷（AQ）共 21 个条目，存在四个因子，分别为愤怒、敌意、躯体攻击、言语攻击。量表采用 5 点计分，项目采用正向计分。三是因为问卷的信效度良好。本问卷在躯体攻击、言语攻击、愤怒、敌意等分量表信度都比较好。条目的鉴别指数在 0.18—0.36 范围，条目与总分的相关在 0.308—0.627 的范围，信度检测方面，分半信度为 0.761，间隔 5 周重测相关为 0.919，总分的内部一致性系数 Cronbach's $\alpha=0.857$，愤怒分量表的 Q 为 0.811，敌意分量表的 Q 为 0.757，躯体攻击分量表的 Q 为 0.778，言语攻击分量表的 Q 为 0.473，提示有较好的信度和效度。

本实验是对暴力型未成年犯攻击性的循证矫正研究与实践，采用了非团体辅导法、测量法和授课法等研究方法。在攻击性对比研究的基础上，依据一定的原则确定实验对象，并在通过评估其心理行为特征和矫正需求的基础上，检索研究证据并分析后，制订实验方案加以实施并对结果进行分析讨论。

第二节　攻击性对比研究

一、研究目的

为了科学确定实验对象,亟须搞清两个基本情况:首先,未成年犯群体与社会同龄人群的攻击性是否存在差异性;其次,未成年犯群体的攻击性是否存在内部差异性。为此,我们进行了实验前的预研究。目的是通过比较未成年犯(抢劫、故意伤害、故意杀人、寻衅滋事类型)与同龄中学生群体的攻击性情况,验证两者的差异性情况;同时,通过比较暴力型未成年犯 AQ 高分组和 AQ 低分组与同龄中学生群体的分值,验证暴力型未成年犯 AQ 低分群体和 AQ 高分群体与同龄学生群体在攻击性方面的差异性。

二、方法、过程与结果

1. 方法与过程

我们采用了随机取样的方法,选取本省绍兴市某中学(城郊接合部的学校,因为这些学校的学生既有来自城市的也有来自农村的,具有代表性)的男性中学生为研究对象一,发放问卷 72 份,回收问卷 72 份,回收率 100%;剔除无效问卷后,最终有效问卷 71 份,有效率为 98.6%。同时随机选取浙江省未成年犯管教所的男性暴力型未成年犯为研究对象二,发放问卷 65 份,回收问卷 65 份,回收率 100%;剔除无效问卷后,最终有效问卷 62 份,有效率为 95.4%。他们的基本情况如表 6-2 所示。

本对比研究是对两个现成群体的攻击性进行测量和比较,没有明确的实验过程,也不存在明确和特定的自变量。因变量为全体实验对象的 AQ 总分值以及愤怒、敌意、言语攻击和躯体攻击等各因子分值。

在本研究中,我们采用 AQ 问卷(修订版 AQ 问卷)对学生和未成年犯分别进行测试(均没有前测和后测),分别记录每组各成员的 AQ 总分值[1]和愤怒、敌意、言语和躯体攻击等各因子的分值[2]。同时将未成年犯 AQ 总分值在 50 分以上(含)的作为 AQ 高分组,将 AQ 总分值在 50 分以下的作为 AQ 低分组。用 EXCEL 进行数据录入,确认无误后,用 SPSS11.5 统计软件进行数据分析。对两个群体的 AQ

---

[1] AQ 总分值代表成员的攻击性水平。总分值越高,攻击性水平越高,攻击性越强。下同。
[2] 各因子分值越高表示相应的倾向越明显。

总分值和各因子值,运用独立样本 T 检验,进行比较分析(见表 6-3 至表 6-5)。

表 6-2　中学生和未成年犯基本情况比较

项　目		中学生	百分比	未成年犯	百分比
文化程度	初中	71	100%	62	100%
	高中	0	0%	0	0%
年龄	14(岁)	52	73.24%	14	22.58%
	15(岁)	19	26.76%	20	32.26%
	16(岁)	0	0%	28	45.16%
总计(人数)		71	100%	62	100%

2.结果分析

(1)中学生群体与未成年犯群体 AQ 总分比较。表 6-3 显示,与同文化程度、同年龄组的中学生群体相比,未成年犯的 AQ 分值及愤怒、敌意、躯体、言语等因子分值均存在明显差异,显示未成年犯的攻击性水平更高。

表 6-3　中学生与未成年犯攻击性水平比较

	对象	均值	标准差	T
AQ 分	中学生	41.88	15.70	-5.27^{**}
	未成年犯	55.39	13.70	
愤怒	中学生	10.57	5.00	-5.50^{**}
	未成年犯	15.50	5.38	
敌意	中学生	10.76	4.76	-2.96^{**}
	未成年犯	13.05	4.08	
躯体	中学生	14.31	5.99	-4.82^{**}
	未成年犯	19.53	6.55	
言语	中学生	6.24	2.90	-2.16^{*}
	未成年犯	7.31	2.83	

＊＊ $p<0.01$；＊ $p<0.05$；独立样本 T 检验(中学生样本 71 人,未成年犯样本 62 人)

第六章　攻击性矫正项目实验

159

表 6-4　中学生与未成年犯 AQ 低分组的比较

对象		均值	标准差	T
AQ 分	中学生	41.00	13.93	−0.77
	未成年犯	42.45	5.21	
愤怒	中学生	10.30	4.46	−1.42
	未成年犯	11.40	3.26	
敌意	中学生	10.51	4.26	−0.47
	未成年犯	10.82	2.77	
躯体	中学生	14.08	5.73	0.14
	未成年犯	13.94	4.60	
言语	中学生	6.11	2.72	−0.44
	未成年犯	6.30	1.67	

＊＊ $p < 0.01$；＊ $p < 0.05$；独立样本 T 检验(中学生样本 71 人，未成年犯低分组样本 30 人)

(2)表 6-4 显示，同龄中学生群体与暴力型未成年犯中的 AQ 低分组和 AQ 总分各因子分没有显著性差异，他们的攻击性处于同一水平。

表 6-5　中学生与未成年犯 AQ 高分组的比较

对象		均值	标准差	T
AQ 分	中学生	41.00	13.93	−8.54＊＊
	未成年犯	61.53	10.19	
愤怒	中学生	10.30	4.46	−8.60＊＊
	未成年犯	17.91	4.14	
敌意	中学生	10.51	4.26	−5.44＊＊
	未成年犯	15.41	4.36	
躯体	中学生	14.09	5.73	−4.81＊＊
	未成年犯	18.91	4.30	
言语	中学生	6.11	2.72	−5.82＊＊
	未成年犯	9.29	2.58	

＊＊ $p < 0.01$；＊ $p < 0.05$；独立样本 T 检验(中学生样本 71 人，未成年犯高分组样本 32 人)

(3)表 6-5 显示，同龄中学生群体与暴力型未成年犯中的 AQ 高分组和 AQ 总分各因子分存在显著性差异。表明他们的攻击性不在同一水平。

攻击性对比研究表明：从整体上看，未成年犯群体与同龄中学生群体在攻击性水平上存在显著差异性。深入分析表明，暴力型未成年犯群体也存在攻击性水平低的亚群体,他们的攻击性水平与同龄中学生群体的攻击性水平相当。这为本实验研究的实验对象确定与分组提供了科学依据。

第三节　实验操作过程

本节所述实验操作过程,主要是指实验对象的确定、实验进程设置及对实验对象进行"非结构式团体辅导和课堂化教育辅导"的具体操作方法和过程。

一、实验对象、主试及实验进程

(一)确定有效样本团体

选择浙江省未成年犯管教所的基层押犯单位 A 的暴力型未成年犯 132 名,进行 AQ 测试后,首先排除实验期内即将刑满释放和减刑释放的罪犯,共 8 名;其次,排除严重生理疾病(包括心理问题导致的有躯体化症状的)的成员、严重抑郁有自杀倾向和严重焦虑情绪正在接受心理治疗的成员、有严重人格障碍正接受心理咨询的人员、曾吸食毒品且成瘾的成员,或近三个月发生了家庭重大生活事件的成员,共 1 名;第三步,通过个别性谈话,了解成员的人际问题和辅导目的,从成员的求助和改变的动机、心理的领悟能力、参加辅导的意愿等进行考察,排除明显没有求助和改变动机及领悟能力的人员,共 1 人;最后共有 122 人被纳入有效样本团体 A。采取同样筛选方法,在基层押犯单位 B,选取 125 人作为有效样本团体 B。虽然上述被排除人员也能从团体的辅导中获得一些帮助,但会使团体对其他成员的辅导效果大打折扣。

(二)确定实验对象

采取随机抽样的方法,在 122 人的有效样本团体 A 中,随机抽取男性暴力型未成年犯 32 名组成实验组;在 125 人有效样本团体 B 中,随机抽取 35 名未成年犯组成对照组。两组团体成员分别关押在两个管区,分别接受教育辅导,互不影响。实验组和对照组成员的年龄、犯罪类型、刑期和文化程度等情况大体一致(见表6-6)。

(三)确定心理辅导团体的性质和规模

有关研究和推测表明,随着团体规模的不断扩大,团体内部会出现拉帮结派或破坏性小团体的倾向。"一项针对 12 人及 5 人的解决问题团体所做的比较研究发现,团体越大,成员越不满意,彼此之间越不容易达成共识。"[①]鉴于此,本实

---

① [美]Irvin D. Yalom,[加]Molyn Leszcz 著:《团体心理治疗—理论与实践》,李敏、李鸣译,中国轻工业出版社 2013 年版,第 246 页。

验的团体心理辅导的最终确定为封闭式同质 8 人团体,实验组的 32 位人员分别纳入 4 个心理辅导团体。辅导开始后,各辅导团体不再接收新的成员,并按照预定的计划进行团体辅导。

表 6-6　实验组和对照组成员基本情况

组别	类　别		总计(人)	均值	百分比(%)
实验组	总人数		32	—	100
	年龄	16.00(岁)	6	16.84	18.8
		17.00(岁)	25		78.1
		18.00(岁)	1		3.1
	犯罪类型	抢劫	26	—	81.3
		故意伤害	4		12.5
		故意杀人	2		6.3
	刑期(月)	36 个月以下(含)	11	57.44	34.3
		36 个月至 84 个月	13		42.9
		84 个月以上(含)	8		22.9
	文化程度	小学	8	—	25.0
		初中	24		75.0
对照组	总人数		35	100	
	年龄	16.00(岁)	6	17.49	17.1
		17.00(岁)	18		51.4
		18.00(岁)	11		31.4
	犯罪类型	抢劫	27	—	77.1
		故意伤害	7		20.0
		故意杀人	1		2.9
	刑期(月)	36 个月以下(含)	12	57.00	34.3
		36 个月至 84 个月	15		42.9
		84 个月以上(含)	8		22.9
	文化程度	小学	18	—	51.4
		初中	17		42.9
		高中	2		5.8

（四）确定实验主试和实验进程

被分别纳入 4 个心理辅导团体的 32 名实验组成员，由 4 位具有国家心理咨询师资格的矫正师（即团体的带领者）负责，接受每周 1 次、每次 90 分钟、持续 30 周的非结构式团体心理辅导。同时，对这 32 名实验组人员，由 1 位矫正师负责对他们进行每周 1 次、每次 80 分钟、为期 30 周的课堂化教育。对 35 名对照组成员，仍按照原有的教育模式，即以法律、道德、政策、形势和前途教育为主要内容，由 1 位矫正师负责授课，对他们施以每周 2 次、每次 80 分钟、为期 30 周（课）的常规性教育。

二、课堂化教育内容安排

实验组课堂化教育每一阶段的内容如表 6-7 所示。授课时，每一单元讲授一个课时。

表 6-7　教育辅导的具体内容表

序号	单元	主题	内　　容
1	第 1—2 单元	青春期教育课——逆反心理与攻击性产生	认真思考童年期、青少年时期的生活、学习经历，成长过程中的逆反心理与攻击性行为之间的联系，回忆身边人的言行对形成攻击性心理的影响。
2	第 3—4 单元	掌握攻击性心理的现时日常表现	引导矫正对象回顾自己曾实施过哪些暴力与攻击性行为，分析对自身成长所造成的消极影响，特别是攻击性心理在监内日常生活的表现。
3	第 5—6 单元	总结攻击性心理的危害	引导矫正对象分析在形成攻击性心理的过程中，自己有哪些责任，剖析自身犯罪与攻击性心理的关系，并使其认清罪犯对自己、家人和社会带来的危害。
4	第 7—9 单元	家庭教育失当与攻击性心理成因	(1)有人说："棍棒之下出孝子。"你认同吗？为什么？ (2)你喜欢看武打类的影视剧吗？为什么？ (3)有人说："武力是解决问题的最好方法。"你赞同这种方法吗？为什么？

续表

序号	单元	主题	内　容
5	第 10—12 单元	自卑心理与攻击性的产生	引导矫正对象理解并掌握暴力与攻击性行为产生的自身原因和客观原因,根据自身暴力与攻击性行为产生的过程和原因,总结应吸取的人生教训。
6	第 13—15 单元	自尊心受挫与攻击性心理	帮助矫正对象回顾过去曾因正常需要未得到满足,而采取成功应对方法,取得心理平衡的方法。预测,今后可能会有哪些正常需要得不到满足,打算采取哪些应对方法平衡心态。
7	第 16—18 单元	报复心理中的攻击性内核分析	帮助矫正对象回顾自己或列举他人,因参与小团体活动,被来自同伴或团体的压力使自己陷入某些暴力行为的事件。预测,今后会有哪些行为不良的小团体逼迫或吸引参与,打算采取哪些应对方法拒绝。
8	第 19—20 单元	宽容的伟大力量	帮助矫正对象回顾自己曾经有过哪些暴力与攻击性行为,并分析主、客观原因;分析暴力与攻击性行为得以继续发展,可能会导致哪些犯罪,同时会受到什么样的刑事处罚。
9	第 21—23 单元	正确理解攻击性行为是社会学习的结果	让矫正对象理解并掌握"攻击性行为是社会学习的结果"这句话的含义。分析:有的人会因为实施暴力而产生满足或成功的感受,这种感受被加强后,会产生什么状况。
10	第 24—25 单元	人生成长大目标中的心理冲突与挫折	深刻分析成长历程,总结人生挫折的规律:人生成长大目标容易受小事、小脾气、小心眼的冲击,所有人生大挫折都是小事造成的,是小心眼坏了大事。

序号	单元	主题	内　　容
11	第26—27单元	学会防范暴力行为的产生	对近期发生的暴力行为进行讨论,分析原因,并就如何避免提出应对方法。开展"换位思考法"巩固练习,对遇到的矛盾和问题或所犯的错误,学会换位思考,站在对方的角度、心理、观念以及立场上去思考问题,从而防止消极情绪的爆发或暴力行为的发生。
12	第28—30单元	自觉培养自我反省的习惯,升华人生大目标	进行"内省法"巩固练习,按照"三思而后行,行后再三思"的要求内省自己的思想或行为。互动交流:①张某生气时总想摔东西,他很想改变这种习惯。如果请你帮他出主意,你会提出什么建议?请说明理由。②看到厌恶的人,你会产生打他的冲动吗?为什么?③有人说:"面子比命还重要。"你认同这个观念吗?为什么?

三、非结构式团体心理辅导

(一)非结构式团体心理辅导的内容和过程

非结构式团体心理辅导是一个动态的、复杂的变化过程。攻击性矫治团体从组建到辅导结束的整个过程,始终处在一个持续改变的状态之中。本实验的非结构式团体心理辅导过程就经历了启动、过渡、成熟、结束等发展阶段。这些阶段是贯穿团体咨询全过程的连续体,每一阶段都是前一阶段的延伸,又都是后一阶段发展的基础。

1.第一阶段(第1—10次)

第一阶段的非结构式团体心理辅导,是成员间相互熟悉、相互融入的阶段,也是辅导的启动阶段。

非结构式团体心理辅导第一阶段的目标:一是澄清目标和一些不合理的期望,消除对参加团队的恐慌心理;二是提示团体开始后可能出现的问题,并提供化解的策略和应对的措施;三是向成员提供一个团体心理辅导的总体框架,使他们乐于参加团体;四是使成员对团体心理辅导的目标有一种积极预期;五是消除他们当前存在的一些不良情绪,使成员能带着相对平稳的心情参与团体活动。

　　具体而言,团体成员各自的人际交往模式,在团体心理辅导开始以后就会被团体带领者觉察到。在带领者的引导下,每个成员会逐步认识到自己的人际交往特点,并会尝试新的模式代替原有的模式,获得心理成长。首次辅导时,做好减少成员的陌生感和焦虑感;通过自我介绍和建立团体规范,让成员了解,什么行为是可以被接受的,什么行为是被禁止的。如:"某某,这是你第一次参加团体辅导,谈谈你的感受好吗?"在团辅的第一阶段,矫正师要求人员遵守坦诚和保密原则,通过定位、犹豫、寻找意义等方法的技术增加团体的凝聚力,为团体辅导的第二阶段处理人员之间的冲突、支配、反抗和第三阶段进一步发展人员之间的凝聚力奠定良好的基础。

　　本实验中的团体是非结构的治疗团体,在第一阶段的前几次辅导中,一些成员显得很安静,常常显得局促不安,不敢表达自己的想法。即使开口说话,也很表面的说些话,应付一下,表现出对团体治疗的抗拒。他们总是希望矫正师进行指引提示或让别的成员开口说话,而自己则处在被动接收信息的状态。随着团体辅导的深入,当有个别的成员在矫正师的引导下首先打破沉默,显得较为主动时,其他成员也逐渐开始变得活跃。于是到了第一阶段的末期,团体就已经很少出现沉寂的情况。此时,团体成员会讲述自己以往的生活事件和经验,只是这个时候,多数成员只会就事论事,而很少论及自己当下的感受。更多是只将过去的经历作为话题分享给团体内的成员听,在分享的过程中,话题也不涉及团体中其他成员。

　　2.第二阶段(第11—20次)

　　从第二阶段开始,团体成员之间开始尝试探索和分享个人有关的情绪情感的体验或深入的私密情况。成员开始讲到自己在团体中消极的情绪。虽然从表面上看,成员的这些负面情绪指向自己或团体内的其他成员,并不指向团体的带领者,但带领者还是能感受到成员对他的隐性攻击。这实际上是成员在个人感到焦虑和受威胁之后做出的心理防御,同时,也是成员在无意识中测试团体的安全程度。矫正师能否以完全包容和完全接纳的态度,处理好这个节点,是团体咨询能否深入进行的关键。

　　当成员能够表达自己的负性情绪而不受到团体的攻击,不被其他人员批评和否定时,他就会很安心地留在团体内,并开始深入进行自我探索,在团体内自由地分享更加私密的个人事件。此时,团体内就会形成相对信任的氛围,推动团体向前发展。接下来团体很大的转变就是,团体成员会轻松地表达与其他团体成员相处时的感受。他们在团体内开始表达对其他成员的感受和态度。这些感受既有正面的,也有负面的。这种情形的发展结果是,团体更紧密,成员之间更加信任。当然,在这个时候,有些成员难免表达过度,带有一些攻击性,因此在这个时段,矫正师要高度重视这种情况的出现,并在出现这种情况时给予妥善的处理。

3.第三阶段(第21—30次)

这一阶段是团体成熟和结束的阶段。在这个阶段,成员彼此间进一步发展出了信任、关心和体谅,成员之间开始尝试用自己的方法来为他人提供帮助。同时,由于成员之间都能坦诚以待,所以成员们已逐渐地放下个人的防御与伪装,并开始逐渐产生自我接纳和包容,个体成员在团体互动中获益极大。随后,这些成员在团体内和团体外(即改造生活)的言行和态度就会发生明显的改变。在这个阶段,团体成员感到团体中每个人都很真实,都是一个受到尊重的独一无二的个体。他们不但了解自己的长处和优势,而且也都能自然接纳自己的所短。由于对自己的充分接纳,团体成员会抛掉种种的伪装面具,开始创造爱,享受爱!团体内的真诚和相互接纳关系,成员间的彼此支持和鼓励,是团体成员心理成长的重要催化剂。因为成员之间相互信任,彼此关心,所以当面临成员的问题时,他们一起面质、澄清和处理矛盾,从而学会积极面对问题,成员之间此时可以感受到相互之间的关爱和共情。团体内良好的人际关系因此形成。

在这个阶段,矫正师鼓励团体成员把在辅导中学到的经验运用到改造生活中去,使他们明白,辅导的最终目的是认知行为的转变和情绪的改善,使自己变得乐于接纳、温暖和真诚,促使自己的思想得到有效的转化、人际关系得到有效改善,并最终使自己的人格得以最大程度的完善。团体成员王某,辅导前是一个攻击性极强的人,AQ总分值达72分,既有对外攻击的行为表现,也有自伤自残的自我攻击表现,被列为予以重点教育的对象。自从加入团体辅导小组以后,在最初的阶段,表现消极,常常沉默不语或被动反馈,无法融入团体小组,但随着辅导的深入,在真诚、包融、接纳的团体抱持性氛围中,他逐渐开放自己。在团辅的第三阶段,在矫正师的鼓动下,他尝试将这种开放性运用到改造生活中,取得了极大成功,他说:"对他人的开放和真诚让我尝到了甜头,它使我脱胎换骨。"辅导结束后,他的攻击性AQ测试分到了50以下。他所在管区的民警反映,在团体辅导后期阶段,王某有了很大的改变,习艺劳动积极,三课学习努力,与人相处和睦,前后判若两人。周围的未成年犯也反映,王某似乎变了一个人,他们都开始喜欢与他相处、交流、交往。

在本实验的非结构式团体辅导中,我们主要运用了焦点解决技术、人本主义心理治疗理念及精神动力的心理治疗理论。在团体咨询的各个阶段,矫正师采用了焦点咨询技术进行辅导。焦点解决以"正向性的思考"、"例外带来解决之道"、"改变永远在发生"等理念,运用目标架构、例外架构、解决架构和丰富的问话技术,解决团体成员的人际问题。如每当团体成员出现积极改变,矫正师就运用正向回馈,如赞美或振奋性引导,肯定团体成员身上的积极方面,通过支持与鼓励,促进他们的成长。在团体辅导的结束阶段,矫正师协助团体成员回顾总结与评估已有的成长与改变,巩固习得的适应行为和提供反馈。

(二)非结构式团体辅导取得效果的因素

1.非指导性是非结构式团体辅导取得成效的首要因素。

非结构式团体辅导没有固定的程序安排,团体的带领者,一般根据团体成员的需要及团体动力的发展状况来决定团体的目标、进程,起到引导、支持、鼓励的作用,促成团体成员的相互沟通、相互理解和相互之间的分享、倾听。

2.共情的态度是团体心理辅导取得成效的关键因素。人本主义学派创始人罗杰斯对共情的解释是:"咨询员能够正确地了解当事人内在的主观世界,并且能将有意义的讯息传达给当事人。明了或察觉到当事人蕴涵着的个人意义的世界,就好像是你自己的世界,但是没有丧失这'好像'的特质。"简单地说,共情是设身处地去理解来访者的处境,体会来访者的感受、需要,并且把自己设身处地的了解让对方能够明了,表现为矫正师的积极关注、充分的理解和尊重。罗杰斯认为良好的咨询与治疗关系本身就具有治疗的功能,而共情是建立良好咨询关系的三个充分必要条件之一。

研究表明低共情是导致暴力犯罪行为发生的重要因素,而且共情能力与愤怒和敌意认知存在负相关。郑敬华等人的研究指出,暴力犯和非暴力犯相比,认知性共情和情感性共情水平较低,罪犯特别是暴力犯具有较低的共情水平。暴力犯与非暴力犯相比,攻击性、冲动性攻击和预谋性攻击较高,而且更易于被激惹,具有更强的敌意认知。根据肖玉琴等人的研究,低共情是冷酷无情特质未成年人的一个重要特点,为此,对暴力型未成年犯的干预项目应该围绕提高共情来实施。作者没再进行共情方面的循证研究,但基本看法与肖玉琴、郑敬华的观点相一致,即认为暴力性未成年犯与非暴力型未成年犯在共情的水平上,不论是情感性共情,还是认知性共情均较低。共情本身就具有很好的矫治效果。团队领导者的共情态度与其非指导性的思想是一脉相承的。在本实验的团体辅导中,我们的团队带领者特别注意共情的运用,主要是多次共情、谨慎共情。所谓谨慎共情,是指要把握好共情的进度,每次共情一小步,积"小胜为大胜",积"小的共情"为"大的共情",在循序渐进的共情中,使团体人员的心理和情感的改变进度跟上矫正师的步伐。通过共情,为团体成员营造一个真诚、尊重和温暖的小组气氛,引导他们回顾过去的经历,认清自己的认知、情感、行为特点以及能力长处和存在的问题;在团体中培养一份归属感和被接纳的感觉,在体验与他人亲密交流,彼此信任的同时,学会关心、倾听和体察他人,减少攻击性,提高人际交往的真诚、和谐能力。

3."情感体验"是团体心理辅导取得成效的核心因素。团体领导者的非指导性引导和真诚、共情、积极关注的态度,使团体形成一种安全、自由的氛围,团体成员因此敢于暴露他过去经历的创伤性事件,敢于冒险表达与这些事件相关的强烈情感。团体成员表达并宣泄与以往事件相伴随的愤怒、敌意等负性情感,是一种矫正性的"情感体验",这种体验可以有效修复他们在既往经历中的创伤性影响,起到疗愈效果。在团体辅导过程中,团体成员一次又一次的"情感体验"下,他们的攻击性得以逐渐矫正。促使这种"情感体验"发生的先决条件是团体强有力的支持,只有在感到团体是安全的、包容的情形之下,团体成员才敢于逐渐地自我暴露,坦诚地开放自己,与其他团体成员分享自己的体验。所以这种具有疗愈作用的"情感体验"必定发生在团体辅导的中后期。

四、实验中的各种变量和影响因素的控制

(一)变量的操作与测量

自变量是"非结构式团体辅导和课堂化教育"相结合的教育辅导方法;因变量为全体实验对象的 AQ 总分值以及愤怒、敌意、言语攻击和躯体攻击等各因子分值。在运用"非结构式团体辅导和课堂化教育"对实验组进行教育辅导的前一天,采用 AQ 问卷(修订版 AQ 问卷[①])对实验组和对照组全体成员进行测试(以下称"前测"),记录每个成员的 AQ 总分值和愤怒、敌意、言语和躯体攻击等各因子的分值。在 30 次辅导结束后的次日,再一次采用 AQ 量表对实验组和对照组全体成员进行测试(以下称"后测"),并作同样内容的记录。

影响实验结果的因素,称为干扰变量。本实验的干扰变量主要有:一是来自矫正师的因素,如个人的学历、受训背景、团辅和授课的风格等;二是来自实验对象因素,如个性特征、刑期、犯罪类型、年龄、文化程度、民族、风俗习惯、文化背景、身体状态以及情绪、认知和意志力水平等发展状况、家庭情况等;三是来自环境的因素,如实验对象的饮食起居环境状况、同伴影响程度、刑事政策调整和人际氛围情况等。为把这些干扰因素降到最低程度,主要采取了以下一些措施:一是把刑期、年龄、文化程度、犯罪类型、家庭情况等作为协变量进行考察;二是分别定期协调关押实验组和对照组的两个管区,定期召开情况通报和协商,努力让两个组的饮食起居环境状况、同伴影响程度和人际氛围情况,尽可能处在同一水

---

①修订版 AQ(Aggression Questionnaire)问卷,黎玉河、孟宪璋 2005 年修订,包含 4 个分量表(愤怒、敌意、躯体攻击、言语攻击)共 21 个条目,经因素分析归入 4 个因子(愤怒、敌意、躯体攻击和言语攻击因子)。采用 5 级评分,最后得到 4 个因子值和 AQ 总分值(采用原始分,最大值 105 分,最小值 21 分,AQ 总分值越高,攻击性越强)。

平;三是统一挑选具有国家二级心理咨询师资格的资深矫正师,担任各团辅小组的带领者,并在辅导过程中统一进程和内容。

（二）统计方法

对 AQ 问卷进行整理,用 EXCEL 进行数据录入,确认无误后,用 SPSS11.5 统计软件进行数据分析。对实验组与对照组的 AQ 总分值和各因子值,以及实验组和对照组各自前测和后测所得的 AQ 总分值和各因子值,运用单因素方差分析、配对样本 T 检验和协方差分析等分析方法,进行对比。

第四节　实验结果分析

实验完成后,分别对实验组、对照组在实验前后的攻击性水平进行了考察,同时对两个高分组和两个低分组[①]在实验前后的攻击性水平进行比较研究。

一、实验数据分析

（一）实验前后实验组和对照组的攻击性水平比较

在实验前后,分别对实验组和对照组的 AQ 总分值及愤怒、敌意、躯体攻击和言语攻击各因子分值,进行单因素方差分析（见表 6-8）。结果表明实验组和对照组在实验开始前的攻击性水平基本相同;而在实验之后,两者的攻击性水平出现了明显差异。

表 6-8　实验前后实验组和对照组攻击性水平比较

测试类别	项目	实验组($n=32$) 均值（标准差）	对照组($n=35$) 均值（标准差）	F
前测	AQ 总分	51.91(10.78)	53.09(14.29)	0.42
	愤怒因子	15.31(4.93)	14.09(4.88)	1.14
	敌意因子	12.88(3.70)	14.00(4.80)	2.94
	躯体攻击因子	16.06(5.03)	17.00(5.15)	0.82
	言语攻击因子	7.66(1.81)	8.00(3.22)	0.34

① 将实验组和对照组 AQ 总分值在 50 分以上（含）的分别作为实验高分组和对照高分组,将实验组和对照组 AQ 总分值在 50 分以下的分别作为实验低分组和对照低分组。

测试类别	项目	实验组($n=32$) 均值(标准差)	对照组($n=35$) 均值(标准差)	F
后测	AQ总分	44.13(11.82)	53.00(15.97)	6.34**
	愤怒因子	13.88(4.88)	14.54(4.87)	0.09
	敌意因子	10.69(3.05)	13.20(4.83)	7.39**
	躯体攻击因子	12.78(4.92)	16.94(5.54)	10.50**
	言语攻击因子	6.72(2.87)	8.26(2.82)	4.37*

** $p<0.01$;* $p<0.05$

(二)实验组实验前后攻击性水平的比较以及对照组实验前后攻击性水平的比较

对实验组前后测的 AQ 总分值和各因子分值,运用配对样本 T 检验进行比较,发现实验组前后测各项分值均发生了显著的改变,其中愤怒因子值的差异显著达 0.1 水平,而 AQ 总分值及其余各因子的差异显著性达到了 0.01 或 0.05 的水平(见表 6-9)。对对照组前后测 AQ 总分及各因子分值同样进行了配对样本 T 检验比较,发现其各项分值变化均不明显(见表 6-8)。

表 6-9　实验组和对照组实验前后攻击性水平变化

项目		AQ总分	愤怒因子	敌意因子	躯体攻击因子	言语攻击因子
实验组	前测均值 (标准差)	51.91(10.78)	15.31(4.93)	12.88(3.70)	16.06(5.03)	7.66(1.81)
	后测均值 (标准差)	44.13(11.82)	13.88(4.88)	10.69(3.05)	12.78(4.92)	6.72(2.87)
	T	4.27**	1.74+	3.04**	4.12**	2.08*
对照组	前测均值 (标准差)	53.09(14.29)	14.09(4.88)	14.00(4.80)	17.00(5.15)	8.00(3.22)
	后测均值 (标准差)	53.00(15.97)	14.54(4.87)	13.20(4.83)	16.94(5.54)	8.26(2.82)
	T	0.07	−0.78	1.31	0.07	−0.65

** $p<0.01$;* $p<0.05$;$+p<0.1$(实验组 $n=32$;对照组 $n=35$)

(三)年龄、犯罪类型、刑期、文化程度和家庭情况等因素对实验组实验结果的影响

分别将年龄、犯罪类型、刑期、文化程度、家庭情况作为协变量,对实验组在实验前后的攻击性水平进行协方差分析(见表6-10),结果表明协变量家庭情况、刑期和文化程度与因变量没有什么关系,而犯罪类型与因变量存在相互影响,表明实验组成员的攻击性水平变化,不仅受实验活动的影响,还受到犯罪类型的影响。

表 6-10　年龄、犯罪类型等因素对实验组实验结果的影响分析

项目	因素类别	总方差	自由度	平均方差	F
AQ 总分	年龄(年)	125.46	1	125.46	1.08
	犯罪类型	1041.64	1	1041.64	9.00**
	刑期(月)	14.58	1	14.58	0.13
	文化程度	20.25	1	20.25	0.16
	家庭情况	143.38	1	143.38	1.11
	前测后测变化	968.77	1	968.77	8.37**
愤怒因子	年龄(年)	125.46	1	125.46	1.08
	犯罪类型	1041.64	1	1041.64	9.00**
	刑期(月)	14.58	1	14.58	0.13
	文化程度	96.95	1	96.95	4.37*
	家庭情况	34.50	1	34.50	1.56
	前测后测变化	33.06	1	33.06	1.414
敌意因子	年龄(年)	16.75	1	16.75	1.54
	犯罪类型	62.36	1	62.36	5.74*
	刑期(月)	5.06	1	5.06	0.47
	文化程度	0.71	1	0.71	0.06
	家庭情况	0.42	1	0.42	0.04
	前测后测变化	76.56	1	76.56	7.05**

项目	因素类别	总方差	自由度	平均方差	F
躯体攻击因子	年龄(年)	18.54	1	18.54	0.77
	犯罪类型	103.29	1	103.29	4.29*
	刑期(月)	0.36	1	0.36	0.02
	文化程度	24.65	1	24.65	0.99
	家庭情况	31.90	1	31.90	1.29
	前测后测变化	172.27	1	172.27	7.15**
言语攻击因子	年龄(年)	18.16	1	18.16	3.65
	犯罪类型	46.72	1	46.72	9.38**
	刑期(月)	2.48	1	2.48	0.50
	文化程度	0.86	1	0.86	0.15
	家庭情况	0.15	1	0.15	0.03
	前测后测变化	14.06	1	14.06	2.83

＊＊ $p<0.01$；＊ $p<0.05$；记分方法：犯罪类型：抢劫,故意伤害(杀人)；文化程度：小学,初中；家庭情况：正常,异常(离异或单亲等)1

（四）不同犯罪类型的实验组成员在实验前后的攻击性水平分析

运用方差分析对不同犯罪类型的实验组成员在实验前后的攻击性水平进行方差分析,发现抢劫类型的未成年犯在实验后的 AQ 总分值发生了显著改变(见表 6-11),除愤怒因子变化不明显以外,其他各因子分值也均发生了显著性改变。而故意伤害和故意杀人类型的未成年犯在实验之后的 AQ 总分值以及其他各因子的变化都不明显。

表 6-11　不同犯罪类型的实验组成员在实验前后的攻击性水平比较

项目	犯罪类型	前测($n=26$) 均值(标准差)	后测($n=26$) 均值(标准差)	F
AQ 总分	抢劫罪	50.23(10.46)	42.04(11.26)	7.389**
	故伤故杀罪①	59.17(9.81)	53.17(10.57)	1.04
愤怒因子	抢劫罪	14.96(4.82)	13.54(4.94)	1.105
	故伤故杀罪	16.83(5.60)	15.33(4.76)	0.25

①故意伤害罪和故意杀人罪,下同。

续表

项目	犯罪类型	前测（$n=26$）均值（标准差）	后测（$n=26$）均值（标准差）	F
敌意因子	抢劫罪	12.46(3.75)	10.154(2.88)	6.183*
	故伤故杀罪	14.67(3.14)	13.00(2.90)	0.91
躯体攻击因子	抢劫罪	15.42(4.89)	12.15(4.76)	5.97
	故伤故杀罪	18.83(5.12)	15.50(5.09)	1.28
言语攻击因子	抢劫罪	7.38(1.55)	6.19(2.42)	4.481*
	故伤故杀罪	8.83(2.48)	9.00(3.74)	0.01

＊＊ $p<0.01$；＊ $p<0.05$

（五）两个高分组和两个低分组[①]在实验前后的攻击性水平比较

运用方差分析,对两个高分组和两个低分组在实验之前和实验之后的攻击性水平分别进行比较(见表6-12),结果如下:①实验高分组的前测和后测发生了显著性改变($p<0.01$),而对照高分组、实验低分组和对照低分组的前测和后测均没有明显改变;②实验低分组和对照低分组在实验前的 AQ 总分值处于同一水平,而实验后它们的 AQ 分值仍处于同一水平;③实验高分组和对照高分组在实验前的 AQ 总分处于同一水平,而实验后它们的 AQ 总分值已不在同一水平(实验高分组的 AQ 总分值明显下降,改变显著,$p<0.01$)。

表 6-12 两个高分组和两个低分组前测和后测攻击性水平比较

组别	AQ 均值—前测均值（标准差）	AQ 均值—后测均值（标准差）	F	F1	F2
实验高分组($n=16$)	58.69(8.72)	48.56(12.21)	7.29**	2.46	13.28**
对照高分组($n=18$)	64.06(10.96)	63.72(12.02)	0.01		
实验低分组($n=16$)	43.50(5.14)	40.13(9.57)	1.55	1.26	0.18
对照低分组($n=17$)	41.47(5.23)	41.65(11.04)	0.00		

＊＊ $p<0.01$；F1 为实验高分组和对照高分组的前测比较;F2 为实验低分组和对照低分组的后测比较。

[①] 将实验组和对照组 AQ 总分值在 50 分以上(含)的分别作为实验高分组和对照高分组,将实验组和对照组 AQ 总分值在 50 分以下的分别作为实验低分组和对照低分组。

二、实验结果与讨论

(一)各类 AQ 分值比较

实验组和对照组在实验之前的 AQ 总分值和各因子分值处于同一水平;在实验之后,它们发生了显著改变,表明其中一组发生了变化。深入分析发现,实验组前测后测 AQ 总分值和各因子值发生了显著变化,而对照组的各项分值并没有发生明显变化。表明以"非结构式团体辅导和课堂化教育"相结合的教育辅导方法对于降低暴力型未成年犯的攻击性水平具有良好的效果;而常规教育方法对于降低暴力型未成年犯的攻击性水平没有非常明显的效果。

将犯罪类型、文化程度、家庭情况、年龄、刑期和文化程度作为协变量,进行实验组前测后测协方差分析,显示暴力型未成年犯的犯罪类型影响实验结果,深入进行方差分析发现,教育辅导方法对于降低抢劫类型未成年犯的攻击性水平效果明显,而对于降低故意伤害和故意杀人类型未成年犯的攻击性水平效果不明显。男性未成年犯李某(抢劫罪犯),在实验前具有很强的攻击性(AQ 总分值50 分以上),既有对外攻击(实验前还有一次打架行为),也有对内攻击,同时伴有焦虑、抑郁、迷茫、绝望等负性情绪,缺乏目标感和归属感,觉得生活没有意义,消极厌世想法浓重,改造动力匮乏。实验结束时,他的 AQ 总分值下降到了 50 分以下,负性情绪消失,改造积极性得了明显增强。

对照低分组和对照高分组的前测后测均没有发生明显的变化,实验低分组的前测后测没有发生明显的变化,实验高分组的前测后测发生了显著的变化,表明本实验所采取的"非结构式团体辅导和课堂化教育"相结合的教育辅导方法,对于 AQ 分值在 50 以下的暴力型未成年犯的矫正效果不明显,而对于 AQ 分值在 50 以上(含)的暴力型未成年犯的矫正效果较好。究其原因,是因为攻击性较低的暴力型未成年犯的 AQ 总分值与同龄人未成年人的水平相当(见预研究),不需要特别的矫正措施再降低其攻击性水平。

(二)基本结论与讨论

本循证矫正实验的基本结论是:以"非结构式团体辅导和课堂化教育"相结合的教育辅导法,对于矫正暴力型未成年犯的攻击性水平有较好的效果;尤其是对于矫正 AQ 总分值在 50 分以上(含)、攻击性水平高的抢劫型未成年犯,具有很好的效果。

本实验中,对实验对象的矫正干预包含了教育和团体辅导两项措施,因此,矫正效果被视为两者共同起作用的结果。与刘晓明和冀云等人对"团体心理干预对暴力型未成年犯攻击性的影响"研究结果(见第一节记述)相比较,采取本研究的干预措施,即采用"非结构式团体辅导和课堂化教育"的措施,除愤怒因子未得到明显改变外,AQ 总分及其他各项因子均发生了显著性的改变,显示本实验的干预措施能更好地矫正暴力型未成年犯的攻击性,同时也说明教育在对暴力型未成年犯攻击性的矫正方面不能缺少。

本实验结果显示,实验对象的愤怒因子未得到显著性改变。结合张丽娇等人研究结果(见本章第一节记述),我们认为愤怒情绪的形成是个体与双亲的依恋密切相关,这可能是愤怒因子得不到显著改变的重要原因,因为非结构式团体辅导无法深入与团体成员讨论依恋的问题。此外,长期的监禁生活容易使服刑人员产生愤怒情绪,这是在团体辅导中团体人员愤怒因子前后变化不明显的另一个可能原因。

本实验研究与毛燕静等人对男性成年犯冲动性攻击行为的团体干预研究相比较,虽然两个实验研究在攻击性水平评测的量表选用上不同,但是因为涉及的攻击性的几个维度相同,因此,可以进行对照分析。本研究的基本结论与其有很多相同之处,表明运用团体心理辅导的方法,对于矫正罪犯的攻击性确实有良好的效果。同时,我们的研究与毛燕静等人的研究相比,更具有独特性:一方面,我们讨论的是暴力型未成年犯的攻击性矫正问题,研究和矫正的对象更独特;另一方面,本实验研究把具有攻击性的暴力型罪犯按 AQ 分值的高低进行了分类,同时对不同犯罪类型的未成年犯进行了比较,所以研究更为深入,为今后开展对具有 AQ 分值在 50 分以上的、高攻击性水平的抢劫类型未成年犯的矫正,提供了一种新的思路。

(三)实验研究存在的不足

第一,研究的面不够宽泛。首先是对学生群体与罪犯群体的比较研究不充分,如学生的愤怒因子与罪犯的愤怒因子比较等没有进行研究。同时,对学生群体没有进行相关操作性的研究,只是进行简单的数据采集和对比研究。其次,由于时间所限,对于成年犯群体与未成年犯群体的攻击性矫正方面的对比研究没有涉及。

第二,消除干扰因素对实验结果的影响显得不足。对照组与实验组不在同一管教区域,他们的人际环境、起居环境不同。尽管在实验过程中,我们采取了一些措施,想方设法保持两者之间的一致性,但这种影响终究无法从根本上消除。

第三,样本的选择范围不够广泛,对降低攻击性机制研究不够透彻。我们的样本选择局限于浙江省未成年犯管教所,没有开展全国范围内的样本选取。同时,本实验对罪犯个体的攻击性形成机制没有开展充分的研究。如安全感与个体的攻击性水平密切相关,比如随着个体的自信、自尊和信任他人的能力的提高,个体的攻击性会降低,这方面的研究也没有涉及。

科学发现一般包含以下几个阶段:第一阶段,受到某种现象的启迪;第二阶段,进行思考和实验;第三阶段,发现内有的共同的规律;第四阶段,把发现变成发明。本攻击性矫正项目实验,正是受到众多同行对于暴力型罪犯攻击性的矫正研究的启发,我们在对暴力型未成年犯攻击性的个体矫正基础上,精心设计了针对暴力型未成年犯攻击性进行群体矫正的这项实验。我们的终极目标是发现矫正各类型未成年犯的共同规律,从而发明一种针对矫正需要的、更加科学有效地矫正未成年犯,促使他们健康成长的一种手段。如探明反社会型人格问题、边缘型人格问题、情绪困扰型人格问题、认知缺陷型人格问题等的各类型未成年犯的矫正。目前,我们的工作尚处在科学发现的第二阶段,接下去,我们还有大量的研究工作要做。尽管深知路途遥远,而且道路充满荆棘,但矢志不渝的求索精神,终将引领着我们一路披荆斩棘,勇往直前。

附:修订版 AQ 问卷

编号:

姓名 ＿＿＿＿＿＿　性别 ＿＿＿＿＿＿　年龄 ＿＿＿＿＿　文化程度 ＿＿＿＿＿＿

职业 ＿＿＿＿＿＿　罪名 ＿＿＿＿＿＿　刑期 ＿＿＿＿＿年　已服刑 ＿＿＿＿＿年

填表日期＿＿＿＿＿＿＿

指导语:本问卷共包括 21 个陈述,在每个陈述的后面都有 1—5 共五个级别的选择,分别代表在一般情况下该陈述与您的特点的符合程度:1 表示"完全不符合我的特点";2 表示"有点符合我的特点",3 表示"与我的特点中等程度符合",4 表示"很符合我的特点";5 表示"完全符合我的特点"。请您仔细阅读每一个陈述,从 1—5 的五个数字中选择一个与您的实际情况最相符的数字,在相应数字上打"√"或画圈。每个人的特点都会与众不同,因此回答亦无所谓正确错误或好坏之分,您只要如实回答就行了,不必费时斟酌,也不必顾忌他人或社会的意见和态度。

　　　　　　　　　　　1 完全　2 有点　3 中等　4 很符合　5 完全不符合

1. 我觉得别人运气总是比我好。　　　　　　　1　2　3　4　5

2. 我觉得大多数人都不可信任。　　　　　　　1　2　3　4　5

3. 一点小事都会让我大发雷霆。　　　　　　　1　2　3　4　5

4. 我有时,有想打人或伤害他人的冲动。　　　1　2　3　4　5

5. 当受到一定的刺激时,我可能会出手打人。　1　2　3　4　5

6. 人们总是不公平地对待我。　　　　　　　　1　2　3　4　5

7. 如果有人逼我太甚,我会与他打起来。　　　1　2　3　4　5

8. 我感到朋友们经常在背后议论我。   1 2 3 4 5

9. 我的朋友说我有点好争辩。   1 2 3 4 5

10. 有时我觉得自己就像个火药桶，一触即爆。   1 2 3 4 5

11. 如果有人打我，我会还手。   1 2 3 4 5

12. 我的朋友认为我是一个急性子的人。   1 2 3 4 5

13. 我觉得别人老是针对我。   1 2 3 4 5

14. 当人们观点不一致时，我忍不住加入争辩。   1 2 3 4 5

15. 我很容易发火。   1 2 3 4 5

16. 如果必须借助暴力来捍卫自己的权益，我会这么做。   1 2 3 4 5

17. 把我激怒了，我会大打出手。   1 2 3 4 5

18. 我有时会无缘无故发脾气。   1 2 3 4 5

19. 有人惹我不高兴时，我会告诉他们我对他们的看法。   1 2 3 4 5

20. 我很容易嫉妒。   1 2 3 4 5

21. 我很难控制自己的脾气。   1 2 3 4 5

第七章
非理性信念矫正项目实验

　　未成年犯与社会上的同龄人相比,往往具有文化程度更低,明辨是非能力较弱,自我欲望过高,且不能客观地评估自己和周围的世界,缺少应有的理性,容易冲动,做事不计后果,在监禁状态下负面情绪较为严重等特性。根据未成年犯的上述特性,加强教育改造的针对性和有效性,就成为我们迫切需要研究的课题。

　　未成年人之所以会走上犯罪道路,这和他们存在欲求绝对性、感知歪曲性、思维非理性和应付非理智性等非理性信念有着密切的联系。非理性信念矫正项目实验借助理性情绪行为疗法,采用非结构式团体辅导等干预技术来进行实验研究。实验目的是想通过非理性信念的矫正来帮助未成年犯正确认识自己、他人和环境;学会自我表达,友好交流,体会他人情绪,建立健康的生活方式;提高自我情绪调控能力和调整自身行为,进一步完善人格;积极有效地帮助未成年犯提高心理素质,预防和化解危险行为的发生;较好地适应当前的改造生活和今后的社会生活,为他们的健康成长奠定良好的基础。

第一节　实验理论准备

一、非理性信念的概念和特点

(一)非理性信念的概念

　　"信念"一词,在不同的学科领域有着不同的解释。比如,在《现代汉语词典》中信念是指自己认为可以确信的看法。在社会心理学中信念相当于态度和知觉。在情绪心理学中信念是指对刺激的评估。在美国临床心理学家艾伯特·艾里斯(Albert Ellis)的理性情绪疗法中,信念指的是人对现实的看法或思想、观念、解释、评价、意见。因为本实验主要以艾里斯的相关理论为基础,所以,本实验中的信念指的是对现实的看法,与观念、思想、态度、认知、思维的含义接近,是认知心理活动的结果。与此同时,参考贝克的理论,将信念分为核心信念与具体信念。

"非理性"一词,在哲学中与心理学中均被使用,但其含义是不完全一样的。在哲学中的非理性有时是相对于感性而言的,如主观能动性包括的意志、信念、热情、情绪等都被视为非理性方面。本研究的非理性不同于哲学中的非理性,它是相对于"理性"而言的,是指"不合理"的意思。

"非理性信念"是由艾伯特·艾里斯在1955年最早提出的,意为缺乏经验支持、与现实不符合的信念或思想。艾里斯认为非理性信念主要是对自己、对他人、对周围的环境及事物的绝对化要求和歪曲的看法。他于1962年提出了11种非理性信念:①每个人都要取得周围的人,尤其是生活中每一位重要人物的喜爱和赞许。②个人是否有价值,取决于他能否全能,是否在人生的每个环节都有所成就。③世界上有些人邪恶,很可憎,是坏人,应严厉谴责和惩罚他们。④当事情不如己意的时候,感到非常可怕和可悲。⑤要面对人生中的艰难和责任实在不容易,倒不如逃避来得省事。⑥人的不愉快是外界因素造成的,所以人实在无法控制自己的痛苦和困惑。⑦人应该非常关心危险的和可怕的事物,要不断关注和思考,而且要随时留意它可能再发生。⑧一个人的过程经历决定了其目前的行为,而且这是永远不能改变的。⑨一个人总会依赖他人,同时也需要一个比自己更强有力的人来让自己依附。⑩人们应该关心他人的问题,也应该为他人的问题而悲伤难过。⑪人生中的每个问题,都有一个正确而完美的答案,一旦得不到答案,就会很痛苦。

我国学者肖汉仕综合艾里斯等有关学者的观点,提出非理性信念主要是指不切实际的、歪曲的、不合理的、不理智的看法或观念。[①]

(二)非理性信念的特点

非理性信念作为非理性认知的产物和结果,具有一定的特点。

艾里斯认为非理性信念主要是对自己、对他人、对自己周围的环境及事物的绝对化要求和歪曲的看法。强调绝对化与歪曲性的特点。

贝克认为非理性认知是用片面的方式解释境遇或推测未来的变化,结果导致认知失真或认知歪曲,是负性的自动想法,或认知曲解。强调其认知活动及结

---

①肖汉仕:《中学生非理性信念量表编制及非理性信念干预》,中南大学博士论文,2007年5月。

果的片面性、消极性、歪曲性或失真性的特点,并认为有核心的非理性态度与具体的自动想法两个层次。

韦斯勒提出了非理性信念的三个特点:①绝对化要求。是指人们以自己的意愿为出发点,对某一事物怀有认为其必定会发生或不会发生的信念,它通常与"必须"、"应该"这类字眼连在一起。比如"我必须获得成功"、"别人必须很好地对待我"、"生活应该是很容易的"等等。怀有这样信念的人极易陷入情绪困扰中,因为客观事物的发生、发展都有其规律,是不以人的意志为转移的。②过分概括化。这是一种以偏概全、以一概十的不合理思维方式的表现。一个方面是人们对其自身的不合理评价。如当面对失败就是极坏的结果时,往往会认为自己"一无是处"、"一钱不值",是"废物"等。另一个方面是对他人的不合理评价,即别人稍有差错就认为他很坏、一无是处等,这会导致一味地责备他人,以致产生敌意和愤怒等情绪。③糟糕至极。这是一种认为如果一件不好的事发生了,将是非常可怕、非常糟糕,甚至是一场灾难的想法。这将导致个体陷入极端不良的情绪体验如耻辱、自责自罪、焦虑、悲观、抑郁的恶性循环之中,而难以自拔。糟糕至极常常是与人们对自己、对他人及对周围环境的绝对化要求相联系而出现的,即在人们的绝对化要求中认为的"必须"和"应该"的事情并非像他们所想的那样发生时,他们就感到无法接受这种现实,因而就会走向极端,认为事情已经糟到了极点。

二、非理性信念与罪犯的矫正需要

(一)非理性信念、情绪认知人格与犯罪

未成年人由于心智还不成熟,人格还未定型,理性信念也尚未形成,情绪容易出现波动,往往习惯于用感性的、直观的方法去判断事情的是非曲直,经不住各种诱惑,容易误入歧途走上犯罪道路。有研究表明,具有潜伏性犯罪行为的未成年人,其人格特征会迫使他们:以冲动的方式寻求欲望的即时满足;认为满足自我的需要比满足他人的需要更为重要;满足本能的需要而考虑对与错,即缺乏罪恶感。[①] 美国精神病学家、少年犯罪研究的著名先驱者 Healy和 Bronner 于 1936 年提出情绪障碍犯罪说,认为情绪障碍是引起少年犯罪最主要的原因。[②] 少年正常的欲求、愿望和冲动的实现受到妨碍时就会产生长期的、严重的情绪不正常问题,即情绪障碍。这些被歪曲了的情绪,具有向代偿性满足的冲动发展的强大趋势。在具有严重的情绪障碍的情况下,由于个体

①张春妹、邹泓:《人格与青少年犯罪的关系研究》,《心理科学进展》2006 年第 1 期。
②罗大华、何为民:《犯罪心理学》,浙江教育出版社 2002 年版,第 307—309 页。

的思维模式和自我控制很差,不能自觉地接受社会的约束和控制,因而不能抑制违法犯罪行为的冲动。

(二)非理性信念、社会适应与犯罪

我所关押的未成年犯中,外省籍的大约占了73.4%,他们文化程度相对较低、没有一技之长,好逸恶劳、贪图享受,再加上社会支持比较差、应对方式也比较简单,又不安于现状,社会适应能力相对比较弱。他们大多从农村来到城市,有很多新鲜事物、新的诱惑,他们向往有钱人的生活,但通过自己的努力又无法实现,就选择捷径,在非理性信念的驱使下逐步走上了犯罪道路。

三、非理性信念与服刑未成年犯的狱内表现

(一)狱内情绪表现

情绪与未成年犯的生活、学习、人际交往、个人发展密切相关,对服刑人员的身心健康、学业发展和个人成长都具有直接的影响,未成年犯在改造中的情绪表现主要有以下几种。

1.焦虑

焦虑是一种复杂的心理,它始于对某种事物的热烈期盼,形成于担心失去这些期待、希望。未成年犯从一个自由人走上犯罪道路,从看守所到未成年犯管教所服刑改造,他们的希望一次次被打破,梦想一个个被浇灭,焦虑情绪也随之加重,这也成为他们改造过程中的一大障碍。焦虑常伴有头晕、胸闷、心悸、呼吸困难、口干、尿频、尿急、出汗等症状。

2.抑郁

抑郁是一种愁闷的心境,表现为情绪反应强度的不足。抑郁在服刑人员群体中表现较为普遍。严重者,还伴有心境恶劣、失眠,甚至自杀倾向。抑郁的主要表现有:压抑、苦闷;负面自我评价,感觉生活无价值、无意义,悲观失望;缺乏兴趣、依赖性强;反应迟钝、活动水平下降;回避交往;体验不到快乐,自卑、自责、自罪;失眠、食欲下降、言语动作迟缓、乏力、面色灰暗、哭泣、叹息,以及自杀倾向等。

3.冷漠

冷漠同样是一种情绪反应强度不足的表现,表现为对人对事漠不关心的消极状态。处于冷漠情绪的服刑人员,在行为上常表现为对生活没有热情和兴趣;对学习漠然置之、无精打采;对周围的服刑人员冷漠无情,甚至对他人的冷暖无动于衷;对集体活动漠不关心、麻木不仁。冷漠是一种对环境和现实自我逃避的退缩性心理反应,它本身虽然带有一定心理防御的性质,但是会导致当事者萎靡不振、退缩躲避和自我封闭,并严重影响一个人的身心健康。克服冷漠情绪,首

先要从加强责任意识入手,逐步建立起自己的生活目标,同时应积极开展人际的交往,积极投入生活和学习中。

4.愤怒

愤怒是人的基本情绪反应,从程度上可分为不满、气恼、愤怒、暴怒、狂怒等。服刑人员如果无法控制自己的情绪,动辄发怒,就会造成对别人和自己的伤害。因此,服刑人员要学会采用心理调节的方法,缓解自己的冲动和愤怒情绪。

(二)狱内行为表现

未成年犯不良情绪最直接的外在表现就是发生一些违规违纪的行为。这些行为的发生,轻则影响到监狱改造秩序的稳定,重则影响到监狱的安全。

1.吵架

有些未成年犯自控能力差,容易暴躁,遇到稍有不如意的事就会将不良情绪发泄到他犯身上,从而发生吵架之类的违规行为。他们不会用理性的信念去思考问题、解决矛盾,只会用非理性的思维去发泄自己的情绪,事后才知道后悔。

2.打架

由于受家庭环境、成长过程等影响,有些未成年犯喜欢用武力来解决问题,一旦和他犯发生矛盾,就会大打出手,完全不计后果。他们脾气暴躁,容易冲动,报复性强,完全不受理性情绪的控制。

3.自伤自残

有些未成年犯为了逃避改造,就采用自伤自残的方式来达到自己的目的。他们怕苦怕累、贪图安逸,习惯于耍小聪明、动歪脑筋,善于用不正当的手段来实现自己不可告人的秘密。

4.自杀

有些未成年犯由于对生活看不到希望,丧失了信心,没有了活下去的勇气,于是就会用自杀的方式结束自己的生命。这类未成年犯自卑感很强,性格比较内向,不善于和别人沟通交流,往往没用社会支持,耐挫力又很弱,容易走极端。

5.脱逃

有些未成年犯向往外面的自由,留恋以前的奢靡生活,不甘于牢狱之苦,又不想通过自己的努力获得政府的刑事奖励,早日回归社会,就铤而走险,选择脱逃。他们计划性强,行事缜密,有较强的组织能力,但也存在盲动性,为达目的不择手段。

(三)非理性信念对未成年犯改造的影响

由于未成年犯非理性信念的存在,他们出现了一些不良情绪和行为,这必然会给他们的改造带来一定的影响。

1. 影响身心健康

良好的情绪状态,不仅有利于未成年犯的学习,而且有益于他们的身心健康。现代医学研究证明,人们的生理疾病中,70%同时伴有心理上的病因。尤其是现代社会中的高血压、心脏病、癌症等直接威胁人类生命的重要病症,都与人的情绪状态有着直接的关系。在服刑人员服刑期间,长期的心理压力,造成一些服刑人员患上失眠、紧张、神经性头痛、消化系统疾病等。因此,保持良好的情绪状态,是未成年犯心理健康的重要标志。

2. 影响劳动改造

对于未成年犯来说,情绪状态对于劳动改造有着举足轻重的影响。不少未成年犯都有这样的体验:当自己的情绪积极乐观时,劳动的效率倍增;而当自己的情绪处于低迷、忧郁或是烦躁不安时,劳动状态往往也是一团糟。

3. 影响人际关系

不同的情绪状态会直接影响到未成年犯的人际关系状况。积极健康的情绪有助于未成年犯的人际交往;相反,情绪焦虑、抑郁、冷漠,或者处在应激状态都会影响未成年犯的社会行为,从而影响人际交往和人际关系。

四、本实验的非理性信念矫正技术

有关非理性认知信念的干预在国外已有许多设计较严谨的研究报告。经过50多年的研究实践,非理性认知的干预理论与操作已经逐步形成了较为系统的体系,形成多种大同小异的流派。本次实验主要采用了两种干预技术,即以艾里斯的理性情绪行为疗法为基础发展起来的"理性情绪教育"辅导课程与认知行为取向的非结构式团体心理辅导。

(一)理性情绪教育辅导

一直以来,非理性信念都被视为理性情绪行为治疗理论研究的重点,近几十年的研究为临床心理咨询和治疗做出了相当重要的贡献。非理性信念是引发各种不良情绪和行为问题的主要原因之一。常见的非理性信念主要有欲求绝对性、感知歪曲性、思维非理性和应付非理智性等,针对这些非理性信念,可以通过完善自我意识、培养自立能力、增强人际交往等方式培养合理信念,增进心理健康。艾伯特·艾里斯在其理性情绪教育教师手册序言中指出,理性情绪疗法自1955年发展至今,可分为几个阶段:首先应用于团体治疗中,其效果优于一对一的个别治疗,故以公共演讲、研讨会的方式推广至群众中并逐渐配合录音带、影片等视听教材进行;其次发现父母和大学生可将说学教给其周围需要帮助的人,因此,开始在教室情境中教导学生理性情绪的概念,逐渐发展出理性情绪教育,并设立"生活学校",针对一般学生推广理性情绪教育课程。①

理性情绪教育在应用于团体辅导时,还有其特殊的目标:使个体了解自己是如何愚昧地被许多非理性信念所控制,并教导其如何对抗这些不合理的思考,使其在思考时能以客观事实为基础;能了解没有什么事是糟透了、可怕极了;能完全接纳自己和他人;能不因别人做错事而责难、贬损他人;帮助个体建立自我接纳、自我决定和具备责任感的人生哲学。

在所使用的辅导技巧方面,咨询师并不鼓励来访者讨论他们自己的过去,而是重视"现在"告诉自己是什么,"现在"他应该如何驳斥,放弃这些因其困扰的非理性信念,而非探讨这些信念的来源。其次,在过程中经常使用的技巧,即"驳斥",这是为去除非理性信念的必要步骤:个体不断地问自己有何证据可以证明这想法是对的,向自己的非理性信念进行质问、挑战。Roush 提出三种驳斥的方法:①逻辑式的驳斥,即直接攻击非理性想法,以客观事实为基础来进行思考,当最初的假设或前提无效、错误时,即可在逻辑基础上驳斥其为无稽之谈;②实证的驳斥,即强调想法的真实性,看支持此想法的证据有多少,所以对缺乏事实性资料的想法进行驳斥;③功能的驳斥,即是否改变此想法,根据此想法所引起的情绪、行为反应而定。若这些反应是痛苦的、自我贬损的,则进行驳斥,以减低此想法所带来的不愉快。

总之,理性情绪教育是以理性情绪行为疗法为主干的一套有计划、有系统的情绪管理课程,希望借此密集的矫治并兼有预防性质的情绪课程,增进未成年犯的理性思考,改善他们对自己、他人和世界的态度,无论是现在还是未来都能有意义地生活。

(二)认知行为取向的非结构性团体心理辅导

非结构式团体辅导强调不预先设定辅导内容,而是根据团体的发展状况及成员互动的成熟程度,由成员自发性地提出要探讨的主题、内容。矫正师不主动带领,只适时地介入、引导和促进。因此,非结构式团体辅导的特点是强调成员的自主性,在一种比较自然、主动的互动气氛中寻找自己所需要的团体目标。这种团体辅导方式相对来说比较适合未成年犯,因为他们的差异性比较大,文化程度比较低,但社会生活相对比较丰富,好奇心比较强,非结构式容易激发他们对问题的探究,引导他们深入思考。

---

① 吴丽娟:《理性情绪教育课程设计》,世界图书出版公司 2003 年版,第 36—48 页。

第二节　实验方案设计

一、实验目的

非理性信念矫正项目实验的目的是想通过非理性信念的矫正来帮助未成年犯正确认识自己、他人和环境；学会自我表达，友好交流，体会他人情绪，建立健康的生活方式；提高自我情绪调控能力和调整自身行为，进一步完善人格；积极有效地帮助未成年犯提高心理素质，预防和化解危险行为的发生，较好地适应当前的改造生活和今后的社会生活，为他们的健康成长奠定良好的基础。

二、实验原则

（一）坚持以未成年犯为主体的原则，使未成年犯积极参与到实验活动中

未成年犯只有以主体的身份参加到教育过程中，才能达到掌握和应用目的。因此，矫正师要调动未成年犯的学习兴趣和积极性，鼓励未成年犯参与实验，以达到良好的效果。

（二）坚持互相尊重的原则，承认并接纳未成年犯的个体差异

非理性信念矫正应充分体现以人为本的原则，尊重未成年犯的人格和权利，重视个体差异；同时创造条件，使他们的个性特点得到充分发挥。未成年犯只有得到尊重和理解，才能学会自尊、自重和自信。这是心理健康的重要特征，也是非理性信念矫正的精髓所在。

（三）坚持实事求是的原则

非理性信念矫正的效果如何，需要通过实践来检验。我们要坚持实事求是的原则，不夸大、不捏造。

三、实验工具与方法

本研究采用实验—对照组前后测准实验设计，通过对实验组进行干预而对照组不实施干预的方法，来探讨以非结构式团体心理辅导为主要方式的非理性信念矫正策略对改善未成年犯的欲望绝对性、感知歪曲性、思维非理性和应付非理智性的实际效果。干预结束后，采用定量（量表施测）与定性（访谈与自我报告）相结合的方式，对矫正效果进行综合评估。定量数据用 SPSS 19.0 软件进行分析，定性资料经统一整理，并用质性研究工具 Nvivo 辅助分析内容后编码保存，并归纳总结。

（一）非理性信念的测量和比较

本实验以《中学生非理性信念量表》来评估未成年犯在参加矫正前后的非理性信念水平。该量表来自肖汉仕（2007）博士论文中相关内容，由 40 个项目组成，分为 4 个因子：欲求绝对性、感知歪曲性、思维非理性和应付非理智性。其中欲求因子包括对过高而不实际目标的期望与追求；感知因子包括对客观现实歪曲的感觉与知觉；思维因子包括非逻辑的判断与推理、消极预测、单项归因等；应付非理智性包括对于现实问题与情绪困扰的无效、消极或冲动性的应付意向或行为倾向。每个因子包含 10 个题目，采用 5 级评分，很赞成记 4 分，比较赞成记 3 分，说不定记 2 分，比较反对记 1 分，很反对记 0 分。分数越高表明信念的非理性程度越严重。该量表的内部一致性系数（α 系数）为 0.90，重测信度为 0.83。

在本研究中，测得该量表各因子和全量表的 α 系数分别为：欲求 0.67，感知 0.54，思维 0.51，应付 0.66，全量表 0.82。由于本研究的样本容量较小（$n=61$），测量的内部一致性信度在可以接受的范围内。

（二）房树人测验和比较

房树人（Tree-House-Person/THP）测验，又称屋树人测验，它开始于约翰·巴克的"画树"测验。约翰·巴克于 1948 年发明此方法，受测者只需在三张白纸上分别画屋、树及人就完成测试。而动态屋、树、人分析学则由罗伯特·彭斯在 1970 年发明，受测者会在同一张纸上画屋、树及人。这三者有互动作用，例如从屋及人的位置与距离都可看出受测者与家庭的关系，所以这两种分析学多数会结合使用。房树人测验可投射出一个人的心理状态，有系统地把人的潜意识释放出来，透过潜意识去认识其动机、观感、见解及过往经历等。

（三）团体辅导效果的评估

本实验采用樊富珉（2005）提供的团体成员主观评估量表，自编开放式问卷，参与矫正项目未成年犯所撰写的自我报告，以及民警的访谈报告等多种方式多角度搜集证据，为评估团体辅导干预效果做定性层面的补充。

四、矫正方案设计

本次研究的具体干预阶段分为两个主要模块，模块一为以艾里斯的理性情绪行为疗法为基础发展起来的"理性情绪教育"辅导课程，模块二为认知行为取向的非结构性团体心理辅导。模块一主要为模块二提供理论基础，在这里只对模块一作简单介绍。

（一）理性情绪教育教案设计

借鉴美国和我国台湾地区进行理性情绪教育的成功经验、理性情绪疗法的治疗过程以及学生的认知、情绪发展特点,我们把理性情绪教育的主要内容概括成四个方面:情感、观念、自我接纳、问题解决。设计成课程单元具体如表 7-1 所示,可以看出,理性情绪教育课程是围绕着认知、情绪以及两者之间的关系展开的。单元采取循序渐进地方式排列,其基础在于使未成年犯认识到认知是决定情绪的关键因素,自己必须对自己的行为及情绪负责,其核心是使未成年犯学会辨别非理性信念并与之辩论。

表 7-1　理性情绪辅导课程内容大纲

单元顺序	单元名称	主题	内　容
一	如影随形的情绪	认识情绪	认识感觉、情绪与其发生的情境;了解对同一事件,每个人的感觉不同,表达方式不同。
二	情绪觉察	情绪 ABC	学会觉察和评估自己的情绪;分辨有害和有益的情绪;能区别事件 A、想法 B、情绪 C。
三	谁是情绪的主人?		认识到想法是引发情绪的直接原因;学会对自己的情绪负责;深入了解体会 ABC 理论。
四	你的想法合理吗?	了解理性与非理性信念	事实与意见的意义并能加以区别;意见的合理性和非合理性及非理性意见的弊端;如何做到将意见合理化。
五	非理性的世界		介绍艾里斯的十一种非理性信念;了解生活中的非理性信念并区分事实和想法;非理性信念的三个特征。
六	战胜自我,重塑自我——基础篇	如何去除非理性信念	掌握驳斥非理性信念的技巧;体验合理信念带来的积极情绪体验。
七	战胜自我,重塑自我——提高篇		结合案例分析,更深入了解如何分辨理性或非理性信念;了解如何驳斥非理性信念,建立合理的新想法。

单元顺序	单元名称	主题	内　容
八	专题训练之战胜惰性	实际应用	在理性思考的基础上,抵制诱惑,学会说"不";用理性思维分析自制力培养的重要性。
九	专题训练之控制愤怒		学会控制愤怒的方法。
十	专题训练之克服自卑		在理性思考基础上,认识自卑的原因,分析并驳斥;学习自信心与成功的关系,练习增强自信心的方法。
十一	专题训练之笑对挫折		在理性思考基础上,分析失败原因,辨析是否合理并驳斥,用合理积极的情绪面对、接纳、战胜挫折。
十二	做情绪的主人		强调身体力行重要性,鼓励未成年犯时时在日常生活中运用;复习所有课程。

教学场地:浙江省未成年犯管教所心理健康指导中心团体辅导室。

教学时间:辅导课程共 12 个单元,每单元 1—2 学时,每周 2 次,每次 1 单元。

(二)非结构性团体辅导方案

一般结构式团体辅导都有事先安排、设计好的活动,有预定的目标及学习情境,以有计划的学习主题贯穿整个团体过程,使成员循序渐进地学习。通过活动设计与安排,促进团体发展,达成团体目标。而对于非结构式的团体而言,计划阶段不可能将团体过程与各单元内容事先做出详细的规划,因此团体过程设计表和团体活动单元计划表可以省略。但仍需进行团体计划书设计,重点对团体目标、对象、领导者带领团体的原则、时间以及注意事项做出说明和阐述。①

1.团体类型

本团体是为帮助未成年犯克服监禁环境中产生的不良负性情绪而设置的,它并不针对严重的精神病患者,而只是用理性情绪行为疗法的理论解决未成年犯一般生活适应及情绪困扰问题。

在团体活动开始时,矫正师会给成员一些建议,以便他们能从团体活动中获

---

①樊富珉:《团体心理咨询》,高等教育出版社 2005 年版,第 266—269 页。

得最大收获,帮助成员们建立起互相尊敬、互相信任的团体气氛;与成员们一起讨论活动的具体内容以及活动方式。这里制订的计划只是一个粗略的方案,成员们经协商可以做任何修改。

2.团体目标

团体中人际关系的气氛是开放的、暴露的、无设防的。在团体中,成员们互相认真地检审自己的思想、情感与行为,从中获得新经验,得以健康成长。成员是积极的活动者,而不是被动的观望者。当然成员有权决定自己暴露的内容、深度及时间。

具体而言,通过参加团体活动要达到如下目标:

(1)对团体成员有信任感,愿意诉说自己的认识与情感。

(2)掌握理性情绪行为疗法的基本思想,能用来解决自己日常生活中的情绪困扰。

(3)能够接受自我,容忍他人,获得自尊自信。

(4)学习自我决断能力,并愿意承担后果。

(5)能够逐渐发展出自己明确的人生哲学。

(6)通过与团体中和自己有相同问题人交往,摆脱生活的困扰与孤独感。

(7)善于把团体活动中获得的新体会与经验,在具体生活情境中运用。

3.基本理论

以艾里斯的理性情绪行为疗法为基础。理性情绪行为疗法注重人的理性思维对情绪的控制,认为人只要控制住自己的思维,就能够成为情绪的主人。实践证明,未成年犯在开放的团体气氛下,应用理性情绪行为疗法对其不合理信念进行改造,从而控制焦虑情绪的发生,是可以收到效果的。

4.活动方式

以理性情绪行为疗法的基本思想为依据,进行自我分析、专题讨论。其中可穿插心理剧表演、角色扮演、放松训练、系统脱敏等心理辅导方式。活动之外,有"家庭作业"要做,包括阅读、写读后感、写日记及实践演练等。确有需要者,可做一定的个别咨询。

5.基本规章

(1)成员必须参加团体所有活动。

(2)成员必须保持对其他成员的信任,愿意与他们分享自己的内心世界。成员必须对他人表露的认识和情感提供反馈信息。

(3)团体活动时,严禁对他人进行人身攻击。

(4)团体成员在活动中的所言所为绝对保密。活动外,不做任何有损团体成员利益的事。

(5)成员应认真完成家庭作业。

(6)活动中严禁与活动无关的事。

第三节　实验操作过程

本实验从2014年1月1日开始到10月31日结束,为期十个月(其中3月份因为管区调整,团体辅导暂停了三周)。第一周主要是确定实验组、对照组成员,并进行分组。然后,组织进行房树人测验和《中学生非理性信念量表》、《主观评估量表》测试并对测试结果进行汇总和分析;第二周至第七周开展理性情绪教育;第八周至三十九周开展非结构性团体辅导;最后一周进行实验组、对照组的后测,并对前、后测结果进行分析、评估,同时结合日常监管改造和个别教育渗透情况,得出结论。

一、确定实验组、对照组并进行前测(第一周)

采用随机整群抽样法,从浙江省未成年犯管教所十二管区抽取63名16至18周岁的男性未成年犯。取样时主要考虑了未成年犯的余刑与年龄,以保证其能参加完整个实验过程。将所抽取的未成年犯随机分成实验组和对照组,其中实验组32人,对照组31人。同时,对63名未成年犯进行房树人测验和《中学生非理性信念量表》、《主观评估量表》等测试。

二、开展理性情绪教育(第二周至第七周)

辅导课程的时间安排,原则上是每周两次,每次一单元,一般是放在管区每周四上午的班会活动和每周日上午的休息时间。上课地点原则上放在未管所心理健康指导中心的团体辅导活动室,无法安排时则放在管区的图书阅览室。课程教学由两名固定的矫正师组织实施,其中一人授课,一人负责课堂记录与协助。

理性情绪教育主要为非结构式团体辅导作理论准备,也是一个热身过程,其形式主要有以下几种。

(一)集体讨论式

围绕某个问题或情景,让未成年犯自由、充分地发表自己的见解,以达到相互交流、互相学习并澄清错误观点的目的。它是课程最主要的活动形式,贯穿于训练过程的各个阶段。这类讨论通常由两类问题组成:一类是内容讨论,主要强调从活动中学到的内容;一类是体会讨论,主要帮助未成年犯理解自己的一些经历。

（二）讲解式

主要用于介绍 ABC 理论，驳斥的技巧等知识性、技能性的内容，但必须有讨论式的参与。

（三）角色扮演

在假设的某种情境中，安排未成年犯扮演不同的角色。一方充当来访者，充分表露自己的人格、情感等心理问题。另一方充当干预者，运用理论对来访者的问题进行疏导，如有需要，可以互换角色。主要运用于与非理性信念进行辩驳的阶段。

（四）撰写自我体会

把自己在成长过程中经历的感受，学习、运用 ABC 理论调整控制情绪行为的体验以书面形式加以记录，并在组员之间进行交流，发挥集体的教育资源。

三、开展非结构式团体辅导（第八周至第三十九周）

非结构式团体辅导共分四个小组，每个小组 8 名组员（其中一个小组有一名未成年犯因中途提回只剩 7 名组员），各安排一名矫正师作为带领者。团体辅导原则上每周安排一次，每次 80—90 分钟，整个团体辅导过程大致可以分为三个阶段。因为未成年犯的非理性信念主要出现在环境改变、面对亲情、初交朋友、面临困境、叛逆期等关键节点上，帮助他们调整和改变这些节点出现的非理性信念就尤为重要，所以本节从三十次非结构式团体辅导中选取了八次有代表性的团体辅导摘要，和大家一起分享。

（一）第一阶段（第一次至第五次）

第一阶段主要是建立相互信任关系、营造良好氛围。刚开始，团体成员都不愿意暴露自己，经常出现较长时间的沉默。尽管他们都在一个管区服刑改造，但彼此都不是很熟悉，缺乏相互信任，担心把自己的过去说出来会成为别人的笑柄。就算愿意说的，也基本上是一些负面情绪的倾诉和宣泄。

第二次团体辅导纪录摘要

时间：2014 年 3 月 4 日

地点：心理健康指导中心团辅室

人员：龙某、杨某、岑某、夏某、顾某、廖某、景某、徐某（提回）

开场提示

今天我们做第二次团体辅导，大家可以根据我们的主题自行找话题，时间 80

分钟,现在开始。

大约沉默了 5 分钟,有的低头,有的进行眼神的交流,都希望别人先说。

带领者:大家看看,是否可以把你们在外面的一些生活经历和大家分享呢?

岑某:找个话题吧,年轻人在外面的事。自己读书时是住校的,老师不管,就跟着高年级的人学抽烟、喝酒、打架,这样还不过瘾,宿舍管理员锁上铁门后还溜出去上网、喝酒。休息时精神很好,上课时就无精打采。入狱后,有这样的学习机会一定要好好珍惜。

夏某:自己为什么会去犯抢劫罪?在外面喜欢赌博,想玩可没有钱,自己朋友多,他们想着法子赚钱,自己也和他们说过有事就打电话给自己。一月份自己赚的钱就输完了,又不好意思向父母要,然后就跟朋友一起去敲诈,以前自己还经常提醒他们不要干犯法的事,可结果自己也犯法了,因为当时自己也不知道是抢劫,入所以后法律知识懂了不少。

景某:当初从学校出来向往自由,但一旦有自由的时候也不知道自己去干什么,还是在里面好,但为了家人也得减刑出去。现在感到很迷茫,在里面日子过得好好的,出去了又不知道该怎么办。

带领者:大家可以结合自己的改造情况,谈谈对景某发言的感想!

杨某:说一下对景某的看法,和自己差不多。入所两年多了,迷迷糊糊不知道在干什么,时间过得真快。听了《时间都去哪儿了》这首歌,心里很痛。年轻人最好的时间在这里面了,感觉责任很大的,因为自己认罪态度不好,判重了,出去以后也不知道干什么。以前上班过,以后出去自己也不会去上班了,现在觉得很迷茫。记得姐姐和自己说过一句话:"上班是最没出息的。"出去后还是想借点钱,做点小生意。

廖某:年轻人来坐牢了,大好时光在里面,但自己觉得在这里能学到很多东西。外面的学生要什么有什么,但自己在这里要什么都要靠自己。家长担心自己在看守所里被挨打,这就是亲情。

景某:刚进来时经常想到父母,有困难时就想父母的帮助,没有困难时就想逃避父母。现在有困难知道只有靠自己了。

岑某:接着廖某的话,就算读三年高中,读得好能上大学,像自己一样读不好,反而在里面能学到很多,有个度,做事情知道后果。以前的后果最多被父母骂、老师批,但现在不一样了,会考虑到父母。出去后,最关键的是钱,创业也需要钱,自己想出去先上一两年班,赚点钱作为资本,再做生意。如果都要靠父母支持也不现实,父母给自己多了,对哥哥不公平,也是对自己不负责任。父母叫自己在里面好好学习,改掉外面的恶习。

顾某:进来之前做事情不计后果,无论什么事都干不好。在里面学到很多,诚信很重要,做生意不仅需要资金,诚信也很重要,自己也有个朋友做生意,也大致了解一点。也看了一些书,也明白很多道理,做人的道理,怎么做事,怎么算成功。

带领者:大部分成员都做了发言,谈了自己的一些情况,相信大家都有一定的收获。那么最后一位龙某有什么可以和大家分享的呢?

龙某:没什么想法,没什么好讲的。

岑某:对龙某的态度进行反驳。一个人多点想法,就会多条出路。自己在小组没人交流,想什么就是什么,压抑了很长时间,现在讲出来了会轻松一点,好受一点。

团辅感受:今天是第二次团体辅导,尽管大家都谈了自己的想法,但都谈得不深。我主要是观察每个人的表情和动作,发现大家还是有一定的防备心理,还没有完全信任,需要进一步营造良好的氛围。这次龙某的防范心理最强,基本没有说话。

课后作业:回去后每个人考虑一下自己在家里时对父母的唠叨是怎么理解的,现在和当时的感受有些什么样的变化。

2014 年 3 月 10 日晚整理

这次团辅主要让小组成员对犯罪前后的感受有一个清晰的认识,通过成员之间的共同探讨,回顾犯罪前的生活感受,找出非理性的信念,陈述投入改造后思想上的改变,体会改造给自己带来的收获。从别人的改变来探寻自己的不足,让成员明白错误已成事实,唯有正确面对,积极悔过,才能让自己重新踏上人生新的征程的道理。

第五次团体辅导记录摘要

时间:2014 年 4 月 18 日

地点:心理健康指导中心团辅室

人员:龙某、杨某、岑某、夏某、顾某、廖某、景某

开场提示

因为管区调整,有近一个月没有做团辅了,来到一个新的环境,大家肯定有很多不一样的感受,可以谈谈。

沉默了较长时间(大约 4 分钟)。

带领者:大家有一段时间没在一起聊了,肯定有很多话想说,特别是到了新的环境,有了新的朋友,习艺项目也进行了调整,大家可以随便谈谈。

景某:到了新管区后,感觉劳动压力很大,有时晚上都睡不着,怕劳动做不好影响自己的减刑,心理压力较大。这里的要求也比较高,有点不适应。现在还能超产,再过段时间就有可能欠产了,自己要努力争口气,完成任务。其实有很多话想和原来四管区的人说,难道你们不想说吗?

岑某:刚开始时很高兴,有三十多个人分过来,可到小组后觉得无人说话,没有朋友,就自己一个人分在四组。四组有六七个病犯,还有三四个人一伙扎堆的现象,他们顾自己讲话。早上起床就自己一个人坐在小组中间,这种经历有三次了,十三管区、四管区再到十二管区都是一样的。每天劳动是坐着的,到三点左右的时候就很难受,有时会幻想把边上的人打一顿。用心去做反而还没有东想西想做得多。现在一天吊伞七十多把,但看看边上的那个动作慢慢的还能做九十多把。回到小组和其他人合不来,他们都把自己当外人一样防着,没人聊天的感觉太难受了。以前话比较多,憋在心里难受死了。

龙某:现在劳动压力较大,感觉自己很拼命但还是欠产,这种压力大多是来自自己内心的。

岑某:学习方面的压力也很大,周日背提纲、规范等。自己拿着提纲经常发呆,找不到感觉,总是想到别的东西,上课形式还是原来四管区的好,警官讲得比较多,容易接受。

杨某:各方面都有压力,劳动上警官看着自己就很紧张,既然做了就把要它做好。自己刑期长,超产分又难拿。四管区分了,对自己的影响也很大。劳动方面自己会尽力的,监规纪律自觉遵守。

带领者:刚才大家都谈到了来到一个新环境,会有方方面面的压力,那么当我们面对压力的时候应该怎么去做呢?

岑某:面对压力主要还是靠自己去调整,各方面都要努力一点。现在自己较担心的一是劳动,二是学习,监规纪律自己是能做好的。心事太重,总是胡思乱想,胸口有时感觉到很痛,像针刺一样脑子里容易出现空白,也许是想东西想得太多了。每天坐着很难受的,这样才叫坐牢。

夏某:现在想想在四管区做毛巾实在做不起来,分数也不多,调管区了,自己一定要努力。父亲每月都问自己的成绩,都不好意思开口。自己也想要分数能拿得多的岗位,压机器压不起来,后来吊伞,也吊不起来,最后做检验。现在劳动环境好多了,就是把质量看好,希望能多拿点分数。

顾某:吊伞太松了要返工,越返越懊恼,因为有些不是自己做的。现在做得还可以,组长偶尔会说吊紧点。要拿分数就只有把劳动做好。月考报名了没有抽中,但抽到规范考试了。

廖某:在厂房还好,但值班的要求太苛刻了。讲评时要求坐得很端正,什么都要管,好像把自己当新犯一样。

岑某:这里的集体荣誉感好像不是太强,其他小组出了事情,没出事的小组就很高兴,好像文明小组评比少了一个对手一样。

杨某:是啊,都希望别的小组出事,组长也不敢管,这样的风气很不好。

团辅感受:刚开始时大家都没有说,沉默的时间较长。当开始讲了后,谈得还是比较多的。特别是龙某,今天是第一次主动说话,尽管说得不多,但这是一个良好的开始。大家对原四管区还是有感情的,会不会经常和四管区去比呢?通过五次的团体辅导,这种局面有了很大的改变,成员之间基本建立了良好的关系,团队的氛围也比较融洽,大家也愿意说了,尽管说的话中带有负面情绪的较多,这也是在情理之中的。

课后作业:如何处理好和组长、值班、同组组员的关系?

2014 年 4 月 18 日整理

环境的改变往往会使人出现情绪上的变化,从而导致非理性信念的产生。这次团辅就是抓住管区调整这一契机,帮助成员调整因环境改变而出现的焦虑、沮丧、抑郁等情绪,达到修正非理性信念,增强应对能力的目的。通过成员来到新管区后在劳动、学习、监规等方面出现的不适应,讲出自己在情绪上发生的变化以及自己是如何去面对和克服的,使其他成员从中得到启发,改变自身存在的不良情绪和非理性信念。顾某平时比较内向,话很少,相对其他人来说适应能力要相对弱一点,但在改造上比较努力,在这次团辅后进步比较明显,和组员之间的话也多了不少,能较好地融入小组这个集体。

(二)第二阶段(第六次至第二十次)

第二阶段主要是成员之间情绪情感的交流,有对人生感悟的分享和探讨,对未来生活的规划和憧憬,对生命意义的理解和认识等。个别成员发言比较积极,还很有深度,会引起其他成员的共鸣。这是改变每个成员非理性信念的最重要的环节,需要带领者的引导和掌控。下面摘录了五次团体辅导的内容,供大家参考。

第七次团体辅导记录摘要

时间:2014 年 4 月 29 日

地点:心理健康指导中心团辅室

人员:龙某、杨某、岑某、夏某、顾某、廖某、景某

开场提示

今天我们接着上一次的话题继续讨论，那就是人活着到底有没有意义的话题。

沉默了两分多钟时间。

岑某：对于这个话题，我回去也思考过。觉得人生最大的意义就是实现最大的目标，但当目标实现了就觉得没意义了，所以还是觉得人活着没有意义。

带领者：你的目标是什么？能和大家分享一下吗？

岑某：我自己设定的目标是很好达到的，有点心不在焉，觉得自己有点失败。

带领者：在你失败的事情中有什么是你印象最深的？

岑某：就是劳动上，每天都有目标但还是完不成。

带领者：关于人活着有没有意义这个话题是杨某提出来的，你回去后做过思考吗？有什么感受？

杨某：人生要经过很多打击，就像谈恋爱一样，分手了还是忘不了，打击很大。以前没有什么目标，就听父母的话，叫我去当兵，可自己没去。现在的目标就是减刑，早点回去，其他目标也没什么，计划没有变化快。

带领者：当你受到打击的时候你有什么感受？

杨某：会很低落，整个人好像一直往下沉。

带领者：当你往下沉的时候，你感觉最终是什么把你托住的？

杨某：是关心和帮助，主要是来自家人的关心和帮助。

景某：人生的意义在于留恋，留恋家里人和以前的事。

带领者：在你所留恋的事情中，对你影响特别大的是什么？这样的经历你现在讲起来是什么感受呢？

景某：家里没钱，父亲因犯罪跑出去了，为了自己上学，妈妈一个人带着弟弟到外面打工赚钱养活自己。2008年，为了给自己过生日，爸爸跑出来了，结果被抓，是2009年出狱的。现在想想出去后要靠自己了，还要照顾弟弟妹妹，父母亲也老了，想想很有压力的。自己家里以前是搞煤炭的，到2008年倒掉了，家里条件就一落千丈。

廖某：人生的意义就是过一天算一天。在外面的时候也有目标，就是当一名建筑师，进来以后就没有想过了。

带领者：建议参加自学考试。

顾某：人活着肯定是有价值的，只是自己现在还不知道为什么而活着。比如说目标，朝着目标而去，达到就是价值实现。活着的意义有多种，对于发展、家庭等都是的。

岑某：对目标、对梦想是取之不尽的，实现一个就又会出现另一个，自己没有太大的想法,不管做什么事尽自己最大的努力去做,一直到觉得自己累了,做不下去了,就可以了。不管什么事,无论达到达不到,尽力就好。人生的意义在于看看风景。以前一个女同学和自己说过,人生下来到死亡,生死不重要,关键在于过程,在于路上的风景,结果不重要。一边在努力,一边在欣赏风景,没有逼迫感,人要活得越轻松越好。没目标,就是给自己压力,外界给的压力关键也在于自己。

其他人好像都心事重重的,不是很开心的样子,人要活得开心一点,乐观一点。乐观开心是积极向上的基础,否则做什么事都做不好。

龙某:我们其实没有事情的,你好像给我们上课一样,只有把你自己做好就行了。看到夏某在笑,就看着夏说:你有什么就讲嘛!

夏某:人活着是为了父母,为了爱和自由。

带领者:开始第一次自我暴露,把自己的经历和他们做个简单的比较。

岑某:警官是先苦后甜,我们是先甜后苦。以前没有好好读书,虽然玩过了,但和同龄人相比我们就落后一大截了,但我们还是要乐观一点,落后了就努力一点,因为我们没有被压垮。

顾某:我们这出去的比他们要懂得多,比如法律知识要懂很多,在为人处世方面要比他们懂。

景某:我们读书是少了。为什么人很少有创新?就是因为读书读多了,现在都局限于书本。而自己的大脑可以自由想象的空间更大了,虽然有些现在实现不了,但以后未必实现不了。

岑某:现在的孩子之所以没有自己的空间,是因为都掌握在父母手里。如果他很乐观,觉得每天很充实,乐意去做就会觉得很有意义。但反过来就会出事情,自己的一个老师的孩子,因为承受不了压力,坚持不下去了,在离高考一个多月的时候离家出走了,没有真正的时间和空间。

带领者:开始第二次自我暴露,和他们谈自己孩子的学习现状。

顾某:我姐姐从学校回来每天捧着本书就像书呆子一样,这样肯定不行的,不和别人交流接触,朋友也很少。二月份爷爷生病,家里也没钱,爸爸说就是姐姐今年考上大学也没钱让她去读。

景某在一旁提醒夏某,用手拍拍夏某的腿叫他快谈谈。

岑某:我有三个收获,一是法律知识学多了,二是为人处世方面,三是懂得珍惜了。在阳光新语大课堂中,老师问:你最怕失去的是什么?我想我最怕失去的就是亲情和友情。十八岁的青春也就过去了。人生最主要的是自由,十五岁到十八岁是花季年华,等我们出去了,女朋友也不可能会等我两年。第一次我失去了,下次我就懂得去珍惜了。如果你懂得这份感情、友谊,就要用我们所学的为人处世的方式去维持、延续。坐牢是身躯的囚禁，而不是心灵的囚禁。

景某：龙某在四管区一句话都不讲，现在还是不讲，以后出去再想想会觉得当时没讲可惜的。

岑某：即将失去的东西就要格外懂得珍惜，失去了就再也找不回来了，就像十八岁，过去了就永远不会再有十八岁了。

廖某：懂得珍惜。他们在外面玩、谈恋爱，我们在这里过着充实的生活，在思想上比他们成熟。我们对亲情能大胆地说出来，一旦失去就挽回不了了。

龙某：你们说话不要总对着我。（面色不是很好）

廖某：我们失去了自由，但我们的心智成熟了，外面的人想着今天，我们却想着明天。

景某：外面在读书的时候没时间想别的，而在改造中自己想的空间大一点，觉得外面还是里面自由，心灵的自由。我的目标是用来实现的，而不是用来瞄准的，当实现一个目标后将会去实现更大的目标。

岑某：景某说的又回到了前面的话题，就是人活着有没有意义。这样看来人生还是有很大意义的。但我们收获的远远没有失去的多。

因为时间差不多了，进行了简单的小结。

团辅感受：刚开始时大家还是说得不多，主动说的欲望不强，除了岑某。但到后来讨论就热烈了，并且话题也越来越深入。好像还画了一个圈，大家谈了一个小时最终又回到了原点，但对同样一个话题的感受却变了，也许这就是团辅的力量吧！对龙某的沉默已有人员进行当面质问，表示不满了。不知道他什么时候能真正吐露心声。没想到有些学员谈出来的观点还是很有自己的见解的，我也开始有些佩服这些小鬼了，好像这也是我在学习的一个过程。

课后作业：今天没有说出自己得失的人员在下次团辅中要先发言，请大家对改造中的得失再进行深入思考。

2014 年 4 月 29 日晚整理

从一个自由人、一个花季少年，沦落为一名未成年犯，他们的内心充满着悲观、失望，对未来的生活也会失去信心，为帮助成员形成积极、向上、乐观的心态，重树信心，这次的团辅就继续围绕生命的意义展开讨论。这次的讨论延续了上一次团辅的话题，记得上一次成员在发言中基本上说人活着是没有意义的，有的甚至觉得"这样活着还不如死了算了"，但这一次却有了很大的转变，对人生都有了新的诠释、新的态度，到最后得出的结论是"人生还是有很大的意义的"。杨某在前一次团辅中觉得活着没有意思，有好几次想到过死，但这一次通过大家的讨论,转变比较明显,能感受到他对生命有了更深的认识,相信今后他一定会很好地善待生命的。

第九次团体辅导记录摘要

时间:2014 年 5 月 8 日

地点:心理健康指导中心团辅室

人员:龙某、杨某、岑某、夏某、顾某、廖某、景某

开场提示

上次布置的作业是:大家看完《一个 22 岁黑社会青年的自白》后有什么感想和体会? 现在就请大家把自己的感想、体会进行分享吧!

沉默了一点时间,每个人都低着头,好像心事很重一样。

景某:这是我第二次看,第一次是读书的时候看的。当时还以为是做买书的广告,自己也没什么感觉。但这次看了就不一样了,毕竟是自己经历过了。就觉得很对不起父母,以后出去一定要孝顺父母,感觉要多陪陪他们。

又是沉默。

廖某:亲人和父母是最好的启蒙老师。胡斌学坏的时候老师就不管了,只有父母才不离不弃,始终陪伴着。父母是最好的老师。

带领者:那你现在有什么感受?

廖某:感觉更加想父母了,出去要多陪陪他们,父母在自己身上花了很大精力,我们辜负了他们的期望,但出去还不晚,要用实际行动来报答他们。

岑某:亲情的影响比较大,父母的原因导致他走向黑社会,后来也是他父母用执着的亲情去挽救他。亲情是无价的。自己犯了罪进来了,才知道父母在外面有多担心、多难过。胡斌做的坏事更多,像他都能改好,我们就更能改好了,还有这么多亲人在关注着我们,特别是胡斌他母亲的不离不弃,我想我父母也是这样对我的。

夏某:这是一种逆反心理,只有自己吃亏了、成熟了才会想到家人。自己以前在外面真的没想过家人,一人吃饱全家不饿。等出去后要经常回去看看,打打电话。

顾某:人是受环境影响而改变的。我们离开了父母,他们一定很孤独,出去后要多陪陪他们,哪怕是吃顿饭、聊聊天都行。

杨某:这使我想到了"可怜天下父母心"这句话。以前在外面不是这样认为的,觉得父母把自己带到这个世界上来就应该听自己的。以前觉得父母跟自己在一起会给自己丢脸,现在想想真的很恨自己为什么会有这样的想法。自己犯

罪坐牢了,父母亲在外面要低头做人,自己真不知道以后怎么去面对。

岑某:如果被老家人说出去,找个女朋友都不好找,这是在农村的一种普遍的看法,没有哪户人家愿意把自己的女儿嫁给一个劳改犯。

龙某:看完后觉得出去要孝顺父母,觉得自己要学的东西太多了。以前在外面也和父母在一起的,等出去有钱了要多陪陪家人,去旅游,看看外面的风景。

岑某:每个人的叛逆是有早有晚有原因的。以前我经常会被爸爸收拾,感觉自己不是他们亲生的。自己经常被打,但哥哥却没有,哪怕和哥哥做同样的事,错的总是我。自己的叛逆主要是因为和哥哥对比而产生的。现在想想父母打我、骂我都是为自己好。以前自己也做过很多错事,如果没有父亲管着,可能犯的事还要大,不止判两年了。

景某:叛逆也不知道是怎么来的。自己觉得是不叛逆的,但父母、老师经常说我们的年龄已经到了叛逆期,所以自己觉得不叛逆一点就对不起他们。

带领者:你叛逆的表现主要有哪些?

景某:逃学、抽烟等。

带领者:那你这样做的目的是什么呢?

景某:为了让家人多注意、关心一下自己。父母平时关心的就是考了几分,把自己和成绩好的去比。我做得好的不表扬,比如奥数我就比别人好,差的就拿去和别人比,你越比我就考得越差。如果他们夸我多一点,可能我会做得更好。

杨某:读六年级时,要从山里到镇上,有两条路,一条大路可以骑车,一条小路只能走人。那时骑摩托车去镇上就偏要骑小路。觉得别人不敢骑自己敢骑就很了不起。为此,父亲就没收了车钥匙。我就去把钥匙偷来再骑。父亲就用竹竿打我,把我的腿打骨折了。当时,父亲就哭了,我看着父亲的眼泪流下来,觉得自己的心里很痛。现在明白了父亲为什么要打自己,其实是在挽救自己。因为那条小路曾有人骑车摔死过。

夏某:自己很小的时候就和弟弟睡一张床,两个人玩得很好笑,停不下来。父亲过来给了我们每人一巴掌,后来外婆知道了,就责怪父亲。现在想想父母第二天要上班,自己还这么吵,影响他们休息真的很不应该。

景某:小时候和弟弟在一起很开心,弟弟一定要和自己睡的,可父母不同意,怕我们摔到地上。结果有一次弟弟真的摔了下来骨折了,父亲回来就打我了。如果自己当时能睡在外面,就算摔下来也没事,现在想想自己太自私了。

杨某:有一首歌叫《常回家看看》,现在的人又有几个能做到,就想着玩。前几天看了一个公益广告,说的是一位老奶奶做好了一桌丰盛的晚餐,等着儿子、女儿、孙子他们过来一起吃饭,可到了时间点打电话儿子,儿子却说工作忙跑不开,孙子又要上课,后来女儿也打电话来说有事来不了了,只见老奶奶很是伤心,面对一桌饭菜老奶奶怎么吃得下去呢？所以，我们有时间一定要多陪陪亲人和父母。

景某：现在社会给我们的压力挺大的，特别是学习的压力。我们也向往自由，面对社会的压迫，我们只有逃出来。

杨某：随着科技的发展，社会上害人的东西也多了。

团辅感受：这次团辅刚开始时沉默时间挺长的，难道是这个话题太沉重了吗？当时还真有点耐不住性子。其实听听这些孩子说的，觉得他们真的懂事了，特别是对亲情的理解和感受还挺深的，说实话这个问题我也没有很好地思考过，平时陪父母的时间也挺少的，所以这次团辅的收获还是挺大的。

2014 年 5 月 8 日晚整理

很多未成年人的犯罪和家庭、亲情有着密不可分的关系，家庭破裂、父母不和、家庭暴力、亲情缺失、叛逆期教育不当等都是导致未成年人犯罪的重要原因。这次团辅就是围绕"亲情"这个话题进行的，通过讨论，帮助成员重新认识亲情的重要、感受亲人的关爱、体会父母的艰辛，从而达到改变成员以前面对亲情时出现的非理性信念，有效改善和父母关系的目的。成员中除了顾某是单亲家庭，其他都父母健全，所以顾某一直话不多，也许这是他的伤心处吧。面对亲情，杨某的感触最深，在前几次他也不太愿意提及这个话题，觉得自己对父母亏欠太多，但这次却能从内心深处去体会亲情，感受亲情，和大家分享亲情。

第十一次团体辅导记录摘要

时间：2014 年 5 月 22 日

地点：心理健康指导中心团辅室

人员：龙某、杨某、岑某、夏某、顾某、廖某、景某

开场提示

我们前面已经做了十次团辅了，今天每个人就把自己在团辅中有什么样的收获或感受和大家分享一下。

景某：能把自己的想法和别人分享，也知道了别人在想什么，学到了很多。特别是当遇到有些问题刚好是别人遇到过的，就给自己有了更多的选择。能把自己的心里话倾诉出来心里会舒服些。

廖某：能把别人做得好的为人处世好好吸收，别人做得不好的就当作前车之

鉴，使自己少走弯路。在里面可以倾诉的对象并不多，也没有这样的时间。

岑某：收获较多，能分享到别人的事情，能和别人分享自己的事情，在相互讨论中从别人身上找到答案，在困难面前多了选择，学会了尊重父母、孝敬父母。以前遇到问题只要答案，不会去分析原因，通过这么多次的团辅知道了答案是要有分析的，使自己学会了分析问题。

夏某：学会了忍让，有话能有地方说，不会憋在心里，沟通的时间多了。自己的性格比较内向，要多和别人沟通。

杨某：和大家一起相聚、探讨，体会很多，也学会了很多。学会了面对困难，学会了思考。就像自己不愿给父母打电话是很不应该的，这是逃避，自己要勇敢地去面对，挑战困难、战胜困难。这是疗伤的好方法。有不高兴的事说出来大家一起帮助解决。

顾某：能清楚自己在做什么，能认真思考，多一些解决事情的方法，心里有压力也能释放出来。

龙某：以前话少，也不愿意主动和别人沟通，现在话多起来了，也愿意主动去找别人聊天了。

带领者：以前龙某话比较少，大家对龙某有什么样的认识？

顾某：觉得龙某比较稳重。

夏某：觉得龙某比较成熟。

岑某：他考虑问题比较周全，虽然话不多，但能说重点，值得学习。

带领者：不错，没想到大家能有这么多收获和感受，说明我们的付出是有回报的。希望大家能更好地把握这样的机会，把自己的想法和大家分享。接下来，大家可以自由找话题。

廖某：看守所和监狱是完全不一样的，看守所要好人多在一起，不好的就容易动手或吵架。现在很少和别人吵架，能容忍了，这也为自己以后回归社会打好基础，能包容别人的错误。这里打架影响到减刑，考虑会多一点，以前只为自己想，自己喜欢怎么做就怎么做，现在能考虑别人的感受了，也许是自己长大了。

顾某：主要受环境的影响，监狱以教育为主，同犯之间的习惯也相对较好，而看守所里大家都有坏习惯，相互影响。

岑某：看守所四面都是墙，无论往哪面撞，伤的都是自己，所以就只能忍，这也为自己现在的改造打下了基础。看守所靠自觉，这里有警官管着。自己个子小，不能和别人对着干，只能容忍。容忍也是一种伤害，但这种伤害是最小的。我不去伤害别人，时间长了别人也不会来伤害自己了。

杨某：自己的同情心很关键。自己刚进看守所时是被别人欺负，后来我也欺负新来的,刚开始有新鲜感,可后来自己会很难受,觉得大家都是来坐牢的,何必为难别人呢?

景某:我觉得还是看守所好一点,龙头对自己很好,就像爸爸一样照顾自己,离开时真有点舍不得。在这里比较现实,相互利用。人与人之间都骗来骗去。

带领者:大家都有着丰富的社会经历,我想问大家对朋友有什么样的理解?

杨某:以前的朋友都是只知道绰号不知道名字的,相互不信任。

夏某:朋友之间都是相互利用的,真正的朋友真的很少。

景某:从你交的朋友就可以看出你是什么样的人。就像欠产的就喜欢和欠产的在一起一样。和好的在一起你就会越来越好,和坏的在一起你就会变得越来越坏。

廖某:朋友不在多,要交真正好的朋友,不是因为利用而在一起,要有质量。就像当你去干坏事时能及时阻止你的人。

杨某:社会上有句话"有钱的就是兄弟,没钱的就是狗屁",当你有钱时所有人都围过来了,没钱时都躲得远远的,挺现实的,也包括自己。以后在交朋友时要很谨慎,提防别人。

岑某:真正的朋友就只有一个,是和自己从小一起长大的。自己帮助他的时候心里感到很舒服,不需要任何回报,他对我也是一样。

带领者:朋友是每个人都会面对的,就看你的标准是什么。是的,朋友不在多,而要有质量。当你有困难时能主动来帮助你,当你在享受幸福时,可能他会远远地给你祝福。

团辅感受:当听到每个人在说出自己的收获和感受时,我觉得这些时间和精力没有白费,我也有很多收获。看着他们每个人的成长、成熟,真的很开心。

课后作业:每个人说出一句前几次团辅中,觉得对自己影响比较大的或者印象特别深刻的话。

2014 年 5 月 22 日晚整理

交友不慎也是导致未成年人犯罪的重要原因之一。未成年人心智还不成熟,明辨是非的能力相对较弱,对朋友的理解也只能停留在表面,讲哥儿们义气、从众等心理比较明显,容易被人利用。这次团辅就是围绕"收获、容忍、朋友"的话题来展开的,通过讨论来帮助成员梳理对朋友的理解,从而改变以前一些不合理的看法。夏某在社会上有很多所谓的朋友,有钱时一起潇洒,没钱时就没人理他了,他认为朋友就是相互利用的,没有体会到什么样的才是真正的朋友。通过这次团辅,他对朋友的理解完全不一样了,在时隔几天后的一次谈话中,夏某说了这样一段话:"觉得朋友不要多,只要有几个真心的就够了,在自己困难时能出手相助的才是真正的朋友。"

第十三次团体辅导记录摘要

时间:2014 年 6 月 7 日

地点:心理健康指导中心团辅室

人员:龙某、杨某、岑某、夏某、顾某、廖某、景某

开场提示

上次没有布置作业,大家自由谈谈吧!

沉默近三分钟。

岑某:我们接着上次的两个话题谈吧。自己和父母的摩擦较小,就这一次,所以没有太深的感受。至于交朋友,只要能在一起说说话就可以是朋友。

又是短时间的沉默。

景某:日光灯亮一下、暗一下,可最终还是亮了(团辅室的一盏日光灯坏了,一闪一闪的)。自己现在就像灯黑的时候,但最终一定会亮起来的。当然,这需要克服很多困难。

廖某:父母的爱哪个更重要? 小时候觉得只要有妈妈,可以没有爸爸,和母亲在一起的时间多。长大了,觉得父母的爱都是一样的,父亲是默默地爱,不容易观察到。

杨某:父母的爱都一样,父亲打我骂我,不善于表达,但从一些细节上去观察还是可以体会到的。

带领者:有什么具体实例吗?

杨某:就像上次父亲把我打伤了,他也哭了,这足以说明父亲是爱我的。

带领者:当时你有没有这样的感受?

杨某:当时没有,就觉得把我打成这样还哭,是自找的。但现在想想父亲是爱自己的。

龙某:现在看自己没有负担,但作为父亲就压力很大,要负担几户人家的生活,的确不容易。

顾某:自己生日的时候,要出去,父亲就说:"今天是你的生日,你又要去哪里?"

带领者:你生日的时候有蛋糕吗?

顾某:小时候有,爸爸、爷爷、奶奶大家在一起,很开心。

带领者:对父爱最深刻的感受是?

顾某：小时候父亲对自己很好，但自己闹的时候还是会骂我。记得有一次很早就到爸爸店里敲门，进去后就钻到爸爸的被窝里去了。（有一种依赖感）

景某：对父母有爱有恨。有时候很恨他们的。

带领者：为什么会恨他们？

景某：因为大人的事情吧！他们老吵架，对自己的影响很大的。每个父母爱孩子的方式是不一样的。但有时候还是很爱他们的。

带领者：那现在是爱得多还是恨得多呢？

景某：现在是爱得多。

夏某：自己读书的时候放学回家，父亲要五点多下班回家烧饭，感受很深，也让自己感受到了父亲的爱。

廖某：自己印象最深的就是在看守所里，父亲来会见，特意染了发，怕自己担心。他们承受着很大的压力，母亲住院三个多月，亲戚、被害人等给他带来的压力。这一刻我明白了什么是孝。让他们担心就是不孝。我感受到父亲是很疼我的。父亲承受的压力真是太大了。当初，自己在看守所还是很开心的，吃得下，睡得着，现在想想真的很不应该。以前所有的保证都是骗人的，但这次真的知道自己错了。

龙某：（朝着我笑）父母亲都差不多的，有时候砍柴回来，父亲也会表现出对自己的关心的。

岑某：对父爱的感触不是特别深。因为这种爱源源不断的，从来没有间断过。有时感觉不重要，但却是最重要的。当自己为人父母就能更好地感受到这份爱。还是说说改造上的事吧！在看守所没有什么压力，早上跑跑操，劳动也很简单，到了未管所，在没有月考前还轻松，但这段时间压力是比较大的，现在宁愿天天在厂房劳动，也不愿回监房。背规范、提纲，以前就不喜欢学习，这个月有两张提纲要背，在小组时，自己都不好意思看组长。

景某：觉得现在还好，提纲看几眼就会了，要是把现在的脑子放在以前就好了。自己感兴趣的事就会认真些，有些事是应付的。

岑某：现在感觉以前不读书现在真的很难的，连查字典都不会，压力较大。自己以前的女朋友读书很好，自己感觉到和她的差距，不知道该怎么办。

顾某：背不进去就拿来抄，又可以练字，也可以多记一些。有些字就算不会读也能写出来。

小结：父母都是爱自己的孩子的，但表达爱的方式有很多，这需要用心去感受，去体会，相信大家迟早会明白的。至于大家说到的现在改造压力大，这是客观存在的，特别是学习方面的压力，主要还是你们不喜欢学习造成的。要改变这种现状，主要靠自己，学习是日积月累的过程，多学一点对今后都是有好处的。

团辅感受:人只有经历了挫折,才能体会到父母的爱。未成年犯经过改造也会逐渐明白的。其实他们平时想得还是很多的,作为民警一定要多引导,把他们内心的正能量激发出来。

2014年6月7日晚整理

父爱如山,如果他们能早点有这样的感受,也许就不会走到今天这个地步了。马上就要到父亲节了,这次团辅就围绕"父爱"这个话题展开讨论,让成员真正从内心去感受"父爱如山"这四个字,改变以前对父爱的片面理解。杨某对父爱的理解比上次更深了,能细细地去品味父爱,感受父爱。廖某在接见中对父亲的仔细观察,看到父亲的变化,相信一定给他的内心带来了很大的触动。未成年犯的改造离不开父母的关心和支持,这也是改善亲子关系的最好契机。

第二十次团体辅导记录摘要

时间:

2014年7月27日

地点:心理健康指导中心团辅室

人员:龙某、杨某、岑某、夏某、顾某、廖某、景某

开场提示

今天是我们第二十次团辅,现在是五点五十分,到七点二十分结束,那就开始吧!

沉默了一会儿。

岑某:大家先祝贺龙某的新生,平时龙某不太讲话,不太开口,就静等你的发言吧!

龙某:那我就讲吧!(打开笔记本,事先准备好的,读了起来)感谢警官的教育,感谢身边的每一个人。和他犯发生不愉快的事,要尽可能自己解决,通过解决问题提高自己的处事能力。找警官是可以解决问题,但你还是原来的你,只有通过不断磨炼才能成长。在这里有事可以找警官、找组长、找值班,但到外面后,朋友找一次、两次可以,次数多了肯定不行,最后还是要靠自己的。

沉默,很安静,好像都在思考着什么,又好像都处于发呆状态。

岑某:听了龙某的话,就一个意思,人只能靠自己,不能靠别人。但我觉得在

自己的能力范围内的问题就靠自己,给自己锻炼的机会,但超出自己能力范围的事就要去找组长、警官了。

带领者:那你如何判断什么事是在自己能力范围之内的,什么事是在自己能力范围之外的呢?

岑某:人对自己是最了解的,像吵几句,双方都能控制自己的情况下就是在自己范围之内的事。如果自己能控制,而对方不能控制就要找组长或值班了,不属于能控制范围了。

廖某:龙某说了两个重点。一是感激,对警官的感激之情;二是回归社会后遇到问题会怎样去做。真心祝福他,不要再走老路,找一个正确的方向,为家人考虑也为自己考虑。树一个梦想,只要有梦想就会有成功。

龙某:老路肯定不会走了。

带领者:龙某你现在有什么梦想吗?可以和大家分享一下吗?

龙某:有啊!就是太遥远了,还是不讲算了。

顾某:讲讲让我们听听嘛!

带领者:也鼓励他讲出来和大家分享一下!

龙某:自己以前在外面修过轮胎,希望能在全国开修轮胎的连锁店。

带领者:对他的梦想予以充分肯定!

岑某:有梦想是好事。在选择前要多一点梦想,这样就会多几条选择的路。

景某:为什么总是会沉默?其实有些时候很想讲,但想得太多就不想讲了,怕讲错话,警官会有想法。理性和非理性之间就是要第一感觉,但就怕讲错,有些人讲得太虚了。

夏某:龙某说有事情尽量不要找警官,自己在看守所时就小错不断,快送到未管所时,看守民警和自己说不能像以前一样了,改造以来自己也就一次主动找警官。

杨某:有一种自卑的感觉,还有一种羡慕。自卑是因为自己刑期长,羡慕这种感觉不太好讲出来。

龙某:是的,我们又不是第一次、第二次,大家都要把心理话说出来,只有讲出来别人才知道你的想法,讲错话不丢人,不讲的话就连讲错话的机会都没有。

顾某:自己心里有想法就是不知道怎样表达,一直在不停地想的,可过了一点时间想法又转了。

景某:大家出去后不要错过机会,不要等机会过了再后悔,自己在改造过程中就错过了很多次机会,本来可以减九个月的,就因为错过了,只能减八个月了。

龙某:景某讲得不错,我们团辅就是一次很好的机会,可以锻炼自己。

带领者:机会是给有准备的人的,这句话大家怎么理解?

景某:我很有准备的,出去后只要有机会自己就可以参加工作。

廖某：不仅要有准备，还要抓住机会。就像辩论赛，我和景某都做了充分的准备，最后我上了，他没有，因为我要成绩，他不需要了。

岑某：这是一种很正确的说法，机遇是外部环境给你提供的，机会就是自己要做好准备的。

顾某：还要有兴趣，如果不感兴趣，有再多的机会也没有用。

岑某：我会用很多时间去考虑发展问题，多方面的思考，机会是无处不在的。

顾某：不光要选出路，退路也要选的。如果失败了，还有机会再重来。

岑某：如果你还没有做就想退路，说明你没有信心，那你就什么事情都做不好。锐意进取的心会大打折扣。信心是做成功一件事最大的资本。

景某：岑某讲得比较对，想到退路就不会尽最大的努力去做了。

岑某：多方面思考发展的方向，如果有三件事，等你第一件事成功，你就有积蓄去发展另一件事了，但如果你失败了，就可以从第二件事从头再来。

景某：我们的思维局限在一定的范围内，不敢反抗，太规矩了。

廖某：思想是行为的领导者，人思考得越多就越可怕。行为可以规矩，但思想是自由的。

小结：今天的时间到了，大家对龙某即将获得新生表示了祝福，也谈了机会、梦想等话题，非常好！由于时间关系，今天就到这里。

团辅感受：不知怎么了，今天好像非常不愉快。也许是感觉做了这么多次，还会出现长时间的沉默不语的缘故吧！

2014 年 7 月 27 日晚整理

思想是行动的先导，梦想是行动的动力，人只有有了正确的思想，才能有正确的行动和方向。这次团辅主要就是围绕这一话题，帮助成员分析自己的想法和目标，明确自己回归社会后的前进方向。龙某对这次发言做了很充分的准备，这也是我们团辅以来他讲得最多的一次。他有自己人生的规划、追求的理想，相信这些也会给其他成员带来思考，提早考虑回归后的打算。

（三）第三阶段（第二十一次至第三十次）

这一阶段主要是帮助成员进一步巩固理性信念，同时为结束做准备。通过前两个阶段的团体辅导，成员彼此间有了更深的信任、关心和体谅，他们开始学着用自己的方法来为他人提供帮助，在思想深处逐步形成了"助人者自助"的观念。在这个阶段，由于成员之间都能坦诚以待，充分享受人与人之间的真诚、友爱、和谐，所以他们逐渐放下了个人的防御和伪装，并开始逐渐产生自我接纳和包容，随之而来的是成员个体的不断成长。经过长时间的团辅，成员之间已经有了一定的依赖性,所以在结束前需要进行有针对性的引导,避免结束后出现一些负面情绪。

第二十八次团体辅导记录摘要

时间:2014 年 9 月 27 日

地点:心理健康指导中心团辅室

人员:龙某(已释放)、杨某、岑某、夏某、顾某、廖某、景某

开场提示

还有最后三次团体辅导,马上面临结束,景某也即将释放,大家可以谈谈自己的感受,一起分享一下!

岑某:景某马上要释放了,就先讲吧!

景某:这么长时间了,真有点舍不得。当时看到龙某获得释放,自己感到很高兴。相信只要心能静下来,没有什么事可以难倒自己的。如果不用心就做不好,要慢慢习惯。遇到困难就想想父母,给自己加把劲。以前觉得警官虚情假意,但这长时间相处下来,感到警官确实是在真心付出。也祝愿其他学员早日获得新生。以前觉得社会的爱心也很假,现在接触到了,感觉还是确实存在的。

带领者:有想过出去做些什么吗?

景某:去做些有意义的事。

带领者:有想过做公益吗?

景某:有想过,去帮助一些困难学生,可能不会太多,但至少可以去付出一点。

岑某:发自内心的话,发自内心的祝福。很渴望释放的那一天,记得管区调整时就有一种离别的痛苦。

廖某:在一起讲讲心里话,收获很多,感到很幸运。景某说害怕出去,那是因为有压力,自己也害怕争不到分数。三月份就要报减刑了,压力很大。如果自己能被释放,那要感谢警官,感谢上苍,给自己重新担起压力的机会。

岑某:我完全赞同廖某的说法,快释放了,感谢警官是必须的,没有警官就没有自己的今天,也不会有这样的机会坐在一起聊天。景某知道归期了,所以感到压力,而我们还不知道自己的归期,那种压力我们还体会不到。

景某:有钱不一定幸福的。现在就想平平静静地过好每一天,自己也经历了起起落落,感觉和家人在一起才是真正的幸福,不求什么。

岑某:如果像景某讲的那样,大家都追求平平淡淡,那么我们就不需要有什

么追求和发展了。

夏某：自己每天都在想出去以后干什么，想想也是挺害怕的。

岑某：自己想回老家发展，搞种植业或旅游业。想扎根在老家带动老家经济的发展。（及时肯定岑某的想法）

顾某：自己出去还是想做点小生意，现在长大了，总得靠自己的。其实，我们在一起这么长时间，现在马上就要分开了，真有点舍不得的。

廖某：人生没有不散的筵席，大家分开后都好自为之吧！在里面听警官的话，出去后听父母的话，绝对不能再去违法犯罪哦！

岑某：分别没什么可怕的，相信大家都能好好地生活。通过这么长时间的团体辅导，自己确实成熟了不少，懂得了不少。要感谢警官，感谢大家的分享。

团辅感受：还剩最后两次了，大家都流露出舍不得分开的想法。经过这么长时间的团辅确实感受到了他们的成长。平时在改造中都表现得很积极、很自信，几乎没有违规违纪，也善于帮助别人，展现出了积极向上、乐于助人的一面。看到他们的成长，自己也感到很欣慰，真心希望他们回归社会后能有自己的一番事业，能成为对社会有用的人。

2014 年 9 月 28 日晚整理

在即将结束实验的时候，如何进行正确引导，帮助成员摆脱对团辅、对组员、对领导者的依赖非常重要，如果引导得不好，反而会给成员造成一定的心理创伤。这次团辅主要是谈感受、话分享，为整个实验的顺利结束做好准备。整个过程比较轻松，每个成员都有了自己的收获，改造表现进步也很大，对自己回归社会后怎么走也有自己的想法。从团辅开展以来，每个成员基本上没有违规违纪，人际关系相处得也很好，劳动态度也很端正，能保质保量超额完成劳动任务，总体表现有了明显提高。

四、日常监管改造和个别教育中的渗透（融入整个实验过程）

监狱日常监管、接受教育和参加习艺劳动是未成年犯改造生活中的主要活动，我们不可能花很多时间专门进行心理辅导。因此，民警应了解未成年犯的现实需要、主要情绪困扰，并把握住日常监管和教育改造工作中的机会，积极进行教育引导，以增进其理性思考的能力。充分利用每天上午管区民警集中授课的机会，开展渗透性的理性情绪辅导，如在语文课中，民警教师可以选择和组织未成年犯讨论一些文章——这些文章中对人的情感变化的描写，及因这些情感变化而采取的一些行动的描写。在思想道德和法律常识课中，可以集中开展讨论对"公平"的理解;在音乐课中,组织学习演唱励志歌曲,等等。同时,还要充分利用辅助教育的机会,加强对未成年犯的道德教育、感恩教育,增进未成年犯辨是非、知美丑、分善恶的能力,从而达到提高未成年犯信念理性水平的目的。

此外,管教民警在与未成年犯的个别谈话、点名教育或其他集体活动中,要主动运用理性情绪教育的内容教育未成年犯,并以自己良好的心理素质来影响他们。通过个别教育,使未成年犯掌握如何进行理性思考的一些方法和技巧,帮助未成年犯提高自我理性思考的能力。如在点名教育会上,可以辩论导致焦虑的一些不合理信念,讨论如何克服在改造中遇到挫折时的焦虑情绪;也可以在未成年犯犯了错误之后,运用理性情绪教育的理论,帮助他们找到问题的根源,消除思想中不合理的信念,改掉自己的不良习惯。

五、组织实验组、对照组进行后测(第四十周)

按照实验方案,对实验组的理性情绪教育、非结构团体式辅导等课程均按要求完成了,现在分别对实验组和对照进行后测,后测所用量表和前测相同。同时,组织所有实验组成员撰写心得体会。

第四节　实验结果分析

为了对实验效果进行全面、客观、合理的评价,我们采用多种途径搜集证据,从定性和定量两个方面对实验组未成年犯的非理性信念矫正效果开展评估。

一、测量结果分析

实验开始前和结束后,同时对实验组和对照组进行统一施测。在施测过程中,发现实验组 2 名成员的前测与对照组 1 名成员的后测,其问卷填答存在以某种规律出现的现象,被判为废卷,予以剔除;实验组 1 名成员因中途被提回重审而未参加后续的矫正及后测。故而最终进行前后测统计分析的样本容量为实验组 29 人,对照组 30 人,共 59 人。

(一)实验组的前、后测数据比较

表 7-2 结果显示:实验组成员在欲求、感知、思维、应付四个因子以及总量表分的平均分,分别从实验前的 19.17、15.38、15.14、17.28 和 66.97,降为实验后的 16.55、15.24、13.38、14.72 和 59.90,除感知歪曲性改善幅度不大,可以归结为偶然因素外,欲求绝对性、思维非理性和应对非理智性三个因子,在经过实验后都能得到较大的改善。

表 7-2 实验组前、后测数据

	实验组（$n=29$）		
	前测分	后测分	T
总分	66.97	59.90	2.30*
欲求因子	19.17	16.55	2.34*
感知因子	15.38	15.24	0.12
思维因子	15.14	13.38	1.88
应付因子	17.28	14.72	2.90**

注：* $p<0.05$ ** 为 $p<0.01$

（二）实验组和对照组的前、后测数据比较

表 7-3 结果显示：通过对实验组成员前测与后测的平均分进行比较，发现在欲求因子和量表总分上存在显著差异（$p<0.05$），在应付因子存在极其显著差异（$p<0.01$），在感知因子和思维因子上未见显著差异（$p>0.05$）。对照组成员在量表总分及各因子上的前后测差异皆不显著（$p>0.05$）。与实验组不同，对照组前后两次测试的结果变化不大，仅有有感知歪曲性的改善程度达到边缘显著（$p=0.58$），可能与前测结束后很多对照组成员此后经历了管区和工种调动，改造环境发生变动，以及年龄增长有关。

表 7-3 实验组和对照组前、后测数据

	实验组（$n=29$）			对照组（$n=30$）		
	前测分	后测分	T	前测分	后测分	T
总分	66.97	59.90	2.30*	72.03	72.33	−0.13
欲求因子	19.17	16.55	2.34*	18.37	20.00	−1.40
感知因子	15.38	15.24	0.12	18.10	16.57	1.97
思维因子	15.14	13.38	1.88	17.17	17.03	−0.16
应付因子	17.28	14.72	2.90**	18.40	18.73	−0.42

注：* $p<0.05$，** 为 $p<0.01$

（三）实验组和对照组后测数据比较

表 7-4 结果显示：通过对实验组成员和对照组成员后测的平均分进行比较，发现两组在欲求因子和思维因子上存在显著差异（$p<0.05$），在应付因子和量表

总分上存在极其显著差异（$p<0.01$），在感知因子上未见显著差异（$p>0.05$）。在实验以前，两组之间分数差别不大，而实验结束后，实验组成员在欲求、感知、思维、应付四个因子以及总量表分的平均分，各比对照组相应的平均分要低3.45、1.33、3.65、4.01 和 12.43。除了感知歪曲性程度两者差异不明显，实验组成员在经过实验干预后，其在欲望绝对性、思维非理性和应付非理智性方面，都要明显好于对照组成员。

表 7-4　实验组和对照组后测数据

	实验组（$n=29$）	对照组（$n=30$）	T
总分	59.90	72.33	-2.90^{**}
欲求因子	16.55	20.00	-2.55^{*}
感知因子	15.24	16.57	-0.97
思维因子	13.38	17.03	-2.62^{*}
应付因子	14.72	18.73	2.86^{**}

注：$* p<0.05$　$* *$ 为 $p<0.01$

　　为了进一步了解实验前后未成年犯的信念理性水平在全社会的同龄人中处于一个什么样的水平，我们参考中学生非理性信念评定量表编制者肖汉仕经对1940 名湖南中学生施测后建立的湖南省常模（总分及各因子分的平均数和标准差为：总分 61.56 ± 19.12，欲求 16.69 ± 5.91，感知 14.10 ± 6.36，思维 13.03 ± 5.55，应付 15.77 ± 5.77），用未成年犯参与实验前后所测得分数与常模分数做单样本 T 检验。结果发现，在实验之前，无论实验组还是对照组的未成年犯，其非理性信念总分及各因子分都显著高于同龄的湖南省普通中学生；而实验之后，实验组成员的非理性信念总分及各因子分，与同龄湖南省普通中学生相比已无明显区别，而对照组成员的分数与同龄湖南省普通中学生相比依旧较高。然而，由于本量表尚未制订全国常模，此结果仅作参考，若需要推断未成年犯经干预后其信念理性水平能否达到一般同龄人的水平，尚需等该量表建立全国常模之后再做进一步研究。

　　以上结果表明，本实验总体上在改善未成年犯信念的理性程度方面起到了积极作用，尤其是改善其欲求绝对性和应对非理智性方面，效果比较明显；而对感知歪曲性与思维非理性的改善作用不是很明显，可能是未成年犯的认知水平与领悟能力受到自然心理成熟年龄的制约，以及大多未成年犯有辍学经历，文化程度较低，使得理性思维水平与同龄人有较大差距的缘故。

　　从测量结果的分析可以看出：事实上，大部分未成年犯在改造过程中都有迫切改变自己的需求,但由于受到环境、家庭、自身及他犯等影响,自己往往不知道该怎么去做,会一度出现迷茫、消极、焦虑、彷徨等现象。非结构式团体辅导使未成年犯之间有了相互学习借鉴的机会。成员由于曾经有着相似的人生经历、面对过相同的困难和挫折,现在又在一起探讨,就容易形成思想上的共鸣和精神上的相互支持,对以前出现的一些不合理想法会有更加清晰的认识,在如何应对困难和挫折方面也会有更多的经验和方法。由于在实验过程中,成员之间谈论的主题侧重于成长经历、家庭亲情、面临的困难及应对方式、今后的目标和努力方向等,所以实验组成员的欲求因子和应付因子改善比较明显。

二、房树人测验分析

实验开始前和结束后,分别对实验组和对照组实施了房树人测验。一方面通过测验来检验实验组成员和对照组成员是否具有正常的智力水平,测验结果均显示为正常;另一方面是通过前、后测来检验实验效果,测验结果显示实验组成员在欲望绝对性和应付非理智性方面的改善较为明显。

(一)张某的房树人测验分析

从图 7-1 和图 7-2 可以看出:张某在前测(图 7-1)中,画在下方表示没安全感、不能适应、抑郁沮丧;笔画浓厚,涂黑较多表示攻击欲求比较强,容易冲动,存在明显的应付非理智性;房顶画有烟囱表示过分关心家里给予心理上温馨的需求、关心权力,存在欲求绝对性。在后测(图 7-2)中,整幅画大小适中,比例协调,

图 7-1

说明在安全感、适应性、抑郁沮丧的程度得到了有效改善;笔画线条也比较清晰,没有出现涂黑、加粗等情况,说明在攻击欲望、冲动性、应付非理智性方面改善明显;没有了烟囱,说明能正确处理和家人的关系,欲求绝对性得到了有效改善。

图 7-2

(二)郑某的房树人测验分析

从图 7-3 和图 7-4 可以看出:郑某在前测(图 7-3)中,画在右边表示不够安全和自信、具有依赖性、害怕独立;笔画浓厚表示攻击欲求比较强,容易冲动,存在明显的应付非理智性;房顶明显地交错画,表示有强烈的是非道德心,并跟随着罪恶感;人物面朝大海,站在悬崖边,表示对前途没有信心,缺乏自信,存在思维

图 7-3

非理性,容易走极端。在后测(图7-4)中,整幅画面比较协调,大小适中,说明在安全感、依赖性、独立性等方面得到了改善;笔画线条也比较清晰,没有出现加粗等情况,说明在攻击欲求、冲动性、应付非理智性方面改善明显;房顶简单没有交错,说明在道德、罪恶感等方面也有相应的改善;画面有小草、树上有鸟窝、人物双手插口袋非常淡定,说明在对前途充满了自信、向往新生活,思维非理性改善明显。

图 7-4

(三)廖某的房树人测验分析

从图7-5和图7-6可以看出:廖某在前测(图7-5)中,画在下方表示没安全

图 7-5

感、不能适应、抑郁沮丧;树根裸露明显,表示想掌握人或地方,攻击欲求比较强,容易冲动,存在欲求绝对性和应付非理智性;屋顶天线笔画浓厚表示攻击欲求比较强,容易冲动,存在明显的应付非理智性。在后测(图 7-6)中,整幅画大小适中,比例协调,说明安全感、适应性、抑郁沮丧的程度得到了有效改善;树根没有裸露,说明攻击欲求下降,自控能力增强,欲求绝对性和应付非理智性改善明显;笔画线条也比较清晰,没有出现加粗等情况,说明在攻击欲求、冲动性、应付非理智性方面改善明显;但出现了烟囱,说明还是过分关心家里给予心理上温馨的需求、关心权力,欲求绝对性从另一个方面再次呈现。

图 7-6

(四)夏某的房树人测验分析

从图 7-7 和图 7-8 可以看出:夏某在前测(图 7-7)中,画面很大,表示蕴含着幼稚、夸张及补偿性防御和一种觉得无力和无效的情感伪装。有这方面行为的人,可能较具侵略性和恐吓性、攻击性,好动,易情绪化、率直,存在欲求绝对性和应付非理智性;房画画有烟囱表示过分关心家里给予心理上温馨的需求、关心权力,存在欲求绝对性;画中人物不明显,表示缺乏自我,存在思维非理性。在后测(图 7-8)中,画面大小适中,说明欲求绝对性和应付非理智性改善明显;没有了烟囱,说明能正确处理和家人的关系,欲求绝对性得到了有效改善;房子画成了监狱,并且有一个人从监狱里面走出来,说明渴望新生、追求新的生活,自我得以呈现,思维非理性有明显改善。

图 7-7

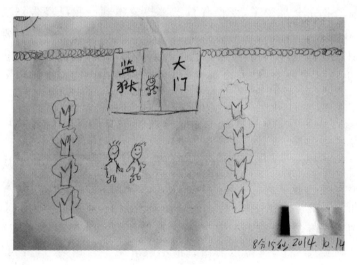

图 7-8

三、未成年犯的自我评价

由于干预结束时部分实验组未成年犯刑满释放或调动,我们组织了尚在管区服刑的 25 名实验组成员,以填写团体成员主观评估表并撰写自我成长报告的方式,对参加团体辅导以来自己的变化情况进行评价。对成员报告所反映的情况归纳并举例如下。

(一)22 名成员报告自己变得更有责任感,更尊重他人

如成员蒋某写道:"参加团辅使我学会了如何为人处世,遇到困难该怎样解

决,怎样去面对别人的冷嘲热讽,也学到怎样不怕辛苦地去做一件事——付出即便失败了,也比没付出要收获得更多。每次活动,我们都能把自己心中的烦恼和不悦说出来,大家一起点评,一起帮助他,一起为他想想解决的办法,而不像在外面一样嘲弄他,这也许就是我们日常生活中说的为人处世吧。"岑某写道:"自从参加团辅以来,我每次都能和大家分享自己的感受和体会,这不仅让我更懂得尊重自己,也更懂得尊重别人。能深刻体会到'助人自助'的含义,相信自己在回归社会后一定会多做善事,多行善举!"

(二)20 名成员报告更能掌控自己的情绪

如成员张某写道:"感觉自己为人处世方面有了很大的改变,和别人交谈时,能够注意到自己的语言,虽然有时候也不能完全控制自己的情绪,不过再也不像以前那样冲动。以前我总把事情想得过分太美,现在觉得自己真是太天真了。改造一年多来,经过团辅期间的学习和警官的教导,学到了不少的知识,在心理上也慢慢成熟,处理人际关系方面也在提升,遇到事情都能静下心来处理。现在的我和以前的我完全是变了,变得我自己都想象不到。我已经告别从前那个无知的我,现在只想自己能更加成熟起来。"夏某写道:"以前在外面只要自己不高兴就会对别人发脾气,投入改造后自己也和别人吵过架,但通过这么长时间的团辅,自己不断成熟了起来,做事也会站在别人的角度去想想,情绪也不是那么容易激动了,感觉自己的自控能力有了很大的提高。"

(三)19 名成员报告自己变得更理解自我和他人并主动与人沟通交流,更愿意与他人分享秘密

如成员贺某写道:"以前我的思想是和在外面一样的无知,可是从接触团辅起我慢慢地变了。我原来是一个不爱和别人交流沟通的人,经过张警官辅导我们怎样去和别人交流沟通之后,自己便开始慢慢学习,从过去不爱和别人交流到现在爱和别人交流,自己真的学到了很多在监房或是在外面都学不到的东西。我感觉自己确实长大了,不像以前做事情不顾后果了。"顾某写道:"我是一个比较内向的人,平时也很少和别人讲话。入狱以来,感觉讲得最多的还是在团辅的时候,通过团辅体会到了和别人沟通交流的重要性,自己有想法只有表达出来才能让别人知道,高兴的事说出来了会觉得更高兴,郁闷的事说出来了会让自己更好受一些。"

(四)16 名成员报告自己变得更愿意关心别人、更合群

如成员邓某写道:"还记得第一次活动自我介绍时,我只是很平淡地说'我叫邓某,湖南人',之后一直都没有讲话了。而现在,我已经能够向别人表达自己内心的想法,学会了怎样和别人好好相处。以前,我很不喜欢讲话,也不愿意跟别人交流,什么事都憋在心里,现在好了,跟别人交流的时候也多了,跟小组里的组

员间关系也非常好。"廖某写道:"以前都是别人关心我,我从来不会去关心别人,更不用说是去考虑别人的感受了,尤其是父母的感受。经过了这么长时间的团辅,自己在这方面有了很大的改变,特别是对父母亲有了新的认识。自从上次父亲来接见,看到了父亲头上斑白的头发,自己的内心有一种莫名的内疚感,觉得自己出去后应该去关心父母、孝敬他们。"

(五)14 名成员报告自己变得更愿意接纳自我,更加自信

如成员张某写道:"自己改变了很多——脾气好多了,有责任心,积极做好事,能控制自己的情绪,无论成败都能保持良好的心态。多说不如少说多干,微笑面对每一天……人不可能十全十美,希望自己能够继续突破和完善,自己改变自己,而不是依赖外界,加油!"杨某写道:"原来我一直感到很自卑,家里条件不好,自己刑期又长,表现也不是很好,刚入狱那段时间还经常出现不想活的念头,总觉得人活着没有意义。可现在不一样了,我从别人身上看到了坚持的力量,也对自己有了更深入的了解,让自己有了自信,相信只要自己努力,一切都会好的!"

(六)我们还采用开放式问卷了解实验组成员对团体辅导活动本身的评价

1.对本次团体辅导印象最深的问题上,多数成员认为,活动气氛轻松,有安全感,可以探索到自己内心深处的许多东西,能不同程度地剖析、暴露自己的优缺点,对人真诚相待,在活动中总能感受到温暖。大家有了更多的自我了解和相互了解,从不同的角度认识别人,认识自我,关心帮助别人,增强了自信心。

2.对参与本次团体辅导的收获上,多数成员报告,在活动中觉得成员们彼此增加了了解,增强了自信,看到了人与人之间的真情,加强了对自己、对家人、对社会的责任。对自己的了解比以前加深了许多,懂得尽力从别人的观点出发考虑问题,以后做事情的方式会和以前不同。

3.对本次团体活动所达到的效果上,多数成员反映,活动使自己更懂得关爱别人,见到陌生人时克服了拘束感,更能合群,并认识到自己未知的一面。

4.对今后的意见和建议上,绝大多数成员希望团体辅导能多在各管区开展,扩大未成年犯的参与性。

四、民警的访谈报告

我们在开展非理性信念矫正实验过程中,经常和其他民警沟通交流,了解实验对象在日常监管改造过程中的行为表现,并结合管区对未成年犯改造表现的日常考核情况,对民警进行访谈,从而评估干预措施是否有效。民警认为矫正效果主要体现在以下几个方面。

（一）未成年犯的思想状况明显好转

如成员潘某，原来认为自己改造前途渺茫，自感减刑无望，又因为是"三无犯"，面临实际生活困难，并患有癫痫和胃病，焦虑情绪较为严重。对管区布置的习艺劳动任务也不是很满意，认为作为新犯而且有疾病就理所当然应该被照顾，于是在与组长的相处上故意不配合，对组长指出的问题置之不理、我行我素。团辅之后这种现象明显好转，和组长的关系也得到了有效改善，能基本完成劳动任务，很少因为劳动的事情找民警。对于自己无法减刑的情况，态度上也有了转变，心理上能接受现实，并决心在剩余刑期内积极改造，好好表现。成员杨某的改变也比较明显，刚开始时情绪低落、容易冲动，劳动态度也不是很端正，经常欠产。后来表现比较积极，特别是在劳动上能积极超产，多次被评为劳动能手，对改造充满了希望。

（二）违规违纪率明显降低

如成员姚某，原本是管区改造上的老大难，由于文化水平低，认知水平有限，行为养成很差，民警做教育工作成效不大。实验后期，该犯行为养成明显好转，而且会主动找民警汇报一周的思想状况以及表现情况。成员景某刚开始时也有违规违纪行为，到后来表现稳定，还获得了政府的减刑奖励。

（三）对民警的服从意识增强

如成员汪某，过去对民警的指令找借口不执行，在民警面前嬉皮笑脸，说自己本来性格就是如此，民警要求他和组长友好相处，该犯却总是借口强调组长的问题，而不是自己的问题。实验后期该犯对于民警的要求能够服从，执行很快，礼貌礼节做得很好。又如成员许某，实验前期他对民警管教有抵触现象，到了后期能够积极配合管教。民警把他与一名危险犯同一个三连号小组，做好监督，许某能够很好地完成任务，积极向民警反映危险犯的违规行为，消除了监管安全隐患。

（四）认罪悔罪意识提高

如成员程某长期对法院判决不服，认为自己是被"冤枉"的。如今，程某明白了自己的犯罪行为本身才是导致自己服刑结果的原因，刑罚是对犯罪行为应该承担的代价，对自己服刑接受教育有了比较客观的认识。

（五）前途意识明显增强

如成员赵某，在刚进入实验时，由于自己系"三假犯"，家人对其身份证实的态度不够积极，因此情绪低落，改造态度消极，根本没有积极改造争取减刑的动力。但是到了后期，他意识到自己的焦虑是由于对父母和警官不够信任引起的，从而情绪状态明显好转，对自己能够证实身份并争取获得减刑的信心有所提高，平时劳动积极了，与人争执的情况也减少了，也有了回归社会好好做人做事的自信。又如成员蒋某,由于自己在改造前期有过几次扣分处理,对自己的减刑不抱希望。但后来蒋某认为自己是最有希望减刑的罪犯,改造表现变得积极主动。

五、研究结论

非理性信念矫正项目实验在改善未成年犯信念的理性程度方面起到了积极作用,尤其是改善其欲求绝对性和应对非理智性方面,效果比较明显,主要通过改善其不切实际的欲求以及消极的应对方式而得以实现。

初步构建了未成年犯非理性信念矫正的基本模式,经过一个实验周期的具体运作,该模式是有效的、可行的,并具备一定的可推广性。

六、本实验的不足与改进之处

(一)实验样本数量不够大,实验环境不够稳定(实验初期进行了管区调整),这些都将不同程度地影响实验的效果。

(二)非理性信念测量工具的选择比较单一,直接测量非理性信念,但量表不成熟,感知因子的信效度欠佳,影响整体的解释力。应增加其他量表,如个人信念调查表(SPB)、个性化自评量表(SDS)等,以验证量表的效标效度。今后需要自编符合监狱和罪犯特点的问卷。

(三)对实验效果的长期性还需进一步检验。未成年犯具有不稳定性,在实验过程中效果较明显,但一段时间后效果是否还能保持需要进一步的检验。

附件:肖汉仕的《中学生非理性信念量表》

中学生非理性信念量表

请你对下面的观点表明你的真实看法,每个题目都有5个可选择的回答,分别为"很反对、较反对、说不定、较赞成、很赞成",请根据你的真实意见在相应的选项里打钩(√)。如果你认为某个题目不适合你,请依你的猜测来选择如果你处于这种情况下的真实感受和想法。请注意避免多选或漏答。

题号	内容	很反对	较反对	说不定	较赞成	很赞成
1	有时我觉得自己是世界上最不幸的人					
2	只有样样如意的人才会幸福					
3	我有时觉得自己是个最差劲的人					
4	任何失误都会导致大的灾难					

续表

题号	内容	很反对	较反对	说不定	较赞成	很赞成
5	如果目标没有全部实现,那么努力就全白费了					
6	某事如果输给某人,就表明自己是个失败者					
7	人都是虚伪的,不可信任					
8	事情一旦失败,那就糟糕透了					
9	假如现在的情况不理想,将来也不会好					
10	犯了错误的人,就再也没有希望了					
11	一旦出了丑,就会丢光面子					
12	坏事不可能变成好事					
13	不如意的事情必然导致长久的痛苦					
14	遭受了老师等重要人物的批评或误解,那就完了					
15	过去做某件事时如果失败了,现在再做也没用					
16	如果失败了,只能怪自己的能力不行					
17	事情的成败取决于运气或现实环境					
18	考试没有考好,肯定是自己努力不够					
19	我成功的那些事情,一般都是容易的					
20	做事不能出任何差错,必须做得十全十美才行					
21	情况应该跟我想象或希望的都一样才正常					
22	做决定时,必须避免一切不利的方面					
23	必须样样不落后于别人					
24	大家应该经常关心我、注意我					
25	不能让我所尊敬的人有任何失望或不高兴					
26	如果是我的好朋友,就应该与我事事保持一致					
27	人应该是"想怎样就怎样"才好					

题号	内容	很反对	较反对	说不定	较赞成	很赞成
28	只有经常开心、毫无烦恼的人才幸福					
29	所有事情都必须公平合理					
30	一切现实都是无法避免和改变的					
31	遇到困难时就要放弃,回避是最好的选择					
32	求人帮助是无能的表现					
33	一旦做错了事,就不能原谅自己					
34	遇到不好的后果,难免会责怪或埋怨他人					
35	遇到不顺心的情况时,心情自然不好					
36	心情不好时,任何方法都是无用的					
37	不愉快只能憋在心里					
38	心里不愉快时,自然无法忍受					
39	如果人家故意气我,我当然得生气					
40	人的心情主要取决于自己,而不是现实					

请检查是否有漏填的题目,谢谢你的支持与合作!

第七章 非理性信念矫正项目实验

第八章
犯罪典型情境思维方式矫正项目实验

俗话说："良好的开头是成功的一半。"罪犯的矫正工作同样如此。入监教育作为罪犯服刑改造的起点，对于罪犯最终改造成效的影响非常大。认罪服法教育是入监教育的核心，是罪犯今我与旧我的决裂，罪犯要想改造成为合格的社会人，就必须充分认识和批判自己的罪行，深挖犯罪根源，消除犯罪思想，铲除犯罪恶习，而要做到这些，必须在其思维方式矫正上下功夫。犯罪典型情境思维方式矫正项目实验旨在为罪犯深挖犯罪原因，纠正错误的思维方式，从具体生动的情境中回溯追寻思维轨迹，在思维轨迹中搜寻错误的源头所在，有效避免认罪服法表面化，唤起罪犯内心深处的自我醒悟。

犯罪典型情境是指罪犯犯罪前或犯罪时，对罪犯犯罪有深刻影响的情境或处于的状态。犯罪典型情境可以是单一的，也可以是多重的；可以是童年的创伤事件，可以是剧烈的家庭冲突，也可以是辍学在外吃喝玩乐的生活状态等。犯罪典型情境往往投射出罪犯扭曲的价值判断和缺失的情感需求，通过重现情境，引导罪犯对自身进行深度挖掘，领悟犯罪的深层原因，从而制订计划对犯罪思维进行自我转变，以达到认罪服法的目的。

犯罪典型情境思维方式矫正是一种较深层次的认罪服法思维训练，这种思维训练对监禁的适应性摸底和教育、思维上的犯因探底、对犯因性思维进行初步脱敏、形成正当而有效的矫正方案、矫正师与罪犯达成矫正契约等诸多方面大有裨益，适合在罪犯入监教育或服刑初期进行。①

---

① 戴相英等：《未成年人犯罪与矫正研究》，浙江大学出版社 2012 版，第 167 页。

第一节 实验的理论基础

一、概念阐述

(一)犯罪典型情境的概念和特点

犯罪典型情境是指罪犯犯罪前或犯罪时,对罪犯犯罪有深刻影响的情境或处于的状态。犯罪典型情境可以是单一的,也可以是多重的;可以是童年的创伤事件,可以是剧烈的家庭冲突,也可以是辍学在外吃喝玩乐的生活状态等。犯罪典型情境往往投射出罪犯扭曲的价值判断和缺失的情感需求,通过重现情境,引导罪犯对自身进行深度挖掘,领悟犯罪的深层原因,从而制订计划对犯罪思维进行自我转变,以达到认罪服法的目的。

犯罪典型情境具有以下几个特点:

1.情绪性。犯罪典型情境往往伴随着独特而深刻的情感体验。例如幼年丧母,强烈的悲伤伴随着依恋关系的破裂,对罪犯的人格会产生重大影响;又例如长期学业成绩不佳,从而辍学导致的自卑等消极情绪会推动罪犯尝试"新鲜"的生活,在失范生活中得到的自信补偿会进一步推动犯罪活动的发生。

2.犯罪典型情境间相互影响,相互作用。例如学业不佳,与父母期望相背,会导致家庭冲突加剧,从而影响罪犯的人格发展;而人格的不完善,解决问题能力的欠缺,又进一步加剧家庭冲突,如此恶性循环最终导致罪犯犯罪。

3.犯罪典型情境一般来源于发展中危机。这里的发展中危机是由美国发展心理学家埃里克森提出的,他认为人格发展的每个阶段都由一对冲突或两极对立的品质所组成,并形成一种危机。这种危机并不是一种灾难性的威胁,而是指发展中的一个重要转折点。危机的积极解决,就会增强自我的力量,人格就能得到健全发展,有利于人对环境的适应;危机的消极解决,就会削弱自我的力量,会使人格不健全,阻碍个人对环境的适应。[①] 例如青春期的自我同一性未满足导致的角色混乱,会导致个体对社会不满,进而犯罪。

4.犯罪典型情境往往直接或间接地涉及家庭冲突。和美的家庭对个体人格的健康发展具有巨大的作用,而长期处在家庭冲突中的个体,人格无法健康成长,社会支持系统的缺乏会导致个体焦虑,行为极端化。

①引自网页:http://www.360doc.com/content/13/1121/12/20425_330997807.shtml

近代的一些犯罪原因相关理论也反映出犯罪思维方式和犯罪典型情境对犯罪行为的作用和影响。

(二)犯罪思维方式的概念和特点

要探究犯罪思维方式的概念和特点,先要理解什么是思维方式。有人说思维方式是人在思维时所遵循的方式,是体现一定思想内容和一定思考、使用于特定领域的思维模式。[①] 二是认为思维方式是一种稳固的思维样式,是表示人们在思维活动上不同结构、不同特征、不同类型的一个范畴,是思维主体用以反映客体的相对稳固的样式。[②] 三是认为思维方式是一种稳固的认知方式,是在一定社会历史实践活动中形成的、由人的各种思维要素及其结合按一定方法和程序表现出来的相对稳定的思维样式,是主体观念把握客体的一种认知方式。[③] 四是认为思维方式是一个具有高度综合性、概括性的哲学范畴,同一定的世界观、方法论密切关联,是一定世界观、方法论在人脑中的内化。[④] 思维方式主要由知识、观念、方法、智力、情感、意志、语言、习惯八大要素组成。

犯罪思维方式是身处犯罪情境面临抉择时,一种下意识、失范和扭曲的价值认知方式。即在个体身处犯罪情境,受到内部或外部刺激后,通过失常的价值观在内心衡量实施该犯罪行为的收益,最终得出利大于弊的判断并实施犯罪行为。犯罪思维方式的核心是个体的价值观体系,所有的思维过程都是通过价值观来衡量进行的。失常的价值观可以是唯金钱论,可以是偏常的自尊水平,可以是严重的侥幸心理等。个体接收到的内部刺激可以是内驱力、对金钱的欲望、对刺激的体验的追求等,外部刺激可以是受到挑衅处于的激惹状态、受到同伴的教唆、处于易犯罪的环境等。

犯罪思维方式的特性有以下几点:

1.犯罪思维方式具有主体性。犯罪思维方式是一种主体式的存在,存在于每个具体罪犯的心理结构中。要想矫正这种犯罪思维方式,要以罪犯为主体,引导罪犯进行认知重构,而以矫正师为主体的灌输式教育难以达到预期效果。

2.犯罪思维方式具有稳定性。由于涉及价值判断,而价值观是长久以来形成的,是相对稳定的,所以犯罪思维方式的矫正是一项长期工作,短期内难以达到预期效果。

3.犯罪思维方式具有可变性。如同人的人格一般,价值观是个缓慢的发展

---

①田运:《思维方式》,福建教育出版社 1990 版,第 2 页。

②张恩宏:《思维与思维方式》,黑龙江科学技术出版社 1987 版,第 297 页。

③孙伟平:《事实与价值:休谟问题及其解决尝试》,中国社会科学出版社 2000 版,第 35 页。

④李淮春:《马克思主义哲学全书》,中国人民大学出版社 1996 版,第 650 页。

建构过程,随着时间的推移和经验的积累,人的价值观也会随之变化,而正确的刺激和引导可加速这种变化过程。所以实施正确的矫正过程就显得尤为重要。

4.犯罪思维方式具有情境性或隐蔽性。在日常生活中,犯罪思维方式很难准确地观察和发现。而一旦将该犯暴露在犯罪典型情境下,这种偏常的思维方式就会对个体产生作用,做出实施犯罪的选择。所以我们需要在犯罪典型情境下,看清罪犯个体的犯罪思维方式,有针对性地进行矫正。

5.犯罪思维方式具有反社会性。犯罪思维方式所折射的价值观往往与社会普世价值观相对,为伦理道德所不容。这种价值观会认为道德和规则是强者的羁绊、弱者的慰藉,会时刻寻找法律的漏洞和违规获利的机会。

二、犯罪原因相关理论证据

(一)控制理论

控制理论是由 Hirschi 在 20 世纪 60 年代首先提出的,他认为犯罪是人类不受约束的求乐避苦倾向的自然结果。人们都有做出偏离行为来满足自己需要的倾向,而人们之所以能够遵从社会规则和传统秩序,是因为受到了个人和社会之间的紧密联系和制约。一旦这种连接变得薄弱或者破裂,就会发生偏离行为。与这种联系相关的因素包括:①对他人的依恋,通过良心、内化的规范和关注别人的想法等表现出来;②对传统目标的依从;③卷入与犯罪活动不相容的传统活动;④有关传统价值观的道德正当性的信念。

换而言之,控制理论认为个体价值观与社会价值观联系越紧密,越不易犯罪。而一旦个体价值观与社会价值观分离,甚至对立,形成犯罪思维方式,犯罪行为也将随之而来。但是该理论并未解释个体价值观是如何与社会价值观分离的,个体与社会的联结是如何破裂和发展的。对此 Hirschi 和 Gottfredson 又提出了低自我控制理论。

低自我控制理论认为,低自我控制是解释所有犯罪的最终原因。如果在幼儿期时,儿童在家庭中的社会化过程完成得不好,儿童的自我控制能力就会偏低,他们会更可能具有冲动性、不喜欢复杂的而是简单的工作、爱冒险、喜欢肢体活动而不是用语言表达,以及以自我为中心。这种低自我控制能力再加上犯罪情境,造成了偏差和犯罪行为。[1] 毫无疑问,自我控制能力属于意志成分,包含在思维方式内,即犯罪思维方式加上犯罪情境构成了犯罪行为。

---

①金灿灿:《犯罪未成年人的社会适应及其影响因素》,中央编译出版社 2013 版,第 7 页。

（二）社会学习理论

社会学习理论是由心理学家班杜拉提出的，运用该理论解释失范行为，是通过学习获得的，具体的失范行为的产生是内部准备状态、外部的刺激线索和习得的相应的失范行为模式共同作用的结果。而失范行为形成的三个因素为获得机制、诱发机制和保持机制，分别用以解释以下三个问题：第一，失范行为是如何获得的；第二，在某一具体情境中，引发个体表现出失范行为的因素是什么；第三，对个体所获得的失范行为在未来情境中是否采用的因素是什么。失范行为的学习是通过观察学习和亲历学习获得的，是由厌恶性诱因和奖赏性诱因诱发的，是通过强化（直接结果强化、替代结果强化和自我生成结果强化）得以保留的。

该理论的内部准备状态即思维方式中的情感和观念要素，外部的刺激线索即具体情境，习得的失范行为模式即思维方式中的方法和习惯要素，综合可得，犯罪行为的产生是具有犯罪思维方式（内部准备状态和失范的行为模式）的个体在特定的犯罪典型情景（外部的刺激线索）中做出的选择。犯罪思维方式可以通过观察他人的行为和亲身的经历以建构或重构，由犯罪典型情境中蕴含的厌恶性诱因或奖赏性诱因诱发，通过行为结果的强化得以巩固，即一个人完成某一犯罪行为后，其实际所导致的后果将影响这个人是否重复该行为，或在多大程度上重复这一犯罪行为。若个体认识到从犯罪行为中得到的好处比从正常行为中获得更多时，就会选择并实施犯罪行为。

（三）问题行为理论

该理论从社会心理学的角度出发，认为犯罪是复杂的社会心理网络导致的。该理论认为犯罪行为的发展受到社会心理系统——个体系统和社会环境系统的影响，犯罪行为的社会心理系统包括三个部分：个体系统、感知到的社会环境系统以及行为系统。

其中，个体系统包括健康观、成就观、独立观等观念因素，疏离感、压力、抑郁等消极情绪因素，以及自尊、控制点、社会期望和学业期望等因素。感知到的社会环境系统包括家庭、同伴、学校和邻里等四个子系统，比如父母、朋友的支持和约束、父母和朋友的榜样作用以及父母和朋友对问题行为的态度等因素。而行为系统则包括吸烟、饮酒、物质滥用、不良性行为、反社会行为、违规违法等问题行为，以及学业成绩不良等一般性行为。这些行为都是个体犯罪的危险因素，如果不及早干预，有问题行为的个体可能会朝着犯罪的轨道偏离。同时，该理论还包括社会人口学与社会文化因素等间接影响因素。

个体系统、社会环境系统和行为系统之间存在着复杂的互动关系，形成了个体问题行为的社会心理因素网络，个体的问题行为正是由于受到社会心理因素网络的影响而产生的。问题行为理论认为个体的问题行为是一种习得的功能性行为,它是社会环境和个体因素相互作用的产物。与人类其他行为一样,问题行为同样是榜样示范和强化的产物,但同时这些行为又受到态度、认知、个性特征和信念等个体因素的调节。①

以犯罪思维方式的角度来看,罪犯的个体系统和行为系统蕴含了观念、情感、意志、智力、习惯等因素的犯罪思维方式,罪犯的社会环境系统包含了犯罪典型情境的特点,即犯罪行为是犯罪思维方式与犯罪典型情境共同作用的产物。

第二节 实验方案设计

一、实验目的

本实验旨在验证运用犯罪典型情境思维方式矫正手段能否改善罪犯认罪服法态度,能否科学有效地为监狱改造新形势提供新方法和新思路。

二、实验周期

由于犯罪思维方式具有稳定性,发生改变需要一定时间的积累,故实验周期定为两个月。

三、实验被试

(一)筛选条件

由于犯罪典型情境思维方式矫正需要一定的自省能力和逻辑思维能力,需要一定的成熟度和文化水平,所以要求实验被试满 16 周岁以上,拥有小学五年级以上文化;另依照监狱管理局规定,余刑一年以下的新入监未成年犯满一个月入监教育验收合格即要分流,余刑一年以上的新入监未成年犯满两个月入监教育验收合格即要分流。而实验周期为两个月,考虑到实验成本,故挑选实验被试要求余刑在一年以上。

(二)筛选方法

随机抽样,从入监管区随机抽取 16 周岁以上、小学五年级以上文化、余刑一年以上的未成年犯 40 名,随机分成 2 组,其中的一个为实验组共 20 人,另一个组为对照组共 20 人。

---

①金灿灿:《犯罪未成年人的社会适应及其影响因素》,中央编译出版社 2013 版,第 9 页。

四、实验工具

（一）实验测量工具——内隐联想测验

1. 内隐联想测验介绍

本实验的测量工具采用内隐联想测验（IAT）。内隐联想测验是 Greenwald 等于 1998 年提出的一种新的内隐社会认知的研究方法，其采用的是一种计算机化的辨别分类任务，以反应时为指标，通过对概念词和属性词之间的自动化联系的评估进而来对个体的内隐态度等进行间接测量。[①]

内隐联想测试（IAT）的原理：内隐联想测验在生理上是以神经网络模型为基础的。该模型认为信息被储存在一系列按照语义关系，分层组织起来的神经联系的结点上，因而可以通过测量两概念在此类神经联系上的距离来测量这两者的联系。在认知上，内隐态度测验以态度的自动化加工为基础，包括态度的自动化启动和启动的扩散。[②]

内隐联想测验以反应时为指标，基本过程是呈现一刺激词，让被试尽快地进行辨别归类（即归于某一概念词）并按键反应，反应时被自动地记录下来。归类任务有两种：一种是单一区分任务，即对单一的刺激做出属于哪一个概念的判断；另一种是联合区分任务，在该任务中，概念词和属性词之间有两种可能的关系——相容的和不相容的。所谓相容，是指二者的联系与被试内隐的态度一致，反之则为不相容。相容条件下，由于概念词和属性词之间的关系与内隐态度一致，人们辨别分类相对较容易，因而反应时较短；不相容条件下，概念词与属性词之间的关系与人们的内隐态度不一致，辨别分类时会产生认知冲突，因而反应时长。两种条件下的平均反应时之差即为内隐态度的指标。

2. 内隐联想测试的基本步骤

（1）呈现概念词：让被试对自我类词组（如我、自我）和他人类词组（如他、他人）归类并做出一定的反应（看到自我类词组按 F 键，看到他人类词组按 J 键）。

（2）呈现属性词：让被试对认罪服法类词组（如公平的）和非认罪服法类词组如（如冤枉的）做出反应（认罪服法类词组按 F，非认罪服法类词组按 J）。

（3）联合呈现概念词和属性词：让被试做出反应（自我类词组和认罪服法类词组按 F，他人类词组和非认罪服法类词组按 J）。

---

① 引自网页：http://wenku. baidu. com/link? url = lz3164Cwc6HocLZ5gTIL5-iDmMVanJyr RkOiSCZMXyNEbBd4F4Dcc_gfOwZVS3kcqWebnuQZuuVsEA1MsxSPoghAU-BE1mlSzczvd pUHdCu

② 蔡华俭：《Greenwald 提出的内隐联想测验介绍》，《心理科学进展》2003 年 11 卷第 3 期。

（4）让被试对概念词做出相反的判断（自我类词组按 J，他人类词组按 F）。

（5）再次联合呈现概念词和属性词，让被试做出反应（他人类词组和认罪服法类词组按 F，自我类词组和非认罪服法类词组按 J）。

使用步骤 5 所得反应时减去步骤 3 所得反应时就能得出内隐态度。

那么为何相容和不相容任务的反应时之差可以作为内隐联想测验效应呢？依据唐德斯减数法的原理，反应时的不同阶段对应着不同的加工过程，反应时越长，心理加工过程越复杂。在社会认知研究中，由于所呈现的刺激多具有复杂的社会意义，其必然引起被试心理的复杂反应。这些刺激可能与内在需要或内隐态度相一致，也可能与之相矛盾。刺激所暗含的社会意义不同，被试的加工过程的复杂程度就会不同，从而反应时的长短也会不同。相容任务中，概念词和属性词的关系与被试的内隐态度一致或二者联系较紧密，此时辨别任务更多依赖自动化加工，相对容易，因而反应速度快，反应时短；不相容任务中，概念词和属性词的关系与被试的内隐态度不一致或二者缺乏紧密联系，这往往会导致被试的认知冲突，此时辨别任务更多依赖复杂的意识加工，相对较难，因而反应速度慢，反应时长。所以，两种联合任务的反应时之差可以作为概念词和属性词的关系与被试的内隐态度相对一致性的指标，即上述的内隐联想测验效应。[1]

Greenwald 等通过一系列研究发现，内隐联想测验能够有效地防止意识的干扰和自我矫饰的作用。另外，研究还发现内隐联想测验在内隐态度、内隐自我概念和内隐刻板印象等结构的测量上均具有良好的效度和信度，是一种可靠而有效的间接测量方法。大陆和台湾地区的学者应用该技术的研究结果也表明其信度和效度较为满意。[2]

3. 内隐联想测验词组的选择

内隐联想测验的属性词的选择非常重要，影响测验的最终结果。由于被试选择为小学五年级以上文化，故从小学五年级语文课本中挑选出 50 对二字长度的反义词词语。将 50 对反义词共 100 个二字词打乱顺序，由电子表格软件 EXCEL 的 VBA 编程随机排序，并加上指导语："本问卷共有 100 个词语，根据你的实际情况和感受，挑选 15 个与'认罪服法'最为相关的词语，在括号内打'√'。请不要有所顾忌，也不要与他人交谈讨论，根据自己真实的感受和实际情况，不要花太多时间思考，心平气和地回答，想怎么选就怎么选。"制成问卷对管区 185 名未成年犯进行调查。

---

① 转自网页：http://baike.baidu.com/link? url＝BjCv2kD4qBrOteVx_kbNdD4V8S4RYq3bj WaEoXQPY2L1Z2wqMVRuhQQy_4uCMqqksjesd4zGASXgXYvMnRbx-a

② 蔡华俭：《Greenwald 提出的内隐联想测验介绍》，《心理科学进展》2003 年第 11 卷第 3 期。

　　根据问卷统计的结果,将反义词的频数相加,属性词由高到低选取得到:"希望—失望、诚实—狡猾、明白—糊涂、坚定—犹豫、公开—秘密、相信—怀疑。"

　　而概念词我们采用常用的"我—他、我的—他的、我们—他们、我们的—他们的、自己—他人、自己的—他人的"。

　　4. 本实验对内隐联想测验的改编

　　利用 E-PRIME 软件编制内隐联想测验。由于罪犯文化素质较低,有些人甚至从未接触过电脑。为了消除因不熟悉电脑引起的实验误差,在步骤 1 前加入键盘适应过程,即按要求找到 F 键和 J 键,并根据提示按键。当正确率未达100%时,重复这一步骤。

　　而罪犯首次做内隐联想测试时正确率偏低(低于 80%)的人数较多,且实验样本较小,导致可用数据不足,故要求正确率过低的被试进行重复测验。考虑到原测验受练习效应影响很大,如通过练习可观察到步骤 3 和步骤 5 只看概念词就能进行正确反应,而不必考虑属性词,即和步骤 1 相似,这极大影响了测验效果。故在步骤 3 和步骤 5 中添加混淆项,即步骤 3 中加入不相容任务,正确反应为不按键;步骤 5 中加入相容任务,正确反应为不按键。如下所示。

　　步骤 3 变为:联合呈现概念词和属性词,让被试做出反应(自我类词组和认罪服法类词组按 F,他人类词组和非认罪服法类词组按 J,自我类词组和非认罪服法类词组与他人类词组和认罪服法类词组不按键)。

　　步骤 5 变为:再次联合呈现概念词和属性词,让被试做出反应(他人类词组和认罪服法类词组按 F,自我类词组和非认罪服法类词组按 J,他人类词组和非认罪服法类与自我类词组和认罪服法类词组不按键)。

　　加入混淆项后,步骤 3 和步骤 5 中只看属性词进行反应的正确率不会高于80%,为无效数据,大大降低了练习效应带来的影响,故可通过正确率甄别该数据是否有效。

　　(二)实验运用的重要工具——思维导图

　　1. 思维导图的概念及特点

　　思维导图是英国心理学家东尼·博赞在 20 世纪 70 年代创立的,最初仅作为一种新的笔记方法,后来逐渐演化为一种表达放射性思维的有效的图形思维工具。思维导图能让人以图画的方式,清晰地描绘出思维的线路和层次,同时刺激左脑和右脑,以大脑最熟悉的图像表征方式将发散性思维具体化、可视化地呈现出来,是组织和阐述表达知识的有效工具,是发散性思维的源泉。

　　东尼·博赞于 1994 年提出了思维导图的五个基本特点:

　　(1)中央图形在思维导图中占据着非常重要的作用,中央图形要求特征鲜明且形象,使注意的焦点能够快速、清晰地集中在中央图形上。

（2）分支作为各个层次的连接点而存在，从主题的主干向四周放射。

（3）关键词可以是图形，也可以是字词，图形或词分别写在分支或线条上。

（4）次级主干以分支的形式表现出来，附在较高层次的分支上。

（5）思维导图以树状的结构存在，各个分支可以形成一个连接的节点结构，各个节点形成了树状的系统（如图8-1所示）。[①]

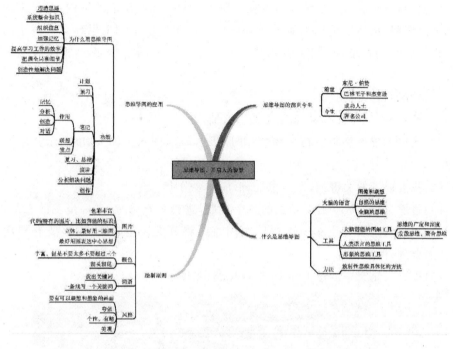

图 8-1

2.思维导图的作用

思维导图是实验项目中重要的思维工具，针对未成年犯普遍具有的文化低、思维能力弱、自省能力缺乏的特点，借助形象、直观的思维导图促进罪犯进行自我探索，有助于发现和领悟自身的犯罪典型情境，有助于察觉自身的不良认知。思维导图对于犯罪典型情境思维方式矫正的作用有以下几点：

（1）使犯罪典型情境直观化。运用思维导图将脑中的想法和思路记录呈现在纸上，有利于增强认知，进行更深层次的挖掘。同时也方便他人读懂自身的思路，显著提高分享交流的效率。

（2）使犯罪典型情境具体化。借助思维导图，未成年犯能够将碎片化的思维

---

① 李宁：《条件约束度与人格开放性对思维导图的研究》，南京师范大学硕士论文，2012年。

填充出来,使思路逻辑演变的轨迹逐渐清晰,以此将隐蔽的犯罪典型情境具体化,为下一步的矫正做好准备。

(3)提高注意力。未成年犯注意力有所欠缺,将"犯罪原因"的图示放在中央的显眼位置能够有效提高未成年犯的注意力,促使其集中精神思考和内省,提高了矫正效率。

(4)提高逻辑能力。思维导图表现为树干和分支的有层次的结构,对于未成年犯理清思路、提高逻辑思维能力很有帮助。而犯罪典型情境思维方式矫正的成效相当依赖这种能力,因为逻辑能力对于能否把握准自身的犯罪原因至关重要。

3.思维导图的绘制

(1)准备一张空白的 A4 纸和几支彩色笔。

(2)在白纸中央绘制中心主题"犯罪原因",要求图示足够大,以显示其中心地位。

(3)找准思考的关键词,发散思维,形成主要分支。

(4)将思考中心放到分支出去的各个主题,进行垂直思考,进一步发散思维,形成二级分支、三级分支……再按层次用直线将分支连接起来,连接要有层次感,间隔合理,保持美观。

(5)检查绘制完毕的思维导图,整理思路(见图 8-2)。

图 8-2

五、实验程序

(一)开展预实验

主要目的在于提高参与矫正师的结构式团辅技能,提升结构式团辅的效果,规范结构式团辅的内容结构,从而增强实验处理的有效性、客观性和统一性;在实践中逐步完善测量工具 IAT,根据实施过程中遇到的问题对软件流程和内容进行修改和调整;最后根据实践经验总结,进一步对实验过程和实验处理进行完善。

(二)开展前测

在同一日内,对 40 名被试新入监罪犯依次进行内隐联想测试即前测,收集保留数据。

(三)实施实验处理

1.犯罪典型情境思维方式训练

对实验组进行实验处理即犯罪典型情境思维方式训练,同时对对照组进行常规认罪服法教育。犯罪典型情境思维方式训练的基本方法是组织进行结构式团体心理辅导和思维导图推演,主要从以下三方面入手实施矫正:

(1)引导未成年犯探明犯罪具体的典型情境中思维导向(运用思维导图推导错误选择),从盲从"朋友"、贪图享受、寻找刺激、讨厌管束、报复补偿、一意逆反、任性而为、厌恶读书等方面类型的日常生活事件中发现思维方式上的失误。

(2)帮助未成年犯探源思维轨迹上的主观犯罪原因(运用思维导图层层剖析),从认知误区、情感缺憾、心理异常、趣味低级、不良行为习惯等方面类型的日常生活事件中发现价值判断与选择的失误。

(3)启发未成年犯认清犯罪对自身的危害,主要运用思维导图推导自己不犯罪的各种可能,由此带来的美好结局,与现实结局进行比对,从而达到真实的悔罪,与不堪回首的过去彻底决裂,帮助他们扫清健康成长道路上的历史障碍,激发自觉改造的动力。

2.犯罪典型情境思维方式训练的程序

犯罪典型情境思维方式训练的基本程序为:(1)矫正师运用启发式谈话方式与未成年犯进行沟通;(2)未成年犯写作自我成长传记;(3)未成年犯自己通过思维导图推导出不犯罪的多种典型情境下的选择可能;(4)未成年犯自己通过思维导图推导出不犯严重错误的多种典型情境下的选择可能;(5)组建未成年犯小组进行不犯罪(不犯严重错误)多种可能性交流;(6)未成年犯自己通过思维导图推导出不被抓判刑受监禁的更严重恶果的多种可能;(7)矫正师与未成年犯协商制订矫正目标和计划。矫正时间为两个月,共计 10 次团辅,每次团辅 90 分钟。

3.团体辅导教案

第一课教案

活动1	名字的故事
组员背景分析与 方案设计构想	由于组员初次见面,互不相识,比起一般的自我介绍,这一活动能够较好地让大家相互熟悉。

方案目标	单元目标	具体目标
	1.增进组员之间的相互了解。	1.讲故事增强组员之间的相互了解,建立信任的气氛。
	2.让组员对自我进行反思。	2.对名字中与自我性格相符与不符的特点进行思考。
	3.组员分享自己的感受。	3.表达对名字中信息与自我性格关系的感受。
	4.组员对他人的分享作有效的反馈。	4.组员之间相互支持、反馈。

具体操作	1.活动前准备组员的名片,让组员带上。
	2.组长鼓励组员主动自我介绍并讲出自己名字的故事。
	3.组长或组员对故事提出一些质疑。
	4.让组员说出名字与自己相符的方面和不符的方面,分享自己的感受。
	5.其他组员对其做出有效的反馈。

活动2	形容性格
组员背景分析与 方案设计构想	经过大家的自我介绍之后,大家有了一定的认识。附加这一活动可让组员之间的认识更为深入,有助于建立相互信任的关系。

方案目标	单元目标	具体目标
	1.增进组员之间的相互了解。	1.对组员的性格有更深的了解。
	2.让组员审视自我。	2.让组员明确对自己的认识,引发组员的思考。
	3.组员分享自己的感受。	3.表达对自己性格的评价,体验审视自己的感受。
	4.组员对他人的分享做出有效的反馈。	4.组员之间相互支持、反馈。

具体操作	1.活动前准备必要的笔和纸。
	2.对活动作简要说明。
	3.组员写出三个形容词,让大家更好地认识自己。
	4.组员分享对自己性格的看法,分享这一思考过程的感受。
	5.其他组员表达自己的感受,给出反馈。

第二课教案

活动1	我的价值观
组员背景分析与 方案设计构想	组员对自我的认识比较模糊,这一活动有利于他们认识自我,也有利于组员之间的相互了解。

<table>
<tr><td rowspan="6">方案目标</td><td colspan="2"></td></tr>
<tr><td>单元目标</td><td>具体目标</td></tr>
<tr><td>1.想想对自己的生命最重要的东西。</td><td>1.选择对自己生命最重要的东西。</td></tr>
<tr><td>2.体验抉择时的内心冲突。</td><td>2.表达做出选择时内心痛苦和无奈的感受。</td></tr>
<tr><td>3.对自己做出的选择进行说明。</td><td>3.说明自己选择的理由,达到进一步认识自我的目的。</td></tr>
<tr><td>4.表达这一选择的内心感受。</td><td>4.表达抉择时的内心感受。</td></tr>
<tr><td></td><td>5.引导组员给予积极反馈,对当事人提供支持。</td><td>5.让组员共情,同时引导组员自我探索,引发组员积极说出自己的困惑,促进小组的发展。</td></tr>
</table>

具体操作	1.课前准备好需要的纸和笔。
	2.说明活动的基本规则。
	3.组员在纸上写出对自己生命最重要的五种东西。
	4.让组员划去相对不重要的两项。
	5.让组员划去剩下三项中相对不重要的两项。
	6.组员说明自己的结果,分享活动过程尤其是选择的过程给自己带来的感受。

说明:价值观作为思维方式重要的组成部分,需要进行深度探索。进行价值观的剖析活动一方面可以使组员更清晰地认识自我,另一方面可以增强组员间的熟悉度,提升团体氛围,同时也利于锻炼组员的自省能力,为接下来能顺利进行犯罪原因的探索做准备。

第三课教案

单元名称	我的犯罪原因	
组员背景分析与方案设计构想	进行团体氛围的培养和自我探索的训练。在此基础之上,帮助组员初步认识自己的犯罪原因,绘制成犯罪原因的思维导图。	

	单元目标	具体目标
方案目标	1.想想自己犯罪的原因是什么。	1.深入思考具体犯罪情境。
	2.学会绘制思维导图。	2.以倒推式思维在原点上来思考自己主要的犯罪原因是什么,并绘制出来。
	3.组员讨论分享犯罪的典型情境。	3.根据思维导图尽可能多地回忆当时具体的典型犯罪情境,并与组员讨论。
	4.组员对自己的犯罪原因进行归纳。	4.根据典型犯罪情境,归纳自身主要犯罪原因。
具体操作	1.活动前准备好需要的纸和笔。	
	2.组长可对犯罪情境进行解释、释疑。	
	3.举例示范如何绘制思维导图。	
	4.让组员根据自己对具体犯罪情境的思考所得绘制思维导图。	
	5.小组讨论犯罪的典型情境,尽可能多地回忆当时具体的典型犯罪情境。	
	6.组员归纳出自身的主要犯罪原因。	

说明:犯罪思维和犯罪典型情境是构成犯罪的重要因素,而犯罪典型情境具有隐蔽性,在日常生活中很难反映出来。因此本课通过思维导图的运用,将犯罪原因和犯罪典型情境逐步细化倒推,清晰还原,将内心深处模糊的观念和情境具体化,归纳出自身的主要犯罪原因。

第四课教案

单元名称	假如没有犯罪(上)
组员背景分析与 方案设计构想	在对自身犯罪原因有一定认识后,帮助组员假设不犯罪的多种可能,明白成长轨迹是可以多变的,初步建立不犯罪的人生成长框架。

	单元目标	具体目标
方案目标	1.假设不犯罪的多种可能。	1.假设没有犯罪,那自己的生活会是怎样的,写在纸上。
	2.组员讨论分享不犯罪的生活轨迹。	2.读一读自己写下的不犯罪的生活。
	3.组员角色扮演体验。	3.通过角色扮演,进一步加深体验。
	4.组员分享自己的感受。	4.谈一谈对不犯罪生活的感想以及现在的感受。
具体操作	1.活动前准备好需要的纸和笔。	
	2.假设不犯罪,自己的生活轨迹会是怎样,写在纸上。	
	3.组员分享自己的不犯罪生活轨迹。	
	4.组员角色扮演,体验自己不犯罪的生活会是怎样。	
	5.组员谈谈感想和感受。	

说明:假设没有犯罪,自己的生活轨迹会是怎样的。与过去犯罪的生活做对比,是哪里不同,是什么时候、什么人、什么事造成的这些不同。进一步将犯罪原因具体化、情境化,有利于提高组员对自身犯罪的认识。同时,通过分享感受和收获,可以借鉴他人的认识和想法,明了原本自身并未意识到的成分。通过感受现在的懊悔情绪,进一步强化改造动力。

第五课教案

单元名称	假如没有犯罪(下)	
组员背景分析与方案设计构想	帮助他们推导出不犯罪的多种典型情景下的选择可能,绘制没有犯罪、正常成长的人生轨迹思维导图。	

	单元目标	具体目标
方案目标	1.回想上一单元讨论的不犯罪的生活轨迹。	1.回顾上一堂课大家讨论的不犯罪的生活轨迹。
	2.绘制正常成长的人生轨迹思维导图。	2.绘制正常成长的人生轨迹思维导图。
	3.组员展示分享自己的思维导图。	3.将自己的思维导图分享给他人。
	4.引导组员给予积极反馈。	4.利用团体动力加强组员的自我暴露,加强其自我探索。
具体操作	1.活动前准备好需要的纸和笔。	
	2.以思维导图的形式,绘制自己正常成长的人生轨迹。	
	3.组员分享自己的思维导图。	
	4.组员谈谈自己的想法。	
	5.组员的回馈。	

说明:本课主要是对上一课进行强化,重点在于推导正常成长的人生轨迹的同时,需要克服哪些困难,明白这些困难即是上一课中推导归纳得出的,从而有针对性地进行改正。

单元名称	假如没犯严重错误（上）
组员背景分析与方案设计构想	帮助他们推导出自己的典型生活情景中不犯严重错误的多种可能，深化对犯罪原因的认识。

	单元目标	具体目标
方案目标	1.假设不犯严重错误的多种可能。	1.假设没犯严重错误，那自己的生活会是怎样的，写在纸上。
	2.组员讨论分享不犯严重错误的生活轨迹。	2.读一读自己写下的不犯严重错误的生活。
	3.组员角色扮演体验。	3.通过角色扮演，进一步加深体验。
	4.组员分享自己的感受。	4.谈一谈对不犯严重错误的生活感想以及现在的感受。
具体操作	1.活动前准备好需要的纸和笔。	
	2.假设不犯严重错误，自己的生活轨迹会是怎样，写在纸上。	
	3.组员分享自己的不犯严重错误的生活轨迹。	
	4.组员角色扮演，体验自己不犯严重错误的生活会是怎样。	
	5.组员谈谈感想和感受。	

说明：在犯罪行为发生前，往往存在一些失范的行为，即一些日常的严重错误。这些行为的危害比犯罪行为造成的危害要轻些，也可以说是犯罪行为的"种子"。但任其发展，就会发芽生长，最终走上犯罪的道路。本课的目的在于使组员意识到犯罪前的一些严重错误是影响最终犯罪的重要因素，通过挖掘这些严重错误，进一步深化对犯罪原因的理解。通过对比未犯错和已犯罪的感受，进一步强化改造动力。

第八章 犯罪典型情境思维方式矫正项目实验

第七课教案

单元名称	假如没犯严重错误(下)
组员背景分析与方案设计构想	引导组员通过思维导图推导出不犯严重错误的多种典型情境下的选择可能,绘制没有严重错误、健康成长的人生轨迹思维导图。

	单元目标	具体目标
方案目标	1.回想上一单元讨论的不犯严重错误的生活轨迹。	1.回顾上一堂课大家讨论的不犯严重错误的生活轨迹。
	2.绘制正常成长的人生轨迹思维导图。	2.绘制正常成长的人生轨迹思维导图。
	3.组员展示分享自己的思维导图。	3.将自己的思维导图分享给他人。
	4.引导组员给予积极反馈。	4.利用团体动力加强组员的自我暴露,加强其自我探索。
具体操作	1.活动前准备好需要的纸和笔。	
	2.以思维导图的形式,绘制自己正常成长的人生轨迹。	
	3.组员分享自己的思维导图。	
	4.组员谈谈自己的想法。	
	5.组员的回馈。	

说明:本课主要是对上一课进行强化,重点是在推导正常成长的人生轨迹的同时,需要克服哪些困难,明白这些困难即是上一课中推导归纳得出的犯了严重错误的原因,从而有针对性地进行改正。

第八课教案

单元名称		健康成长
组员背景分析与 方案设计构想		深化对不犯罪(不犯严重错误)多种可能性的人生道路选择的认识,修改完善健康成长的人生轨迹思维导图。
方案目标	单元目标	具体目标
	1.假设不犯罪(不犯严重错误)的多种可能。	1.假设没犯罪(严重错误),那自己的生活该如何选择,写在纸上。
	2.组员讨论分享不犯罪(严重错误)的生活轨迹。	2.读一读自己写下的不犯罪(严重错误)的生活。
	3.修改完善健康成长的人生轨迹思维导图。	3.修改完善健康成长的人生轨迹思维导图。
	4.组员分享自己的思维导图。	4.展示自己完善后的思维导图,谈一谈自己的想法。
具体操作	1.活动前准备好需要的纸和笔。	
	2.假设不犯罪(严重错误),自己的生活该如何选择,写在纸上。	
	3.组员分享自己不犯罪(严重错误)的生活轨迹。	
	4.组员修改完善健康成长的人生轨迹思维导图。	
	5.组员展示并分享自己的思维导图和想法感受。	

说明:本课主要是对前4次团辅课程的总结梳理和巩固。4次团辅课程的时间跨度较长,需要进行一次集中梳理,巩固自身的感受和理解。通过多次假设倒推,组员的自我反省能力和逻辑思维能力都有一定的提升,本课主要是激发组员的归纳总结能力,将自身认为重要的部分归纳出来,明确个体的主要犯罪原因和犯罪典型情景,进行有效的改正。

第九课教案

单元名称	塞翁失马焉知非福
组员背景分析与方案设计构想	引导组员推理自己比不被抓、不被判刑、不受监禁的更严重恶果的多种可能。

	单元目标	具体目标
方案目标	1.假设不被抓、不被判刑、不受监禁的多种可能。	1.假设不被抓、不被判刑、不受监禁,生活的轨迹会是如何,写在纸上。
	2.组员讨论不被抓、不被判刑、不受监禁的生活轨迹。	2.读一读自己写下的不被抓、不被判刑、不受监禁的生活。
	3.思考事物的两面性,积极看待问题。	3.看多媒体小故事,体验塞翁失马焉知非福的含义。
	4.组员分享自己的感受。	4.谈一谈自己的想法和感受。
	5.引导组员积极反馈。	5.利用团体动力加强组员的自我暴露,加强其自我探索。

具体操作	1.活动前准备好需要的纸、笔和多媒体小故事。
	2.假设不被抓判刑受监禁,自己的生活会是如何,写在纸上。
	3.组员分享自己不被抓、不被判刑、不受监禁的生活轨迹。
	4.观看准备好的多媒体小故事。
	5.组员分享自己的感受。
	6.组员积极反馈。

说明:前几次团辅主要利用当前在囚的感受和假如正常成长的感受作对比,以此激发改造动力,追求正常的生活,尽早回归社会。但这难免会加重组员在囚的消极体验。本次团辅通过推导假如不被抓、不被判刑、不受监禁的生活,可能会犯下更大的甚至不可逆转的罪行,以此使组员看到当前在囚的积极的一面即避免了更严重罪行的发生,从而稳定改造情绪。

第十课教案

单元名称	我的未来我做主
组员背景分析与方案设计构想	引导组员制订契合自身实际的矫正方案框架,绘制自我矫正的思维导图。

	单元目标	具体目标
方案目标	1.思考自身的主要问题和矛盾。	1.想一想自己犯罪的最主要问题是什么,罗列在纸上。
	2.组员讨论分享自身的问题。	2.读一读自己写下的主要问题。
	3.根据问题绘制自我矫治的思维导图。	3.根据自身存在的问题,绘制自我矫治的思维导图。
	4.组员展示分享自己的思维导图。	4.谈一谈自己的思维导图,说一说接下去该如何改造。
	5.引导组员积极反馈。	5.利用团体动力加强组员改造动力。
具体操作	1.活动前准备好需要的纸和笔。	
	2.想想自身犯罪的主要问题是什么。	
	3.根据问题绘制自我矫治的思维导图。	
	4.组员展示自己的思维导图,谈谈接下去该如何进行自我矫正。	
	5.组员积极反馈。	

说明:在对自身犯罪原因和犯罪情境有了深刻而具体的理解后,有针对性地提出自我矫正计划是本次团辅的中心。由于组员年龄和文化的限制,解决问题的能力可能有所欠缺,矫正师需要与组员协商,为组员提供解决问题的经验和意见。

（四）进行实验后测

团辅结束后，在同一日内，再一次对 40 名被试新犯进行内隐联想测试即后测，收集保留数据。

第三节　实验过程

一、主试的标准化

由于实验处理需要进行团体辅导，而 20 名未成年犯需要分成 2 组，每组 10 名以保证团辅效率，这就需要至少 2 名矫正师分别进行负责。而不同的矫正师即实验主试因为各自的经验、风格和团辅技术不同，可能会影响实验最终的结果，所以我们需要对实验主试进行标准化培训。由于团体辅导需要根据具体实施情况进行应对，无法做到完全的"标准化"，所以我们只能通过团辅结构标准化、团辅技能培训和矫正师互相学习来尽可能地降低主试对实验结果的影响。

（一）团辅结构标准化

顾名思义，即将团辅的活动和流程固定统一，尽可能将每次活动和每个环节的时间统一和次序统一，避免这些因素干扰实验结果。

（二）团辅技能培训

由于矫正师对于团体辅导并不熟悉，团辅的技能不熟练，团辅的掌控力不足，故安排监狱心理指导中心有丰富团辅经验的矫正师进行技术指导，培养团辅的能力和掌控力，避免因团辅技能的差异而影响实验结果。

（三）矫正师互相学习

由于每个矫正师的团辅经验和风格不同，所以在预实验中，安排矫正师相互学习，即一人团辅，另一人在边上观摩学习，采取这样轮流替换学习的方式，使矫正师间的团辅风格尽可能靠拢，减小误差。

二、犯罪典型情境思维方式矫正的操作过程

在犯罪典型情境思维方式矫正实验中，矫正师的工作主要分四个阶段：一是准备阶段，确定有效对接；二是帮助未成年犯倒推思维，完成自传写作；三是帮助未成年犯"假设"，通过团辅和思维导图的方式，对过去典型情境进行各种可能的推理，对各种可能的选择进行价值判断，对各种可能成立的条件进行分析，领悟自己的思维方式错在哪里；四是与未成年犯协商确定矫正方案。

（一）周密准备

矫正师要认真做好团辅前的准备工作,仔细阅读未成年犯的档案材料,紧密结合入所后的心理测试结果进行综合分析,初步了解未成年犯的个性特征,特别是要找准这个未成年犯内心的主要矛盾冲突。要从多种可能的心理矛盾冲突中寻找最严重、最剧烈的冲突。未成年犯都处于青春期,他们的心理特点突出表现是出现成人感即自认为自己已经成熟,长大成人了。因而他们在一些行为活动、思维认识、社会交往等方面,表现出成人的样式。但成长过程中的他们充满矛盾,主观上不断增强的独立性和客观条件限制的依赖性、生理早熟与心理晚熟、成人感的表达诉求与能力不及、情感冲动波动大于理智克制力弱小等方面的矛盾比较突出。在监禁的状态下,这些矛盾总是要在这个特殊的环境里通过一定的方式表现出来。除了被剥夺自由与向往自由散漫的习惯、得到较好处遇与踏实矫正自我、憧憬刑满后美好生活的情绪高涨与完成矫正任务碰到困难时的自暴自弃等方面的诸多矛盾。我们要根据未成年犯个案的具体情况,认真分析客观存在的各种矛盾,以此提高团辅的掌控力。

在与未成年犯的谈心交流中,我们是否从心里接受他、愿意帮助他,他会从任何一个细微的言行中觉察。我们需要调整自我心态,平等地与他交谈,才会有良好的互动关系。未成年犯内心矛盾冲突的问题是我们可以与之对接谈心的突破口,如果我们站在他们的角度,设身处地地理解他们,耐心地倾听、真诚地为他们想办法,而不是意味地对他们否定、轻视、说教,也许我们的接纳会使他们愿意与我们形成良性互动,为团辅做好铺垫工作。

（二）完成自传

在监禁的状态下,未成年犯有一对最基本的矛盾,向往大墙外的自由生活而不可得、终日受监禁的痛苦。在这个想到了就有无限苦恼的问题下,他们必然会思考产生这个问题的原因。为什么会到这里?为什么会被判刑?为什么会犯罪?是从什么时候、从什么事情开始犯错误的?先以未成年犯他自己的时间、以他认为的具有真实意义的原因推理开始,以写自传的形式形成犯罪被判刑、受监禁的因果链。

矫正师在与未成年犯第一次谈话时,就要和他商量这个任务如何完成,相关要求要谈得具体详细,特别是首先要启发他很自然地讨论他的过去,认真倾听他的成长经历叙述。谈话时间不得少于60分钟,要与未成年犯建立稳定的信任关系。在此基础上,为其安排在较为安静的信息采集室,进行60分钟的自传写作。每隔20分钟去关注他的进度,进一步细化能够让他明白的相关写作要求,重点回忆在校生活、家庭关系、辍学生活等。

（三）假设推理

矫正师组织开展团体辅导,利用思维导图帮助未成年犯进行倒推式的发散性思维,是什么人、什么事、什么具体原因,促使自己犯罪的,其中的犯罪典型情境又是什么。再通过思考,以什么样的逻辑关系可以让自己完全避免卷入这个犯罪典型情境中,明白自身的问题在哪里。以此进行各种关联线索的连接、梳理,然后进行各条线索之间的对比,孰轻孰重。而后,引导未成年犯进行假设自己不违法犯罪的情境与真实的自身的犯罪情境之间的对比,促使其明白自己的思维方式错在哪里。最后,引导未成年犯自己推理不被抓判刑受监禁的更严重后果的多种可能,促使其明白事物的两面性,看到自身被监禁的积极的一面,稳定其改造情绪。同时在团辅分享讨论时,矫正师要把握大方向,对极端思想予以引导;对于发言很少的未成年犯要予以鼓励,或发动团体支持的力量鼓励他大胆讲出自己的想法;小组成员充分发表意见后,包干矫正师要做归纳总结等。

（四）协商讨论

通过数次团辅推导和巩固,未成年犯基本能总结出自己在犯罪典型情境下的思维方式错在哪里,针对自身问题的主次关系,提出自己认为合适的矫正方案。矫正师负责认真审阅,特别是对矫正的目标设置、矫正措施、矫正过程要严格把关,对其具体性和可行性就行评估,如若有所欠缺,则与该犯沟通,提出更适合的方法,一起完善其矫正方案。如一名未成年犯想要提高自身意志力,通过每日完成阅读 50 页书籍的方式。包干矫正师考虑到他自身文化不高,平时也没有看书的兴趣和习惯,每日 50 页的阅读量对他而言很难完成,一旦失败矫正效果适得其反,即可行性存在一定问题。故和其沟通,降低 50 页标准,开始先完成每日 10 页的阅读量,若一个月能每日坚持下来,再适度增加阅读标准到 15 页。如此才能确保矫正计划的可行性。

三、思维导图的实际操作

（一）去除画图的要求

思维导图是利用形象记忆和抽象记忆的结合来提高记忆力的,但考虑到未成年犯文化素质较低,画图过于粗糙,不但浪费时间而且影响整体观感,给人杂乱的感觉,影响最终阅读效果。且实验中运用思维导图的主要目的在于理顺思路和提高逻辑性,并不需要提高记忆力,故去除了画图的要求。

（二）适度的提示

由于未成年犯的思维能力和自省能力较弱,故会出现没有思路,无法继续拓展思维导图,导致达不到团辅目标。因此,矫正师在观察到这一现象时,要适度提示,比如"仔细回想在校的生活、与家庭的关系、辍学在外的生活、与社会上的朋友吃喝玩乐等等,把你认为影响你犯罪的因素写进去。注意按照逻辑顺序来"。

四、团体辅导操作

从预实验团辅实施效果来看,发现第一课和第二课小组成员投入较快,反馈较多,精神较集中,团体氛围较好;而自第三课起,由于并未设置团体练习,小组成员精神集中度明显降低,团体氛围较冷清。故在正实验中,为第三课以后的课程都设置了团体练习,以提高团体注意力,减低组员焦虑,促进组员投入团体,增进组员的觉察能力,从而提高团辅效能。

新设置的团体活动练习如下:

(一)第三课——我的犯罪原因

活动名称	画图接力赛
活动准备	每组 10 人,每组一张 A4 纸、一套水彩笔,奖品
活动时间	约 45 分钟(画画 30 分钟,分享 15 分钟)
活动目的	培养合作态度,训练思考和讨论能力,对过去的自己进行初步的探索,为接下来探索自己的犯罪原因做铺垫。
具体操作	矫正师介绍活动规则,公布题材为"过去的生活",各组成员在限定的时间内,通过充分回忆和组员讨论,轮流接力将图画完成。要求是成员每人都必须动手,图画必须是团体合作的结果。成员如果各执己见,不能充分讨论协商,会由于意见不集中而耽误时间,无法顺利完成任务。如果成员协商充分,意见集中,作品不仅有特色,而且花费时间少。成员通过此练习,可以学习团体内如何沟通,促进合作。成员之间提供意见,但不可代画,每人限定 3 分钟,时间到就换人接着画。直到最后一位成员画完,作品完成。由小组派出一名解说员来解说图画想表达的意思,以及这次活动的收获;由矫正师评分,宣布获胜者,并发放奖品。

（二）第四课——假如没有犯罪（上）

活动名称	10 个"我是谁"
活动准备	20 张 A4 纸,20 支笔
活动时间	约 40 分钟
活动目的	认识并接纳自我,学会接纳他人。尝试画画,对自身有个深入的探索,为接下来运用思维导图挖掘自身做铺垫。
具体操作	矫正师可以找出一个成员示范,连续让他回答"我是谁"。当他说出一些众所周知的特征时,如"我是男人"、"我是一名罪犯"等,矫正师要告诉大家,这种回答不反映个人特征,应尽量选择一些能反映个人风格的语句。要求每人至少写出 10 个"我是谁"。当矫正师看到最后一位放下笔时,请团体成员在小组内交流。任何人都要抱着理解的态度去认识每一个独特的组员。最后矫正师请每个小组推荐代表发言,交流分享感受。

（三）第五课——假如没有犯罪（下）

活动名称	自画像
活动准备	20 张 A4 纸,2 盒水彩笔
活动时间	约 40 分钟
活动目的	强化自我认识,促进自我觉察。通过画出"过去的我",暴露自身的不足,以在接下来的思维导图运用中能有针对性地去思考。
具体操作	矫正师给每位成员发一张 A4 纸,10 人共用 1 盒水彩笔。然后请组员画出"过去的自己"。可以用任何形式画出过去的自己,抽象的、形象的、写实的、动物的、植物的,什么都可以,只要把自己心中最能代表过去自己的东西画出来就行。这种方法可以使组员发现隐藏在潜意识层面的自我,不知不觉中对自己做出评价和内省。画完后,展示给小组组员看,不加评论。全体看完后,请每一名组员对他的话解释并答疑。自画像用非语言的方法将画者的内心投射出来,是一种独特的自我探索、自我分析、自我展示的方法。通过团体内交流,可以促进成员深化自我认识,加深对他人的理解,同时为下一步运用思维导图假设推理提供一定依据。

（四）第六课——假如没有犯严重错误（上）

活动名称	目光炯炯
活动准备	安静舒适的空间，在法规宣传室进行
活动时间	约15分钟
活动目的	很多未成年犯都是在不知如何应对挫折、如何控制情绪的条件下犯下严重错误的。此活动旨在学习自我肯定，感受挫折情绪。为接下来的假如学会控制情绪，学会应对挫折，就不会犯严重错误做铺垫，顺势进行推导。
具体操作	矫正师将两人分为一组，互相注视对方眼睛50秒，不可以躲闪，目光注视表示自信及诚恳。然后用非常肯定的语气做自我介绍。接着，肯定地表达自己的感受"我对XXX（特长或技能）最有把握"，大声说三遍，注意每遍的感受，交换角色。接着，请对方帮助自己完成某件最想做的事，1分钟之内用尽各种方法要求他，但另一方看着对方重复说"不"，两人互换角色。最后讨论刚才练习的感受和意义，以及如何应用到日常生活中。

（五）第七课——假如没有犯严重错误（下）

活动名称	小小动物园
活动准备	每人一张小卡片，一支笔
活动时间	约40分钟
活动目的	促进自我了解，并了解他人，学习接纳每个人的独特性。在了解自己特点的基础上进行思维导图的矫正，更具合理性。
具体操作	矫正师发给每个组员一支笔和一张小卡片，然后要求组员想一想，如果用一种动物代表自己，会选择哪种动物。思考一会儿，在卡片上写上这种动物的名称。等所有组员写完后，同时出牌，先请每个组员看一看在这个动物园里都有哪些动物，哪些与自己相似，哪些不同，你在这个动物园中的感受如何。然后每个组员轮流介绍自己为什么会选择这个动物代表自己。有些组员选择的动物是因为像自己的特质，如狗一样的对朋友忠诚；有些组员选择的动物是自己期望成为的，如像狮子一样强壮不受欺负。当组员介绍自己时，其他人可以有不同的响应，以促使当事人进一步思考。

（六）第八课——健康成长

活动名称	化装舞会
活动准备	音响设备、化妆道具
活动时间	约 40 分钟
活动目的	促进组员的改造积极性和对美好生活的向往,吸取他人的意见,建立新的理想自我。
具体操作	事先,矫正师要通知大家要举行舞会,请每位组员先思考如果健康成长,自己该是怎么样的,然后通过化装的方式表现出来。练习开始时,先放轻松的音乐,每个组员开始化装。接着每个成员轮流站到中央,听取其他组员对他打扮的印象和感觉,然后自己介绍为什么这样打扮,含义是什么。每个成员轮流到中央接受大家的评价。

（七）第九课——塞翁失马焉知非福

活动名称	秘密大会
活动准备	每人一张 A4 纸,一支笔
活动时间	约 30 分钟
活动目的	帮助组员面对改造的困扰和不良情绪。
具体操作	矫正师请每位组员想想目前改造中最困扰自己的事情是什么,最想解决的问题是什么,然后写在纸上,不署名。写完折叠好,放在团体中央。全体写完后,指导者随即抽出一张,大声念出纸上的内容,请组员共同思考,帮助提问题的人解决问题。因为匿名,可减少组员的担忧,大胆提出问题,全体共同出主意想办法,帮助别人也帮助自己。必要时可以通过角色扮演的方法来表现具体情境。讨论完一张,再讨论另一张,直至所有纸条上的问题都逐一解决。最后,矫正师要引导组员思考怎样从他人经验中学习成长。

(八)第十课——我的未来我做主

活动名称	把心留住
活动准备	每人十张心形小卡片,一支笔,音响设备
活动时间	约 40 分钟(放在最后环节)
活动目的	结束团体,对未来的改造生活做个预估。
具体操作	播放轻柔的音乐,矫正师给每个组员发放十张心形卡片(十人为一组),请组员在每张卡片上写出自己所拥有的、所想要的好的特质或东西,一张卡片写一样。这些卡片就是组员的一颗心,请组员衡量自己与其他人的需要,送给其他成员自己的一点心意。全部送完后,请每个组员谈谈送礼物的心情如何;为什么送这些"心";接受礼物的心情如何;你认为送礼物的人的用意是什么;带着这么多组员送的"心",离开团体后打算如何改造。心形卡代表成员的心愿与期盼,当一个团体成员捧着其他人的"心",更能体验到人间温情亲情。不过,矫正师要注意把握团体氛围,不要过分依恋、伤感,而应该充满活力和正能量。

第四节　实验结果

一、实验数据及分析

(一)数据处理规则与步骤

主要使用 SPSS 20.0 对实验数据进行处理。

1. 只选取步骤 3 和步骤 5 的反应,去除其他步骤的反应时;

2. 将短于 300ms 的反应时记为 300ms,长于 3000ms 的反应时记为 3000ms。删除每个步骤前两个非干扰项数据;

3. 对反应时进行自然对数转换;

4. 求步骤 3 与 5 反应时的均值;

5. 步骤 5 与步骤 3 的反应时均值的差即为内隐联想测验效应。

（二）主要实验数据分析

主要实验数据分析可见表 8-1、表 8-2 和表 8-3。

表 8-1　实验组前测与对照组前测的独立样本 T 检验

项目	方差齐性检验 F	标准差	标准误	t	df
实验组前测 IAT 效应—对照组前测 IAT 效应	2.021	0.506	0.107	−1.218	38

注：IAT 效应为步骤 5 反应时减去步骤 3 反应时所得差值。

＊为 $p<0.05$，＊＊为 $p<0.01$，不加 ＊ 为 $p>0.05$

根据表 8-1 可得：$F=2.021$，$p>0.05$，方差齐性；$t=-1.218$，>0.05，故实验组前测 IAT 效应与对照组前测 IAT 效应差异不显著。说明实验组和对照组的被试属同质组，认罪服法态度无显著差异。

表 8-2　实验组后测与对照组后测的独立样本 T 检验

项目	方差齐性检验 F	标准差	标准误	t	df
实验组后测 IAT 效应—对照组后测 IAT 效应	3.798	0.293	0.073	3.998＊＊	38

根据表 8-2 可得：$F=3.798$，$p>0.05$，方差齐性；$t=3.998$，$p<0.05$，故实验组后测 IAT 效应与对照组后测 IAT 效应差异显著。说明经过实验处理后，实验组未成年犯的认罪服法态度与对照组未成年犯认罪服法态度存在显著差异，即犯罪典型情境思维方式矫正对未成年犯的认罪服法态度转变作用要大于对照组的常规认罪服法教育。

表 8-3　实验组和对照组的前后测 IAT 效应的配对样本 T 检验

项目	均值	标准差	标准误	t	df
实验组前测 IAT 效应对实验组后测 IAT 效应	0.459	0.506	0.113	4.06＊＊	19
对照组前测 IAT 效应对对照组后测 IAT 效应	0.366	0.242	0.054	0.675	19

根据表 8-3 可得:实验组前后测配对样本 t 检验中,$t=4.06$,$p<0.01$,说明前后测差异显著,即犯罪典型情境的思维方式矫正对新犯的认罪服法态度的改变作用很大;而对照组中,$t=0.675$,$p>0.05$,差异不显著,即常规的认罪服法教育对新犯的认罪服法态度转变作用不大。

二、讨论

(一)罪犯思维方式的转变

通过思维导图的训练,未成年犯的思维产生了显著的改变,主要表现为以下两种方式:点转线和线转面。

1. 点转线

思维方式由点转线主要出现在思维导图训练初期,表现为思维的深度发生变化。在思维导图训练前,未成年犯的思维往往表现出碎片化,杂乱而无逻辑感,自我挖掘也常以分散的思维点为主,点与点之间缺乏逻辑关联,常停留在事物的表面,没有逻辑深度。在思维导图上的表现为树干多,但树干不深,一

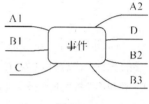

图 8-3

条树干往往只有一到两层且无分支。而经过一段时间思维导图的训练后,未成年犯的思维发生一定的变化,表现出一定的逻辑性,能一定程度地触及事物的本质。在思维导图上的表现为能合并同一类别的树干,树干逐渐减少,但树干的深度加深,一条树干会有多个层级,分支逐渐产生。如图 8-3 向图 8-4 的转变,图 8-3 中逻辑较为混乱,A1、A2 和 B1、B2、B3 并未按逻辑理顺,图 8-4 中的线性逻辑较为显著,能对前因后果做出一定排序。

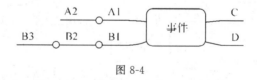

图 8-4

从具体的思维导图 8-5 分析,其树干的深度并没有效体现,如"对亲情、友情的感情"与"不想让家人担心,一切的事都是能瞒则瞒"的关系并不是因果关系,后者是对前者的一种具体解释,缺乏逻辑深度;再如"性格要强,什么都要争第一"与"打回来既不丢面子还能很有面子"不在同一树干,但前者却是后者的深层原因,这说明逻辑关系并未理清。这张思维导图是典型的"点"的代表,缺乏思维深度。

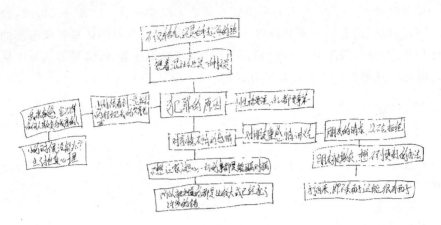

图 8-5

　　而图 8-6 中，首先是树干的分类有较强的逻辑性，分别归为"家庭变故"、"自身的想法"、"意外的发生"和"对法律的无知或有侥幸心理"。其次"父母离异、家庭不和谐"与"缺乏爱，造成心理疾病"有明显的因果联系和逻辑深度，能意识到父母离异、家庭不和谐对自身造成的影响，而这种影响又对自身犯罪产生了一定影响。

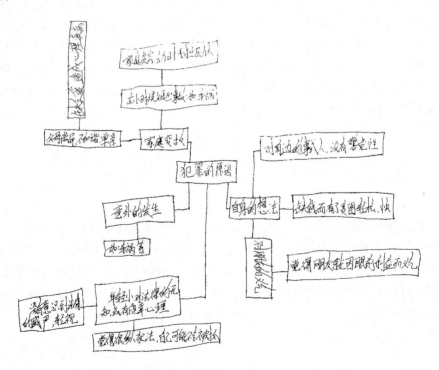

图 8-6

2.线转面

思维方式由线转面主要出现在思维导图训练后期,表现为思维的广度发生变化。在思维导图训练初期,未成年犯能基本做到思维具有一定的逻辑性,能一定程度触及事物本质,但思维相对狭窄,并不能意识到线与线(树干与树干)之间存在相互作用。而在思维导图训练后期,思维的逻辑性进一步加强,能意识到两种或多种因素的交互作用在对事件产生影响,例如能意识到不爱学习和家庭关系紧张之间存在交互作用,不爱学习,学习成绩差导致父母加强对自身的管教,导致家庭关系趋于紧张;而紧张的家庭关系导致自身学习状态弱化,学习成绩难以维持,对学习的兴趣进一步降低。这两种因素通过相互之间的作用,对未成年犯犯罪产生影响。在思维导图上的表现为树枝进一步减少,而树枝下的分支增多,一条树干可能包含多条分支,将线状思维整合成面状思维。如图 8-7 所示,逻辑清晰,层次分明,多条分支形成较为全面的思维,对事物本身归纳程度较高。

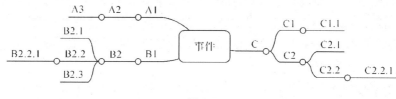

图 8-7

由于未成年犯的思维水平发展度较低,较难发现思维高度"面化"的思维导图,但从一些思维导图中可以发现思维线转面的痕迹,如图 8-8 所示。"不满父母

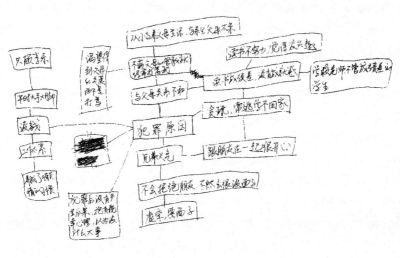

图 8-8

的管教方式经常打骂我"与"从小与养父母生活,与亲生父母亲不亲"逻辑关系分明,有逻辑深度。能厘清"与父母关系不和"是由"读书成绩差,没有成就感"和"不满父的管教方式经常打骂我"共同影响的,一条树干的分支与另一条树干的分支产生交叉,是思维面化的表现形式。

（二）犯罪典型情境思维方式的因素

通过分析团体辅导中思维导图的材料,犯罪典型情境思维方式可以从以下四个因素进行分析:社会支持、消极的自卑补偿、享乐主义观念、超乐主义观念。

1. 社会支持

社会支持是一个人通过社会联系即家庭成员、朋友、同事、组织和团体等,不管是精神上还是物质上的支持,以减轻心理负担、缓解紧张状态、提高社会适应能力。社会支持是犯罪思维方式的情感因素。科布把社会支持定义为一种信息,它包含三个层次:①导致个体相信他/她被关心和爱的信息;②导致个体相信他/她有尊严和价值的信息;③导致个体相信他/她属于团体成员的信息。康恩等认为社会支持是人与人之间的帮助、关心和肯定。卡伦认为社会支持是个体从社区、社会网络或从亲戚朋友获得的物质或精神帮助。这几位学者均认为,社会支持是个体经历被爱、有价值感和他人所需要的一种信息,是一种在社会环境中促进人类发展的力量或因素。

社会支持包含家庭支持、朋友支持和其他支持。而对于未成年犯而言,家庭支持至关重要。通过分析团辅的思维导图发现,家庭冲突或家庭缺失屡屡提及,普遍的关键词有"父母离异"、"和父母吵架"、"嫌父母烦"、"跟家人无法沟通"等。这些都体现了家庭支持的缺失,说明家庭支持对未成年犯犯罪具有重要影响力。家庭支持的缺失的具体表现为:在家不开心,常常夜不归宿,为结交社会不良朋友提供时间和空间;由于感受不到父母的关爱,会刻意寻找另一种形式的关爱以获得补偿,即"兄弟义气",甚至会取代亲情的地位,将之看得很重,兄弟让他干什么他就干什么,类似于"父母让孩子干什么,孩子就会干什么",其地位凌驾于法律之上,为犯罪行为提供了动机;由于缺乏生活经验和解决问题能力,一旦遇到问题无法正常解决,而又缺乏家庭支持,无法寻求父母的帮助,就会采取原始、极端的方式去解决问题,从而衍生犯罪行为。因此家庭支持的缺失度越高,未成年犯的犯罪典型情境思维方式越稳固。

对未成年犯而言,朋友支持往往是一种"反支持",即朋友的支持对其失范行为和犯罪行为等反社会行为进行强化。而这种支持正好弥补了未成年犯的情感空白。在思维导图中的关键词表现为"认识了社会上的朋友"、"喜欢跟朋友在一起"、"朋友随叫随到"、"不出卖朋友"等。朋友支持具体的行为表现为:给他钱,为他解决生活上的困难;和他一起玩,做一些刺激的如打架、赌博、吸毒等反社会活动。显然,这种支持是一种"反支持",即朋友支持度越高,未成年犯的犯罪典型情境思维方式越稳固。

2.消极的自卑补偿

阿德勒认为自卑感是人格发展的动力。自卑是由于人的生理、身体存在某种缺陷,以及幼年生活经验不足,遇挫折易产生自卑感。自卑感起源于个人生活中所有不完全或不完美的感觉,包括身体的、心理的和社会的障碍,不管是真实的障碍或是想象的障碍。阿德勒说,"自卑感并不是变态的……依我看来,我们人类的全部文化都是以自卑感为基础的",但是沉重的自卑感可能使人心灰意冷,甚至万念俱灰,万事皆休,在这种情况下自卑感变成了阻碍个人积极成长的障碍和破坏力量,阿德勒称这种情况为自卑情结。为了克服这种自卑感,获得更多的力量,个体就会追求更多的品质,从而达到补偿的作用。

对于未成年犯而言,由于学习期间成绩普遍偏差,在学习生活中得不到自尊体验,体验到的是较重的自卑感。而由于缺乏家庭支持,未成年犯在追求其他优秀品质以达补偿的过程中较易失败,其后果就是获得更沉重的自卑感甚至发展为自卑情结。在这种状态下,个体会放弃追求较难得到的优秀品质,转而追求流于表面、能"证明"自己的东西以补偿消除自身的自卑感,养成了爱慕虚荣、好面子的消极品质。消极的自卑补偿在思维导图中的表现为"爱面子"、"爱慕虚荣"、"报复心强"、"爱攀比"等。而由于未成年犯并没有稳定的收入或并不能承担奢靡的生活,物质上的不足与精神上的爱慕虚荣就会成为主要矛盾,而解决这一矛盾的快捷方法就是犯罪。久而久之,这种过度追求自己的优越而忽视他人和社会的需要,就会产生一种优越情结,表现为爱慕虚荣、专横跋扈、言过其实、骄傲自大、自以为是,并且缺乏社会兴趣,令人厌恶。因此,消极的自卑补偿成分越多,犯罪思维方式越稳固。

3.享乐主义观念

享乐主义是将人生快乐简单地等同于物质快乐,对幸福的追求也就自然地演化为对物质享乐的追求。享乐主义观念主要包含三点:第一点是,希望自己的生活处于一种安逸状态,表现为好逸恶劳,怕吃苦受累;第二点是,对"乐"的程度需求较强烈,表现为追求刺激的活动,包括嫖娼、赌博、毒品等违法活动;第三点是,对快乐满足的即时性,体现在时间维度上,表现为"活在当下",会放弃更有价值的长远结果而选择即时满足,即延迟满足水平较低(例如当前时刻想要去酒吧喝酒,但身上没有钱,为了享受当下就采取了违法犯罪手段获取了钱财,而未去想违法犯罪的后果;实际上可以选择缓几天,有了报酬了再去玩,而不用承担违法犯罪的风险)。

这种观念为犯罪行为提供了强动力,是犯罪思维方式中的观念因素。在思维导图中的关键词表现为"怕吃苦"、"工作收入太低"、"追求刺激"、"一时冲动"等。在行为上的表现为这也不要干,那也不要干,频繁换工作,嫌收入太低;经常和朋友出入赌博色情场所,甚至会服用毒品;无法拒绝当前的诱惑,自控能力很差等。很显然,享乐主义观念越重,犯罪思维方式的动力越强。

4.超乐观主义观念

超乐观主义观念主要包含两种观念:一种是认为自己的行为只是犯了小错,并不会受到严重的惩罚,主要表现为缺乏法律常识,不懂法;另一种是知法犯法,随着成功作案而未被逮捕的次数增多,他的侥幸心理就会越来越强,认为自己犯法被捕的概率越来越低。

超乐观主义在思维导图中的表现为"不懂法"、"抱着侥幸心理"、"不会判很重"等。这种观念对犯罪行为的抑制成分产生抑制作用,即法律惩罚的威慑作用受到抑制,使犯罪行为的发生肆无忌惮,严重危害个体和社会。超乐观主义成分越重,犯罪思维方式越稳定。

(三)犯罪思维方式的矫正

犯罪思维方式的矫正要针对其四大因素,制订相应方案。

1.针对社会支持

未成年犯羁押收监是一个矫正契机。在社会上自由生活,不愿受到父母约束管教,与父母有强烈的冲突矛盾;收监后,看到父母疼惜的泪水,对自己嘘寒问暖,能真切地体会到亲情的可贵。这种矛盾的对比,能使未成年犯感受到曾经感受不到的东西,是改善亲子关系、获得家庭支持的关键时刻。

矫正师可以通过角色扮演,找出未成年犯沟通方式的错误之处,并互换角色,使其感受错误的沟通方式带来的后果。同时可以分享一些简单的沟通技巧,使未成年犯尝试与父母沟通时有所收获。还可以摆事实,讲道理,在你最难熬、最绝望的时候,是与你素有矛盾的父母站在你的背后,而你曾经的兄弟在哪里,以此进一步加强其对家庭支持的重视。

2.针对消极的自卑补偿

通过提升控制感,以对抗自卑感。矫正师可以为其设定较易达成的目标,定期检验,达成后设置再高一级的目标,直到达到他曾自认为无法达成的目标为止。通过事实告诉他,他是可以做到的,他远比自己想象的要强大。例如首次询问他每天坚持练习钢笔字最多多少字,他说150字,那么就以他心中的极限目标150字为二级目标,超出这个极限将终极目标定为200字。第一步先要求他每天练习钢笔字50字,每日检查是否完成进度并询问其难易程度;坚持两周后,将目标定为100字,每日检查是否完成进度并询问其难易程度,如若表示有难度则适当降低;每两周增加一次任务,直到完成终极目标。最后让他自己讲讲其中的感受,突破自己的感受,并鼓励他继续坚持。由此通过成功经验的获得增强个体的自尊感,以对抗自卑感。

3.针对享乐主义观念

享乐主义观念的形成主要原因是缺乏心灵的寄托,缺少体验勤奋感带来的快乐。矫正师应培养他们树立正确的快乐观。正如伊壁鸠鲁在《致美诺寇的信》中所指出的那样:"并不是每种快乐都值得选取;正如每一种痛苦都是恶,却并非每一种痛苦都应当趋避。"正确的快乐观应该是靠辛勤劳动所得,享受科学、健康、有益、适度的物质生活和文化生活。这种快乐观,有益于未成年犯的身心健康,有利于社会的稳定和国家的繁荣。

矫正师还可以通过培养他们健康向上的兴趣爱好以转变其观念。在监区内营造良好的文化氛围,举办各种文化活动,依托这些载体促使矫正对象体验到健康生活带来的乐趣,在不知不觉中转变享乐主义观念。

观念不是一旦一夕之间形成的,具有较强的稳定性,因此对于观念的矫正也需要"文火慢炖",依托营造的积极氛围,促使矫正对象体验真正的快乐,潜移默化地对其实施矫正。

4.针对超乐观主义观念

针对超乐观主义,主要进行法制教育和全局思想教育。前者主要是教育矫正对象明确哪些行为是违法犯罪,需要承受怎样的惩罚;明确成年后犯罪需要承担更严重的后果等,避免矫正对象因对法律的无知而再犯罪。后者主要是教育矫正对象做事前先权衡利弊,考虑全局得失,避免因为眼前的蝇头小利而失去更重要的东西。

(四)实验项目的不足之处

1.新犯首次进行内隐联想测验会出现错误率较高的问题,这可能是对软件程序的不熟悉、对词组的理解有问题或对实验任务的不理解等因素造成的。接下来需要进一步优化软件界面,简化软件流程,使用更直白、口语化的指导语,呈现更简单易懂的概念词和属性词。

2.在结构性团辅中,新犯通过思维导图推导自身的犯罪原因时,往往因为自身思维能力的限制无法做出更深层次的归因。可考虑由矫正师提问,根据回答来帮助归纳,再与矫正对象商定此原因是否属实。如童年时期发生了什么令你印象深刻的事,可以是令人高兴的,也可以是让人难忘的;在读书时发生了什么难忘的事(高兴的或难过的);与家人相处中的印象深刻的事或最具代表性的事等。

3.根据实验结果,常规的认罪服法教育对矫正对象的认罪服法态度的转变并未起到作用。但考虑到在入所初期,尤其是入所第一周,常规的认罪服法教育能促使新犯快速了解监狱制度和环境,消除陌生感,对稳定新犯情绪起了非常重要的作用。其缺陷在于后续教育和思维转变上,可结合犯罪典型情境思维方式矫正做出相应的结合与转变。

4. 内隐联想测验对文化素质有较高的要求,无法适用于所有矫正对象。下一步应针对文化素质较低、思维能力较差的矫正对象,研发更具普适性的测验工具。

三、总结

犯罪典型情境思维方式矫正是一种较深层次的认罪服法思维训练,主要通过启发式谈话、写作自我成长传记、运用思维导图进行思维训练和结构式团体辅导等方法,对矫正对象的犯罪典型情境思维和认罪服法态度实施矫正。

通过实验,以改编的内隐联想测验为测量工具,得出结论:①犯罪典型情境思维方式矫正对矫正对象的认罪服法态度的转变,效果显著;②常规的认罪服法教育对矫正对象的认罪服法态度的转变,效果不显著。

通过对矫正对象的思维导图进行归纳分析,将犯罪典型情境思维方式的转变分为两个阶段:思维点转线和思维线转面。将犯罪典型情境思维方式的因素分为以下四类:社会支持、消极的自卑补偿、享乐主义观念和超乐主义观念。并且针对四大因素,采取相应的矫正方式,制订合理的矫正方案。

最后回顾整个实验过程,发现实验中的不足之处以及改正方向,主要从测量工具、团辅技术、实验结果的分析上进行反省。

第九章
个案循证矫正

　　个案循证矫正，是指矫正师在一定的理论和技术指导下，选择最佳途径和措施，结合自己的矫正实践经验，在充分考虑罪犯个体特征的情况下，对其开展个别性辅导，并对实施效果进行评估、反馈的一种个体性矫正活动。在循证矫正项目实验的团体辅导中，我们积极运用个案矫正的技术和方法，落实个案层面的矫正，在项目中体现个别化原则。

第一节　个案循证矫正概述

　　根据当前罪犯矫正实践的成功经验和发展趋势，个案矫正被认为是目前比较先进和有效的矫正模式之一。个案矫正模式是以罪犯个体为基础实施评估、分类、管理和教育的一种矫正模式。本章所述个案循证矫正，是指依据循证矫正的理念、方法和要求，对罪犯个体实施个别化矫正的一种新的矫正模式。

一、个案循证矫正的原则

　　从罪犯思想品行特征和人格特点入手，通过分析他们的家庭成长环境、社会生活环境和入监初期的行为表现，提出具有鲜明个性特征的、规范化的个案矫正方案，是个案矫正取得实效的重要因素之一，也是个案矫正管理的立足点。个案循证矫正，需要根据不同罪犯的家庭史、成长史、生活史、学习史、犯罪史及其心理行为特点，制订一人一策的矫正计划和措施，并遵循以下原则进行个案管理。

（一）证据优先原则

　　所谓证据优先原则，是指在个案矫正活动中，矫正工作者选择被证明为有效的证据进行留存与共享，选择与个案相适应的真实可靠有效的最佳证据进行个案矫正活动。矫正者根据最佳证据进行个案矫正活动,最终的个案矫正方案是矫正者、个案的愿望及证据之间所取得的平衡。显然,在整个个案矫正的过程中,核心是矫正所遵循的证据,即是现有的最佳证据来为矫正实践提供依据。一方面,证据优先是循证矫正活动的前提与基础,个案矫正过程如果没有能够运用最佳证据,个案循证矫正的目标必然不能实现。另一方面,证据优先还是个案循证矫正科学性的重要体现。循证矫正作为一个舶来品,国外的证据更多,但这些国外的"最佳证据"未必就是国内循证的最佳证据,因为国情有别、文化习俗差异。在这样的大背景下,对一些舶来的证据,就要以我们的个案为研究对象进行跨文化的验证,探索和追求高质量的、适合我国国情和犯情的个案循证矫正的最佳证据,以确保个案循证矫正的实效性。

(二)正确评估原则

正确评估原则是个案管理的首要原则。所谓的正确评估原则,是指在编制个案矫正方案时,要在对罪犯的犯罪原因、思想品行和心理水平进行精确、综合评估的基础上进行,体现方案的针对性。对罪犯的评估是全方位、多角度的。从评估的方式上看,既有访谈评估,也有量表评估;从评估的内容上看,既有对其个人生活经历的评估,也有对其家庭功能、家庭结构和社会关系的评估,还可以是罪犯人身危险性评估和道德思想评估;从评估的时间维度上考虑,既有对其以往经历和当下情况的评估,也有对其矫正以后的预测性评估;从评估的空间维度上考量,既有对其心理空间安全感的评估,也有对其现实人际交往空间的适应性评估;从评估的性质来说,既有对其犯因性的分析评估,也有对其日常改造质量的评估。正确的评估是方案编制的基础,只有正确运用估评的结果,才能使编制的方案具有很强的针对性。

遵循正确评估原则还要体现以下一些具体要求。一是过程评估与系统评估相结合。前者包括实时评估、定期评估和后效评估,如:对在矫正过程中出现的与个案相关的重大事件、重大变估,就是实时评估;在矫正项目的每一个阶段任务完成后,对矫正对象的现实危险和再犯罪危险评估是定期评估;后效评估是指对矫正方案实施效果评估和后效跟踪考察。二是定性评估与定量评估相结合。这种结合主要体现在对个案进行评估的时候,一方面要考虑个案的世界观、人生观和价值观、文化习惯与爱好,做出定性的评测,另一方面要利用各种信效度良好的评估量表工具进行定量评测,从而构建起优势互补的科学评估体系。三是动态与静态评估相统一。在充分考虑个案的矫正需要的基础上,对个案的现实危险和再犯危险进行动态与静态相结合的评测。

正确评估原则还要求在个案矫正方案的编制过程中,必须充分运用教育学、心理学的理论和方法,依据收集的罪犯各方面的信息,如心理测量的结果、初次谈话资料、日常的行为表现等,根据未成年人思想教育的规律和心理特征及其演变规律,对罪犯个体的思想和心理的发展变化过程和趋势进行全面系统的科学分析和推论,制订相应的矫正方案,从而开展有效的教育矫正工作,以防范罪犯各种狱内恶性案件,诸如脱逃、暴力伤害、自杀自残等重大事故的发生;同时促进罪犯心理和人格的完善和思想品行的矫正,提高罪犯教育矫正的质量。科学性原则是方案编制的重要原则。

（三）个别性原则

个别性原则也是个案矫正管理中的一个重要原则。它是指在对罪犯进行个案矫正的过程中,要因人制宜,因事制宜,突出矫正方案的差异性和独特性。个案矫正是针对不同罪犯个体的特点而开展的教育工作,因此,把握罪犯个别性的思想特征和心理特点,就理应成为关注的重点。从不同的侧面,考察不同罪犯的家庭结构、家庭功能、亲子关系、社会交往、文化背景、生活经历、教育程度等,从细微处找寻罪犯的犯因性差异和思想心理特点差别,选择个性化的测评工具和矫正方法,针对不同类型、不同问题的罪犯,采取不同的矫正方法。对于思想品行问题突出的罪犯,如"好逸恶劳、唯利是图"的罪犯,要侧重于通过思想教育,培育他们的思想道德观和人生价值观。而对于心理行为问题突出的罪犯,如对于情绪障碍、反社会性人格倾向、偏执性人格倾向的罪犯,或者有偷窃癖、赌博癖、恋物癖等倾向的罪犯,就要按照咨询心理学的要求,通过心理辅导,消除他们人格或心理问题的"原发灶",实现心理的自我成长。

（四）可操作性原则

所谓可操作性原则,是指个案档案材料填写的规范化和个案矫正程序执行的正确性。具体而言,它是指个案的矫正方案,不会由于个案矫正者主观的理解或解读而产生偏差,从而使方案得以正确实施,并促成矫正目标得以实现或基本实现的特性。

对罪犯的个案矫正管理,所涉及的知识内容广泛,档案资料丰富,工作程序严谨,因此,明确档案的结构层次,编制简明规范的操作要点,设定切合实际的矫正方向和目标,显得格外重要。个案矫正的可操作性原则,首先要体现个案档案的层次性和简明性。在档案材料主面,既要反映方案的轻重缓急,又要体现程序的完整合理。其次,要体现操作程序的可行性。冗长拖沓的操作程序,从表面上看,似乎全面细致,而究其实质,却常常难以抓住罪犯思想和心理行为问题的主要矛盾或其矛盾的主要方面,很容易使矫正者顾此失彼,白白耗费心血,得不偿失。再次,个案的操作性原则,还体现在个案矫正目标确定的具体性和可行性方面,一个良好的矫正目标,是矫正者与矫正对象共同商定的结果,矫正者单方面确定的、一厢情愿的矫正目标不仅空洞无效,而且还枉费人力和财力。

二、个案循证矫正的实施办法

个案循证矫正有别于一般的矫正,有其独特性,这种特性主要体现在以下几个方面:它具有循证的特征,是通过寻找现有的最佳证据(矫正方法和举措等),结合罪犯的特点和意愿而实施的一种矫正,具体地说,就是在对罪犯实施评估、分类安置、矫正方案的制订和运用等各个方面,都按照现有的最佳证据来开展工作。同时,它又具有教育的个别性特性。即在最佳证据的选择上,着重突出个别化。即立足于每一个罪犯自身的成长、发展的视角,根据每一个罪犯的特殊个性特点和思想、行为特点,从罪犯入监到出监的每一个阶段,选择最佳的矫正措施和方法,实施矫正项目。并在项目实施的过程中,根据定期评估和反馈的结果,随时调整、修订和完善,以达到最佳的矫正效果。

个案循证矫正一般包括了以下五个阶段。

一是弄清事实、明确问题阶段。这是一个通过观察、谈话、测评等方式获取罪犯个体基本信息,并对其进行基本评估,明确其问题的过程。常用的具有较高的信度与效度的测评工具包括卡特尔十六种人格因素(16PF)、艾森克人格调查表(EPQ)、明尼苏达多相人格调查表(MMPI)、心理卫生评定量表(SCL-90),攻击性问卷、安全感问卷、《中国罪犯心理测试个性分测验》(COPA-PI),罪犯人身危险性评估,等等。在具体使用时,一般根据个案的情况选择其中一两个量表进行测试。

二是找寻证据阶段。通过文献检索等方法查找到解决问题的所有证据。对个体实施教育矫正的措施众多,既有管理矫正、劳动矫正,也有教育矫正和心理矫治等,每种举措又可有许多具体的方法,比如,对个体实施心理矫治,可以采用行为矫治的方法,也可以采用认知调整的方法,还可以采用心理动力的方法等等。在这个阶段,要尽可能将可以运用的证据(方法、措施)加以罗列,为下一阶段开展工作奠定基础。

三是发现联系、明确最佳证据阶段。采用系统评价甚至元分析等专门方法技术,对获得所有证据的正确性、有效性和可执行性进行评价,从中找出适合解决问题的最佳证据。每一个体都是独一无二的,犯罪个体也不例外。因此,在明确采用那种证据时,就要充分考虑每个犯罪个体的特殊性,发现这种特殊性和最佳证据之间的联系,以找出基于特定罪犯个体的特定情况的最佳举措。如有情绪问题的、思想问题的罪犯,或有暴力行为的、人际关系问题的罪犯,或有精神障碍的、有身体疾患的罪犯等等。

四是方案制订与实施阶段。行动是根据采信的最佳证据予以实施,是一个富有挑战性的阶段,是对矫正师能力的重大考验。如对于一个长期陷入抑郁情绪、深受情感困扰或陷于困扰处境的罪犯,需要运用第三阶段所获得的证据,对其实施矫正。采用的干预技术既可以是认知行为疗法,也可以是焦点解决之道;既可以是意象对话的心理治疗技术,或是让其加入团队参加团体心理辅导,还可以是其他的矫正方法。不管采用什么方法,最终目的都殊途同归:或是使其摆脱无法消遣的症结,使他看到自己身上的矛盾,摸索并感悟到前进的方向;或是正确地认识到自己的过去,反思自身犯罪思想根源,解决世界观、人生观、价值观的问题;或是面对现实,勇敢地接受人生的挫折和困难,与过去不良思想和错误行为作一次决裂。

在行动阶段,还要遵循跟踪服务、动态管理、因其而变的原则。对于一个思想矛盾或心理纠结的罪犯,其知情意系统处在一个极不稳定的状态,随时可能出现意想不到的情况,所以矫正的实践活动要投其所需、因时而变,因其而变,密切详细了解和掌握个案的饮食起居和学习、劳动、生活等改造活动,进行动态跟踪服务,动态管理,发现存在的主要问题,及时纠正偏差,调整证据方案,因势利导。

五是总结阶段。在这个阶段主要是对本次矫正实践的过程和效果进行评估总结。经评估确定有效的本次循证矫正实践,便成为下一次循证矫正实践的一个新证据。

三、实施个案循证矫正的作用

个案循证矫正的各个流程和程序都由经过专门培训、具备相关专业能力的人员实施,与以往依靠个人主观经验对个体进行判断的方式完全不同,是经验型、随意型向专业型、规范型的巨大转变。个案循证矫正实践是行刑人别化的重要体现,也是人道主义和实体正义、公平等刑法基本原则和本质的具体化体现在行刑个别化上。循证矫正的重要作用有与一般矫正相同的一面,也有其独特的一面,主要体现在以下几个方面:

1.矫正恶习,端正思想。道德是个人在社会行为中所表现出来的比较稳定的、一贯的特点和倾向,是社会道德原则和规范在个人思想和行为中的体现。如中国古代的儒家,提出了以"仁"为核心的,包括"智、仁、勇","恭、宽、信、敏、惠"和"温、良、恭、俭、让"等道德品质的范畴体系。由于受不良亚文化团体的影响和不良人生价值观的同化,罪犯往往自我控制能力差、缺乏道德感和罪恶感,致使他们的道德认识、道德情感、道德信念、道德意志不同程度地存在着偏离。

罪犯思想道德的转化,既受外部环境因素,如社会因素、家庭因素、监狱环境因素、刑罚惩罚因素、管教矫正师或社区矫正官因素等的影响,更受来自内在思想心理的因素如法制观念、道德观念、人生价值观,悔过心理等的制约。这些内外因素相互配合、相互作用,最终促使罪犯的心理向积极方面发展。

外因通过内因而起作用,在影响思想心理转化的诸多因素中,罪犯内在的思想、心理因素是主导性因素。法制观念、道德观念、人生观等影响着每个人的一生,它们在每时每刻都起着重要作用,罪犯在接受教育矫正的过程中,法制观念慢慢得到重建、道德观念得到恢复,人生观又回到了正确的道路上来。法制观念、道德观念、人生观的正常化推动着罪犯心理转化。悔过自新是罪犯真正认识到自己所犯罪行对社会、家庭、被害人及自己所带来的严重后果,从内心认罪服法,愿意重新做人,这是罪犯心理转化的最重要的内在动力因素。在外部因素中,监狱矫正师因素则起着重要作用。监狱矫正师是刑罚执行的主体。因此,他们对罪犯的管理、教育和疏导在矫正中起着重要作用。罪犯正确的人生观、价值观、法制观念、道德观念的形成,良好行为习惯的养成,需要他们付出不懈的努力。另外,罪犯群体的共同舆论和共同规范,也是罪犯心理转化的外部因素。集体教育对罪犯的思想心理转化诚然能起到积极的作用,但由于个体的独特性导致其思想观、人生观的独特性和差异性,一对一的个案循证矫正是化解罪犯独特思想问题的良方。

2.化解心结,改善情绪。荣格说,情结是"一种经常隐匿的、以特定的情调或痛苦的情调为特征的心理内容的团集物",这种团集物就是个体一个个的内心冲突,冲突如果长期无法化解,就会造成各种情绪或行为的问题。罪犯在服刑改造期间,由于受到特定监禁环境和人际环境的影响,心理状态常常不太稳定,情感需要得不到宣泄,内心冲突往往很大,心理障碍的检出率较高,其突出的特点是:

第一,主体的特异性。其主体是在监狱接受刑罚惩罚和教育矫正的罪犯,在一般社会正常群体中,没有此类心理问题。在监狱的罪犯,既有初次服刑接受教育矫正的罪犯,也不乏"几进宫"的累犯、惯性质的罪犯,这些人大都思想道德品质低下,行为品行恶劣,心理扭曲严重。

第二,环境的特异性。在监狱这一特殊的环境下产生心理问题,其伴随症状的产生与独特的监狱环境有着密切的关系。全封闭的高墙电网环境,陌生的人际交往关系,心理不适也就随之产生。离开这一环境,其症状往往随即缓解或消失。如拘禁性木僵一般可随拘禁性刺激的消除而消失或缓解。

第三,性质的严重性。学者吕成荣、赵山等的抽样研究表明,处于监禁情境下的罪犯,其各类精神障碍的患病率为 10.93%。其中人格障碍为 7.96%,神经症为 1.00%,精神发育迟滞为 0.59%,精神分裂症为 0.44%,情感性精神障碍为 0.26%。其基本结论是:罪犯中精神障碍患病率相对较高,其中人格障碍比例较高,神经症、精神发育迟滞、精神分裂症患病率居前位。

第四,症状及成因的特殊性。罪犯心理问题的症状常常表现出消极抑郁的浓厚色彩;其成因,既有实施犯罪行为、经受逃避惩罚和紧张刺激的情绪体验,也有监狱环境和制度的重大影响,具有逃避现实痛苦的有意识或无意识动机,在很大程度上是罪犯对监狱生活的一种适应不良反应。尤其重要的是,这些罪犯的心理问题,虽然在症状上可能完全相同,但其成因却各有差异,运用统一的教育矫正手段,无法对其有效实施矫正。只有循证的个案矫正,才能对其进行有效的科学干预。

第二节　个案循证矫正实录

本节所录个案,皆为著者在准确分析罪犯现实风险产生原因和矫正需求的基础上,将心理矫治技术用于个案矫正,取得了实际成效的案例。现将对四个个案的循证矫正操作过程记述如下。

一、积极意象产生积极情绪

服刑初期的罪犯尚处在心理适应期,容易产生各种心理问题,出现焦虑、痛苦、抑郁、恐惧、怨恨等负性情绪。正确把握服刑初期罪犯的心理状况,对其施行心理矫治,有助于他们走好改造的第一步。案例"积极意象产生积极情绪"是矫正师成功矫治服刑初期心理适应不良罪犯的一则典型个案。

（一）问题的提出

罪犯葛某,男,1998年5月出生,浙江东阳人,高中一年级文化程度。家有父母及一个姐姐,均务农。2013年因犯故意伤害罪,被判有期徒刑两年零六个月。入监月余,由于心理适应不良,出现了焦虑、冲动、恐慌、忧郁等负性情绪,伴有兴趣减退和睡眠障碍,同时出现自虐自伤、打人伤人等一些不良行为表现。主动寻求心理帮助。

危险性检测:心理咨询前,进行了水平评估量表(LSI-R):该罪犯得分是43分,属于"高度危险罪犯"等级。人身危险性(RW)检测:64分,说明该罪犯人身危险性较大。

再犯罪可能性检测:刑罚体验(XT)简评表25分,得分在第一区间,刑罚体验较浅,重新犯罪的可能性较大。

对该罪犯的综合评定如下:具有较大的暴力倾向和较高再犯风险,被认定为一类重点矫正对象。

(二)风险评估和矫正需要分析

1.房树人测验分析。葛某在心理矫治开始时的房树人测验的结果见图 9-1。从测验看,葛某性格内向(整个画面不到测试纸的二分之一);内心封闭孤独(房门紧闭);安全感缺乏(房子下面画有一条地平线);有一种追求稳定和平衡的性格倾向(房子左右两侧画有对称的树);情绪不稳定(人体线条浓淡不一);对早年的创伤事件耿耿于怀,无法忘却,对自己的生活感到不满意(树干细小,没有树叶)。

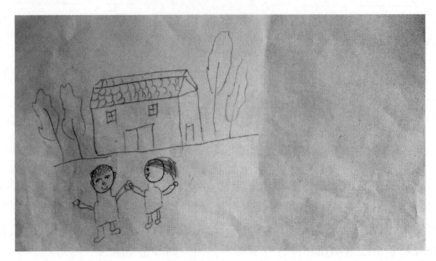

图 9-1

2.焦虑自评(SDS)和抑郁自评(SAS)测试:SDS 得分 66 分,为中度抑郁,SAS 得分 62 分,为中度焦虑。

综合两项测评,给出对该犯的评定是:该犯存在抑郁和焦虑的情绪,报复心强,行为冲动,存在相当大的监管安全隐患,具有情绪、行为和认知方面的矫正需要。

(三)最佳证据选择

根据该罪犯的上述特点和矫正需要,作者查阅了相关的文献资料,如李俊茹、刘惠军《意象对话技术及其在抑郁症心理咨询中的应用》和朱建军《意象对话的理论、方法及在中国的现状和发展》等等,为该罪犯寻找最佳理论依据,最后认为,运用意象对话心理治疗的方法,对该罪犯较为合适。意象对话技术融合了精神分析治疗中的释梦技术、分析心理学的主动想象技术等而加以创立一种新的中国本土化的心理治疗技术,可直接通过潜意识意象的调节,对来访者的潜意识进行资源整合,以新意象的形式体现出潜意识的积极作用来解决来访者的心理问题。对有焦虑、痛苦、抑郁、恐惧、怨恨等负性情绪的来访者的矫正具有较好的效果。

（四）方案制订与实施过程

矫正目标。根据葛某的心理特点、矫正需求、个性特征，作者对其确定了矫正的近期和远期目标：近期的目标是，化解内心冲突，消除情绪行为的症状；远期的目标是，解决矫正需要，消除再犯风险。

矫正师运用意象对话心理治疗技术对其进行心理矫治，在较短的时间内达到了预期的目标，效果显著。

1.构建关系

矫正师了解到其家庭背景和早年生活事件。他的父母关系不好，经常吵闹甚至打架。他自小受到父母的打骂。尤其是父亲，经常赌博输了钱回家就拿他当出气筒，使他倍受煎熬。读书时，每次上学和放学时都没有家人接送，让他有一种被父母亲抛弃的感觉。

通过谈话了解到葛某的主要问题，一是情绪冲动。他常常强烈地感觉到无法控制自己的情绪，内心烦闷不安，有一种无法自控的打人或虐待自己的冲动。曾与组长发生激烈争执并动手打了组长，受到一次性扣思想改造分 3 分的处理。二是心情抑郁。表现为情绪忧郁，兴趣减退。自入监以来，每个月至少有两到三次闪现不想活的念头。虽然没有自杀的勇气，但多次出现自虐自伤的举动，一次他用小型的习艺劳动工具敲击手背，致肌肉出血、皮肤红肿，另一次他用手指死死地卡自己手臂、大腿和胸口的肌肉，直到肌肉受伤作痛才罢手。三是情绪焦虑。他对自己的前途感到渺茫，担心刑释回归社会之后，父母亲会抛弃自己，而迫使自己跟社会上的旧日同伴混在一起，走上重新犯罪的道路。晚上，他难以入睡，通常只能睡三四个小时，早上醒来还精神萎靡。四是内心恐惧。他非常担忧将来刑满释放回到社会以后，受到同案犯（受自己指使作案的同案犯，后被自己揭发）的报复。

通过第一阶段的谈话，矫正师与葛某建立起了良好的矫治关系。葛某信任心理矫正师，愿意开放自己，分享自己的内心体验；矫正师也愿意陪护他、关心他、听他倾诉衷肠。

2.初始意象对话

在意象对话矫治过程中，心理矫正师嘱其放松，通过想象，形成初始意象，并在层层指引下，诱导产生新意象，解决当事人深层的内心冲突："沿着一条大路向前走，在路的尽头，有一座三层楼的旧房子。房子的门虚掩着，没有上锁，于是他进到屋内一看究竟。屋的中间摆着一张圆桌，右边堆放着一些铁器，左边的角落里还放着一张小木桌。屋内光线明亮，地面却有烟蒂等的垃圾，小狗静静地趴在地上，若有所思。乳白色屋顶的角落里布满了蜘蛛网。二楼有一个大客厅,地面满是尘土,还凌乱地堆放着一些旧家具,脏而杂乱。三楼是一个杂物间,光线阴暗,里面也满是灰尘。于是他动手整理房间,开窗通风,从一楼到三楼清理一遍,虽然很劳累,但看着房间在自己的努力下变得窗明几净,平添了几分成就感。"

"不知何时,在三楼的杂物间,突然走出一个身着一袭白衣的'女鬼',他非常害怕,与'女鬼'相隔 10 米,想跑却挪不开脚步,想与'女鬼'打斗,却无力举拳……慢慢地,内心终于平静下来,等到走近'女鬼'看时,'女鬼'居然变成了自己的姐姐。两人相拥而泣,于是他向姐姐诉说自己所受的委屈和'苦难',内心由初始的难受变得愉悦……"

在这个过程中,蜘蛛、灰尘都是葛某内心焦虑的象征,而"女鬼"则是他内心抑郁的象征。在矫正师的引导下,葛某通过清理蜘蛛网,打扫灰尘,整理房间,改变"女鬼"形象,使他在潜意识的深处,对自己的"焦虑"和"抑郁"做了一次全面的清除。由于清除是在他潜意识的深处不知不觉地进行,所以效果出奇的好。矫正师引导葛某变消极意象为积极意象,着重解决了他的情绪"冲动问题"和"忧郁问题"。

之后,矫正师对葛某又做了一次房树人测验(图 9-2 就是葛某在心理矫治过程中的房树人测验图),从测验分析,意象对话治疗的效果显现。与初次测验相比,葛某性情上变得外向、开朗(画面占了纸张的二分之一以上),对自己的改造生活变得相对满意(树干粗壮,树叶繁茂),情绪变得稳定(笔墨线条深浅浓淡一致)。他的日常改造生活也因此变得富有活力。

图 9-2

3. 深入意象对话

通过第二阶段的矫治,葛某睡眠质量明显改善,抑郁和冲动也极大地缓解,但其内心的恐惧和焦虑一直挥之不去。为此,矫正师继续引导他进行深入的意象对话:"翻过一座山,又经过一个山洞,看到一片开阔的草地,草地的尽头是一条宽宽的河,河水清澈,上面有一座小桥,走过桥,沿着大路前行,看到一座两层楼的房子,走近细看时,才发现原来是一家餐馆,它的旁边有一个公园,景色秀丽,里面还有一个供游人歇息的凉亭。走进餐馆,一楼明亮整洁的餐厅当中,摆放了很多的桌子和椅子,中间是一张可容十多人同时就餐的大圆桌,四边是一些能容四五人就餐的小方桌。餐厅的地面是大理石砌的,餐厅的门和顶古色古香,由上好的木料加工而成,其上雕刻的各色图案美轮美奂。"

"二楼也是餐厅,摆放着一排排整齐的饭桌,举目望去,看到地上和桌上有一些蟑螂在爬行,走近看时,这些蟑螂却变成了刀片,细细辨认才发现这些竟是同案犯用过的匕首,内心顿时一阵慌乱,害怕和恐惧之情油然而生……终于鼓起勇气,拿起匕首端详,才发现它并没有伤害性,原来都是一些没有开锋的刀子。餐厅的边上有一个卫生间,光线阴暗,满地流着污水。于是他开窗通风,打扫清理。一只矮柜的角落里堆着一些废纸,仔细看时,废纸竟忽然变成了法院的判决书,开始并没有发现上面有自己的名字,正高兴之时,判决书竟自动翻到了最后一页,自己的名字赫然在目,一阵失望之后又觉得罪有应得……"

结束意象对话后,葛某诉说内心感到平静和惬意许多。在意象对话,蟑螂、匕首和废纸都是他内心焦虑和恐惧的象征物。蟑螂、匕首是他担心将来刑满释放回到社会以后,受到同案犯报复的内心象征。废纸和判决书是他担心自己的前途,担心回归社会之后,父母抛弃自己,而迫使自己继续跟社会上的旧日同伴厮混、重新犯罪的内心表达。在意象对话中,通过心理矫正师的深入引导,葛某对这些象征物进行了很好的处理,从而化解了他内心的恐惧。

4. 结束谈话

在阶段性矫正即将结束时,矫正师对葛某又进行了一次意象对话:"沿着马路前行,眼前出现一座庙宇,气势雄伟,他走进大殿,只见一尊尊全新的佛像一尘不染,煞是威严,令人肃然起敬。庙宇外面是一大片草地、一条小河、一座小桥,还有很多的桑树,风景很美,让人流连忘返……"

寺庙是人们精神得以安宁的场所。葛某在这个意象对话中,呈现的庙宇和佛像,是他内心宁静祥和的象征,表明经过一段时间的心理矫治后,葛某的内心已经起了积极的变化。在谈及改造规划时,葛某表示:第一,要积极争取减刑早日回归社会,同时他又表示,不能把早日减刑作为改造的唯一目标,而要以自己是否真正在思想上脱胎换骨,在心理上自我成长作为改造的最终目标。至此,通过周密细致的心理矫治,心理矫正师帮助葛某改善了心理状态,提升了改造的信心,使其对自己的改造目标有了明确的认识,为他日后的改造奠定了坚实的基础。

（五）效果评估与总结

1.测试评估。房树人再测验见图9-2所述,在此不赘述。焦虑自评(SDS)和抑郁自评(SAS)测试:SDS得分51分,SAS得分50分,焦虑和抑郁情绪初步得到缓解。

危险性检测方面,水平评估量表(LSI-R)得分36分,与先前比,降为"中度危险罪犯"等级。人身危险性(RW)检测得分52分,表明该罪犯人身危险性基本消除。再犯罪可能性检测:刑罚体验(XT)简评表,44分,得分在第一区间刑罚体验较浅,降到第二区间,刑罚体验一般,重新犯罪的可能性大为降低。

2.自我评估。葛某表示,自己的心情得到了很大程度的放松,睡眠得到了较大改善,攻击冲动的意念消失殆尽。

3.基层押犯单位评估。基层押犯单位矫正师反映,葛某的行为表现明显改观,抑郁情绪改善;恐惧和焦虑情绪消除,人际交往也有了较大进步,能尊重矫正师,踏上了自觉改造之路。

经过前述四个单元的矫正,在进行了一般性谈话、房树人测验,特别是经过意象对话后,心理矫治前所呈现的四大问题——得以化解,达到预期的近期和远期的目标,陈某的矫正需要基本得到矫正,取得了预想的效果。通过本案例,我们得到以下的启示:

首先,"积极意象能产生积极的情绪",意象对话心理治疗技术一种是"下对下"的、在潜意识层面处理当事人心理问题的技术,具有"易被当事人接受、阻抗小、起效快、效果好"的特点,引导来访者产生积极的意象就能让其产生积极的情绪,对于矫正易陷入"抑郁、焦虑状态"的服刑初期的罪犯具有良好的矫治效果。其次,对于服刑初期有心理问题的罪犯,一定要及时实施心理矫治。这是他们能否最终脱胎换骨、改造成功的关键性因素。另外,心理调适成功之后,矫正师还要"趁热打铁",及时帮助他们确立改造目标。

二、吞食异物却为寻求关爱

传统经典的精神分析治疗与短程精神分析治疗都基于弗洛伊德创建的精神分析理论和治疗技术,但传统经典的精神分析治疗比较多地涉及求助者深层人格层面的内容,所以是一种长程的心理治疗;而短程的精神分析治疗,主要是针对求助者的焦点冲突,较少地涉及其深层人格层面的内容,所以治疗的时间较短,一般每周一次,10—30次为一个疗程。本案例"吞食异物却为寻求关爱"记述的是一个应用短程精神分析疗法,矫治慢性焦虑性神经症求助者,取得良好效果的例子。

（一）问题的提出

罪犯朱某,男,1998年3月出生,浙江临安人,初中二年级文化程度,2014年12月因抢劫罪被有期徒刑两年零十个月。他中等身材,申字型脸型。相貌端正,表情拘谨。

主要问题:半年前,在看守所时,曾有吞食异物、吞食玻璃珠等自杀、自伤的行为,经抢救脱险。进入未成年犯管教所服刑改造之后,不适应监禁生活,感觉改造生活太苦、太累,时有提心吊胆、惶恐不安的情绪,头痛、心慌、出汗的身体症状及坐立不安的行为表现,出现吞食大头针、塑料瓶盖、墨水等行为,被送到省监狱中心医院住院,以抗焦虑药物治疗,之后焦虑的症状有所缓解,但仍有吞食异物等情况（由于遇到与组员之间的人际关系方面的矛盾,连续几次出现吞食异物的情况）。

基层押犯单位矫正师反馈:该犯情绪低落,学习效率低下,习艺劳动欠产,晚上入睡困难。

危险性检测:心理咨询前,作者对其进行了水平评估量表(LSI-R),得分为38分,属于"中度危险罪犯"等级。人身危险性(RW)检测:57分,说明该罪犯人身危险性一般。

再犯罪可能性检测:刑罚体验(XT)简评表41分,得分在第二区间,刑罚体验一般,重新犯罪的可能性一般。

（二）风险评估和矫正需要分析

1.焦虑自评(SDS)和抑郁自评(SAS)测试:SDS得分63.8分,提示中度抑郁,SAS得分60.6分,提示中度焦虑。

2.艾森克人格问卷(EPQ):精神质55分,内外向44分,神经质65分,掩饰程度34分,显示朱某常常焦虑、担忧、郁郁寡欢、忧心忡忡,遇到刺激有强烈的情绪反应,会出现不理智的行为。

综合两项测评得出结论:该犯具有强烈的抑郁和焦虑情绪,有发生突发性的情绪失控和行为冲动,存在较大的监管安全隐患,具有情绪、行为和认知方面的矫正需要。

（三）最佳证据的选择

根据该罪犯的上述特点和矫正需要,作者查阅了陈四军《短程精神分析治疗抑郁症》和林涌超、李雅文《短程精神分析治疗恶劣心境一例》等文献资料,为该罪犯寻找最佳理论依据,最后认为,采用短程精神分析的方法对其实施矫正较为适合。短程精神分析理论强调童年经历对当下心理障碍的影响,将诸如抑郁、焦虑等负性情绪看作对亲密者所表达的攻击,以及未能摆脱的童年压抑体验。经过精神分析,让来访者在意识层面明白自己产生负性情绪的真正原因,并领悟到他内心的真正愿望是什么,从而达到消除症状的目的。

(四)方案制订与实施过程

矫正目标。根据葛某的心理特点、矫正需求、个性特征,作者对其确定了矫正的近期和远期目标:近期的目标是,化解内心冲突,消除抑郁和焦虑的情绪和吞食异物的行为症状,并改善其睡眠的状况;远期的目标是,针对矫正需要,进一步消除其再犯风险。

对朱某咨询每周一次,每次一小时,持续近三个月。在咨询过程中,作者深入挖掘分析其情绪症状与自伤行为背后的深层原因,即他的潜意识情结,使他的情绪症状得到进一步改善,自伤自残的行为得以消除。

1.咨询阶段一(第1—3次会谈)

按照约定时间,由所在基层押犯单位的矫正师带来咨询,求助者表现出强烈的咨询意愿,表示吞食异物时身不由己,常常是不由自主的;时有头痛、心慌和不安的感觉,自己感到痛苦,迫切希望解决自己的问题。

矫正师充分应用真诚、温暖、尊重等方法,通过与朱某的共情,与他建立了良好的咨访关系。通过摄入性谈话,了解到朱某来自离异家庭,父母亲在其5岁左右就离婚了,他被判给父亲。5岁以后,他再也没有见到过母亲,由于父亲外出打工,所以他也很少有机会见到父亲,因此他主要与爷爷和奶奶一起生活。他7岁上学,学习成绩一般,总感到在同学面前抬不起头来,同学常常欺负他,感到老师也不够关心他。

2.咨询阶段二(第4—5次会谈)

朱某以一种委屈的语气诉述他的家庭生活等方面的问题。他7岁上学,小学三年级时开始逃学,老师向家长(他的奶奶)反映情况后,会遭到奶奶的批评。为此他时常感到痛苦,对任何事都缺乏兴趣,情绪低落且易激怒,不信任他人,易与他人争吵,同时感到莫名的紧张、焦虑、恐惧,内心很痛苦,有时饮酒消愁,有时用烟头烙自己的手臂,对生活感到绝望。

朱某的父亲是一位农民,脾气古怪,动辄发火打人。他记得大约四五岁时,父母亲经常吵架甚至发生打斗,父亲经常表现非常粗野,他很畏惧父亲,甚至不敢在父亲面前哭泣。现在长大了,有时还觉得很恨他。他的母亲也是一位农民,从小对他也是既打又骂,朱某非常讨厌她。在谈到交友情况时,朱某向矫正师讲述了他从初中一年级开始与同班女生谈恋爱和外出同居的情况。

3.咨询阶段三(第6—8次会谈)

在这次会谈过程中,求助者一反常态,说话滔滔不绝,大谈在日常改造过程中的得与失,大谈他如何处理与其他罪犯的关系等问题,觉得近段时期内对改造充满了信心,而对其自身存在的情绪问题与行为不适闭口不谈。矫正师感到求助者的这种多话,是心理分析过程中经常出现的一种阻抗。这种阻抗的原因可能来源于对暴露的恐惧或避免因回忆过去的经历给内心带来的痛苦。因此,矫正师与患者讲了有关不愿讲话等行为的心理学意义。求助者表示接受矫正师的分析。

患者讲述了一个梦:"一次在游泳的过程中,突然感到体力不支,在朋友的帮助下,才得以到达河对岸。"矫正师让他对梦中的一些场景进行自由联想。他的联想却很有限,仅觉得那个朋友有点像奶奶。矫正师对梦做了解释:游泳过河象征在日常生活中碰到的困难,梦中他突感体力不支,象征一种无意识的逃避。梦提示他在日常生活中碰到困难和挫折有逃避的倾向。

接下来的治疗有很大的进展,朱某说对自己行为背后的深层意义似乎有了一些理解,感到轻松了一些。矫正师进一步指出患者人格结构中的问题,以及家庭对其性格形成的影响。通过不断的修正,患者终于获得了明显的进步,变得可以和矫正师进行讨论了,表示下一次再讨论有关的问题。

4.咨询阶段四(第9—10次会谈)

在进一步了解朱某人际交往情况时,发现他自小调皮捣蛋,在学校时是一个差生,曾被语文老师怀疑偷同学的钱而被罚跪(在全班同学面前,后被证实是错怪)。在家庭生活中,奶奶时常要批评他而父亲则常常对其毒打。在这种情形下,他时常有在暗中吞食药物(如感冒胶囊)几片至十几片不等的行为,这些药片是他平时慢慢积攒下来的。有几次,因为他吞食药片太多出现危险而被送进医院治疗。他说,在吞食东西后,他每次总有一种满足感及内心的舒服感。

矫正师用精神分析的理论,与他进行了一番谈话,指出他的这个行为是为了达到生病,从而寻求奶奶、父亲及母亲爱护的无意识愿望。后经多次强化,成为应付矛盾和冲突的无意识武器。正是他的这种内心深处的无意识动机,促使他一次又一次地吞食异物。求助者似乎领悟明白了其中的道理,觉得内心深处似有一种豁然开朗的感觉,觉得以后不会再发生类似的吞食行为和自伤自残行为了,矫正师表示相信。

(五)效果评估与总结

1.测试评估。焦虑自评(SDS)和抑郁自评(SAS)测试:SDS得分51分,SAS得分50分,焦虑和抑郁情绪初步得到缓解。

危险性检测方面,水平评估量表(LSI-R)得分37分,与先前比,降为"中度危险罪犯"等级。人身危险性(RW)检测得分51分,表明该罪犯人身危险性基本消除。再犯罪可能性检测:刑罚体验(XT)简评表45分,得分与先前比有所提高,提示其刑罚体验改善,重新犯罪的可能性进一步降低。

2.自我评估。朱某表示,睡眠得到了较大改善,吞食异物的想法已完全没有了。

3.基层押犯单位评估。基层押犯单位矫正师反映,葛某表示的心理和行为明显改观,抑郁情绪改善;焦虑情绪基本消除,人际关系改善,睡眠正常,改造平稳。

4.从整个咨询的过程来看,几次会谈都比较理想,求助者感到矫正师温和可信赖,因此他的谈话自始至终都比较主动,症状和核心问题暴露都比较充分。半年后回访,朱某自杀、自伤、自残的行为消失,改造基本稳定。基层押犯单位所在矫正师反映该犯在改造上进步较大,年底被评为改造积极分子。

精神分析是探索精神世界中潜意识的科学,也是迄今为止,在心理学范畴中影响最大的理论。精神分析着重对因个人内在矛盾所引发的冲突加以分析,通过持续的个人接触,帮助澄清求助者潜意识中影响其生活的部分,将求助者潜意识的动机,提高到意识的层面,从而使求助者的症状得到缓解与改善。

朱某过早地找女朋友,建立性关系,是他用于控制早年分离体验,害怕失去父母的一种补偿方式。由于患者采用了否认的心理防御机制,其对紧张和恐惧的原因变得模糊不清,甚至愈演愈烈,最后只好选择自我伤害的方式来回避由超我惩罚所带来的焦虑。在朱某的咨询过程中,矫正师通过真诚、共情、坚持用一种中立的态度,一步一个脚印地让求助者建立安全感、信任感。通过咨询,通过挖掘无意识的愿望(强烈地寻求亲人爱护的内心深层愿望),使其情绪症状得到了改善,自伤自残的行为得到了消除,但其不良的人格品质(自幼逃学、不信任他人、没有亲密朋友、酗酒行为表现出来的人格方面的问题)等的治疗是一个艰巨的过程,需要更多的时间。

三、认识领悟促转变

一般而言,心理咨询的工作对象是一般心理问题、严重心理问题和部分神经症的、言语能力正常的人,案例"认识领悟促改变"涉及的来访者是一名聋哑的罪犯,属于心理咨询的特殊对象。矫正师运用认识领悟疗法,对其实施矫治,取得了非常满意的效果,为类似罪犯的矫正提供了一个新的证据。尽管其级别较低,但对于循证的个案矫正仍具有一定的参考价值。

(一)问题的提出

罪犯广某,聋哑人,中等身材,甲字型脸型,16岁,贵州毕节人,小学三年级文化程度(聋哑学校小学二年级文化程度,会哑语),抢夺罪,刑期两年零六个月。

来自农村,家境贫困,母亲早年亡故,家中只有四十多岁的父亲和一个十多岁的妹妹相依为命。自小聋哑,主要随父亲生活,幼时表现温顺乖巧,胆小怕事。

基层押犯单位矫正师反馈:罪犯三个月后即将刑释,因得知自己获得减刑七个月将被提前释放的消息后,出现行为异常,表现为绝食、随地躺卧、尿床尿裤、睡眠障碍、拒绝习艺劳动、人际关系紧张,怀疑别人要害他。

危险性检测:心理咨询前,作者对其进行了水平评估量表(LSI-R),得分为37分,属于"中度危险罪犯"等级。人身危险性(RW)检测:58分,说明该罪犯人身危险性一般。

再犯罪可能性检测:刑罚体验(XT)简评表41分,得分在第二区间,刑罚体验一般,重新犯罪的可能性一般。

(二)风险评估和矫正需要分析

由于广某是一位聋哑人,纸笔式交谈使整个心理测试过程显得异常困难,焦虑自评量表测试(SAS)、抑郁自评量表测试(SDS)和房树人(HTP)测验的整个过程,花费近两个小时。广某在整个评估过程中显得神情沮丧、情绪低落。

测试结果显示:SAS标准分63.1分,提示较重的焦虑情绪,SDS标准分53分,提示轻度的抑郁情绪和中度的焦虑情绪。在房树人测验中,房子的烟囱冒着浓烟,提示存在内心紧张的情况;树木描绘整体不和谐,提示存在焦虑不安、不稳定的情绪,行为容易发生混乱。心慌意乱地生活。广某的症状提示精神障碍的疑似症状(如怀疑别人要害他等),由于他是个聋哑人,文化程度低,MMPI测试无法实施,因此作者特别花时间澄清了有关症状详情,根据精神疾病诊断三原则,排除了广某精神异常(排除被害妄想、关系妄想等)的可能。

综合上述测评得出结论:该犯具有强烈的焦虑情绪,不及时矫正可能使心理问题严重化,甚至出现精神问题,存在较大的监管安全隐患,具有情绪、行为和认知方面的矫正需要。

(三)最佳证据的选择

根据该罪犯的上述特点和矫正需要,作者查阅了肖泽萍、徐韬园的《认识领悟疗法》著作和杜荣荣、张景明《认识领悟疗法在癔症治疗中的作用》等文献,为该罪犯寻找最佳理论依据,最后认为,采用认识领悟疗法对其实施矫正较为适合。

(四)方案制订与实施过程

根据葛某的心理特点、矫正需求、个性特征,作者对其确定了矫正的近期和远期目标:近期的目标是,化解内心冲突,消除抑郁和焦虑的情绪和吞食异物的行为症状,并改善其睡眠的状况;远期的目标是,针对矫正需要,进一步消除其再犯风险。因为其释放在即,所在需要在短期内迅速对其完成矫治,通过每周两次的心理矫治,通过深入挖掘分析其症状背后的深层原因(潜意识的症结),消除症状,促使转化。由于广某是一位聋哑人,而且文化程度低,因此整个教育矫正的过程显得特别费劲,每次纸笔交谈往往需要耗时两三个小时。

1. 咨询阶段一(第1—2次)

初次谈话时,广某显得较为犹豫,在矫正师向他详细讲述了谈话的保密原则后,交谈才变得稍许自在。当谈及其家庭情况,以往的学习、生活经历,以及他与家庭人员、以往同学和所在基层押犯单位其他罪犯之间的关系时,广某显得较为主动配合。

在交谈过程中,矫正师了解到他的犯罪经过:伙同他人在XX市,趁受害人开车转弯慢行之机,以一人敲车窗玻璃吸引注意力、另一人抢包的手法,劫得现金11450元及手机一只。广某家处某市农村。当谈及家庭情况时,他黯然落泪。通过首次摄入性谈话,矫正师对广某的情况有了大概的了解。

第二次谈话时,矫正师试图找出广某症状背后的潜意识症结,主要是早年经验中的力比多固结以及初期焦虑。由于他是一名聋哑人,矫正师难以通过纸笔交谈,应用真诚、温暖、尊重等方法与其共情,因此建立良好的访谈关系显得十分艰难。每次触及有关他症状的话题,他就出现莫名的回避和阻抗。矫正师尝试着让他做沙盘游戏,被他毫不客气地拒绝。每当此时,他就告诉矫正师:"你放了我吧,你们怎么都不肯放过我。警官和组员为什么都不肯放过我。"之后,他就拒绝交谈。第二次交谈提早结束,良好的访谈关系无法建立,矫正师面临前所未有的挑战。

2. 咨询阶段二(第3—5次交谈)

此次交谈,所部特地邀请了聋哑学校的老师参加。广某与老师之间相互"比画"着,交谈非常顺畅。广某告诉老师,自从自己减刑公示后,组员就用一种异样的眼光看他,想要害他,想把他的减刑材料撤回来,因为以前他曾与某些组员有过节。很明显,广某内心被"一种深深的恐惧"缠绕着。

广某告诉老师,他非常害怕刑释回家后生活无处着落,给家庭带来新的困难。他还告诉老师,经过与警官的前几次谈话,他感觉好一些了,并表示不再绝食,会遵守监规,好好改造。按照经验,对他这样的表态,矫正师和矫正师还是将信将疑。果然,当天晚上他进了食,但第二天各种症状依然如故。显然,"这是一种典型的刑释前焦虑",矫正师似乎对广某的症状有了更深一层的认识。

在随后几次的谈话中,矫正师注意到广某在与聋哑学校老师的交谈中,显示出从未有过的激动和兴奋。"也许这是他入监后第一次真正意义上的'谈话'。"矫正师就此获得灵感,决定向他学一点简单的哑语,同他进行"对话"。这或许是进行共情的最好办法,是与他建立良好访谈关系的有效途径。在这两次交谈中,矫正师没有深入症状,更没有深入其潜意识的症结,完全是一次学习哑语的过程。虽然学得很吃力,但看着他慢慢地对矫正师产生信任,矫正师还是感到很欣慰。

3.咨询阶段三(第6—9次交谈)

广某的症状虽然依然如故,但矫正师对解决他的问题开始有了信心。因为通过纸笔交谈根本无法完成意象对话心理治疗,于是矫正师决定采用认识领悟疗法对他进行一次尝试。直觉告诉矫正师,广某的症状隐含着一种退行。广某遇到难以解决的、应付不了的困境(担心减刑材料由于组员的告发而撤销,担心刑释后无力面对生活)而无法适应,便不自觉地退行到幼儿期,用幼年时的行为方式解决当前的困难。

认识领悟疗法认为:"病症的根源在于儿童时期受过的精神创伤,这些创伤引起的恐惧在脑内留下的痕迹,在成年期遇到挫折后就会再现出来影响人的心理,以致必须用儿童的态度,去对待本来不值得恐惧的事物。"由于症状都是幼年时期经历的恐惧在成人身上的再现,因此其表现必然带有幼稚性,具有不成熟的儿童式的心理表现。根据认识领悟疗法的原理,矫正师将交谈的重点放在了与他讨论、分析他当前行为的幼稚性方面。通过连续三次、每次两个多小时的交谈,他似乎对自己的问题有所觉悟。矫正师感到欣慰,但对于他症状的彻底改变,依然没有十分的把握。

4.咨询阶段四(第9—10次交谈)

在做完前三个矫正单元之后,广某的症状确实有所改变,最大的变化就是他愿意进食了,睡眠也有了明显的改善,但依然有躺坐地面、尿裤尿床的行为,并拒绝习艺劳动。当矫正师再次去找他谈话时,只见他依然坐在地上,尿湿了裤子却不肯换,身上散发出一股臭味。

由于前几次的交谈建立了良好的关系,或许是对上几次的讨论有所领悟,这次交谈显得自然流畅。矫正师时而用纸笔,时而用简单的哑语同他交谈,他显得格外开心。矫正师与他谈了很多,话题主要是围绕着他的症状,围绕着他当前行为的幼稚性(孩子般要求照顾的各种异常行为)。矫正师尝试着使他领悟到,他的这些情绪和行为是一种幼儿时期的心理和行为模式,规劝他"放弃"幼年的行为模式,鼓励他用成人的行为模式代替,使心理成熟起来。最后,矫正师提示他不再尿裤,不再坐地,并参加习艺劳动。广某似乎突然领悟了什么,对于矫正师的要求,他都一一承诺。临交谈结束时,他用哑语向矫正师表示感谢,矫正师也感谢他对矫正师的信任。直觉告诉矫正师,他这次真的能彻底改变了。

咨询结束后的次日回访,广某不再尿裤并开始习艺劳动。在习艺劳动现场,矫正师同他进行了简短的哑语交流,他显得格外精神也格外开心。矫正师知道他又重新步入了正常的改造轨道。约两周后,他获得减刑释放。

(五)效果评估及总结

1.测试评估。焦虑自评(SDS)和抑郁自评(SAS)测试:SDS 得分 50 分,SAS 得分 52 分,焦虑和抑郁情绪初步得到缓解。

危险性检测方面,水平评估量表(LSI-R)得分 27 分,与先前比,降为"低危险罪犯"等级。人身危险性(RW)检测得分 51 分,表明该罪犯人身危险性基本消除。再犯罪可能性检测:刑罚体验(XT)简评表 45 分,得分与先前比有所提高,提示其刑罚体验改善,重新犯罪的可能性进一步降低。

2.自我评估。他用手语说,一切都变得好了,周围的人都变得友好了,正愉快地盼望出狱日子的到来。

3.基层押犯单位评估。绝食、随地躺卧、尿床尿裤、睡眠障碍、人际关系紧张等一系列情况都消失了,并重新开始习艺劳动。

4.矫正总结。广某遇到难以解决的、应付不了的困境(担心减刑材料由于组员的告发而被撤销,担心刑释后无力面对生活)而无法适应,便不自觉地退行到幼儿期,用幼年时的行为方式来解决当前的困难,是一种退行行为。矫正师通过学习哑语,运用认识领悟疗法,通过同理心等一系列心理矫治的方法和技术,走进了广某的内心,取得了他的信任,并使他领悟到了其行为背后的心理实质——退行,从而促使他解除了症状,顺利减刑出狱。

认识领悟疗法是由钟友彬先生于 20 世纪 70 年代,运用心理动力学疗法的原理,在治疗强迫症、焦虑症、恐惧症的临床实践中总结出来的一种短程的心理分析方法,也称"钟氏领悟疗法"。认识领悟疗法的理论强调每个人的童年经历都会形成"幼稚的心理模式",大多数人随着年龄的增长逐渐趋于成熟,形成"成熟的心理模式",就能够很好地适应成年人工作、生活和学习。但是因为某种原因和特殊经历,这种"幼稚的心理模式"没有向成熟发展,一直延续到成年,或者在成年后因为某种诱因从"成熟的心理模式"退回到"幼稚的心理模式",那么就会对成年人产生影响,出现一般心理问题和各种心理障碍。

认识领悟疗法的治疗侧重于分析症状的"幼稚性",治疗的重点不是放在回忆、挖掘幼年症结或初期焦虑的具体事件,而是和病人一起对症状中显露出来的童年情绪和思维行为模式,用启发式谈话反复讨论分析,使其逐渐认识并领悟到症状是幼稚的、儿童式的,"病根"是成年人仍然停留在"幼稚的心理模式"上。当病人知道症状的真意后,一旦能够站在成年人的立场上看清自己症状的幼稚性,就会产生顿悟的效果,顽固的症状在短时间内就会明显减轻或消失。①

在本案例中,矫正师通过对个案的科学分析,找出了引起当事人主要症状的初期焦虑,通过层层启发,和患者一起讨论分析症状表现的性质,使他认识到病态情感和行为的幼稚性,领悟到这些感情与行为是幼年儿童的心理和行为模式,与他的实际年龄和身份是不相称的,从而主动放弃这些想法和行为,取得了良好的效果。本案例同时表明,矫正师只要怀着一颗真诚的心,走入来访者——即使是被看作不适宜作心理矫治的聋哑人——的内心世界,矫正治疗同样会收到良好的效果。

四、"爸爸妈妈不要我了"

(一)问题的提出

章某,男,安徽阜阳人,小学五年级文化程度,1995年3月出生。2012年12月至2013年5月间,伙同他人在温州市多次采用暴力手段强行劫取他人财物,被判处有期徒刑六年。家中还有父母亲和一个妹妹,均在老家务农。

基层押犯单位民警反应:章某性格暴躁,对前途充满了迷茫与困惑,自暴自弃的,抗拒劳动,还有与同犯有摩擦、冲突与争执(如摸别人的生殖器惹是生非),多次违反监规狱纪。近一个月以来,还出现早醒和入睡困难的情况。

危险性检测:心理咨询前,作者对其进行了水平评估量表(LSI-R),得分为43分,属于"中度危险罪犯"等级。人身危险性(RW)检测:66分,说明该罪犯人身危险性大。

再犯罪可能性检测:刑罚体验(XT)简评表28分,得分在第一区间,刑罚体验不深,重新犯罪的可能性较大。

(二)风险评估和矫正需要分析

1. 焦虑自评(SDS)和抑郁自评(SAS)测试:SDS得分63分,提示中度抑郁,SAS得分60分,提示中度焦虑。

2. 艾森克人格问卷(EPQ):精神质54分,内外向45分,神经质66分,掩饰程度35分,提示章某焦虑、担忧、郁郁寡欢、忧心忡忡、认知偏激,遇到刺激有强烈的情绪反应,会产生不理智的行为。

综合两项测评得出结论:该犯具有强烈的抑郁和焦虑情绪,有突发性的行为冲动,有出现严重的犯际冲突和打架斗殴等情况的可能,存在极大的监管安全隐患,具有情绪、行为和认知方面的矫正需要。

---

① 钟友彬、张坚学、康成俊、丛中:《认识领悟疗法》,人民卫生出版社2012年版,第192—193页。

（三）最佳证据的选择

根据该罪犯的上述特点和矫正需要，作者查阅了相关的资料书籍，为该罪犯寻找最佳理论依据，最后决定，采用沙盘游戏的方法对其实施矫正。

（四）方案制订与实施过程

1.根据章某的心理特点、矫正需求、个性特征，确定矫正的近期和远期目标。近期目标：化解内心冲突，消除抑郁和焦虑情绪，消除冲动性，并改善其睡眠状况。远期目标：初步解决矫正需要，进一步消除其再犯风险。因为章某释放在即，所以迫切需要在短期内迅速对其实施矫正，通过每周二次的心理咨询，通过深入挖掘分析其症状背后的深层原因（潜意识的症结），消除症状，促使转化。

1.第一次咨询

2014年7月的某一天，章某应约进行首次心理咨询。章某身材矮小，双眉紧锁，低着头犹豫着进了咨询室，一副正襟危坐的样子，显得十分紧张。当矫正师问及他的家庭情况时，他显得非常配合，并主动讲了自己的犯罪经过。

矫正师："从小与爸爸和妈妈在一起吗？"

前来接受咨询的罪犯，与父母的关系常常不好，从小也多为单亲家庭或留守儿童。矫正师猜想他也有这样的情况，所以这是首先要弄清的情况。

章　某："母亲生下我之后一个月，就外出到浙江温州打工。那时我二姨妈正好生下小表哥，奶水很多，于是我就同小表哥一起吃二姨妈的奶水。随后，我和爷爷、奶奶一起生活，由他们抚养。5岁之前，爸爸和妈妈从来都不回家，因此，我也就从未见到过自己的爸爸和妈妈，我与他们只有简单的电话联系。"

矫正师："电话联系是你与爸爸、妈妈之间唯一的情感纽带。"

章　某："是这样的。在电话里，我管他们叫'姑父'和'姑娘'，不叫他们爸爸和妈妈。"

矫正师："你心里是怎么想的？"

章　某："当时，我心里想：'我是个坏孩子，所以爸爸妈妈不要我了。'"

矫正师："你心里挺难受的。"

章　某："是啊，这些事让我在别人面前抬不起头。"

矫正师："噢。"

章　某："我生性顽皮，所以常受到爷爷（爷爷是个修车工）的责打，记忆中至少有20次吧，现在想起来还有点害怕。说实在的，我挺怕我爷爷。我的奶奶是小学老师，她挺护着我的，使我免受了许多皮肉之苦。"

矫正师："那段时间，奶奶是你最可以亲近的人。"

章　某："5岁那年我被接到浙江温州,来到爸爸妈妈的身边。"

矫正师："你开始与爸爸和妈妈一起生活了。"

章　某："与爸爸妈妈生活在一起的头两年里,我还是管他们叫姑父、姑娘。"

矫正师："同他们还有一种生疏感?"

章　某："就是那样的感觉。"

章　某："我在温州上学,因为不爱读书又常与同学打架斗殴,小学三年级时就被学校劝退。为此,爸爸想方设法替我不断地转校,我几乎读过温州市区的每一所小校,最后才勉强小学毕业。"

矫正师："你不喜欢读书,同学关系也处不好。"

章　某："记得小学四年级时,因为抄同学的作业被班长告发,与班长打架。这是我第一次打架,从此打架成了我的'家常便饭',一发不可收拾。"

矫正师："时常怒气冲冲,有过开心的时候吗?"

章　某："有啊,比如有一次,我与高年级的同学一起去网吧上网,就觉得很开心。"

矫正师："噢。"

章　某："我与他一起上网,有时也同他们一起偷东西,那段时间,觉得挺开心。可是很不幸,好景不长,这些事情很快被老师知道了,告到了爸爸妈妈那里,当时心里直发怵。"

矫正师："觉得运气不好,被发现后,还有些害怕。"

章　某："是啊,不过父母亲没有打我,只是妈妈从此不上班了,特意休息在家,把我给看管了起来,除了上学,就不让我外出。"

矫正师："从此日子就很难过了。"

章　某："一天天熬着过日子,有一天妈妈出门打麻将去了,我于是偷了妈妈的钱溜到网吧上网去了。"

矫正师："去网吧过了把网瘾。"

章　某："爸爸妈妈见管不住我,就把我'遣返'到老家去,途中我趁机'逃跑'离家出走,找到昔日'好友'一起生活,后来跟着他们实施抢劫被捕。真是非常后悔。"

矫正师："后悔不该离家出走,更后悔与昔日'好友'为伍干了坏事。"

章　某："最近反复做同一个梦。"

矫正师："嗯。"

章　某："梦见自己走在路上,非常疲惫,走着走着好像前面没有路了……突然出现一座房子,里面摆着一张床,我躺在床上感觉挺舒服的,当快睡着的时候,只见房子变得越来越小了,把我压得透不过气了,于是就惊醒了。"

矫正师："这个梦带给你怎样的感觉？"章某的梦反映了他内心的压抑情绪，矫正师就此了解。

章　某："特难受，特焦虑。这让我想起与现在的小组长相处不好的一些事情，我总认为，他做的很多事是故意针对我的，所以不论他讲得对或错，我一概不听。我心里对他特别不服，想同他对着干，还想着要去打他。"

首次咨询结束时，章某留意到了咨询中心的沙盘游戏治疗室，矫正师及时向他介绍了沙盘游戏，并相约下次会谈时进行沙盘游戏治疗。沙盘游戏并不是对所有的矫治对象都适用。矫治对象对沙游的态度、当时的情绪状态、性格类型、个人的发展阶段、自我力量以及对环境的要求，都对游戏有影响。对于沙盘游戏，不同的矫治对象会有不同的反应：有些矫治对象对沙盘会有好奇冲动和强烈兴趣；有些矫治对象则想避开沙盘，如面露不悦和身体紧张；有些则会直白地告诉矫正师，这是小孩子玩的游戏，自己不想做。所以，对于沙盘游戏治疗，我们一般遵循自愿的原则，随由矫治对象自由选择。事实上，有些矫治对象比如具有强迫性人格特质及行为的，或是发展障碍的，就难以从沙盘游戏中获益，对于他们就需要选择其他更适合他们的方法进行治疗。只有矫治对象具有治疗动机，能够进行自我反省而且愿意进行沙盘游戏治疗时，治疗的效果才会最显著。

2.第二次咨询

根据约定，矫正师将章某领到了沙盘游戏治疗室，一边把双手插入沙盘移动沙子，向他展示如何使用沙盘，一边向他解释通过移动沙子露出的蓝色底部，可以模拟水和天空。他静静地站在放满沙具的沙架前，面对几千个沙具，足足凝视了十多分钟，似乎与沙具进行着默默的交流。矫正师告诉他："这是沙箱和沙具，你可以利用沙也可以利用沙具，创造任何你想要的东西，并且可以在任何时候改变自己的创作。"

在矫正师的引导下，章某开始沙盘创作。只见他先是用手轻轻地抚摸了沙子，像是要体验一下沙盘是否安全，随后就从沙架上开始挑选沙具。他毫不犹豫地在沙架上了抓了一大堆贝壳，然后细心地将他们摆放到沙盘的左下位置（沙盘左上和右下对角线的下方），接着他在贝壳中清出一块蓝色的箱底作为大海，并将鳄鱼、龟、船和撑船的老人放入海中，将垂钓的另一老人和一些男女人物、一幢房子、一只螃蟹和一些棕榈树摆放在海滩上（如图9-3所示，从来访者角度拍摄，下同）。

接着他向我解释，大海的沙滩上有许多贝壳。大海里面有许多鳄鱼和其他海鱼。那个撑船的老人像是自己的爷爷，他有危险，因为鳄鱼正从背后靠近他，

图 9-3

而他竟然浑然不知。章某说,海边的垂钓老人像是以后老年的自己。海滩的左上方有一幢房子,是垂钓老人住的房子。沙滩上有许多人在散步,他们分别像自己的同学、舅舅、二妈和妈妈。当然还有两个人陌生人。其中的一个贝壳下面藏匿着一只很大的螃蟹。

听完他的介绍,矫正师开始与他对话。

矫正师:"整个作品中,你感觉最好的是哪个部分?"

章　某:"那幢房子。"

矫正师:"噢。"

章　某:"给我一种很安全的感觉。"

矫正师:"整个作品,你印象深刻的区域在哪里呢?"

章　某:"海中的船只和船只中的老人。"

矫正师:"它给你的感受是什么呢?"

章　某:"危险。鳄鱼想吃掉他,可是海滩上人都救不了他。"

矫正师:"你想到什么了呢?"

章　某:"我想到我小的时候(5岁前),爸爸和妈妈只是与我电话联系,他们在电话里会要求我听爷爷、奶奶的话,当时我心里非常反感和讨厌,心里想,你们是我的什么人,又不来看我,我又不认识你,为什么还要求我这么多!"

矫正师:"你当时挺气愤的。"

章　某:"他们真是多管闲事!"

矫正师:"你很不喜欢他们来打扰你。"

章　某:"非常讨厌他们。5岁那年,他们来接我时,他抓着被子不肯走,当时内心害怕极了,像是自己要被拐卖了。"

矫正师:"担心会发生不好的事情。"

章　某:"后来跟他们生活在一起时,爸爸经常打我,所以对爸爸特别讨厌。现在的小组里,觉得新组长没经验,所以也是讨厌和反感他,不听他的。"

矫正师:"组长的管理方式让你想起爸爸对你的教育。"

章　某:"不过我很服从老组长的管理。"(他笑了)

矫正师:"是啊。这会让你想起爷爷小时候对你的教育吗?"

章　某:"嗯。"(他笑了)

章某会心的笑容中,似乎隐藏了什么。

矫正师:"给你的作品取一个什么名字呢?"

章　某:(他思考了片刻说)"那就'回忆'吧。沙盘游戏让我想起了曾经发生过的却又似乎遗忘了的一些事情。"

3.第三次咨询

经过前两次的心理咨询,章某的表现变得好了些。这让矫正师感到很欣慰。

这次,章某一开始就在沙盘的左上角挖了一个大海,里面放了很多鲸鱼。海的四周放置了很多的树,其中两棵树的中间有两个游客坐在沙滩上,另外两棵树的前方放了一组沙发,沙发上坐着男女四名游客。大海的右侧放置了一个门栅、三幢房子和两辆小汽车(如图9-4所示)。这次的摆放过程,他一气呵成,中间没有太多的犹豫,全程只用了二十多分钟的时间。

章某介绍说,大海的一边是一家人围坐在一起吃水果,心情愉悦。大海的前面有三家宾馆,其中一家的阳台上有个游客,眼露惊奇之色。宾馆的入口处有一块广告牌,下面是一条通往宾馆停车场的马路。他把这个作品取名为"开心"。他说,一家四口围坐一起觉得很温馨很开心。

矫正师:"对那个男游客你有怎样的感受?"

章　某:"觉得奇怪。"

矫正师:"他让你联想到谁呢?"

章　某:"觉得是另一个自己。"

矫正师:"对这次沙盘游戏你有什么感受?"

章　某:"觉得挺放松的,感觉挺好。"

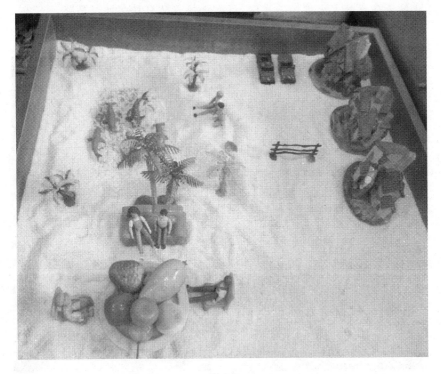

图 9-4

矫正师:"有需要改动的地方吗?"

章　某:"没有要改动的地方了,这样挺好的。"

这是一幅相对温馨的画面,在矫正师的陪护下,来访者通过沙盘游戏,内心有了一丝改变。在矫正师看来,他对家庭的渴望和接纳度提高了,原先对父母的抱怨正在减少。他已不再过多地谴责家庭,谴责父母,责怪他们的无情,他似乎理解了父母亲的无奈与苦心。

这是他改变的开始。他的内心中渐渐有了对生活的热爱,对家的依恋,对父母亲情的渴望,以及热爱父母的情感。心中有爱,是一个人发生改变的基础。

4.第四次咨询

经过两次沙盘游戏治疗,章某的日常改造表现有了明显好转。

章某在这次的沙盘游戏治疗中,呈现了一幅全家团圆的场景(如图 9-5 所示),沙盘的左上角放置了三个房屋、四个沙发和一大盆的水果,他说这是一家人团聚在自家的院子里分享美味的水果,心里格外开心。院子的右侧有一个大门和栅栏与外界分开。沙盘的右侧是一个消防队员救火的场景,救护车、消防车和消防队员正在奔赴火灾现场的途中,行人正排着队有秩序地过马路。

图 9-5

矫正师:"有需要改变的地方吗?"

章 某:"我想再放一些人物。"

章某随后对画面作了微调,在一个火灾的现场,多了一批持枪的武警把守。他告诉矫正师,由于救援及时,火灾很快消除,没有人员伤亡。他给本次自己的作品命名为"救援"。

当矫正师问及他近一周的改造表现时,他说一周以来过得很顺,以前看不惯的人和事,突然就能够接纳和理解,对一些事已经不那么纠结了。他表示不少问题已经得到解决,自己在各方面有了好转,同时表示期待下次的沙盘游戏治疗。

5. 第五次咨询

章某按约定时间来到了沙盘游戏治疗室,这次的沙盘游戏他用了 45 分钟时间。沙盘(如图 9-6 所示)呈现了一伙匪徒劫持学校人质的场景。随后,他又对初始场景进行了自行调整:警车和警用直升机出动,控制了局面,救护和医护人员也迅速到达了现场,开展施救。匪徒被逮捕到了警局,学校又恢复平静,大街上出现结婚车队和新郎新娘结婚(来访者对此感受很好)的场景。

图 9-6

矫正师:"你对作品中哪个区域感觉最好?"

章　某:"对结婚车队和新郎新娘结婚感觉最好。"

矫正师:"有你自己在作品中吗?"

章　某:"没有。"(他犹豫了一下,不易察觉地微微点头并轻声地说)

矫正师:"是吗?"(矫正师捕捉到了他的非言语信息,进一步问他)

章　某:"有。就是那个新郎。"(他显得有点兴奋)

矫正师:"你渴望有一天成为和他一样的人。"

章　某:"是啊,我希望自己能早日出狱,过上美好的生活。"

矫正师"给作品取个名字吧。"

章　某:"就叫'请珍惜和平幸福'吧。"

临结束时,他告诉矫正师,觉得通过咨询和沙盘后,生活有了许多改变,心情也开朗了许多。

6.第六次咨询

章某这次到沙盘游戏治疗室,显得情绪有点低落,但对于做沙盘游戏倒反而显得有点迫不及待,矫正师的话音刚落,他便移步冲到沙架前急切地开始挑选沙具。大概四十分钟后,他摆出了一幅主题为"天网恢恢"的沙盘作品(如图 9-7 所示)。沙盘被分成了左右两个区域,右边呈现了贩卖军火的黑社会老大,左边呈现了一队前来捉拿黑社会老大的警察。在摆放恐龙和枪支的时候有点犹豫不决,先是挑选了一群恐龙,考虑再三后,选择摆放了一群鳄鱼。

矫正师:"你对本次沙盘作品的感觉如何?"

章　某:"给力,觉得很高兴。"

矫正师:"高兴?"

章　某:"是的。"

矫正师:"黑社会老大为非歹被警察抓住了,觉得很高兴。"

章　某:"对自己作品中最满意的部分是'一队警察'这个区域,自己印象深刻的是那个黑社会老大和他的儿子。"

图 9-7

矫正师:"这让你想到什么吗?"

章　某:"我想起上周在小组发生的一件事情。当时大家正看电视,其中一个学员王某(他是一个因犯强奸罪被判四年刑期的学员)说电视里的女主角不好看,另一个学员周某有不同的看法,于是他们两人争论了起来。我帮周某参与他们的争论,结果学员王某报告了值班警官。为此,周某和我受到了口头警告处分,让我很没有面子,使我最近在警官面前树立的好印象又毁于一旦。由此我想起今年7月份,我曾因打架静坐,被一次性扣3分的事,我又想起8月份因文化考试不及格被扣0.5分的事情,所以到今天为止我已被扣3.5分的考核分。"

矫正师:"一想起这些事就让你心烦意乱,是吗?"

章　某:"是的,可是当我摆完这个沙盘,就变得不那么烦了。"

沙盘呈现的两种力量的较量,正是章某内心攻击性的投射,正是这种外投射,减轻了章某的焦虑情绪。

7.第七次咨询

这次咨询的前一天,正好是所部开展家长进监帮教会的日子。章某原本期待父母会进监探望自己,结果希望落空,感到很失望,以至于晚上迟迟不能入睡:9点上床,11点以后才能勉强入睡。

在沙盘游戏治疗时,他显得有些无从下手,不时在沙架前驻足,拿起一个沙具又放下,挑了又挑,选了又选,有些六神无主、不知所措的样子。矫正师在旁边默默地陪伴着,约10分钟以后,他淡定了许多,开始从容地挑选沙具进行沙盘作品的创作(如图9-8所示)。

图 9-8

只见他先在沙盘右中偏上的位置摆放了一座寺庙,接着用栅栏围了一个寺庙的院子,院子里放进各种汽车和摩托车,还放入两个和尚。寺庙外,沙盘的右上方摆了一尊佛像,众人正在拜佛,沙盘的左上角位置,摆了两个棵树,呈现了众和尚听音乐的场景,沙盘的左下方位置,放了一座桥和三个亭台,几个和尚或在河中洗澡或在担水(有一个和尚挑水,也有两个和尚担水)。

矫正师:"给作品取个名字吧。"
章 某:"快乐的一天。"
矫正师:"有需要调整的地方吗?"
章 某:"有。"

调整时,章某把和尚提水和洗澡的场景去掉了,将一帮学生和一对新人放进了寺庙中,将一些鱼放进了桥下的河里。

矫正师:"感受上有什么不同吗?"

章　某:"通过谈话和沙盘游戏让自己领悟到一些东西,比如能认识到自己的不足了,而不是一味地认为都是别人的错。"

矫正师:"噢。"

章　某:"我突然觉得我能够理解我的父母亲了。他们昨天没有能够来探望我,我想可能事出有因,或许家里有临时的急事走不开,也可能是火车票未能买到……总之,有多种可能让他们无法成行,而不是父母亲不要了,把我抛弃了。我现在想明白了。"

这正是章某内心一个很大的突破,也是他心理成熟的开始。

8.第八次咨询

这次,章某并没有急着做沙盘游戏,他与矫正师进行了交谈。

矫正师:"想说些什么吗? 想到什么就说什么,这样才对你最有帮助。"

章　某:"最近三周以来,总体过得还比较顺,只有一次在小组跟其他组员开玩笑,争抢食物吃,被警官发现受到了批评。与那个发生矛盾的学员至今未说过话,觉得同他讲不来,但又想跟他说说话。"

矫正师:"你有同他进行交流的愿望。"

章　某:"是啊,只是一旦与他说话,又控制不住自己开玩笑过头了,惹得他生气。"

矫正师:"你对他开不起玩笑的行为嗤之以鼻;对开玩笑的事感到担心。你还担心,如果开玩笑过头,他会报告警官,使警官重新对你产生不好的印象。最近一段时间,你都在致力于改变自己,你很害怕会前功尽弃。"

章　某:"真是这样,那我该怎么办呢?"(他自言自语地道)

沙盘很快做完了,他把自己的作品命名为"机器人展示会"。沙盘正中间是一个机器人展示场馆,场馆两边的门分别有两个人把守着,不能随意让人进出。场馆的两侧是大马路,路上有众多行人(如图9-9所示)。

矫正师:"此刻你想到什么呢?"

章　某:"我至今还没跟那个'曾与自己开过玩笑的学员'说过一句话。"

矫正师:"至今都没有说过一句话。"

章　某:"我就是喜欢跟人开玩笑,喜欢与人亲密无间的感觉,不然就觉得很无聊,就像沙盘中的机器人一样,没有感情,没有生机。"

图 9-9

矫正师："渴望与人有亲密的交往。"

章　某："是的,那样多好啊。"

矫正师："亲密关系正是你所缺少的,也正是你所需要的! 你喜欢招惹别人,甚至通过去抚摸别人的生殖器招惹别人,也是想表达内心对亲情的渴望吗?"

章　某："或许是吧。早年在家时,爸爸和妈妈出门打工,留自己一个人在家里,感到无聊和害怕。"

矫正师："孤独害怕的感觉。"

章　某："是的。5 岁以后我回到父母亲的身边之后,父母亲还是忙,他们没有时间同我说说话,其实我内心是想与他们说说话的。在家里我的确挺孤独,打游戏时就没有这样的感觉了。"

矫正师："噢。"

章　某："爸爸平时对我很凶很严厉。他会时不时地批评我,每当那个时候,我会跟他争几句,但更多的是一个耳朵进一个耳朵出。"

矫正师："你不喜欢爸爸的教育方式。"

章　某："从小我由爷爷奶奶抚养,5 岁后才回到爸爸妈妈身边,生活中爸爸做得并不好,有时我对他特别反感。"

矫正师："但有时也特别想亲近他,是这样吧。"

章　某："有点。"(他迟疑了一会儿说道)

男孩子在其幼年的时候,如果长时间感受不到父爱,接触不到父亲,就会产生一种不安全感和对生活无方向感。为了能与父亲进行深入的言语交流和情感沟通,有些小男孩会在有意无意间采取偷盗、打架等反社会的行为吸引父母亲对他的关注。有些还不惜伤害自己,以赢得父亲的关注。章某对其父亲的反感,是渴望与父亲亲密的反向形成。指出他想与父亲亲近的想法并让他有所体会,对他是有帮助的。

男孩子在成长过程中需要母亲的情感性呵护,也需要父亲精神和思想上的滋养。他们一方面从温暖、细腻的母爱中获取满足感和安全感,另一方面需要通过模仿父亲的言行来使自己成长为男人,需要从父爱中寻找到未来生活的方向。章某的父母迫于生计,以"挣钱"为理由忽视孩子,甚至于 5 岁前将他全部交给爷爷、奶奶教育和管理,显然不利于他的健康成长,是造成章某走上违法犯罪道路的原因,也是造成他心理疾患的根源。

章某的父母亲并不懂得这一点,母亲没能成功地承担"呵护者"的角色,父亲没能成功地承担"榜样者"的角色。他们错误地认为物质的满足能够替代一切,殊不知父母亲的言行和思想都会深刻地、潜移默化地影响着孩子,父母亲的情感关怀和言传身教才是孩子茁壮成长的阳光雨露。

9. 第九次咨询

这一次的沙盘游戏,章某一口气做完,用了不到 20 分钟的时间,呈现了一个众人追赶歹徒的场景:沙盘的中心位置放了很多的花草树木,四周是栅栏;沙盘的上边放置了一个手持凶器的人,他的四周围满了人;左右两边的马路,站满了警察,其中还有救护车和一些交通隔离墩(如图 9-10 所示)。

章某告诉矫正师:这是一个街心公园,一个实施抢劫的歹徒正被众人围困。众人正想上前捉拿他,警察及时赶到了。歹徒无处可跑,于是束手被擒。

矫正师:"想到什么呢?"

章　某:"联想到自己做的一个梦。"

矫正师:"梦。"

章　某:"是的,昨晚梦见与同案犯一起抢夺骑车人的场景。"

矫正师:"想起了自己犯罪的情形。"

章　某:"梦中被自己追的人,像是以前第一次被自己用刀捅的人。那个人是网吧老板女儿的网友。在网吧时,因为言语不和发生争执,要打他时,对方跑了。于是和朋友们开车追,追上后用刀捅了对方的后背,因为当时刀拔不出来,还伤了自己的手,于是弃刀逃跑。为此几天不去网吧,最后还是被警察抓了,并赔了对方一些钱。我想,如果没有这样的事,一定会与网吧老板女儿好下去,因此心里对那个人(被自己捅的人)充满怨恨。"

　　矫正师:"梦见被你用刀捅过的人。"

　　章　某:"那是我第一次拿刀伤人,从此以后,我就经常做这样的事。也因此拜了社会上的'大哥',与他们一起混。觉得从此自己变了一个人。"

　　矫正师:"你对他还心怀恨意。"

　　章　某:"是啊。我很快就要释放了,或许是担心自己会重新犯罪吧。我再也不能干这样的蠢事了。"(他喃喃自语地说着)

　　这次咨询的效果在于,让他回忆起了他第一次伤害别人的场景,使他有机会重新审视自己的犯罪历程,激起了他"浪子回头金不换"的决心。

图 9-10

　　10.第十次咨询

　　从管教他的矫正师那里了解到,章某自从进行心理咨询以来,改造表现有了较大的进步。这次咨询开始时,他首先谈了自己对这几次心理咨询的感受,他说:"心理谈话让他影响最深的是,人与人相处要保持适当的社交距离。"这正是他的问题所在,与人相处没有界限(如一开始的要去碰触别人的生殖器等行为,与人开玩笑开过头等行为)。

　　沙盘游戏:沙盘的中间放置很多的花草树木,是一个小区的大公园,边上有停车场、救护车、消防车和有保安看护的别墅,马路上放学、下班回家的各色行人络绎不绝(如图 9-11 所示)。

　　矫正师:"你给作品取一个什么名字呢?"
　　章　某:"取名'美好家园'吧。"
　　矫正师:"看得出你心情挺愉快的。"

图 9-11

　　章　某:"是啊,我想起昨天父亲来接见的事,中秋节快到了,家里事多所以妈妈没有来探望我,虽然如此,但我还是挺高兴的。接见时,我向爸爸要以前自己在 QQ 空间的照片,我请他早日印出来,用快递寄给我。"

　　矫正师:"确实让人开心。"

　　章　某:"最近因为改造表现好,某警长还特地给我多开了大账,享受小组长的待遇,对我鼓励挺大的。"

　　矫正师:"最近表现特别好。"

　　章某:"以前我不太喜欢习艺劳动,可以最近不知怎么,我越来越喜欢习艺劳动了。一是可以多拿改造分,二是也会出去谋生培养了技能。"

　　矫正师:"喜欢劳动了。"

　　章　某:"现在与组员的关系也特别好。与那个曾开玩笑过头的学员也开始说话了,觉得挺开心的。"

　　矫正师:"对沙盘中哪个区域的感觉最好呢?"

　　章　某:"对正走在路上回家的行人感觉最好。"

　　矫正师:"渴望回家的感觉。最近你的生活发生了一些什么变化呢?"

章 某:"警官们的关心、教育终于使我迷途知返,让我看到了生活的希望,现在我能认真参加所部组织的'三课'学习,在职业技术培训中选择了电脑技术班,通过勤学苦练获得初级上岗证,我对以后的生活充满信心。"

(五)效果评估及总结

1.测试评估。焦虑自评(SDS)和抑郁自评(SAS)测试:SDS得分46分,SAS得分47分,焦虑和抑郁情绪缓解明显。

危险性检测方面,水平评估量表(LSI-R)得分27分,与先前比,降为"低度危险罪犯"等级。人身危险性(RW)检测得分50分,表明该罪犯人身危险性基本消除。再犯罪可能性检测:刑罚体验(XT)简评表43分,得分与先前比有所提高,提示其刑罚体验改善,重新犯罪的可能性进一步降低。

2.自我评估。睡眠得到了明显的改善,周围的人特别是组长都说他变化很大,他感到很高兴,觉得原来与组长关系不好,不都是组长的错。他对前途不再迷茫与困惑,也没有"破罐子破碎"的想法了。

3.基层押犯单位评估。近一个月以来,抗拒劳动,与同犯摩擦、冲突与争执的情况没有报,违反监规监纪的情况也没有了。

上述关于咨询过程的介绍是片断的,有些只能意会不能言传。或许这样就会让读者觉得不够明白,可是,但凡矫正师的解释与理解都不是来访者的,只有来访者才是咨询的主体。这是因为:沙盘是另一种"意象对话",是一种无声的"意象对话"。

沙盘是一个心的世界,一个人真实的内心世界的默然投射。在沙盘游戏的整个咨询过程中,矫正师要做的很少,更多的是无条件的关注和默默陪伴,但这并不是说,矫正师就此变得很轻松,相反,这对矫正师的要求更高。矫正师要用心感受沙盘,用心体会沙盘的"意象语言",并更多用无声的语言(矫正师的能量场)去和来访者进行共情和互动。这需要矫正师具有丰富的人生阅历和渊博的"文史哲地"知识,然而这还不是最紧要的。多年的咨询经验告诉我们,要成为一名合格乃至优秀的矫正师,"修身养性、明心见性、做一个精神明亮的人"才最要紧。只有这样,矫正师才能用内心的光芒照见来访者的心灵,使来访者的内心得到"阳光雨露"的滋养,从而得到快速成长。

五、案例小结

按照弗洛伊德的说法:"无意识是一口承载了未被察觉情绪的大锅,它即将沸腾。精神分析的目的就是冒险进入这个神秘、令人恐惧的领域,追溯到它们的最初形态,它们可能是早期被压抑的欲望和性幻想。"在沙盘游戏的过程中,心理矫正师引领并陪伴着来访者运用沙盘觉察无意识这口大锅,在不自不觉中找寻早年被压抑的需求。这个过程是神圣的,需要咨询师持续不断的付出和无私的爱,并把这种爱传递给来访者。当来访者自己也成为爱的源泉,自己成为爱,创造爱的时候,他的思想就得到了净化,心灵就获得了成长。他的"灵魂"就此得到了升华。

由于监狱咨询工作的特殊性,如未成年犯短刑犯多、年满 18 周岁后调成年犯监狱,同时要接受出监教育、入监教育、劳动技能教育和思想文化教育等因素,对他们的心理矫正,我们通常采用中短程咨询的方法(每周一次,每次 60 分钟,一般约三个月的时间),以确保一个相对完整的疗程(见表 9-1、表 9-2)。

表 9-1　矫正实施前矫正对象情况一览表

项　　目		案例一	案例二	案例三	案例四
量表测评	SDS	66	63.8	53	63
	SAS	62	60.6	63.1	60
	LSI-R	43	38	37	43
	RW	64	57	58	66
	XT	25	41	41	28
综合评定		中度抑郁和焦虑情绪,较大的暴力倾向。	中度抑郁和焦虑情绪,较大的危险性。	强烈的焦虑情绪和发展成精神问题的可能性。	中度的抑郁和焦虑情绪,行为冲动。

表 9-2　实施矫正后的矫正对象情况一览表

项　　目		案例一	案例二	案例三	案例四
量表测评	SDS	51	52	50	46
	SAS	50	50	51	47
	LSI-R	36	37	27	27
	RW	52	51	51	50
	XT	44	45	45	43
未成年犯自评		心情放松,冲动消失。	吞食异物的想法消失。	周围的人变得友好。	与人相处变得自然。
矫正师评定		负性情绪消失,人际关系改善。	吞食异物的行为消失。	绝食、随地躺尿等行为消失。	没有再出现违规违纪等情况。

罪犯心理问题群体中,认知偏激、情绪抑郁、焦虑、性情暴躁、行为冲动、睡眠不良、抗拒劳动的个体大量存在。本章所选四个案例中的当事人,都不同程度地存在上述心理行为异常,颇具代表性和典型性。再从特殊性上看,四个案例又各具特色。案例一,恐惧心理较为突出;案例二,有吞食异物的特殊症状;案例三,涉及一位聋哑的特殊对象,且有精神障碍的疑似倾向,症状复杂;案例四,自暴自弃的思想和心理突出。另外,从矫正技术的选择上,四个案例分别对应了四种常用心理治疗的方法和技术。案例一,运用了意象对话心理治疗技术;案例二,运用了短程精神方法和技术;案例三,运用了认识领悟疗法;案例四,运用了沙盘游戏治疗的方法和技术。从表 9-1 和表 9-2 的比较中,我们可以明显看出矫正前后矫正对象的变化情况。因此,这四个案例不失为罪犯心理矫治的良好个案循证证据,具有较大的现实指导性。

第十章
循证矫正实验建模

　　模型是循证矫正实验的矫正之善证和实验之真证的精确、规范表达形式,建模是研究设计、分析总结以提升循证矫正实验水平的科学方法。也可以说,实验设计、操作、总结的过程,就是建模的过程,把实验纳入项目管理也是为了更好地建模,建模在循证矫正实验中具有点石成金的作用。时任司法部副部长张苏军在 2012 年 7 月全国司法厅局长座谈会上说:"循证矫正是近二三十年来在国外普遍应用的先进科学矫正方法,它在对照组实验的基础上对各种教育矫正措施进行量化评估、收集数据,建立统计模型,经过计算机等手段来评估教育矫正措施的实际效果,为创新和优化教育矫正措施提供科学依据。"可见,从纯粹技术角度透视,循证矫正在本质上属于矫正的一种范式,一个由大量项目实验数据建构的量化分析模型;在微观的证据层面看,循证矫正是实验数据经过计算机处理或模拟的数学建模。建模于矫正大有意义,是循证矫正的重要方法和技术,也是证据的精确表达形式。本章试对罪犯矫正建模进行整体思考,在厘清矫正目标分类、矫正系统建模的基础上,提出循证矫正实验的建模思路与框架,建构循证矫正项目实验的模型。

第一节　矫正建模概述

一、建模的概念、分类与方法

　　简单地理解,建模就是创建模式或模型。"模式是一种重要的科学操作与科学思维的方法。它是为解决特定的问题,在一定的抽象、简化、假设条件下,再现原型客体的某种本质特征;它是作为中介,从而更好地认识和改造原型客体、建构新型客体的一种科学方法。从实践出发,经概括、归纳、综合,可以提出各种模式,模式一经被证实,即有可能形成理论;也可以从理论出发,经类比、演绎、分析提出各种模式,从而促进实践发展。模式是客观事物的机似模拟(实物模式),是真实世界的抽象描写(数学模式),是思想观念的形象显示(图像模式和语义模式)。"①

从认识论上看,创建模型是作为认识过程的一种中介的科学方法,也是人类认识世界的基本方法之一。模型(model)是对现实系统有关结构信息和行为的某种形式的描述,是真实对象和真实关系中那些令人感兴趣的特性的抽象与简化。建模的过程是对原型系统简化的过程。人类知识积累的过程,也是修正和具体化各种形态的模型的过程。人类对于世界的认识也随着认知模型的革新而不断深化。模型形态也从简单到复杂,从最初原始的思维意象模型,发展到借用外在的工具搭建的各种模型,包括绘画模型、建筑雕塑模型、工具模型等,再到哲学和神学中发展出的各种理论模型。随着逻辑与数学的发展,近代以来模型已进入高度形式化阶段,建立一个新模型被看作获取新知识的真正源泉。按照模型存在的空间,模型可分为物质模型与思维模型两大类。物质模型是以某种速度、形式相似,人造或自然的模型实体去再现原型。思维模型是人们在头脑中创造出来的,并且运用它在思维中进行逻辑推理、数学演算和"思想实验",可分为形象的(唯象的)模型和符号的(标志性的)模型。前者是以理想的或想象的形态去近似地反映客体,后者是借助于专门的符号、线条,并按一定的形式组合去描述客体。建立模型的目的有四个方面:①解释和理解事物背后运行的机理;②预测事物的演变;③对事物演变过程进行干预和控制;④仿照自然机理创造可供自主控制的工具,实现技术理性和工具的需要。②

数学建模(mathematical modeling)是对现实对象(原始参照物)依据目的与现实对象的内在特性做出适当的假设和简化,运用数学工具依靠数学概念、关系和精确语言描述一个数学模型的过程。数学模型(mathematical model)是由数字、字母或者其他数学符号组成的,描述现实对象数量规律的数学公式、图形或算法。③ 数学建模和与之相伴的计算是从真实到虚拟、从现实问题到数学世界的映射:模型(model)+算法(algorithm)+程序(program)=映射(MAP)。数学建模过程是创造性思维的过程,需要发挥想象力、洞察力、判断力的作用。④ 数学作

①查有梁:《什么是模式论》,《社会科学研究》1994 年第 2 期。
②方美琪、张树人:《复杂系统建模与仿真》,中国人民大学出版社 2011 年版,第 3—5 页。
③章绍辉:《数学建模》,科学出版社 2010 版,第 78 页。
④章绍辉:《数学建模》,科学出版社 2010 版,第 84 页。

为科学的语言与方法,数学建模是当代科学技术发展方法上的源点。

计算机建模是一门与数学、系统科学、人工智能等学科密切相关的综合性、实用性的技术。计算机可以表征人的思维和创造过程,用计算机建立模型,可以很方便地对实验环境和真实世界进行模拟,计算机仿真成为一种引发学科新发现的革命式研究手段。计算机建模用其程序模拟现象,计算机语言丰富的数据结构可以方便地描述系统的状态。用计算机程序能灵活地描述各种复杂的进程,只用很少的基本语句,但是可以进行数值计算,可以表示逻辑关系,可以表示变动、活动、时间、进程和过程,可以表示模糊量,可以表示随机量。因此常有人说,当一切方法都用尽,再也没办法解决问题时,不妨试试计算机模拟。①

概括地说,有两种基本的建模方法:定性建模与定量建模。定性建模方法主要是语义建模。定量建模主要是数学建模。计算机建模是全能的,既可定性也可定量,可以建实物模型、图像模型,也可以建语义模型、数学模型,还可以建复杂系统模型。计算机建模在实质上还是属于数学建模。定性建模的主要程序与方法是通过调查研究、明确目的、理论分析、典型解剖概括对象的根本特征,把握对象演变过程,确定关键词进行简要表述,在具体实施经过检验的基础上形成子模式群。

二、矫正建模的需求分析

当人们需要现实对象的分析、设计、预报、决策、控制、优化、规划、管理、仿真、可视化、数据压缩等方面的定量结果时,就需要数学建模,矫正也不例外。1994年12月《监狱法》颁布实施二十年来,监狱的硬件、软件建设在国家财政保障逐步到位的情况下取得了明显成效,但是,监狱建设始终在“中心任务”的外围逡巡,没有在核心层次、关键环节获得重大突破,严重影响了监狱职能和价值目标的全面而真切落地,特别是“以改造人为宗旨”、“首要标准”、“以教育改造为中心任务”的有效落实差强人意。十八届三中全会决定提出了“完善对违法犯罪行为的惩治和矫正法律”的深化改革要求,在中央极为重要的文件中第一次使用了“矫正”一词,个中寓意应该非常深刻;尽管“矫正”与“改造”的表面意思大体相当,但潜在的内涵大有差别②;我认为,“矫正”的话语体系发展到今天,与“改造”最大的区别是它吸收了当代心理学、教育学、信息学、刑法学、医学、伦理学、哲学

---

① 方美琪、张树人:《复杂系统建模与仿真》,中国人民大学出版社2011年版,第6—11页。

② 参见乔term人杰:《从“改造”到“矫正”的监狱语境建构——论监狱行刑价值和行刑样态的重塑》,《犯罪与改造研究》2012年第6期;王雪峰:《从“改造”到“矫正”——基于循证矫正理念对罪犯改造问题的思考》,《犯罪与改造研究》2013年第8期。

等多种学科的先进成果,形成了以可量化表征的有效性为价值理性的理念、标准的技术体系。当前,我国监狱改革已经进入深水区,直接指向监狱本体职能的精确落实问题,借助循证的理论、方法、技术对罪犯矫正进行设计,在形成性、开发性研究的基础上,建构罪犯矫正技术体系。从整个监狱工作角度看,许多问题的解决都有赖于矫正建模。其强烈需求表现在五个方面:

(一)监狱为实现本体职能而转型升级的需要

改革开放以来,在落实改造人为宗旨方面,成绩不能否认,可以看到许多光彩的面上统计数据,但对罪犯个体改造的有效性而言缺少具有确定意义的数据支持。如近年来我国罪犯的重新犯罪率到底多少?涉及罪犯改好率关键要素之间的逻辑架构有多少数据可以用来支撑?从监狱工作的实际运作情况看,在国家财政保障没有到位前,监狱的经济功能明显突出,在全国"以经济建设为中心"的掩护下,监狱也以经济建设为中心了。在当前政法机关维护社会稳定的严峻形势和艰巨任务面前,监狱把维护自身的安全摆到了至高无上的地位,管理触角把民警和罪犯的时空不断逼仄,客观上剥夺了矫正需要的特定情境时空,影响了监狱的价值目标的实现。如何使监狱的安全保障水平由被动防范转变为主动应对,由表面安全转变为本质安全,一个重要的技术手段是把涉及安全的全要素实施动态模型管理,通过建模全面理清影响监狱安全稳定的因素并纳入信息化环境下的兵棋推演,实现全方位、全过程的预警预控,达到非高压态势而常态化、非不计成本而经济性强地落实监狱长治久安的目标。全面实现监狱的价值目标,监狱就必须进行转型升级,由经济型监狱、安全型监狱转变为矫正型监狱,实现由"改造"到"矫正"的技术升级。从逻辑关系上分析,转型是升级的结果,成功的转型是以真实的升级为核心基础。在现有的条件下,实现真实而有效的升级,就必须对罪犯矫正进行设计,梳理矫正的关键要素,以开发性实验研究不断建构要素之间的既量化又定性的内在链接,形成与真实情景一致的模型、技术规范、标准和理论。矫正设计与建模是监狱转型升级的理论、技术、方法与标准准备。

(二)监狱信息化建设的灵魂所在

经过近几年紧锣密鼓的建设,监狱信息化有形的样子已初具规模,特别是用于安全防范的方案、技术、装备获得了较快发展。在监狱信息化的硬件基础架构完成后,各项业务应用往往成为各自独立的模块,技术壁垒林立,信息的时空被人为分割,集成变成了拼凑,到处是"孤岛"、"烟囱",大量的是没有逻辑结构的零散信息,甚至变成业务发展的累赘。在表面化问题的背后,信息化最大的深层次问题是监狱在计算机系统中仅仅重视了"机",而把"计"和"算"都交给了社会上的公司,造成大量的数据因为没有逻辑架构的链接而闲置报废。从根本上说,没有财政投入,肯定无法实施信息化,但是,光依靠公司,我们花钱绝对买不来信息化。实际上,信息化的大量基础性、前瞻性、创新性工作必须由我们监狱自己来"计"和"算",任何一家公司都代替不了。在整个计算机系统中,"计"和"算"是"机"的前提和基础,正是"计"和"算"的水平限定了"机"的高度。牵涉监狱各项业务的创新整合、流程再造都离不开许许多多的统计、设计、算法,没有技术、方法先进的统计、设计、算法,"机"就成了无本之木。业务应用只能是表面化,不可能是真正意义上的信息化,大量的数据没有建立系统的逻辑建构而白白浪费。而建模是统计、设计、算法方面先进技术、方法、规范的汇聚点和监狱信息化的焦点,业务应用的基础性核心环节就在建模。作为复杂系统的建模不再局限于因果关系而是放眼相关关系,已经迈入了大数据行列。监狱业务运作如都能在建模的情景中发生,就意味着监狱信息化跨上了大数据的台阶。"大数据的相关关系分析法更准确、更快,而且更不易受偏见的影响"①,"相关关系可以帮助我们捕捉现在和未来"②。

(三)有效矫正的技术表达、过程控制需要

作为现代意义的有效性的确定,不再只顾及结果,也同样重视产生结果的过程,更注重结果产生的相关因素分析。过程是可以回溯的,在条件具备的情况下结果是可控的。在信息社会的语境里,结果、过程及相关因素只有在一定的信息网络层面里实现映衬、仿真,才具有有效性不断生长的意义。设计与建模既是寻求有效性的具有确定意义的手段,也是有效性表示的重要形式。它们带有明显的技术取向,对技术的工具理性与价值理性的统一有着无尽的诉求。基于设计的建模在真实世界与信息虚拟之间构架了桥梁的同时,又表达了二者的映射关系,具有二栖的技术品性。这种技术品性对矫正的有效性是至关重要的。相形之下,新中国监狱提到改造人的成效时最推崇的是个别谈话教育,就缺少技术规范、过程控制。尽管司法部令第79号《监狱教育改造工作规定》中的第十七条专门对个别教育规定了"十必谈",但是,"十必谈"仅仅作了事项要求与谈话契机规定,至于民警中谁来谈、谈话方法(心理咨询的话就有应用什么流派的技术问题)、谈话时空、不同类型罪犯和不同情景下的谈话预案、谈话应有预期效果、谈话记录方法都没有做出详细的规范。教育效果全凭实施者的责任、经验等个人素质,教育过程没有技术规范,有效性无法控制,非常成功的个案经验却推广难,也几乎没有传承。因此,个别谈话教育在一般罪犯、一般时段流于形式的概率就

①维克托·迈尔-舍恩伯格,肯尼思·库克耶:《大数据时代》,盛杨燕、周涛译,浙江人民出版社2013版,第75页。
②维克托·迈尔-舍恩伯格,肯尼思·库克耶:《大数据时代》,盛杨燕、周涛译,浙江人民出版社2013版,第72页。

很大了。要切实提高矫正的有效性,必须建构矫正的技术规范、标准;技术规范、标准如何产生,基于设计的建模是不二选择。

(四)监狱民警专业化建设的重点环节

监狱民警专业化建设已讨论多年,办法、方案很多,但最终的解决不那么简单;面上的问题可能在民警技术专业岗位的分类管理政策落地时就迎刃而解,而骨子里的专业技能水平需要经久的培育与历练。以目前监狱系统专业化队伍蔚为壮观的心理矫治为例,在司法部政策要求下,民警通过考证获得心理咨询师资格的很多,专业的门是入了,但多数人专业作为散乱不成系统,发挥作用并不明显,专业成长性、职业化水平低。一个非常重要的原因是无专业规范,没有可供遵循、确保专业活动有效的技术标准。罪犯心理咨询需要分类、咨询目标分类、民警咨询技能分类与对象适配标准、专业的效果评价标准等方面的技术规范都需要通过科学设计、大量成功个案验证、实验的系统数据建模等途径来建构。从专业化建设的策略与路径选择上分析,以信息化倒逼专业化,以信息化平台引领、培训、评价、考核民警的专业化成长,具备操作性强、实际效果比较好、成本也低的预期优势。基于设计的建模,总是在信息化的平台上,梳理、整合、优化现有的技术规范进行建模,通过运用建模,又不断产生改善的技术规范,持续推进业务工作的专业化水平。

(五)监狱学学科建设的需要

监狱学研究的方法单一落后、学科定位不准、学术规范和独立性缺乏、理论不专、实验匮乏的问题比较突出,"无论过去还是现在,都缺少实证研究";"在崇尚实证研究的国家,没有调查统计、数理分析支撑的'社会科学',在人们的心目中就不是科学"。[1] 根据库恩的范式理论,需要重建监狱学的研究范式。三种思维方式可以建构成熟的监狱学,以哲学思维——"为什么"的思维方式研究监狱相关的思想,以科学思维——"是什么"的思维方式研究监狱系统的运行规律,以技术思维——"如何做"的思维与知识研究监禁情景下的具体操作方式、方法。"如何做"的研究,是监狱学作为一门综合性应用科学的主要特征。"它把监狱的相关活动作为自己的研究对象,试图利用一切相关的科学知识或经验,通过研究、探索与实验,改进监禁实践,更加正当而有效地促进被监禁者恶的减少与善的增加。作为应用性的学科,技术性的知识应该成为监狱学学科知识的主体,在数量上占绝对优势,尽管它不是学科的关键部分,并始终把有关监狱本质和规律

---

①闵征:《监狱学学科发展影响因素分析》,《中国监狱学刊》2014年第2期。

的理论作为自己的理论依据。"①因此,基于设计的建模研究应该成为监狱学研究的基本方法,依靠设计的方法、建模实验落实学科建设的重点,始终瞄准"如何矫正罪犯成其为人"的研究中心主题,在监狱学初具独立形态、学科化和制度化的基础上,向复杂性的视域透视监狱特别是矫正、基于监狱学的立场构建跨学科的方法体系、以现实问题解决为取向拓展监狱学研究生存与发展空间。

当前监狱矫正活动的有效性节点不清,要素边界不明,基本上处于暗箱系统(信息模糊)的情况下,很有必要对矫正的要素进行基础性的梳理,进而进行设计,建立模型,以利于矫正的科学研究,并在推动实际工作中完善模型。如何在这个复杂系统里厘清矫正有效性的元素,直至建构在应用中具有确定性的有效模式,基于设计的矫正建模势在必行。建模作为信息技术的基础性核心环节,拓荒尤为重要。

总之,建模作为先进技术高度集成的结晶,是监狱智能化建设的先手棋和定盘子。通过矫正建模,最直接的效应是:能够认清并掌控犯情演变和监狱运行背后的机理,预知犯情变化的规律与趋势,主动推送化解隐患危险、提高矫正质量的建议与措施,有针对性地对犯情进行干预与管控,并对干预与管控效果做出精准评估。

三、矫正建模的内容、方法与策略

(一)矫正建模的基本内容

矫正是教化育人的社会活动。人的复杂性和社会的复杂性决定了矫正的复杂性,因此矫正模型是非单一而必须是多样的,矫正模型研究的内容也应是丰富的。矫正是一个大系统,它包括三个层次、五个方面。从大到小,矫正模型在三个层面展开:宏观层面是指矫正事业发展的战略模型;中观层面是指矫正的系统管理模型;微观层面是指矫正的具体过程模型,主要是矫正项目的运作模型。五个方面是指矫正认识论、矫正项目论、矫正过程论、矫正价值论、矫正方法论,重点是矫正项目论。从矫正模型与矫正过程、结构、方法的关系上看,它们之间有差异但又同一:矫正模型的研究是专注特点、关键、系统关系;而过程研究更注重顺序,看发展;结构研究更注重构成因素与因素间关系;方法研究更侧重目的性的途径与手段。辩证的观点是,模型中含过程、结构、方法,过程、结构、方法中有模型;一定的矫正模型,总有相应的矫正过程、结构、方法,反之亦然。变换矫正过程、结构、方法,常常导致矫正模型发生变换,它们具有对应性、同步性。大系

---

① 张怀仁:《监狱工作战略转移的现实问题与条件需求》,葛炳瑶主编:《社会管理创新与监狱工作战略转移》,法律出版社 2013 年版,第 74—82 页。

统的矫正模型可能包含多种矫正过程、结构、方法，大系统的矫正过程、结构、方法也可能包含多种矫正模型，它们之间相互兼容。因此，在研究矫正模型时，就不能回避研究矫正过程、结构、方法。

（二）矫正建模的基本方法

矫正建模的基本方法是以数学建模为基础，充分适应实证研究的量化需要，同时结合图像建模、语义建模、机拟建模等方法进行综合运用，积极创造条件采用计算机建模与仿真，不断提高建模水平。对矫正项目来说，至为重要的是数学建模。创建矫正模型是一种重要的提升矫正有效性的科学方法，包括矫正项目的建模、选模、用模、评模。建立矫正模型，掌握矫正模型，最终是为了超越矫正模型。在充分认识模型方法的重要性的同时，也要充分认识模型方法的局限性。应该努力避免的问题：一是模型运用不成功，不认清原型、过分简化，不抓住实质、过分表面化，不理解内容、过分形式化；二是运用不合理，问题取舍单一化，不了解条件片面化，不分类型复杂化；三是无效运用，不检验盲目使用，不变化僵化使用，不组合孤立使用。

（三）矫正建模基于矫正项目的设计与实验

矫正建模的基础是矫正项目的设计与矫正项目的实验，没有矫正项目，也就没有矫正建模的实体边界与单位；没有矫正设计，也就没有矫正建模的技术基础；没有实验，也就缺少了矫正建模的验模一环，建模失去了目标指向。矫正项目设计是运用系统方法在监狱的特殊情景中将矫正理论的原理转换为对矫正目标、内容、方法及矫正策略、评价等环节进行具体计划、创设矫正的系统"过程"或者"程序"，从而不断提高矫正有效性。矫正项目设计是矫正师、矫正管理者、矫正研究者基于对罪犯和矫正任务的分析，根据《监狱法》的总体要求和矫正对象的矫正需要，将矫正诸要素有序、优化安排，确定合适的矫正起点与终点，制订合适的矫正方案的过程。一般包括矫正目标、矫正结构（重难点）、矫正方法、矫正资源、效果评估、矫正过程与时间分配等环节。矫正设计是把矫正原理转化为矫正资源和矫正活动的计划，遵循矫正过程的基本规律，要从"为什么矫正"入手，确定罪犯的矫正需要和矫正目标，以解决矫正什么的问题。矫正设计是实现矫正目标的计划性和决策性活动，进一步确定通过哪些具体的矫正活动促进罪犯悔罪悔过，纠正导致犯罪的社会态度和生活方式，提升罪犯正常社会化的知识与技能水平，确立正常社会人的情感态度与价值观，对怎样才能达到矫正目标进行创造性的决策，以解决怎样矫正的问题。对矫正的效果进行全面的评价，根据评价的结果对以上各环节进行修正，以确保促进罪犯参加矫正活动的积极性，成功达到矫正目标。矫正项目设计把矫正各要素看成一个系统，全面分析矫正需要，确立满足需要的程序与技术规范，使矫正效果最优化。矫正项目设计是矫正技术的组成部分,它的功能在于运用系统方法设计矫正过程,使之成为一种具有操作性的程序。

(四)矫正建模的实现策略

矫正建模是与矫正项目的设计研发、实验升级紧密联系在一起的,可以考虑如下实现策略:

1.引进或培养既有较高应用数学基础和计算机程序设计水平,又懂罪犯矫正业务精髓的复合型人才,为推进矫正实验建模提供人力资源支撑。

2.积极学习、充分吸收教育建模、心理治疗建模、大脑研究建模等相邻、相关学科的建模成果,为矫正建模提供专业技术滋养。

3.认真移植、实验性地应用域外的矫正建模成果,为我国矫正建模提供实现的思路、框架和专业技能。

4.加快矫正与信息技术的深度融合,发展战略上大胆、技术应用上严格审慎地采用计算机建模,以信息技术推动建模升级换代,提高矫正建模层次和成效。

5.建模的层阶区分,首先在微观层面,对矫正项目实验采用数学建模的方法,为矫正项目实验的范式转换创造条件,为矫正系统建模夯实基础。其次在中观层面,对矫正系统以采用语义建模为先导,确立并不断完善矫正系统的框架和思路,等矫正项目实验发展较为成熟、证据和数据积累比较丰厚情况下采用计算机建模;最后是在宏观层面,主要是语义、图形模拟,要等矫正系统的大数据有效规范采集的条件下,进行复杂系统的计算机建模。

归根结底,建模是研究矫正和提高矫正成效的一种方法,是矫正项目设计必用的思维方式和技术手段,也是矫正项目实验中的重要应用技术。循证矫正当然绕不开建模。

第二节　矫正目标分类和矫正系统建模

模型思维离不开分类,矫正建模的前提是对矫正的准确合理分类。矫正是以有效性为导向的,矫正目标具有统领矫正工作结构、矫正程序和矫正方法的作用,因此,矫正目标分类在矫正工作和矫正建模中占有极为重要的作用。分类是专业技术运行的必然诉求,矫正目标分类既是矫正技术体系建构的基础性要求,也是矫正过程、结果导向与评价的需要。同时,矫正系统建模的前提条件是实施矫正目标的准确、合理分类,而循证矫正实验建模要以矫正系统建模为基础。本节试图在对矫正目标分类的基础上,提出矫正系统建模的思路与框架。

一、矫正目标分类

"守法公民",这是监狱法规定的罪犯矫正的总目标。在总目标下,阶段性的大目标也比较明确。入监教育期间要完成认罪服法、行为习惯养成的矫正初期目标;服刑中期主要目标是破旧立新,基本完成作为守法公民必备的人生观、价值观和基本技能的学习任务;服刑后期目标主要是强化适应社会生活的技能训练与知识准备,重温巩固守法公民必备的人生观、价值观。但是,这些分阶段的目标没有目标落实层次的划分,也就缺乏对目标落实的过程控制、成效评估,矫正活动没有层次目标的导向,积聚作用大为减弱,活动很容易走形式。更重要的是,应对矫正需求推导出的矫正目标进行分类,在分类的基础上分别层次。只有这样,才能充分发挥矫正目标的价值导向、方法导向、评估导向、交流并改进导向的作用。

1956 年,布卢姆(B. S. Bloom)等人的《教育目标分类学第一分册:认知领域》正式出版,标志着教育目标分类学的研究拉开了序幕。到了 1966 年,十年的时间内,在认知、情感和心理动作领域都初步完成了教育目标分类。50 年来,布卢姆的教育目标分类学(taxonomy of educational objectives)产生了巨大的影响,他的著作至少被翻译成 22 种文字。美国全国教育学研究学会(NSSE)1994 年年鉴,曾专门对布卢姆的教育目标分类学 40 年历程及其贡献作了回顾。[①] 最正规的修订工作也是由一个专门的学术团队完成的,其领衔者是当代著名的课程理论与教育研究专家安德森(L. W. Anderson)以及曾与布卢姆合作研制教育目标分类的克拉斯沃(D. R. Krathwohl),在 2001 年完成出版了《面向学习、教学和评价的分类学——布卢姆教育目标分类学的修订》一书。与布卢姆原来的一个维度分类(知识、领会、应用、分析、综合和评价)不同,新的分类学采用了"知识"和"认知过程"二维框架。知识是指学习时涉及的相关内容,包括了从具体到抽象四个类别:事实、概念、程序和元认知。其中,概念和程序的抽象程度有一定的交叉,即有的程序性知识比最抽象的概念性知识更具体。认知过程涉及学习时要掌握的学业行为表现(业绩),包括了六个类别:记忆、理解、应用、分析、评价和创造。这是依据认知复杂程度由低到高来排列的。[②]

---

① L. W. 安德森、L. A. 索斯尼克:《布卢姆教育目标分类学——40 年的回顾》,谭晓玉、袁文辉译,华东师范大学出版社,1998 年版。

② 盛群力、褚献华:《布卢姆认知目标分类修订的二维框架》,《课程·教材·教法》2004 年第 9 期。

为了充分发挥矫正目标的导向作用,切实提高矫正设计的科学性和矫正效果评估的准确性,我们很有必要借鉴布卢姆的教育目标分类,建立矫正目标分类及层次分类。矫正目标共分认知、情感、生理等三大类:认知矫正目标分类采用上述的修订版;情感矫正目标分类采用布卢姆和柯拉斯霍的分类,由低到高包括接受、反应、价值判断、价值的组织和价值的个性化五个层次;生理矫正目标包括男性荷尔蒙抑制、心源性病变治疗、大脑异常(活动)矫正等三个方面,矫正效度从低到高包括有反应、明显反应(得到控制)、有好转、明显好转、完全治愈五个层次。如图 10-1 至 10-4 所示:

图 10-1 矫正目标分类

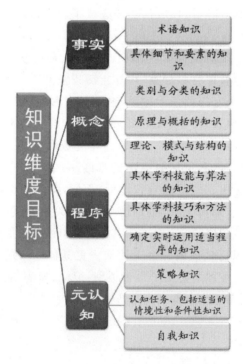

图 10-2 认知矫正目标中的知识维度分类

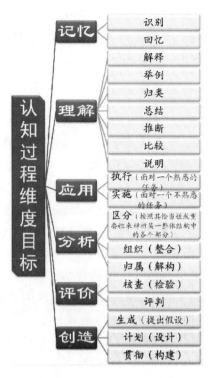

图 10-3　认知矫正目标中的过程维度分类

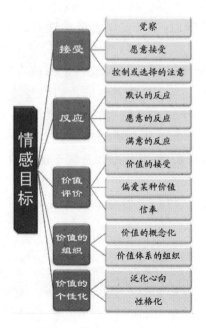

图 10-4　情感矫正目标分类

　　为什么要把矫正目标作认知、情感、生理等三大分类，而没有凸显行为、技能等要素呢？尽管平时我们习惯上都讲罪犯行为矫治、行为养成，但是，支配罪犯行为背后的不是行为本身，行为本身也不可能成为矫正目标，应该成为矫正目标的是能决定罪犯行为方式、隐藏在行为背后的认知、情感、生理等因素。具体主要作以下考虑：①认知（cognition），指通过心理活动（如形成概念、知觉、判断或想象）获取知识。把认知列为一大类，应该能够为大家所接受。情感是态度这一整体中的一部分，它与态度中的内心感受、意向具有协调一致性，是态度在生理上一种较复杂而又稳定的生理评价和体验，包括道德感和价值感两个方面。罪犯本身是一群情感的缺陷者，他们走上犯罪道路的重要原因是反社会情感作怪，在监狱空间里罪犯间交往很容易在情感上走极端，要矫正他们，情感上作为切入点、在情感上与他们主动对接往往能收到事半功倍的效果。②"近年来，David 提出在加拿大第四代风险评估工具的基础上加入生物学因素的测量和评估并称之为第五代风险评估工具。"[①]"天生犯罪人"的观点更多强调了遗传基因等先天因素，看重了人的生理因素的稳定性一面，但是，已有大量研究表明，人的某些生理问题与犯罪高度关联，同时，人的生理是可以改变的，包括大脑。所以，生理矫正不仅必要，也是可能的。比如，肖玉琴、杨波等对易于暴力犯罪的人格倾向——冷酷无情特质（callous unemotional trait，CU）进行了研究，认为："在生物学方面，CU 特质有着较低的唤醒水平、较低的皮质醇水平，CU 特质者额一颞叶回路的灰质增加、白质减少，加工负性情绪面孔时杏仁核激活减弱，对惩罚反应表现出异常的腹内侧前额叶活动。这些发现也在一定程度上解释了 CU 特质的成因"；"以奖赏为主鼓励其亲社会行为，避免惩罚和严厉的规则限制，并且配合一定的药物使用，这些方法对于 CU 的治疗有着较好的疗效"。[②]③尽管布鲁姆他们把技能作为与认知、情感并列的三大分类之一，但实际上，技能这一类是发育最弱的，一个很大的原因是认知的知识维度和过程维度的具体分项已经涵盖了技能。就矫正来说，罪犯劳动技能所隐含的劳动价值观念、劳动态度是属于情感的范畴，其所彰显的应知应会可以列入认知的范畴。

　　对照矫正目标的分类分层，我们可以对司法部提出的罪犯改造质量六个

---

① 肖玉琴、杨波：《循证矫正的理论基础——RNR 模型解读》，《犯罪与改造》2014 年第 3 期。

② 肖玉琴、张卓、宋平、杨波：《冷酷无情特质：一种易于暴力犯罪的人格倾向》，《心理科学进展》2014 年第 9 期。

方面的指标①进行分类分层，进一步细化矫正目标，为制订针对性强的干预方案提供指南，为矫正有效性评估的精确性提供可能，为实证的量化研究和数学建模打通技术进路。司法部提出的罪犯改造质量六个方面指标都是定性的指标，没法进行精确评估，或者干脆把它直接对应于罪犯各种行为表现的简单表述，殊不知行为表面背后真正的东西，完全有理由断定同样的表面行为有截然相反的内核。但是，如果我们对六个方面的指标按照矫正目标的分类分层进行分类分层，制订相应的评估问卷，建立常模，运用心理学的研究方法进行量化评估，就可以借助数学工具对其量化处理，矫正的数学建模就变得容易。①认罪悔罪的指标可以从认知知识、认知过程、情感目标的各个维度加以细分，要着重从情感目标的维度进行分层，实施精确的量化评估。②遵纪守法的指标从认知知识、情感目标的各个维度加以细分，可以做到精确的量化评估。③服从管教的指标其深层次的目标是"原有犯罪思想及恶习得到有效矫正"，可以简约为社会态度的端正与良好行为习惯的养成，应该着重从情感目标的维度加以分类分层，落实客观化的量化评估。④认真学习的指标主要从认知知识、认知过程维度进行分类分层，直至量化评估。⑤积极劳动的指标主要是表示劳动态度的情感体验与价值领悟、劳动技能认知过程目标，从这些维度进行分类分层就方便量化评估。⑥心理健康的指标主要从生理矫正目标的各个维度分类分层，进行量化评估。对矫正目标的设置，从罪犯矫正实际与方便矫正建模看，我认为对司法部的六个方面的指标还应该简约，可以集中在三方面加以分类分层后进行量化评估：第一方面是认知上破犯罪观念，认清犯罪原因，树立认罪悔罪的法制观念；第二方面是在监禁环境下实践、体悟正常社会化的情感，学习掌握社会交往的技能，体验社会交往的娱乐，形成良好的社会交往的行为习惯，建构正常社会化交往的思维模式；第三方面是学习职业技术，掌握正常社会化的谋生技能。

参照教育目标分类分层对矫正目标进行分类分层，全面实施客观化的量化评估，向主观化、表面化的评估告别，通过矫正建模，矫正过程和成效就变得

①一是认罪悔罪。承认犯罪事实，服从法院判决，认清犯罪危害，深挖犯罪根源，自觉接受改造。二是遵纪守法。增强法律意识，严格遵守行为规范及其他监规纪律，没有重新犯罪行为。三是服从管教。自觉接受监狱人民警察依法对其进行的管理教育，原有犯罪思想及恶习得到有效矫正。四是认真学习。积极参加思想、文化、技术等各项教育学习活动，道德品质及文化素质得到提高。五是积极劳动。劳动态度端正，积极参加力所能及的劳动，遵守劳动纪律和操作规程，学习生成技能，能完成劳动任务。六是心理健康。能够到达心理健康的一般标准。

可以触摸、透明起来,形成可以回馈、循环的生态系统,真正发挥矫正目标的导向作用。因为对矫正目标进行分类分层,整个矫正设计将发生范式调整,矫正设计成为连接矫正理论与矫正实践的纽带,并把它们紧密捆绑,矫正设计成为矫正有效性的生产工具。在有效性目标导向下的实际矫正情景里,设计特定矫正干预方案,在矫正实践中探索矫正干预的作用,不断地创新,直到产生比较理想的矫正效应。设计是有目的的,通过创造性的设计、实施、调整和迭代循环,问题解决本身即是对各种理论的创造性应用,并将其推广到更加丰富的情境去。因此,矫正设计实现了巴斯德象限思想[①],通过矫正理论与实践的一体化整合,实现矫正研究的价值取向转换,成为建构矫正理论与实际问题解决方案的工具。

二、罪犯矫正系统建模基本思路与框架

从系统科学理论上分析,罪犯矫正是一个复杂适应系统。对复杂适应系统的建模,就必须根据复杂适应系统的研究理论采取相应的策略展开建模的程序。罪犯矫正是以正当干预的有效性为价值目标的,它一定以干预活动为中心,因此,罪犯矫正建模的重点是以矫正活动为中心的建模。

(一)罪犯矫正系统复杂适应性分析

根据复杂适应系统的判断标准,罪犯矫正系统的复杂适应性主要体现在五个方面:

1. 罪犯矫正系统是一个由许多平行发生作用的子系统组成的网络,它至少包括罪犯、矫正师、矫正活动、矫正资源、矫正目标、矫正情景等子系统。子系统

---

① "巴斯德象限"这个概念来源于司托克斯(Donald E. Stokes)1997年撰写的科学著作《巴斯德象限——基础科学与技术创新》(*Basic Science and Technological Innovation*)。在这本书中,司托克斯对布什(V. Bush)1945年向美国总统提交的科学报告——《科学——无止境的前沿》及其提出的科学研究线性模型进行了评论,并提出了一个区别于线性模型的科学研究新模型——象限模型。司托克斯认为,如果用平面直角坐标系的两坐标轴分别表示研究的动机(好奇心驱动型还是应用驱动型)和知识的性质(是否具有基础性和原理性),那么就会在最常见的研究类型或象限——玻尔象限(第一象限,代表好奇心驱动型纯基础研究)和爱迪生象限(第二象限,代表为了实践目的应用研究)之外会出现一种新的类型——巴斯德象限(第三象限,代表由解决应用问题产生的基础研究)。巴斯德象限同时兼有基础研究和应用研究的特点。它不同于波尔象限的地方在于不是从理论到理论,而是从理论到应用;不同于爱迪生象限的地方在于不是从应用到应用,而是从应用到理论。显然,与线性模型相比,象限模型更加真实地反映了科学研发体系的实际运行情况。转引自王静文:《创新的教育研究范式:基于设计的研究》,华东师范大学出版社2011年版,第101页。

间的边界是清晰的,但难免交叉,不管你怎样界定,每个子系统总处于一个由自己和其他作用者相互作用而形成的系统环境中。每一个作用者不断地根据其他作用者的动向采取行动和改变行动。正因为如此,在这个系统环境中基本上没有任何事情是固定不变的。这个系统所产生的连续一致的行为结果,是产生于作用体之间的相互竞争与合作。

2.罪犯矫正系统具有多层次组织。组成罪犯矫正系统的各个子系统都有其自身的多层次组织,每一个层次的作用者对更高层次的作用者来说都起着积木块①的作用。如罪犯系统,它至少包括生理、心理、价值观念、犯因性、生活经验等因素,其中每一个因素都可以分成各自独立的子系统,并都会对更高层次罪犯矫正系统发生作用。

3.罪犯矫正系统内的主体能够吸取经验,从而经常改善和重新安排它们的积木块。如罪犯会在矫正活动中因为干预的刺激从不接受到愿意关注,就可能会调整自身的价值观念,从而适应罪犯矫正系统。在复杂系统中,最根本的适应机制之一就是改善和重组自己的积木块。

4.罪犯矫正系统内的主体都会根据其内部模型做出预期。不管矫正目标有无自身的设计目标,罪犯在矫正系统都有预期的适应目标(自觉的和不自觉的),矫正技术有被使用的价值目标,矫正师有指导、调控活动实施的预期目标。这些大小目标都可以在特定的情况下被激活,进入运行状态,在系统中产生行为效果。

5.罪犯矫正复杂系统有许多小生境,每一个这样的小生境都可以被一个能够使自己适应在其间发展的作用者所利用。针对罪犯的矫正需要,每一个作用者填入一个小生境的同时又打开了更多的小生境,这就为新的寄生物、新的掠夺者、新的捕食者和新的共生者打开了更多的生存空间。系统总是处于不断展开、不断转变之中。事实上,如果这个系统确实达到了均衡状态,达到了稳定状态,它就变成了一个"死"的系统。

(二)罪犯矫正系统复杂适应性相应的建模理论

对于现代系统科学而言,它也经历了三个发展阶段:以控制为主要考虑对象的"老三论"阶段,以自组织现象为主要研究对象的"新三论"阶段,以复杂性研究为主流的当前新发展阶段。"老三论"(贝塔朗菲的一般系统论、维纳的控制论和香农的信息论)的出现建立了现代系统科学的起点。同时期的哥德尔

---

①CAS内部模型用搭积木的方法对测试过的规则进行组合,产生新问题的处理规则,已有的规则则被形象化地称为积木块,它们是新规则的基础。转引自方美琪、张树人:《复杂系统建模与仿真》,中国人民大学出版社2011年版,第25页。

不完全性定理再次确认了世界在质的方面的无限性,标志了还原论思想的破产;现代数字式电子计算机的出现则为系统科学研究提供了新的手段和方法。"新三论"(耗散结构论、协同学和突变理论)的出现使得系统科学不再只是在近代科学忽视的交叉领域进行,而是深入到传统学科的核心去攻坚。随后出现的混沌和分形打破了传统科学中把确定性和不确定性截然分割开的思想障碍,引起了数学上的重大变革。对自组织现象的研究使得人们对"系统"的研究从外来的、被动的控制和管理,转向了系统"自己"的演化与发展,从系统内部寻找复杂性的来源。

任何一种模型都是基于某种理论假设之上,复杂适应系统理论(简称 CAS 理论)是目前计算机模型在研究复杂性系统时最常用的一种理论。CAS 理论的提出,是由对系统演化规律的思考引起的。复杂性研究的一个重要方面,是对复杂性产生机制的研究。CAS 理论就是对于这个问题的一种回答,其基本论断是:"适应性造就复杂性。"[①] CAS 理论的最基本的思想可以概述如下:"系统中的成员称为具有适应性的主体(adaptive agent),简称主体。所谓具有适应性,就是指它能够与环境以及其他主体进行交流,在这种交流的过程中'学习'或'积累经验',并且根据学到的经验改变自身的结构和行为方式。整个系统的演变或进化,包括新层次的产生、分化和多样性的出现,新的、聚合而成的、更大的主体的出现等等,都是在这个基础上出现的。"[②]

1. CAS 理论强调主体是主动的、"活"的实体。这个特点是 CAS 能有效地应用于经济、社会、生态等复杂系统的研究的保障。

2. CAS 理论认为个体与环境、个体与其他个体之间的相互影响、相互作用,是系统演变和进化的主要动力。

3. CAS 理论把宏观和微观实现有机联系,通过主体的相互作用,使得微观的主体变化成为整个系统宏观变化的基础。

4. CAS 理论引进了随机因素的作用,具有更强的描述和表达能力。[③]

(三)罪犯矫正建模的框架[④]

根据上述罪犯矫正系统的复杂适应性分析与 CAS 理论,罪犯矫正系统建模

---

① 霍兰:《隐秩序》,上海科技教育出版社 2000 年版序言。

② 徐国志等:《系统科学》,上海科技教育出版社 2000 年版,第 252 页。

③ 方美琪、张树人:《复杂系统建模与仿真》,中国人民大学出版社 2011 年版,第 19-28 页。

④ 该部分内容参见张永和等:《智慧学习环境中的学习情境识别——让学习环境有效服务学习者》,《开放教育研究》2012 年第 1 期。

应该采用多主体模型①。试提出模型架构如图 10-5 所示：

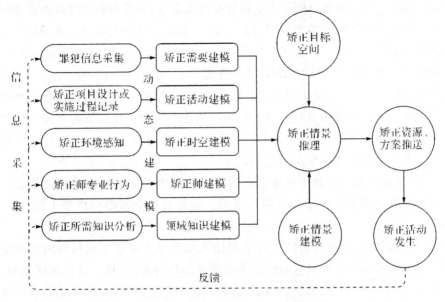

图 10-5　基于设计的罪犯矫正建模的框架

1. 罪犯矫正模型包括矫正需要模型、矫正情景模型、矫正目标空间,矫正活动模型、矫正师模型、领域知识模型和时空模型。

(1)矫正需要模型是对罪犯的矫正需要和矫正状态的形式化表示。在罪犯信息全面采集的基础上明确罪犯的矫正需求,作为矫正内容、矫正目标的依据,并对矫正的方式方法或者矫正技术、矫正资源等的选择、配置和适切起到规定性作用。对罪犯矫正需要识别,主要采用调查、量表评估、专家会诊等方法。罪犯的矫正需要可能存在着若干个犯因性问题,这些犯因性问题对罪犯犯罪或再犯所起的作用

---

①多主体系统是由多个主体组成的集合,主体们一般都有一个或多个特征值,并能够修改自身的特征值;主体之间能够进行交互,通过与其他主体的交互,使得系统整体演进、演化并涌现出宏观的规律。这种从底层构件的设计架构出的系统,其中的活动主体具备主动交互和适应环境的能力,被称为多主体系统。应用多主体系统对生物、生态和社会、经济等复杂系统的动态模型研究方法,被称为基于多主体系统的建模方法(multi-agent-based modeling),所建立的系统模型即为多主体模型(multi-agent model)。社会经济系统作为由类型多样与数量巨大的经济个体组成的复杂系统,其结构的不断组合、分解与演进,正是各个经济主体无意识的、自私的行为的客观结果。这正体现了多主体系统的特征:系统中各主体复杂的相互作用表现出了单个主体所不具备的特征(系统整体产生新特征的过程称为"涌现"),从而使整体表现优于个体的简单加总。作为一种新的研究方法,基于多主体系统的建模方法在社会科学模型研究中的影响越来越广泛。

可能各不相同,需要识别出其中需要矫正的犯因性问题。需要矫正的犯因性问题,即矫正需要。矫正需要分析是矫正项目设计的起点,分析判断的结果直接规定了矫正目标、矫正资源、矫正技术、矫正时空、矫正情景的选择与安排。罪犯矫正状态包括认知水平、情感状态、生理状态等。矫正需要模型还可扩展为罪犯模型,也可分建罪犯认知模型、罪犯情感模型、罪犯生理模型、罪犯矫正过程模型。

(2)矫正情景模型是对识别矫正情景所需知识的形式化表示,包括各种矫正情景的结构描述和约束条件。情景模型是描述和区分矫正情景的基础。情景模型蕴含各种情景要素之间、要素与情景类别之间的逻辑关系。在实现上,情景模型可以充当情景推理引擎所需的知识库。

(3)矫正目标空间是罪犯在一定的矫正活动中可能达到的目标的集合。矫正目标通常是矫正活动发生之前预设的。矫正目标空间的构成如上图 10-1 至 10-4 所示。

(4)矫正活动模型是对矫正活动的构成要素以及要素之间联系的形式化表示。矫正活动的构成要素主要包括矫正活动的参与者、工具、主题、领域知识、时空属性、形式、过程和结果等。例如,当矫正活动是主题讨论时,活动的参与者可能是同一小组的罪犯,工具可能有概念图工具、给定的讨论资料等,主题是讨论所围绕的问题或命题,领域知识是讨论中所涉及的知识,时间属性为讨论发生的时间段,空间属性为所在的阅览室,活动形式是罪犯之间的讨论,活动过程是罪犯之间的交互以及发言的序列,活动结果是讨论所取得的结论。

(5)矫正师模型是矫正师个性特点、知识技能水平和矫正活动中专业作为状态的形式化表示。矫正师的专业知识、专业技能和经验,对矫正项目开发、活动开展和目标实现具有明显的引导、制约作用。

(6)领域模型是矫正领域专家知识的形式化表示。自然科学知识通常是良构的、系统化程度高、逻辑性较强,可以采用结构化的方法表示,如语义网络、谓词逻辑等。社会科学领域的知识往往是非良构的,概念之间的逻辑关系具有非确定性,只能采用半结构化的表示方法。如通过构造知识材料间的语义相似度,评价模型度量概念间的相关程度。

(7)时空模型是矫正活动所发生的时空信息的形式化表示。这种知识涉及任何影响矫正活动的自然环境、建筑环境与虚拟环境的特点、变化规律以及当前状态。例如,影响矫正活动的自然环境有气候条件、地理位置、生物形态等;影响矫正活动的建筑环境有建筑布局、室内的可用空间与设备等;影响矫正活动的虚拟环境有网络接入点类型、网络带宽、网络平台可用的矫正资源、可联系的矫正同伴。

情景是矫正活动发生的真实状态,情景模型是矫正情景识别的核心,与其他六个要素有显性的联系;而矫正需要模型、矫正目标空间、矫正活动模型、矫正师模型、时空模型与领域知识模型之间通过情景模型相互关联起来。

2.矫正情景识别的功能模块

矫正情景识别主要涉及信息采集、动态建模和情景推理三个模块：

(1)信息采集。通过罪犯信息采集、前矫正过程记录、矫正环境感知、矫正师专业作为、矫正所需知识分析获取矫正情景识别所需的各种原始数据与信息。从物理环境采集信息的方法包括自动化和人工两种方式。自动化方式是指通过传感器设备从客观环境中采集数据，如矫正活动现场中与罪犯相关的物理环境信息、视音频监控信息以及各种传感器信息；人工方式是指通过人工的方法获取一定的信息、专业知识或经验，如学科知识、矫正情景的主要特征。从信息系统采集信息的方法是指从可访问的信息系统中获得和过滤所需信息，如罪犯档案、矫正专用网络资源、矫正项目库、已有的矫正情景要素模型等。

(2)动态建模：其任务是构建或更新矫正情景识别的各种条件要素的模型，包括构建情景模型、矫正需要模型、活动模型、矫正师模型、领域知识模型和时空模型。模型的构建是按一定的规则，将信息采集模块所得到的原始数据和信息映射为符合模型结构的抽象表示。核心内容是利用松散耦合的数据收集工具和分析技术，研究分析罪犯矫正活动参与、现实表现和矫正过程的相关数据，发现罪犯矫正效果与矫正活动、矫正资源和矫正师行为等变量的相关关系，来预测罪犯未来的发展趋势。对矫正需要模型的构建，需要采集罪犯在活动现场的行为表现，以及检索已有的罪犯信息；并通过一定的矫正需要建模方法，初始化矫正需要模型或更新已有的矫正需要模型。

(3)情景推理：指依据采集到的情景信息，根据动态建构的要素模型，通过预测、聚类判别、关系挖掘等推理机制，向罪犯推送相关个性化干预活动。情景推理模块包括数据驱动和目标驱动两种基本的运行机制。在数据驱动机制下，动态建模根据模型的更新情况，驱动情景推理模块更新推理结果，发现新的矫正支持方法。而在目标驱动机制下，推理模块根据矫正支持列表，调动建模模块更新各种条件要素模型，从而主动判断各种矫正支持是否适合当前矫正情景。矫正情景推理的结果以干预活动推送的方式予以提供，如矫正资源、矫正伙伴和矫正活动建议等。

3.罪犯矫正建模的关键技术

罪犯矫正建模涉及罪犯特征、矫正师知识与技能、矫正目标与层次、矫正活动等方面的分类，相关特征描述，以及结构表征、信息采集和识别方法。罪犯矫正模型构建方法可以通过分析罪犯在系统中的反应和行为模式，面向多情景的矫正需要本体而动态构建，应用数据挖掘、文本挖掘、视音频分析等方法识别和分析矫正活动，运用大数据背景下的网络技术建构各个模型。矫正活动信息采集方法包括数据爬行、传感器技术以及人机交互设计。矫正情景推理可以归结为人工智能中的自动推理问题。罪犯矫正建模通过相关技术的应用，可以达到矫正情景识别的效果层次，根据可获取的情景信息推断出未知的情景要素，并识别矫正情景类型、诊断罪犯问题和预测罪犯矫正需要，向罪犯推送个性化的矫正资源、接受有效的自我矫正建议。

总而言之，基于矫正目标分类的矫正建模属于矫正系统建模，对矫正系统的框架进行语义描述也属语义建模。如果真能运用计算机建模技术对矫正系统成功建模，就能够推动循证矫正实验的深化和实验建模的升级，这也预示智慧矫正的来临。

第三节　循证矫正项目实验建模

在矫正的系统建模框架内，循证矫正实验建模目前更多的是属于微观层次，因为循证矫正实验的基本单位是矫正项目，矫正项目集成了系列矫正活动。因此，循证矫正实验建模主要是循证矫正项目实验、矫正活动的建模。

一、循证矫正项目实验建模

当前，我国循证矫正实验建模还很有必要借鉴加拿大的 RNR（risk-need-responsivity）模型。循证矫正项目实验建模主要是根据罪犯矫正需要和与之对应的最佳证据设计类似 RNR 的模型与矫正项目、操作相应的项目实验，依照实验过程、结果与相关评估数据建构并验证模型。

RNR 模型被认为是解读循证矫正最全面和应用最广泛的模型。它由加拿大公共安全中心主任班塔和加拿大卡尔顿大学教授安德鲁斯于 1990 年提出，以一般人格和认知社会学习观点为理论基础。其理论假设如下：一是风险水平是可以被评估和预测的。与犯罪行为相关的风险因子包括个体内部的生理心理因素及外部的社会环境因素，这些因素是可以被量化和评估的。二是导致犯罪的因素是多样的，矫正方法也应该全面评估并找出具体的风险和犯罪路径。三是矫正的目的是减少罪犯的矫正需要，从而降低再犯率。四是应该通过实证的、价值中立的方法来确定罪犯的矫正需要并采取严格和适当的研究设计。五是循证矫正的最终目标是降低再犯率以减少社会危害性。RNR 模型的风险原则解析了什么人需要接受循证矫正，认为个体的风险水平与再犯可能性成正比，矫正的力度应该与风险水平相适应。根据个体的生理—心理—社会特征可以将其划分成不同的风险等级，矫正力度应该与风险水平相适应。需要原则解析了循证矫正的直接目标是降低矫正需要。矫正需要是指导致个体表现出违背社会规则或犯罪行为的生理—心理—社会因素。如与犯罪行为相关的价值观、态度、行为、心理、环境等因素。反应性原则解析了拿什么来矫正、如何矫正的问题,认为有效的矫正方式是认知行为疗法和认知社会学习模式,尊重矫正对象的个性化。特别反应性原则认为应当注重矫正对象的内在特征如人际敏感度、焦虑、言语智力、认知成熟度等,这些因素都应该存在与之相适应的矫正方式。因此,矫正过程应当发掘矫正对象的人格特质和认知方式,矫正项目才能对症下药。反应性可分为内在反应性和外在反应性。内在反应性是指项目的设计和实施应该考虑到矫正对象的内在属性如人格特质、认知水平等;外在反应性是指从矫正对象的外在属性如生活环境、文化背景等方面设计矫正项目。上述三原则是 RNR 模型的核心和主体部分,经过 20 年的发展和完善,如今 RNR 模型已经成为一个结构完整、功能完善、兼具理论性和实践性的综合模型,在循证矫正工作中起着重要的引领作用。RNR 模型开启了科学矫正的大门,倡导从生理—心理—社会多角度探求犯罪成因,把以刑法惩罚为目标的罪犯改造转向符合人性化和个性化需求的罪犯矫正,在大量的实证研究基础上,对刑事司法过程中风险评估、有效干预、实验研究、项目认证和整合等方面做出了实质性的贡献。①

　　RNR 模型的风险评估与矫正需要原则下的因子已经比较成熟,反应性原则的因子发育相对滞后,主要的问题是缺乏相对应的矫正项目。因此,循证矫正实验建模的首要任务是设计与 RNR 模型相对应的矫正项目。设计循证矫正项目实验模型的实质是简约化描述各种参与实验的要素之间的关系,关键是对要素的流动与演变做出量化精确的生态化表述。我们对基本运作过程进行模型化的表达,显示创造新证据和知识建构的过程。这个过程开始于一个罪犯矫正面临的现实问题,包括罪犯再犯风险、矫正需要和他的反应特点(模式)。我们基于先前的最佳证据,在一定的理论指导下提出一个推测,开发形成性的矫正项目并加以实验,对已有的设计不断进行评价并对实验方案进行修正,最后取得实验结果。实验的过程是一个多次迭代循环过程,对证据的形成性评价贯穿设计性实验的始终。设计性实验的结果输出,不单是最后的、最新的研究结果与证据,在各个环节都有不同层次的成果形成,包括最初的理论假设、罪犯问题模型描述、设计的各种评估手段、技术方法、理论建模都是实验过程当中的成果。设计性实验的过程是在特定境脉中开展的,在不同层次的实验研究成果总是在这个境脉中跟随设计性实验的迭代循环而不断流动,存在于设计性实验的各个环节中。循证矫正实验模型具体包括循证矫正项目实验模型和矫正活动模型。循证矫正项目实验模型如图 10-6 所示。

---

① 肖玉琴、杨波:《循证矫正的理论模型——RNR 模型解读》,《犯罪与改造研究》2014 年第 3 期。

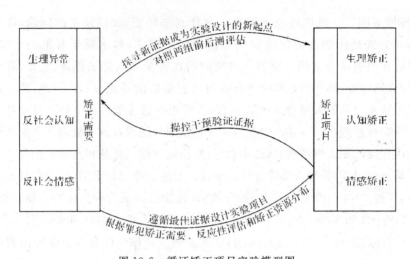

图 10-6　循证矫正项目实验模型图

循证矫正项目实验模型是对罪犯矫正需要、矫正项目、罪犯反应模式三者之间相互作用结果——证据的生产方式表示。整个模型中,从矫正需要的评估出发,遵循当前最佳证据结合罪犯反应特点和矫正资源设计矫正项目,然后运行矫正项目实验并验证当前最佳证据,再对实验结果进行全面评估,评估结果成为下一轮实验矫正项目设计的新证据,证据就在矫正需要与矫正项目之间呈"S"形攀爬,证据的有效性、科学性、权威性呈螺旋上升之势。整个模型要素结构简述如下。

（一）矫正需要

矫正需要分为生理异常、反社会认知、反社会情感三类,在层次上分为外部因素层、自身因素层、核心层三层。外部因素层主要是社会关系反常,包括反社会同伴、家庭和婚姻关系、被害人谅解、就业等方面问题;罪犯自身因素层包括生理异常、反社会认知、反社会情感;核心因素尽管属于罪犯的自身因素,却是自身因素中最为重要的,主要包括大脑活动异常、犯罪典型情景的思维方式、攻击性、非理性信念等因子。矫正需要的三层次结构分布如图 10-7 所示。

为什么犯罪典型情景的思维方式、攻击性、非理性信念、大脑活动异常等因子能够成为自身因素的核心层呢? 因为思维方式是人类大脑活动的内在程式,是人们情绪、行为的决定性因素,矫正罪犯最具根本性的是帮助罪犯破除典型情景中的犯罪思维方式,建立社会化的思维方式[1];攻击性是罪犯干扰、破坏正常社会关系与秩序的主要外显方式,无论是主动攻击,还是被动攻击,罪犯在愤怒、敌意、行

---

[1]参见张怀仁:《未成年犯矫正设计》,《未成年人犯罪与矫正研究》,浙江大学出版社 2012 年版,第 153—181 页。

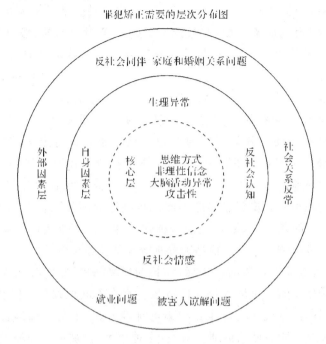

图 10-7　矫正需要的三层次结构

为攻击、语意攻击等方面是普遍性的存在,只有类别、程度的差异,几乎是罪犯行为的共同表征;非理性信念是罪犯心理的突出问题,罪犯的不合理认知、绝对欲求、狭隘思维、歪曲感知远超常人,即使社会普通人也很容易发生偏差①,罪犯在这方面的矫正需求尤为强烈。这也是我们设计本书中的三个矫正项目进行实验的整体考虑和系统安排。对大脑活动异常的矫正需要,不是主观上不顾及,而

①艾利斯研究发现普通人常常会有 11 类不合理信念,主要包括:每个人绝对要获得周围环境尤其是生活中每一位重要人物的喜爱和赞许;个人是否有价值,完全在于他是否是个全能的人,即能在人生中的每个环节和方面都能有所成就;世界上有些人很邪恶、很可憎,所以应该给他们以严厉的谴责和惩罚;如果事情非己所愿,那将是一件可怕的事情;不愉快的事总是由于外在环境的因素所致,不是自己所能控制和支配的,因此人对自身的痛苦和困扰也无法控制和改变;面对现实中的困难和自我所承担的责任是件不容易的事情,倒不如逃避它们;人们要对危险和可怕的事随时随地加以警惕,应该非常关心并不断注意其发生的可能性;人必须依赖别人,特别是某些与自己相比强而有力的人,只有这样,才能生活得好些;一个人以往的经历和事件常常决定了他目前的行为,而且这种影响是永远难以改变的;一个人应该关心他人的问题,并为他人的问题而悲伤、难过;对人生中的每个问题,都应有一个唯一正确的答案。转引自马建青等:《心理咨询理论的流派与方法》,浙江大学出版社 2004 版,第 228—229 页。

是客观上条件所限,暂时无法实验。实际上,罪犯大脑活动异常的矫正需求是非常重要的,因为生理矫正中的男性荷尔蒙高、心源性病变、低皮质醇水平等方面问题主要是药物治疗,大脑异常矫正主要针对大脑活动异常的矫正,通过创设特殊情景开展有意义活动让当事人改变原大脑异常神经网络链接、形成正常链接的定势。近些年来的大脑研究成果越来越支持大脑活动异常矫正的重要性与可能性。大脑研究新进展已经迫使人们重新认识人类的学习与教育,"生物学的视角使得我们可以对学习与教育重新进行定义;学习是根据外部环境刺激建立神经联结的过程,而教育则是控制或添加刺激,或激发学习意向的过程。这些概念是综合性的,并包含了人类整个生命过程。"①既然"教育可以被理解为一种基于皮层结构的神经元再利用的过程"②,那么,对罪犯来讲,其大脑可以是受矫正的脑,矫正也是一种在特殊情景下其大脑皮层结构的神经元建立新连接的过程。为什么能够建立神经元的新连接呢?

首先,大脑能够生长新的神经元。"长期以来,科学家们都认为神经元是唯一不会再生的体细胞。个体神经元的数量一直在不断地减少。但在20世纪90年代,研究者发现,脑确实能够生长出新的神经元,至少负责编码长时记忆的海马中的神经元能再生。随后的研究表明,这种再生(也被称为神经发生)与情绪、记忆和学习有着密切的关系。另外,良好的营养和有规律的练习以及保持低压力水平,能够增强神经元的再生能力。根据这一研究结果,教师可以帮助学生理解他们的脑是如何发展的,并解释可以促进神经元持续生长以及脑健康的行为。"③

其次,大脑可以自我重塑。"之前研究者的观点是,神经网络的变化非常缓慢,而且,步入中年后,会变得更慢。在21世纪初,新的研究结果表明,由于环境刺激的输入,脑可以自我重塑(这个过程称为神经可塑性),而且其速度比原来所认为的更快。这一发现使得研究者开始运用儿童阅读困难者(许多人被诊断为阅读困难)的神经影像技术,并最终研发出阅读辅助软件和程序来帮助这些学生重塑神经网络,使他们的表现更接近优秀阅读者的水平。这是多么令人惊异的

---

① 巴特罗、费希尔、莱纳主编:《受教育的脑:神经教育学的诞生》,周加仙等译,教育科学出版社2011年版,第155页。

② 巴特罗、费希尔、莱纳主编:《受教育的脑:神经教育学的诞生》,周加仙等译,教育科学出版社2011年版,第212页。

③ 舒飒(Sousa,D.A)主编:《心智、脑与教育:教育神经科学对课堂教学的启示》,周加仙等译,华东师范大学出版社2012版,第13页。

发现和教育学应用啊！另外，给成人带来的好消息是：神经可塑性会持续终身。"①

再次，大脑神经化学物质支持连接。多种神经递质不仅会影响矫正，而且能够被某种情景的影响和矫正干预策略激活，多巴胺便是其中一种。这些神经递质携带信息穿过相互联结的神经元的轴突与树突之间的突触。某些经历能够增加多巴胺的释放，这反过来会产生愉快的情感。"正如多巴胺水平的上升与愉快的情绪相关一样，多巴胺水平的下降与消极的情绪相关。"②使罪犯投入到能够增加多巴胺释放的矫正活动中，不仅可以让他们带着愉悦的心情参与活动，还可以增强他们的注意力、记忆力和矫正动机。情绪对矫正的影响特别大，因为情绪在意识层面引导认知学习，也可以是无意识的，是一种不可见的力量使罪犯决策和行为的方向保持稳定，并影响未来的行为。

大脑是所有行动的总开关，可以预见，生理矫正的未来发展主要是在大脑活动异常矫正。随着大脑研究后续获得突破性进展，罪犯矫正领域运用相关成果将进入全新天地，探索的价值意义和空间正展现出诱人的前景。一个针对罪犯大脑并适应罪犯大脑的矫正的时代即将来临。

（二）矫正项目

矫正项目是针对矫正需要而设计与操控的特定行动单元。和矫正需要相对应，矫正项目也作相应的分类分层。粗分为生理矫正、认知矫正和情感矫正三大类，当然可以进行细分，实际上的矫正项目往往是以某一类为主、兼及其他类别的综合性项目。每一个矫正项目是一个高度集成矫正目标、矫正资源、矫正方法、矫正策略、矫正情景、矫正师作为等因素针对罪犯矫正需要进行正当而有效的一系列干预活动。矫正项目设计就是对这样的一系列干预活动的总体方案、具体过程、效果评估进行设计，主要包括罪犯矫正需要、反应模式、干预技术选择、资源、情景、活动方案、数据建模与效果评估等方面内容，并对项目可行性进行认证。矫正目标、矫正资源、矫正方法、矫正策略、矫正情景、矫正师作为是矫正项目的重要因素，矫正目标是针对矫正需要，矫正策略是对应罪犯反应模式，矫正资源、矫正方法、矫正情景、矫正师作为都是为了矫正目标的实现而预设后运作的。项目设计要特别关注罪犯的反应模式，要进行反应模式评估，选择适合其反应模式的干预手段、资源、情景，以此激发罪犯的自我矫正动机与意愿，把矫

---

① 舒珊（Sousa, D. A）主编：《心智、脑与教育：教育神经科学对课堂教学的启示》，周加仙等译，华东师范大学出版社 2012 版，第 13 页。

② 舒珊（Sousa, D. A）主编：《心智、脑与教育：教育神经科学对课堂教学的启示》，周加仙等译，华东师范大学出版社 2012 版，第 43 页。

正需要内化为自我矫正的目标。自我矫正就是为达到预定的目标，将自身正在进行的活动作为对象，不断进行的积极、自觉的计划、监督、检查、评价、反馈、控制和调节的过程。自我矫正的体验，即伴随对矫正活动的认知体验和情感体验。实际的自我矫正，即对矫正过程不断进行的积极、自觉的监视和调控。具体包括制订计划、执行控制、检查结果、采取补救措施等。自我调节具有能动性、反馈性、有效性、迁移性等特点。

（三）反应模式

反应模式指罪犯在矫正活动中处理信息的模式和完成矫正任务时所使用的策略。反应模式不同于能力和知识，而和气质和动机有关，因而也归属于人格范畴。可以参照认知风格的划分方法，把反应模式划分为三种类型：场独立型和场依存型，冲动型和沉思型，同时性和继时性。

1. 场独立型和场依存型

美国心理学家赫尔曼·威特金（Herman Witkin）实验研究发现，认为有些人知觉时较多地受他所看到的环境信息的影响，有些人则较多地受身体内部线索的影响。他把个体较多依赖自己内部的参照，不易受外来因素影响和干扰，独立对事物做出判断的称为场独立性；个体较多地依赖自己所处的周围环境的外在参照，以环境的刺激交往中定义知识、信息称作场依存性。在矫正情景中，两种认知风格的罪犯喜好不同，场依存者喜欢集体矫正活动，便于取得相互影响的机会。而场独立者则喜欢独自思考，一旦明确自己的目标，便能独立思考，发现自己的学习策略。还有，他们对矫正活动也有不同的要求，场独立者善于给无结构的材料提供结构，适应结构不严密的矫正方案，而场依存者则喜欢有严密结构的矫正方案，更需要矫正师的明确指导和讲授。

2. 冲动型和沉思型

这是指罪犯面对两种和两种以上的选择时，做出反应的速度。一般来说，冲动型的往往是动作迅速，甚至未对所有答案看过一遍就做出了选择，而沉思型的则会仔细考虑每个选项，最后做出选择。认知冲动的罪犯反应快，信息加工策略使用的多是整体加工方式，但容易出错。而沉思型的罪犯一般是花大量时间考虑周密了才做出反应，信息加工策略多采用细节性加工方式，所以出错少。但也有的罪犯反应既快又准确，这可能是由于他们熟悉某一领域的知识，对学习任务胜任有余，而非认知冲动。

3. 同时性和继时性

达斯等人根据脑功能的研究，区分了同时性与继时性的认知风格，他们认为，左脑优势的个体表现出继时性加工风格，而右脑优势的个体表现出同时性加工的风格。继时性认知风格的特点是，在解决问题时，能一步一步地分析问题，每一个步骤只考虑一种假设或一种属性,提出的假设在时间上有明显的前后顺序;同时性认知风格的特点是,在解决问题时,采取宽视野的方式,同时考虑多种假设,并兼顾到解决问题的各种可能。同时性和继时性不是加工水平的差异,而是认知方式的差异。

在循证矫正项目实验的视野里,建模是为了更简明、更精确地表示证据,最终是为了用模型的方法来提高矫正的有效性。精准回应罪犯矫正需要,适切罪犯的反应特点,在 RNR 模型的基础上设计相应的矫正项目是循证矫正项目实验建模的可行通道。

二、矫正活动建模[①]

矫正活动是罪犯矫正相关因素发生相互作用的汇聚、展现平台。矫正活动建模在建模理论的指导下,以矫正活动为中心,对矫正问题进行确定性分析,提出描述矫正活动的一般模型,为使用矫正资源和设计矫正方案提供了整体框架模型。

(一)矫正活动建模分析

活动理论强调对构成活动系统的六要素(客体、规则、主体、工具、共同体、分工)和活动流程的分析,注重活动工具的中介作用。因此,在信息化的情境下,矫正资源质量的提高和矫正技术的丰富已成为矫正活动设计的重要情境。罪犯可以更加主动地投入矫正活动,活动要素选择和顺序排列可以进行优化组合,现在的活动成效和记录可以成为今后活动设计的证据。通过矫正活动建模,就能有更多的机会增强矫正的有效性。矫正情境推理,矫正资源或方案的推送都是为了活动展开的有效性。推动矫正最基本的手段就是通过各种矫正活动来创设深入有效的矫正。

有效的矫正不是通过单个活动来完成的。虽然有的时候单个活动就可以完成较小的矫正目标,但是对于复杂的矫正需要,或者说比较遥远的矫正目标,必须依靠多组矫正系列活动的整合模块——矫正项目来实现。有效的矫正基于对一系列活动的安排(包括活动的顺序和活动的时间),以及活动中工具和资源的灵活使用。多个相关活动的集合组成了一组活动的流程,这个流程可以是顺序的、分支的或者是并行的,甚至可以用若干子流程来串联各个矫正活动。设计者在设计的时候,通过安排不同的路径和设定路径转换的条件来引导罪犯达到矫正目标,因此在矫正设计中必须考虑矫正活动流程的问题。矫正活动建模为矫

---

① 参见李青:《学习活动建模》,华东师范大学博士论文,2005年。

正师或者矫正设计者提供了设计和安排矫正活动特别是涉及多个角色有分叉和并行的复杂矫正活动描述框架,有助于提炼出效果比较好的矫正活动流程或矫正项目。

在矫正活动设计中需要对角色、情境、内容和活动分别定义,而这些要素在矫正设计者描述矫正活动时是相互联系的,如何解决这个问题呢?为了解决这个两难问题,需要对矫正活动作一个清晰的定义。矫正活动是矫正师为帮助罪犯达到预先设计的矫正目标和环境的交互而实施的干预(也可以包括其他罪犯、资源、工具和服务)。根据这个"矫正活动"定义,活动内容和情境是相互关联不可分割的。在巨大差异的情境和不同的预期矫正目标的情况下,矫正活动不可能重用。缺乏内容的矫正活动是无意义的,以讨论活动为例:它也许与内容或情境无关,可以在任何情境下使用;但是,当我们将讨论作为一个矫正活动需要达到一个矫正目标时,讨论是矫正流程中不可分割的一环。

如果矫正活动是实现有意义矫正的最小的矫正单元,就需要不同类型的活动来描述完整的矫正实践。这样就牵涉到对矫正活动分类的问题。矫正活动可以根据活动的结果来分类,这样可以获得较好的重用效果。但是,对活动的分类必须考虑到活动的情境和活动内容,涉及如何将这些要素和活动解耦的问题。因此我们可以在更高的可重用活动结构的层面上对活动进行建模,如"基于问题的矫正"、"基于案例的矫正"等等。在这个层次上,活动设计不是设计离散的活动,而是根据某种矫正理论选择和组织活动。由于有了一定的结构,每个活动可以分别根据具体的流程和情境诠释,从理论角度来看,活动结构中隐藏的是矫正方法,我们可以使用矫正方法来描述可重用的活动结构。矫正方法在数量上是有限的,由此推之,适合矫正设计者选择在一定的矫正情境中使用的活动结构是有限的。根据上面的分析,活动建模发生在两个不同的层次上:矫正活动和活动结构(矫正方法)。矫正项目里的流程、模块包含许多矫正方法和丰富的情境。但是有的矫正方法可以在相似的情境下使用,或者可以重新优化。这些模块常常为特定的流程制作,模块中的矫正活动和流程的结构完全整合在一起。但是这些活动可以分离出来,以一个结构框架来描述去内容和去情境的理论方法,这就是所谓的"活动结构"。

矫正项目包含的模块、单元、流程的设计一般应该由矫正项目研究的团队完成,设计者们需要协同的是矫正目标、罪犯矫正需要、反应模式、流程的价值和拥有的资源以及不同的干预方法的使用。在单元或模块的内部,需要考虑的是罪犯的个别化活动和交互等。这个层次上的设计可以由具体负责的矫正师独立完成,需要考虑的是实现矫正的更为具体的要素,包括矫正活动、活动的编列、矫正内容和资源等。在这个层面上,矫正设计者要决定使用什么资源、工具和情景以及需要介绍什么概念和问题等。在面对面的矫正环境中,还必须考虑到及时的变化和对矫正情境的适应。

(二)以活动为中心的矫正模型

矫正所涉及的因素主要有活动、角色、资源、环境和情境。在此我们以活动为中心的视角对矫正进行分析和研究,将活动作为矫正的中心,而角色因素中主要的角色是罪犯,矫正师和其他人员都是为罪犯的矫正服务的,他们的活动也是围绕矫正展开的。资源和环境要素可以合并在一起,因为从某种程度来看,环境在也是在矫正活动中罪犯使用的资源。最后,矫正目标是罪犯努力的方向,它在很大程度上决定了矫正的内容和矫正的方法。我们将以活动为中心的矫正模型框架如图 10-8 所示。

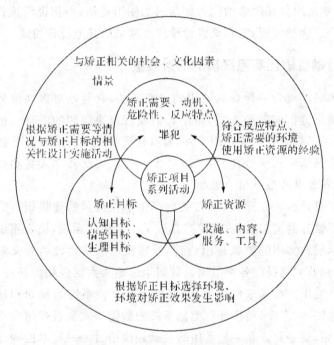

图 10-8　以活动为中心的矫正模型图

由上面的框架可以看出,矫正设计主要考虑到活动、目标、资源、罪犯和环境五个要素,活动是整个模型的中心,而情境是其他要素发生作用的环境(或者说是场)。该模型基于对矫正活动的定义:矫正活动是一个或多个罪犯为了达到预先设计的矫正目标在一定环境中的活动。

按照"工作流"的建模技术,可以对矫正活动流程进行形式化表式,描述矫正过程中各活动最基本的先后顺序和流向关系。矫正活动建模的结果是"矫正流"。"矫正流"=矫正活动(节点)+转移+控制结构。"矫正流"是矫正过程的抽象，由一系列活动构成，对矫正活动的编列，可以用过程建模的方法纳入设计。对"矫正流"的研究主要采用过程建模的方法，它是对过程研究的一套抽象方法，其结果是对过程流向关系的描述，而且建模仅仅定位于"矫正流"层面，不涉及对具体的人、业务资源、权限的抽象。

对一个具体的矫正活动设计模式可以按照以下的模板进行描述：①模式名：命名设计模式。②分类：将设计归于一定的类型，可以属于多种类型。③问题：简要描述该设计模式是做什么的，需要解决哪些特定的问题，如果需要的话可以简单举例说明。同时说明设计模式的使用情境和使用的先决条件。④解决方案：该设计模式解决上述问题的方法步骤和原则，以及使用该模式时一些提示和帮助等。⑤参与者：在该设计模式中需要使用的资源和角色。⑥效果：该设计模式使用效果，它解决目标问题的能力如何。⑦使用范例：举例说明该设计模式的一些实际应用。⑧相关模式：和该设计模式有联系的其他设计模式。

三、推行循证矫正实验建模的前景展望

建模技术已经成为一种普遍适用的研究方法，它通过对客观世界的合理抽象来为人们提供分析问题的工具，帮助人们发现解决问题的方法。推行循证矫正实验建模，除了提高罪犯矫正质量外，监狱建设将展示诱人的光明前景。

（一）推广循证矫正实验建模，将以实干、实用、实效的方式建构信息化的基础，为大数据在监狱的落地铺平道路

推行基于设计的矫正建模，就自然会产生中国监狱的建模语言。因为模式的集合建构了设计的词汇表，一组模式合成了一个模式系统，模式系统就是建模语言。有一套规范实用的监狱建模语言，对监狱信息化建设的意义实在是太大了，并会传导到监狱建设的各个层面。数据永远是大数据应用的核心，数据兼容性问题却非常突出。在未来的建设中，我们对于类似系统的规划和建设要采取顶层设计的原则：一方面，司法部对类似系统的数据格式和数据结构指定统一的规范；另一方面，就是要依靠一套实用的监狱建模语言——技术的问题还是以技术规范来解决比较过硬。只有设计建构规范实用的监狱建模语言，大数据的数据挖掘、业务分析等相关技术才会大行其道，大见成效。

（二）推广循证矫正实验建模，将变科学实验方式为工作方式，以数据驱动业务技术进步发展，帮助循证矫正落地生根、开花结果

建模以实验、验证为基本程序，以有效性为价值标准，推行建模后，监狱工作方式将由解决问题导向转变为目标导向，由眼前目的导向转变为总体目标导向，由政治口号动员转变为以实效为指针的技术标准贯彻，从安全层面为主的单向目标的诉求上升为矫正视野下的综合效应追求。通过建模，许多前沿的心理学、

教育学、信息学、脑科学等方面的技术会以比较快的速度参与到监狱的研究和实践中来。在信息化的语境里，建模产生的数据是很有价值意义的数据，矫正建模以数据驱动循证矫正的证据真实有效，为成功循证、有效矫正画上句号。

（三）推广循证矫正实验建模，监狱将可能打造虚拟社区，对罪犯实现全息矫正

推广矫正建模后，通过大数据挖掘和分析，探索社会网络位置、资源分配和知识建构等变量的相关关系，建立相应的分析和预测机制，将为监狱打造虚拟矫正社区夯实基础，为罪犯实现全息矫正开辟通道。通过一系列的建模研究和实践，可以把目前的监狱教育改造专网升级为虚拟社区，建构罪犯自适应、交互的虚拟社会系统，全息自动采集罪犯表现情况，动态研判罪犯心态，针对罪犯个性化推送矫正情境、矫正资源、矫正项目和活动，真正实现对罪犯全息、适切、智慧的矫正。

循证矫正实验建模冀于把科学理论、专家技术转化为矫正实践的实际效果，以信息技术倒逼民警专业技术的水平提升和业务技术规范的智慧表达。从矫正的相关信息采集到动态建模、从矫正活动的专业设计到矫正资源的集聚，从矫正情景推理到活动的真实发生，再进行反馈，把矫正活动不断引向有效，这是一条真正的智能化之路。

归根结底，建模既是循证矫正项目实验中使用的一项技术手段，也是建构循证矫正信息库网系统的基础性工作。没有建模，就不可能有真正意义上的库网。再好的设想究竟是空的，人家的专业技术不是光看书听课所能真正习得的，关键是创新真干的实验。从循证到设计、从设计到实验、从实验到建模、从建模到再循证，这是一个围绕实验运作的技术思维变现、技术规范推进、技术建构、技术创新的循环生态系统。循证、设计、实验、建模，有着太多的同构，当它们都作用于罪犯矫正时必将显示专业技术的强大合力，矫正的正当性与有效性保障无忧。

参考文献

[1] 埃丽斯,塔夫瑞特著.控制愤怒.林旭文译.北京:机械工业出版社,2014.

[2] 埃丽斯著.理性情绪.李巍,张丽译.北京:机械工业出版社,2014.

[3] 巴特尔等著.犯罪心理学.杨波等译.北京:中国轻工业出版社,2014.

[4] 宾厄姆,菲尔宾格著.项目与政策评估——方法与应用.朱春奎,杨国庆等译.上海:复旦大学出版社,2008.

[5] 波斯纳,罗特巴特著.人脑的教育.周加仙等译.北京:教育科学出版社,2011.

[6] 戴相英等著.未成年人犯罪与矫正研究.杭州:浙江大学出版社,2012.

[7] 德莱顿,尼南著.理性情绪行为咨询实务.王蕾,鲁侃译.北京:中国人民大学出版社,2013.

[8] 樊富珉著.团体心理咨询.北京:高等教育出版社,2005.

[9] 高慎英著.有效教学的新思路.济南:山东教育出版社,2011.

[10] 高文等编著.学习科学的关键词.上海:华东师范大学出版社,2009.

[11] 郭念锋主编.心理咨询师.北京:民族出版社,2012.

[12] 郭文斌著.教育研究方法.北京:科学出版社,2012.

[13] 胡中锋主编.教育科学研究方法.北京:清华大学出版社,2011.

[14] 霍林主编.罪犯评估和治疗必备手册.郑红丽译.北京:中国轻工业出版社,2006.

[15] 金灿灿著.犯罪未成年人的社会适应及其影响因素.北京:中央编译出版社,2013.

[16] 靳玉乐,陈静编译.设计与大脑相协调的教学.杭州:浙江教育出版社,2008.

[17] 卡特考斯特著.青少年犯罪行为分析与矫治.叶希善等译.北京:中国轻工业出版社,2009.

[18] 莱德利,马克斯,汉姆伯格著.认知行为疗法:新手治疗师实操必读.李毅飞,孙凌,赵丽娜等译.北京:中国轻工业出版社,2012.

[19] 李伟胜著.实验研究指导.北京:教育科学出版社,2002.

[20] 刘嵋,董兴义著.重塑人格:服刑人员团体心理辅导.北京:金城出版社,2011.

[21] 卢家楣主编.教育科学研究方法.上海:上海教育出版社,2012.

[22] 罗斯著.青少年团体治疗——认知行为互动取向.翟宗悌译.上海:华东理工大学出版社,2003.

[23] 马斯特斯著.罪犯心理咨询.杨波等译.北京:中国轻工业出版社,2005.

[24] 毛燕静著.男性成年犯冲动性攻击行为的团体干预研究.硕士学位论文.上海:华东师范大学,2007.

[25] 邵晓顺主编.服刑人员心理矫治理论与实务.北京:群众出版社,2012.

[26] 申荷永,高岚著.沙盘游戏:理论与实践.广州:广东高等教育出版社,2004.

[27] 斯塔弗尔比姆等著.评估模型.苏锦丽等译.北京:北京大学出版社,2007.

[28] 苏泽等著.教育与脑神经科学.方彤等译.上海:华东师范大学出版社,2013.

[29] 孙艳平著.完美主义、非理性信念和抑郁的关系.硕士学位论文.济南:济南大学,2010.

[30] 王京刚著.项目管理实用必备全书.北京:民主与建设出版社,2014.

[31] 文姬著.人身危险性评估方法研究.北京:中国政法大学出版社,2014.

[32] 吴宗宪著.国外罪犯心理矫治.北京:中国轻工业出版社,2004.

[33] 西盖帝,John R. Weisz,Robert L. Finding 主编.儿童与青少年认知行为疗法王.建平,王珊珊,闫煜蕾等译.北京:中国轻工业出版社,2014.

[34] 肖汉仕,苏林雁,范方著.中学生非理性信念量表的编制.中国心理卫生杂志,2007(10).

[35] 肖汉仕著.中学生非理性信念量表编制及非理性信念干预.博士学位论文.南京:东南大学,2007.

[36] 谢念湘,佟玉英著.心理咨询与治疗实验教程.哈尔滨:黑龙江大学出版社,2014.

[37] 许维素著.建构解决之道——焦点解决短期治疗.宁波:宁波出版社,2013.

[38] 雅各布斯,马森,哈维尔著.团体咨询:策略与技巧.赵芳等译.北京:高等教育出版社,2009.

[39] 亚隆,莱兹克兹著.团体心理治疗——理论与实践.李敏,李鸣译.北京:中国轻工业出版社,2013.

［40］杨诚，王平主编.罪犯风险评估与管理：加拿大刑事司法的视角.北京：知识产权出版社,2009.

［41］杨文登著.循证心理治疗.北京：商务印书馆,2012.

［42］翟中东著.国际视域下的重新犯罪防治政策.北京：北京大学出版社,2010.

［43］赵玉萍著.一沙一世界——手把手教你箱庭疗法.武汉：武汉大学出版社,2012.

［44］钟友彬等著.认识领悟疗法.北京：人民卫生出版社,2012.

［45］周颖著.内隐攻击性研究.上海：上海社会科学出版社,2011.

［46］卓丹著.改变的理由——理性情绪行为疗法操作指南.聂晶译.北京：中国轻工业出版社,2009.

技术建构价值——循证矫正实验研究

索 引

技术建构价值——循证矫正实验研究

后　记

　　中央政法委书记孟建柱在 2015 年 7 月 16 日召开的全国监狱工作会议上强调:"要把专业化建设作为监狱干警队伍核心战斗力来抓。"那么,该如何抓专业化建设呢? 比较通行的是美国社会学家利伯曼的专业化八条标准:一、范围明确,垄断地从事社会不可缺少的工作;二、运用高度的理智性技术;三、需要长期的专业教育;四、从事者个人、集体均具有广泛自律性;五、专业自律性范围内,直接负有做出判断、采取行为的责任;六、非营利性,以服务为动机;七、形成了综合性的自治组织;八、拥有应用方式具体化了的伦理纲领。如果说循证矫正是一套技术体系,是否属于"高度的理智性技术"? 循证矫正是不是监狱专业化建设的一条路径? 如果对上述问题做出否定的回答,那么,要追问的是:监狱专业化的核心——"高度的理智性技术"是什么? 实际上,从理论上对这些问题的回答都是苍白无力的,只有实验胜于雄辩。

　　从研发矫正项目、制订循证矫正项目实验方案,到把方案变为具体的行动,再到总结项目实验,深化拓展研究,进行了一个田野调查到文牍几番来回校准,并由文牍式研究转变为行动式研究,再回到文牍式研究的循环轮回;经历了梳理已有证据、筛选最佳证据、搭建矫正发生的现实机制、操控相关变量,生产了一组新证据的历程。从中我们充分体会了"思"之不易与"做"的倍加艰辛,收获弥足珍贵。尽管自感还十分粗陋,但确实让我们领略了规范、量化的实证研究的无限风光,体味了监狱矫正罪犯功能达成的意义,使命的雄心与现实的悲凉总让我们内心背负沉重枷锁而爬行在监狱走向现代文明的征程上。体制、机制、工具、资源与环境等方面协同的问题,矫正师和矫正管理者的专业化水平不足的问题,在实验的设计、操控过程、数据统计、结果分析与总结中总是暴露无遗,在欣喜迈出了第一步的同时,许多遗憾已涌上心头。我们该如何继续呢? 唯有实验。

　　习惯成自然,改变自我的思维方式多么不易,在理性的力量没有足够大的时候,几乎是不可能的。如果学术研究沉浸于自己感性自娱、急功近利的逻辑演绎,很容易发现量化研究的缺陷、实证的短板、技术标准的死板、工具理性的冷度,从而完全忽视没有实验规范的量化实证、没有按技术标准开发使用工具的致命性问题。实验是对现有习惯的研究方式的颠覆,也是对循证矫正误读的矫正,对各种质疑的坚定而有力的回答。矫正的本质在于实践,任何理论本身产生不了证据。按照科学的逻辑,只有实验产生的证据,才能垒成现代监狱的基石。怎么做才能更加标准、更加规范,这是我们实验面临的主要问题。一条完整的证据生产链,需要方方面面的协调;有意义的基础数据的获得,需要法治精神、体制、专业技术体系与工具的进步和革新。但不管如何,只有真实发生针对罪犯矫正需要的项目化行动,才能迎来一个矫正有效性得到保障并完全可以数据表征的信息文明时代。

自2013年8月1日浙江省监狱管理局下达研究任务开始,为扎实有序推进课题研究,浙江省未成年犯管教所成立了循证矫正实验研究指导委员会,戴相英任主任,方剑良任副主任,成员为张达仁、胡淑君、刘利明、胡忠南、应霆。专门成立"循证矫正实验研究"课题组,课题组组长由戴相英、方剑良担任,刘利明、胡忠南任副组长,成员由张怀仁、张权、叶文荣、徐小强、葛佳国、蒋晓霞、章海峰、姚俊翔、吕正翔、张俊恺等同志组成,先后有50余人具体参加了有关研究工作。在所课题组领导下,分别成立了非理性信念矫正项目实验小组(组长:徐小强,成员:张怀仁、黄益井、吕正翔、贵春庭),攻击性矫正项目实验小组(组长:叶文荣,成员:张权、张峻恺、傅信江),犯罪典型情境思维矫正项目实验小组(组长:葛佳国,成员:张怀仁、陈伟庆、姚俊翔、章海峰、华杰、章磊)。一批科室业务骨干和一线业务专长民警参与了循证矫正实验研究,他们忘我工作,付出了艰辛劳动。课题组组长、副组长和成员张怀仁提出了实验研究的思路、框架、具体计划和全书纲目,课题组多次进行修改讨论。方长友、虞兴才、叶伟、姚晓挺、杨亮、叶锡军、温简化、陈宗胜、蔡波等同志参与了前期有关矫正项目研发和实验方案编制工作。楼黎晓承担了外语研究资料和本书目录的翻译工作。陈毅、陈兵、汪胤、吕舜等同志参与了前期有关矫正项目的实验工作。章海峰承担了实验有关软件开发和数据统计、整理工作,毛赟、戴蓉蓉承担了本书部分文字打印工作。在整个研究过程中,2013年5月20日,马卫国主持专家小组会议,听取了循证矫正实验研究的课题立项报告,对课题立项进行了全面评估;11月1日,课题组集中研究了3个矫正项目实验方案;12月12日,马卫国、陈学军、白彦、薛佩琳等专家对3个矫正项目实验方案进行了论证;2014年12月,《浙江监狱》发表了分别由张怀仁、张权、吕正翔、姚俊翔、蒋小霞执笔的循证矫正项目实验报告;2015年10月14日,马卫国、陈学军、邵晓顺、宗学煌等专家对课题进行了评审,并对本书初稿提出了修改意见;10月20日至24日,课题组召开了全书二稿统稿会。张怀仁承担了书稿汇总整理工作，全书最后由戴相英审定。各章执笔人是：

引论，戴相英；

第一章，张怀仁；

第二章，张怀仁；

第三章，蒋小霞；

第四章，蒋小霞

第五章，姚俊翔；

第六章，方剑良、张权；

第七章，刘利明、徐小强；

第八章，胡忠南、姚俊翔；

第九章，张权；

第十章，张怀仁。

在实验研究和本书写作过程中，承蒙众多相关单位和热心人士的厚爱，得到了无私的支持与帮助，在此一并深表感谢。非常感谢浙江警官学院黄兴瑞院长百忙中认真审阅了全书初稿，对实验研究思路与方法、全书技术性的修改提出了中肯意见，给予了多方面的指正；特别感谢陈学军、邵晓顺、张同延等学者在实验前、实验中、实验后给予的全方位技术支撑与倾力辅导；衷心感谢省局研究所杨晓文、胡天宏、邵勤强等领导，他们为实验研究和专著写作进行了多方面指导。再次感谢浙江大学出版社张琛副总编、诸葛勤编辑为本书的顺利出版所做的努力与付出。

本书部分引用了网络、报刊的资讯与报道，在此一并向原作者和刊发机构致谢，对没有注明引用来源的，祈求原作者和刊发机构原谅。由于著者水平有限，书中不妥之处在所难免，恳请读者批评指正。

著者

2016 年 1 月

后

记

图书在版编目（CIP）数据

技术建构价值：循证矫正实验研究／戴相英等著.
—杭州：浙江大学出版社，2016.5
ISBN 978-7-308-15747-6

Ⅰ.①技… Ⅱ.①戴… Ⅲ.①青少年犯罪—监督改造
—研究—中国 Ⅳ.①D669.5

中国版本图书馆 CIP 数据核字(2016)第 079643 号

技术建构价值——循证矫正实验研究

戴相英等著

责任编辑	诸葛勤	
责任校对	杨利军	
封面设计	续设计	
出版发行	浙江大学出版社	
	（杭州市天目山路 148 号　邮政编码 310007）	
	（网址：http://www.zjupress.com）	
排　　版	杭州金旭广告有限公司	
印　　刷	杭州杭新印务有限公司	
开　　本	710mm×1000mm　1/16	
印　　张	21.75	
字　　数	414 千	
版 印 次	2016 年 5 月第 1 版　2016 年 5 月第 1 次印刷	
书　　号	ISBN 978-7-308-15747-6	
定　　价	48.00 元	